霸权的黄昏

刘明福◎著

中国出版集团公司
中国民主法制出版社
全国百佳图书
出版单位

图书在版编目（CIP）数据

霸权的黄昏／刘明福著．—北京：中国民主法制出版社，2017.1

ISBN 978-7-5162-1412-1

Ⅰ.①霸… Ⅱ.①刘… Ⅲ.①中美关系—研究 Ⅳ.①D822.371.2

中国版本图书馆 CIP 数据核字（2016）第 288165 号

图书出品人： 刘海涛
出版统筹： 赵卜慧
责任编辑： 胡孝文 陈棣芳

书名／ 霸权的黄昏
作者／ 刘明福 著

出版·发行／ 中国民主法制出版社
地址／ 北京市丰台区玉林里 7 号（100069）
电话／（010）63292534 63057714（发行部） 63055259（总编室）
传真／（010）63056975 63055378
http：//www.npcpub.com
E-mail： mzfz@npcpub.com
经销／ 新华书店
开本／ 16 开 710 毫米×1000 毫米
印张／ 23.75 **字数／** 358 千字
版本／ 2017 年 1 月第 1 版 2017 年 1 月第 1 次印刷
印刷／ 三河市航远印刷有限公司

书号／ ISBN 978-7-5162-1412-1
定价／ 48.00 元

创建“世界第一学”——中美新型关系学

蒋云鹤

习近平主席提出，中美两国要努力构建和塑造21世纪新型大国关系。

建设新型中美关系，首先要建立一门新学科——“中美新型关系学”。

今天的中美两国，面临着两个困境：中国在美国霸权的遏制面前，遭遇的是一个“崛起困境”，面临的一道复兴难题；美国在一批新兴国家的复兴面前，特别是在中国的伟大复兴面前，出现了“霸权的衰落”，面临的是持续“保霸的难题”。一个新兴大国的“崛起困境”和一个霸权大国的“霸权困境”，呼唤一门国际关系新学科——“中美新型关系学”的诞生。

21世纪的中美关系，是与历史上任何大国关系都不同的大国关系，是史无前例的新型关系，所以，21世纪的“中美新型关系学”，就是一门史无前例的新科学、新学科。

21世纪的中美关系，是全球第一关系。21世纪的“中美新型关系学”，堪称“世界第一学”。以前的中美关系，都是世界战略全局中的一个局部，是整个国际关系体系中的一个部分。而21世纪的中美关系，则是整个国际关系的核心，是全球战略关系的制高点。今天的中美关系，是世界上最顶端的双边关系，是世界上最重要的双边关系，是世界上最复杂的双边关系，是世界上最危险的双边关系，也是世界上最新型的双边关系。处理好新世纪的中美关系，缺乏先例，没有教科书，需要创造和塑造，需要设计和构建。

中美新型关系需要新的理论指导。中美新型关系的实践，现在是日新月异，而中美新型关系的理论，则相对滞后。“中美新型关系学”，是21世纪国际关系的第一学科，也是中美精英的“一号课程”。“中美新型关系学”，揭示的是21世纪中美关系的发展过程和特点规律。在中美关系的理论研究和政策实践中，有不同的思维和派别，包括：中美关系中的“冷战主义思维”，中美关系中的“理想主义思维”，中美关系中的“现实主义思维”等。其实，建设新型中美关系，关键是要有“规律主义思维”，就是说，21世纪的中美关系有规律，必须按照客观规律去思考、去实践。

读懂美国，是21世纪的中国人必须做好的功课。读懂中国，是21世纪的美国人必须做好的功课。而读懂中美新型关系，则是21世纪中美两国人民尤其是中美两国精英必须共同做好的功课。

刘明福教授的新作《霸权的黄昏》，研究21世纪世界霸权的趋势和命运，探索21世纪中美决赛的特点和规律，开阔中美新型大国关系的战略思维，是一部有深度、有力度的战略学术著作。相信这部著作的出版，必将起到“抛金引玉”的作用，推进“中美新型关系学”这门科学的创立和发展。

霸权的黄昏≠美国的黄昏

世界霸权，不是美国能够拥有的未来；世界霸权，也不是中国未来追求的目标。21世纪的国际社会，在送走“霸权的黄昏”之后，将迎来“无霸的黎明”。

世界霸权的最后一缕彩虹，将在北美缓缓消失；无霸世界的第一道晨曦将在东亚冉冉升起。从“霸权世界”到“无霸世界”的历史性进化和战略性转型，是近代世界500年来未有之大变局。

20多年前，“历史的终结”，是西方世界特别是美国庆祝冷战胜利的狂呼。今天，“霸权的黄昏”，已经成为全球的共识。

从公元1500年以来，这500多年的世界历史，就是一部崛起的大国走向世界、争霸世界的历史。500多年的国际舞台，演出了一幕幕“霸权崛起和衰落”“霸权更替和交接”的连续剧。

500多年来这个星球上的一号国家，无一例外都是世界霸权国家。500多年来的世界，在总体和本质上，是一个“霸权世界”。

进入21世纪的中国，特别是习近平主政的中国，大力推进中美新型大国关系，努力建设新型国际关系，使一个新型世界——“无霸世界”的前景，展现在世人面前。

“霸权的黄昏”——这是一个现实，是一个趋势，也是越来越多人的一种共识。

“霸权的黄昏”——不等于“美国的黄昏”。当美国没有获得世界霸权的时候，美国是这个世界冉冉上升的一颗明星。当美国失去世界霸权的时候，美国肯定将比握有世界霸权的时候，更文明和善，更有生气与活力，也更受世界尊敬和欢迎。

美国“霸权的黄昏”——不等于中国将迎来“霸权的黎明”。如果说，美国失去世界霸权，是不以美国主观意志为转移的客观规律和必然趋势，那么中国不会成为明日的霸权新星，则不仅是中国“不称霸”的主观愿望，而是中国国家性质、国家利益的根本要求，也是由世界力量格局、世界进步潮流所决定的必然发展方向。

21 世纪，是“告别霸权”的世纪，是开辟“无霸时代”的世纪。旧型的“霸权世界”将让位于新型的“无霸世界”。21 世纪的美国，不可能长久保持世界霸权；21 世纪的中国，也不追求赢得世界霸权；21 世纪任何一个国家，都不可能成为美国之后的又一个霸权国家。一个不留恋霸权的美国、一个不追求霸权的中国，将通过建立合作共赢的新型中美关系和新型国际关系，共同打造一个新型的“无霸世界”。

中美关系的前途，不是霸权的更替，而是霸权的终结。未来的中国和美国这两个国家，都将是引领世界而不称霸世界的国家，都将是“非霸国家”。

霸权的黄昏，呼唤无霸的黎明。

写作《霸权的黄昏》，就是为“无霸的黎明”，鼓与呼！

把“世界霸权”送进世界历史的“博物馆”，做世界霸权的掘墓人，这是中美两国的共同使命。

目录 CONTENTS

第二篇　地球不会围绕美国转

——美国靠什么再领导世界 100 年

第三篇　战略兴国

——新中国大战略第四形态

第五篇　美国没有“中国通”

——误判中国，是美国的最大危险

第六篇　中美"终须一战"吗？

——防止中美"决赛"变成"决战"

绪 论

为中美世纪决赛——喝彩

竞争，是人类的天性。没有竞争，人类社会就没有活力。

竞争，是民族的天性。没有竞争精神的民族，难以自立于世界民族之林。

竞争，是国家的天性。没有竞争精神的国家，不可能成为伟大的国家。

竞争的过程，就是比赛的过程，就是决赛的过程，就是冲刺的过程。

21 世纪，是中美两国在竞争中进行决赛冲刺的“英雄世纪”，是为世界开创新局面的“精彩世纪”，同时，又是和平竞争的“文明世纪”。这种文明表现在：

中美双方进行“竞争”，防止“战争”；

中美双方进行“决赛”，防止“决战”；

中美双方进行“冲刺”，防止“冲突”。

任何事物，都是对立的统一。21 世纪的中美关系，也是对立的统一，是竞争与合作的统一。竞争是国家的天性，合作也是国家的天性。竞争是世界发展的活力，合作是世界进步的动力。中美两国未来的竞争与合作，其最后的结局，必然是形成更大的合力，这种合力，不仅会使地球更美好，而且必然会加快地球人冲出地球、奔向宇宙的步伐。

为中美“世纪决赛”喝彩！为中美“世纪合作”祝福！

美国“领导危机”——四个严重脱离

英国《泰晤士报》曾经刊登一幅漫画：小布什总统在讲授地理课，黑板上画着一个地球，那个地球正在围绕美国旋转。这幅漫画的寓意是：冷战后的世界，实际上就是美国强迫地球根据美国的指挥棒旋转，结果就把地球颠覆了。漫画的结论就是："不能让地球围着美国转"，而必须"让美国围着地球转。"

冷战后出现的各种"世界危机"，最根本的是"领导危机"，就是这个世界的"领袖人物""领袖国家"出了问题。国际社会正在形成一个共识，那就是美国领导世界——让世界失望。世界舆论有一个强烈呼声，那就是"弹劾美国——振兴世界"。

美国"领导危机"，突出表现为"四个脱离"：

一是"美国的利益"脱离了"世界的利益"。作为全球"领袖国家"的美国，要想成功地领导世界，就必须正确处理美国国家利益与世界利益之间的关系，把美国的利益和全球的利益统一起来、结合起来，不能只顾美国、不顾世界，更不能以损害别国利益、以损害世界利益来维护美国的利益。美国把自己一个国家的利益置于全球整体利益之上，让全球的利益服从和服务于美国的利益，以损害别国利益维护自己的利益，以牺牲全球利益来确保美国的利益，不惜通过多场战争和金融危机谋取私利，导致全球公愤。

二是"美国的文明"脱离了"其他的文明"。今天全球"文明的冲突"，根源于美国对其他"文明的歧视"，根源于美国对其他"文明的讨伐"，根源于美国实行"文明的专制"。必须正确处理美国文明和其他文明的关系，坚持美国文明与其他文明之间的平等地位，尊重其他文明，包容其他文明，学习其他文明。不能搞"文明的冲突""文明的讨伐""文明的战争"，不能搞"思想殖民主义""文化殖民主义"。

三是"美国的霸权"脱离了"时代的潮流"。"历史的终结"是错误的理论，而"霸权的黄昏"是一种现实，"霸权的终结"是必然的趋势。在全球觉醒的时代，在"民主世界"成为全球共同追求的今天，霸权不得人心，霸权树敌世界。美国把世界霸权作为自己国家的核心利益来维护，是逆时代潮流而动。霸权的困境、霸权的危机，只能通过放弃霸权、告别霸权才能彻底解决。

四是"美国的精英"脱离了"美国的大众"。在美国国内，1%的精英脱离了99%的美国人民。这从华尔街的金融腐败，从美国的两极分化，从冷战后美国一系列战略决策的错误，可以看得很清楚。

现代世界的发展，使得单独一个国家无力担负领导世界的重任。解决世界"领导危机"，必须结束"一个国家领导一个世界"的问题。长期让一个不受监督和制衡的国家来领导世界，必然出现“一个国家绑架一个世界”的局面。正如在今天的国际舞台上，美国可以制裁世界，但是谁来“制裁美国”？全球领导体制必须转型。全球领导的性质，要实现“霸权领导”到“民主领导”的转型；全球领导的角色，要实现由一个国家的个体领导，到群体国家对世界实施集体领导，要充分发挥联合国的作用。世界领导和全球治理的新思路是如何建立对于世界的“集体领导机制”，摆脱“一个世界由一个霸权国家领导”的传统模式。

地球围着美国转，这个世界必然乱套；

美国围着地球转，这个星球才能正常。

恒星中国——世界历史的长跑冠军

一位西方政治家曾经说过：“在美国，人们以 10 年为单位考虑问题；在欧洲，人们以一代人为单位来考虑问题；而在中国，人们则以世纪为单位来考虑问题。”以世纪的眼光观察和思考问题，就能够着眼未来、深谋远虑。

基辛格说：“中国的时间概念与美国的时间概念不同。一个美国人被问及某个历史事件发生的时间时，他会说出某年某月某日；而一个中国人讲述某个历史事件时，会把它放到某个朝代里。中国经历过的 14 个朝代中，10 个朝代中的每一个都比美国整个历史要久远。”①

德国哲学家叔本华，把世界上的作家分为三类：第一类是流星式的作家，他们的影响只是转瞬之间；第二类作家像行星，影响比较长久；第三类作家像恒星，其光辉和影响是永恒的。叔本华“论作家”的这段话，同样可以用来“论国家”。世界上的国家也可以分为三类。有的国家就像流星，只能闪亮一时，不能光辉长久。有的国家就像行星，能够运转和闪光一段时间，但是不能保持久远。美国是当今世界一颗闪光的行星，是这个世界的行星国家。美国的历史短暂，只有 230 多年，美国在世界顶峰的持续时间也难以长久。而跑过 5000 年文明赛程的中国，作为人类历史天空中的一颗恒星，在经历了 200 年短暂落伍的暗淡之后，又将重新发出灿烂的

① ［美］亨利・基辛格：《基辛格：美国的全球战略》，胡利平、凌建平译，海南出版社 2009 年版，第 117 页。

光芒。

“恒星中国”善于进行持久赛，“恒星中国”是人类世界最有耐力的长跑运动员。

在人类历史长河中，在国家间竞争赛跑的漫漫赛程中，有的国家属于短跑运动员，在某个阶段、某个时期，冲上跑道，冲刺几百米几千米，虽然也能够跑出好成绩，但也只是一个短跑运动员，像流星一样，很快销声匿迹，这样的国家属于流星型国家。另有一类国家是属于行星型国家，他们可以在人类历史上跑上几个赛程，闪现几度辉煌，但是也只能够跑上几千米几万米，是属于中跑运动员。而只有个别国家，是属于马拉松长跑赛手，这样的国家就是中国。在5000年漫长的马拉松大赛中，除了中国，没有第二个民族能够坚持到今天。虽然一些中途插队的民族一时间超越了中国，而且今后可能还会在一段时间里跑在中国的前面，但是历史的马拉松已经跑了5000年，未来的马拉松赛程依然很长。

21世纪的中美竞争，是一个5000年的长跑冠军中国，与一个200年的短跑冠军美国的新一轮竞赛。一个在200米短跑赛中一时领先的美国，如何能够藐视和遏制一个在5000年的长跑赛中一直领先的中国？美国是一个百年选手，从上场至今也就是200多年，而中国是一个千年选手，不仅在过去是“赛场风云五千年”，而且今天又是“再度崛起换新颜”。

冲出地球——人类才有未来

大物理学家霍金说，如果在100年内，人类没有灭顶之灾，那么人类有可能冲出地球，获得更好的生存、生活和发展空间。霍金认为，“人类必须离开地球”，“只要人类被困在独一无二的一个行星上，人类的长期生存就处在危险中”。

地球只是童年人类的一个摇篮，地球是人类的一个根据地，是人类的一个前进出发阵地。人类的未来在于离开地球；只要人类仍然被束缚在地球摇篮里，只要人类仍然在地球摇篮里进行“球里斗”，只要大国仍然热衷于在地球“摇篮里的争斗”，就说明人类仍然处在童年时代。

德国哲学家黑格尔曾经说过，一个民族有一些关注天空的人，这个民族才有希望；一个民族只是关心脚下的事情，那是没有未来的。

一个地球又何尝不是如此呢？一个地球有几个关注太空的国家，这个地球才有希望。一个地球，如果所有的国家都只是关心脚下的事情，那么这个地球是没有未来的。

人类社会的基本矛盾不是人类与人类的矛盾、不是国家与国家的矛盾，而是人类与自然界的矛盾，是地球人与宇宙的矛盾。

地球“家底”剩下多少？根据估计，世界化石能源能够维持的时间是，石油46年，天然气65年，煤169年。科学家发现，许多不可再生的稀有金属资源仅仅可以用十来年。例如铂，全世界的所有铂金属在15年内就可以用光。与石油或钻石不同，这种金属无法合成。一旦用完了，地球上就再也得不到铂了。很多其他稀有金属也是这种情况。

大国之间的竞争，说到底，是利益之争，是资源之争，核心是生存资源、发展资源、享受资源的竞争。国际冲突，在本质上是资源分配的冲突。西方以不到20%的人口，享用了全世界76%左右的资源。中国人口占到全世界人口的20%以上，如果中国人的生活水平提高到西方的程度，需要1.5—2个地球。如果全世界人口都达到西方生活水平，需要4—5个地球。中国和其他发展中国家的发展和崛起，必然改变20%的人口享用76%的资源的不公平现状。但是，公平是一回事，总量又是一回事，再公平的分配也不能使总量增加。所以，大国崛起，既要改变地球资源的内部分配，更要提升人类与自然界的关系，提升地球与地球外世界的关系。既要“球里争”，把地球资源这个大饼公平分配，更要向地球外开拓，为人类寻找可以持续发展享用的资源。

自从1972年罗马俱乐部发表《增长的极限》研究报告以后，人们发现，人类最大的生存危机，就是地球资源危机。人类真正的危机就是局限于地球，走不出地球。面向地球，人类没有未来。跨出地球，人类才有前途。人类必须以地球为根据地，向宇宙进军，到广阔无垠的宇宙去开辟新世界，去建设新家园。人类梦，不能局限于“地球梦”，而是要成为一个“宇宙梦”。

迄今为止的人类历史，主要是三个方面的斗争历史：

一是历代人类与自然界的斗争。这是一种生存斗争，是人类提高生产力的斗争，是人类从自然界获得物质财富的斗争，就是改善人类与自然界的关系。这个斗争的结果，是科技的进步和经济的发展。

二是在国家内部发生的阶级斗争。这是政治革命，是为解决国家内部的利益冲突、利益分配所进行的斗争。

三是在国际舞台上展开的国家与国家之间的斗争。这是围绕世界资源占有和财富分配所进行的斗争。

上述三种斗争都没有离开地球，都是发生在地球上的斗争，是在地球内部进行的“窝里斗”“球里斗”。

地球之外有舞台，冲出地球找舞台。大国竞争，不论是强者还是弱者，不论是胜利者还是失败者，如果不能突破“球里斗”的局限，那么人类在整体上就是一个失败者。只有当人类具有冲出地球的能力，只有当“地球人”变成了“宇宙人”，那时，人类才真正获得了解放，具有了自由。

拓展大国关系的视野，要实现从地球视野到宇宙视野的飞跃。当西方国家在海外发现“新大陆”以后，国内的阶级斗争和阶级矛盾就缓和了；当人们把开拓的目光转向海洋的时候，对陆地资源的压力就缓和了；当人类走向太空的时候，他们在地球上的博弈就缓和了。一个家庭要反对“家里斗”，一个国家要反对“国里斗”，地球人们也要反对“球里斗”。航天技术的发展和太空领土的拓展，是解决地球矛盾的根本出路。当地球成为人类的一个航空港，人类从这里走向太空，地球人在太空和宇宙发现新大陆的时代就开始了。立足宇宙看地球，人类就是“地球人”，国家就是“地球国”，爱国主义就是“爱球主义”，核心价值观就是“地球价值观”。

中国有句古话，叫作“窝里斗”，就是在内部进行不必要的“内斗”，彼此掣肘，无谓消耗，浪费资源，影响相互团结，阻碍共同发展。

冷战后的世界，美国一超独霸，本来应该领导全世界团结起来，共同发展，为整个地球谋和平，为全人类谋幸福。但是美国却反其道而行之，到处结帮拉派，四处煽风点火，领导70亿人进行“窝里斗”，进行“球里斗”。这是地球的灾难，是美国的罪孽。

美国市场观察网站2012年1月10日发表了一位美国专栏作家文章《第三次世界大战：中美创新之战》。作者指出，大国只有告别世界大战和世界冷战，进行创新大战，人类才有未来。作者预言，2012—2022年的10年将爆发第三次世界大战，就是创新大战，这场创新大战将决定谁是21世纪的全球超级大国。到2050年，世界人口将达到100亿人，比现在多30亿人。每个人都要求生活得更好，但是全球资源却越来越少。到2022年，中国和美国，谁将是这个星球上的创新领袖？大国要把更多的竞争资源用于创新。美国把税收的大约一半用于五角大楼的战争机器。中国和美国要共同努力解决人类文明的生存问题，如何在资源有限的条件下支撑起地球上

100 亿人口。[1] 冲出地球，实现人类的“宇宙梦”，需要人类的整体合力，尤其需要大国之间面向太空、放眼宇宙，抛弃“球里斗”的不良传统，形成共同经营地球、共同开发宇宙的合作与合力。

制定《世界宪法》——成立“地球共和国”

地球，不是宇宙中唯一有人类居住的星球，在不久的未来，不是“地球人”发现“外星人”，就是“外星人”发现“地球人”。“地球人”要赶在“外星人”发现我们之前，首先发现“外星人”。掌握“首先发现权”，才有“战略主动权”。

地球人要尽快冲出地球，首先就要增强全球团结，集中整个地球的资源，发挥整个地球的优势，形成向宇宙进军的强大力量。

地球人的社会，有一个总的发展趋势，就是越来越走向团结，越来越走向统一，越来越成为命运共同体。这个过程大体有四个阶段：

第一个阶段，是分散、孤立、小型化、血缘化的“氏族社会”。这是人类初级阶段的形态。马克思、恩格斯称其为“原始社会”。原始社会的“地球人”，是属于“氏族人”。

第二个阶段，是在国家出现以后，一个国家就是一个社会，是在国家政权集中统一控制和领导下的“国家社会”。这个“国家社会”先后经历了奴隶社会、封建社会、资本主义社会。至今，“地球人”仍然生活在“国家社会”之中。国家社会是“国家命运共同体”。处在“国家社会”发展阶段的“地球人”，是属于“国家人”。

第三个阶段，是一个地区的诸多国家，在“国家社会”的基础上，组织成为一个“地区社会”。“地区社会”是一个“地区命运共同体”。例如“欧洲联盟”，就是一个地区的“国家联合体”，是一个“欧盟大社会”。这样一个“地区社会”，是对“国家社会”的超越。处在“地区社会”阶段的地球人，例如欧盟地区的人们，就既是德国、法国等国家的“国家人”，又是欧盟大家庭中的“欧盟人”。

第四个阶段，是在“国家社会”和“地区社会”的基础上，在整个地球形成的“地球社会”。我们这个星球上的人类，将真正成为“地球人”，

---

① 《世纪创新之战：中美能否携手?》，《参考消息》2012 年 1 月 27 日。

成为“地球公民”。

从远古时代的“氏族社会”，到长期的“国家社会”，到第二次世界大战后出现的“欧洲联盟”模式的“地区社会”，在一波又一波全球化浪潮的冲击下，人类必然要走到“地球社会”，地球人必然要形成一个“人类命运共同体”。

在“地球人”发展的第四个阶段，需要全球国家和全球各个地区，在平等、文明、民主、法治的基础上，制定《世界宪法》，规范世界秩序，在建设“法治国家”“法治地区”的基础上，建设“法治世界”“法治地球”。需要成立“地球共和国”，对全球的国家和地区实施统一的领导，对整个世界的治理、建设和发展，进行通盘规划和设计。

《世界宪法》的制定，“地球共和国”的诞生，是“地球人”发展和进化的必然趋势，是地球文明的必然结晶，也是中国、美国在21世纪合作共赢、团结世界、引领世界必须完成的使命。

所以，霸权的黄昏，是人类的福音。送走霸权的黄昏，我们将迎来“人类命运共同体”——“地球共和国”的降生。

第一篇 透视“美国病”

——美国为什么是“病国”

认识霸权的黄昏，需要透视霸权国家的衰落和其“霸权病”的危重。当今世界的霸权病，集中体现为“美国病”。

美国病了，病得很重。美国是当今世界最大的“病人”，美国是今天全球最大的“病国”。

“美国病”，是一种什么病？“美国病”的症状和病因是什么？治疗“美国病”的药方是什么？“美国病”为什么在中美关系问题上发病突出？

在世界一些地区和国家，人们把美国称为流氓国家、无赖国家，称为“真正的帝国和邪恶轴心”。美国《纽约时报》2004年1月25日刊载的一篇文章把美国称为全球“唯一的超坏大国”。

美国，这个全球“唯一的超坏大国”，它超坏在哪里呢？

第一章

霸权的贪婪——美国的“政治病”

“美国病”，不是一种突发病，也不是一种单一病，而是长期形成的综合病。美国病包括政治病、社会病、思维病、情感病和讳疾忌医的保守病等。其中首要的、致命的是“政治病”。

保霸权——美国要做全球永恒“霸主国”

改革开放以来，中国有条基本路线，就是“一个中心、两个基本点”，就是以经济建设为中心，以改革开放和四项基本原则为两个基本点。而最近几十年来，特别是冷战结束以来，美国也有一条基本路线，就是“一个核心目标、三大战略手段”。“一个核心目标”，就是保卫美国的世界霸权；“三大战略手段”，就是在全世界“玩民主、玩美元、玩导弹”。这“一保三玩”的基本路线，就是美国的生存秘诀。

在世界霸权地位上的美国的“一个核心目标”，就是以捍卫世界霸权为中心，把维护美国世界第一的领导地位，作为美国的国家核心利益，寻找和锁定有潜力追赶和超越自己的世界二号国家，作为新的对手和敌人，进行包围和遏制。冷战结束不久，1995 年克林顿政府就制定了美国战略中心东移、遏制中国崛起的战略，但是在当时没有来得及实施。进入 21 世纪的第二个 10 年，美国紧锣密鼓地推行“亚太再平衡战略”。围绕保卫世界霸权的核心目标，美国要进行“卫冕战争”。美国和苏联之间的冷战，是美国走上世界霸主地位之后的第一场“卫冕战争”；20 世纪 80 年代末期对日本经济赶超的遏制，是美国的第二场“卫冕战争”；21 世纪遏制中国崛起，是美国的第三场“卫冕战争”。

所谓“三大战略手段”，就是在世界范围内“玩民主”“玩美元”“玩导弹”。

美国通过在世界“玩民主”，让自己头戴全球最先进“民主国家”的花环，在全球推广美式民主。这样一方面可以占领世界政治的制高点，让自己成为裁决其他国家是否为民主国家的“民主裁判”，负责发放“民主国家”牌照；另一方面，可以对那些与美国政治制度不同、与美国战略利益有冲突的国家，以扩展民主的名义，进行颠覆和改变，美国则成为世界民主法庭的“大法官”、成为“审判长”。美国在世界“玩民主”的具体行动，就是发动改变一些国家政治制度的“制度战争”，这种“制度战争”往往是以“人权”为借口，用“霸权”横扫“主权”。这种制度战争，包括各种形式的“颜色革命”，包括支持一些国家的分裂和内战，也包括直接军事进攻。

美国通过在世界“玩美元”，利用经济“全球化”，强化美元的货币霸权地位，通过货币侵略、货币战争、货币遏制，打压对手、掠夺世界。1997—1998 年的亚洲金融危机，2008 年开始的金融危机，都是美国“玩美元”玩出来的危机。亚洲金融危机是美国发动的“局部货币战争”，2008 年的金融危机，则是美国发动的“货币世界战争”。美国“玩美元”就是要把世界变成美国的货币殖民地，让全球成为美元的殖民地。

美国通过在世界“玩导弹”，支撑和壮大美国的军工产业，充分发挥美国的军事优势，巩固美国世界霸权的军事支柱。美国在冷战之后，大兴热战，先后发动了四次战争：两次进攻伊拉克，一次攻打科索沃，一次攻打阿富汗。美国战略家布热津斯基说：“9·11”悲剧改变了美国人的世界观，“唯利是图的大众媒体，利用美国公众的无知，用大肆的宣传加剧了公众的恐惧，从而给善于煽动的小布什政府长达 8 年的时间，把美国变成了一个‘十字军’国家。从此，‘反恐战争’变成了美国外交政策的代名词，几乎整个美国都忘记在不断演化的地缘政治环境中去建立一个争取美国长远未来的大战略，导致美国对 21 世纪的新挑战毫无心理准备”①。

美国从 1776 年建国至今 240 年的外交政策，有四个性质不同的阶段：一是孤立主义的美国——从 1776 年到 1945 年，美国在美洲韬光养晦，实现崛起；二是冷战主义的美国——从 1945 年到 1991 年，美国联合西方国

---

① ［美］兹比格涅夫·布热津斯基：《战略远见：美国与全球权力危机》，洪漫、于卉芹、何卫宁译，新华出版社 2012 年版，第 128 页。

家，控制半个世界，与以苏联为首的另外半个世界竞争全球霸权；三是单边主义的美国——在苏联解体后，美国霸权整个世界又搞乱整个世界；四是极端主义的美国——在中国 2010 年成为世界第二大经济体以后，把中国作为主要对手，以各种极端的手段，遏制中国崛起、打压中国复兴。中国要防止美国为捍卫世界霸权，而在“玩民主”“玩美元”“玩导弹”的过程中出现丧失理智的疯狂。

美国标榜自己是全球的“价值观国家”。美国价值观的主要内容表现在五个方面。

一是美国“领导观”——世界必须由美国领导，不能有挑战者。

二是美国“样板观”——美国是全世界的样板，全球都要按照美国的样子实现美国化。

三是美国“标准观”——美国为全世界制定标准，美国标准就是世界标准。

四是美国“裁判观”——美国是全球的最高法官、最高裁判。

五是美国“警察观”——美国是全球的警察和“城管”，在全球维稳、全球执法。

但是，“美国迷信”恰恰被美国打破。冷战后的世界，最多的战争由美国发动；最大的经济危机由美国制造；最大的分裂世界的军事联盟由美国组织。美国给这个世界带来的是战争、危机、分裂、动乱。美国“异化”了，美国变质了。面对变质的美国，人们不禁要问：让美国制裁世界，还是让世界制裁美国？让美国管理世界，还是让世界管理美国？让美国改造世界，还是让世界改造美国？让美国领导世界，还是让世界领导美国？

玩民主——美国是世界最成熟的“金主国”

美国的第一金字招牌，就是美国是全球最大的“民主国家”，美国是人民第一、选票第一。其实，今天的美国，早已经是“钞票”绑架“选票”、是“金主”领导“民主”。美国不是世界最大的“民主国家”，而是世界最大的“金主国家”。

美国的民主，不是最好的，更不是万能的。美国战略家布热津斯基说：“民主制度，是美国最伟大的优势之一，但也是导致目前困境的主要原因之一。”[①]

美国患有“民主病”。美国民主的最大问题，是与金钱的关系问题。加利福尼亚州前议长杰西·昂鲁曾经指出：在美国，“金钱是政治的母乳”[②]。为政治竞选掏大钱的多数人不是“捐献者”，而是“投资者”。

美国战略家布热津斯基指出：“美国目前这种严重依赖竞选资金的政治制度，越来越容易被那些资金充足、但是只服务于小部分人利益的国内外游说集团利用。这些集团可以利用现有的政治体系，牺牲国家利益，来推行他们的目标。”[③]

美国《纽约时报》网站2012年2月16日文章《为什么中国的政治模式更优》指出：“在今天的美国，金钱是政治煽动的大推手。正如诺贝尔经济学奖得主迈克尔·斯彭斯所说，美国已经从‘有钱人一人一票，变为一位男人一张选票，再到一人（不分男女）一票，现在趋向一美元一票’。”这也就是说，在今天的美国，“钞票”已经绑架“选票”，“民主化美国”已经变成“金主化美国”，世界最先进的“民主国家”已经变成了世界最先进的“金主国家”。

在美国，始终存在着“钞票”和“选票”之间的博弈。选票代表人民主权，钞票代表资本的专制。当钞票不能控制选票的时候，美国是民主的国家；当钞票与选票旗鼓相当的时候，美国是一个正常的国家；而当钞票操控选票甚至压迫选票的时候，美国就成为一个资本专制的国家。美国从开国时代就没有君主，所以美国没有君主专制；但是，美国从立国以后，就存在着“金主”与“民主”的对立和博弈。当资本绑架了民主，当钞票绑架了选票，那么美国的民主就演变为“金主”，美国这个没有君主专制的国家，就变成了一个“金主专制”的国家。而这个美国特色的“金主专制”，比较一些国家的君主专制，在国内对于政权的操控更狡猾，对于财富的掠夺更疯狂，在国际上推行霸权战略更猖狂，对于世界的压迫和剥削更肆无忌惮。所以，美国不是民主国家，而是“金主国家”；美国不是“君主专制”国家，而是“金主专制”国家。

有人说，美国政治是选举政治，是选票政治。其实不然。在今天的美

---

① ［美］兹比格涅夫·布热津斯基：《战略远见：美国与全球权力危机》，洪漫、于卉芹、何卫宁译，新华出版社2012年版，第127页。

② 张兹暑：《美国两党制发展史》，河北教育出版社2003年版，第43页。

③ ［美］兹比格涅夫·布热津斯基：《战略远见：美国与全球权力危机》，洪漫、于卉芹、何卫宁译，新华出版社2012年版，第54页。

国，选票难以制约钞票，钞票可以绑架选票。今天的美国政治，形式上是选举政治，是选票政治，实际上是美元政治，是钞票政治。美国政治，是“钞票”主导“选票”，是“金主”绑架“民主”，是金钱操纵和控制政治。在现代美国，是金主第一、民主第二，是金主驾驭民主，民主成为金主的奴仆、玩物。民主是外衣和形式，金主是内容和实质。从2008年以来美国金融危机的事实中，全世界都看到，不是美国人民手中的选票说了算，而是华尔街的钞票说了算。

建国以来，美国的资本主义在深度发展。从自由资本主义、垄断资本主义发展到今天的“金融资本主义”，美国的金主、金权绑架了美国。华尔街操纵了美国。那些对造成危机有直接责任的金融大鳄不仅没有受到惩处，而且照样按照合同拿几千万甚至上亿美元的奖金。诺贝尔经济学奖得主斯蒂格利茨高呼，美国的问题就是1%的问题，1%的人掌握了40%的财富。今天美国的民主政治对资本主义金主们的制约已经失灵，美国成为发达国家中贫富差距最大的国家。美国战略家布热津斯基指出：“自1980年以来，美国的收入失衡现象不断加剧：1980年，最富有的5%的家庭的收入占全国总收入的16.5%，而最底层的40%的家庭的收入占全国总收入的14.4%；到了2008年，这个差距扩大，两个数字分别变为21.5%与12%。除了年收入外，家庭拥有的总财富的对比更加悬殊：2007年，最富有的1%的美国家庭竟然拥有33.8%的社会净财富，而下层50%的美国家庭只拥有2.5%的社会净财富。这一趋势使美国在全世界收入水平和贫富差距的两项排名中，都名列前茅，也让美国成为最不平等的发达国家。”在世界12个主要大国中，“收入不平等问题比美国更严重的国家只有巴西”①。

破除对“多党政治”“选举政治”的迷信，是推进世界政治创新的一个重要前提。今天西方政治的主要特征，就是对内一切都纳入“选举政治”的轨道，就是“国家政治选举化”；而对外关系则是按照意识形态选边站队，都纳入意识形态轨道，就是对外关系“意识形态化”。今天，在世界民主政治的发源地希腊，其国家政治整天在选举的旋涡中翻滚，各个政党为竞选政权明争暗斗，政治资源不能集中到处理危机、解决问题上。希腊发明了民主，但是民主救不了希腊。希腊在危机中频繁选举，但是更多的选举解决不了希腊危机。“选举政治”救不了希腊经济。今天，作为

① ［美］兹比格涅夫·布热津斯基：《战略远见：美国与全球权力危机》，洪漫、于卉芹、何卫宁译，新华出版社2012年版，第49页、第50页。

现代民主政治标本的美国，其对外政策高度意识形态化，按照民主与专制的两分法分类全球的国家，而民主又被界定为多党制和一人一票。美国用战争制造了一批所谓民主国家，结果这些被“导弹炸出来的民主”、被“无人机空投的民主”，造就的是劣质民主国家，是边乱边选，选完更乱，乱了就打，打了再选，选完再乱，陷入民主和战乱的恶性循环。

美国的选举制度，成为游戏民主的游戏。美国选举总统，实质上是在选择政治演员。把民主等同于竞选，把竞选等同于政治营销，把政治营销等同于拼金钱、拼资源、拼公关、拼谋略、拼形象表演。政客的承诺根本无须兑现，只要能够赢得“选战”就行。这种机制产生的人，善于表演，能说会道，就是不能干。治国理政，仅靠选举选不准方向，仅靠选票也选不出英才。美国民主，“四化”问题严重：一是美国民主的商业化。铺天盖地的广告成灾，形成对选民的政治折磨。二是美国民主的庸俗化。一切为了讨好选民，选举上台后，自己原来的承诺不用兑现。三是美国民主的金钱化。美国的民主制度是世界上最昂贵的民主制度，竞选需要电视媒体和广告，而筹款和弄钱的过程就是产生腐败的过程，执政者必须回报为竞选提供金钱的人。四是美国民主的少数化。在西方国家，除了少数情况，一般大选的投票率仅仅有50%左右。即使是在一些美国专家看来，中国的民主模式也越来越显示出独特的优越性。中国的民主模式一定会影响世界政治的游戏规则，丰富世界民主政治的内容和形式。

这个世界发生危机的根本原因，就是两个失衡：一是美国国内失衡——金主绑架美国，资本绑架美国，“美国民主”管理不了“美国金主”；二是整个世界失衡——霸权绑架世界，美国一个国家绑架全世界。世界管理不了美国。美国的前途取决于“民主”是否能够从“金主”的压迫下解放出来；世界的前途取决于地球是否能够从霸权的压迫下解放出来。

玩美元——美国是全球最大的“寄生国”

现代法国的缔造者戴高乐将军1965年对美元霸权的严厉批评举世闻名。他说：“美国享受着美元所创造的超级特权和不流眼泪的赤字。它用一钱不值的废纸去掠夺其他民族的资源和工厂。”①

① 向松祚：《新资本论》，中信出版社2015年版，第221页。

2011 年 8 月 1 日，时任俄罗斯总理的普京说，美国是世界经济的寄生虫。美国有 14 万亿美元甚至更高的巨额债务，美国依靠美元的垄断地位，在世界经济中过着寄生虫的生活。

根据国际货币基金组织的数据，1971—2013 年，全球基础货币或国际储备货币，从 480 亿美元激增到超过 12 万亿美元，增加速度接近 300 倍，而全球实体经济实际增长不过 5 倍。美联储前主席格林斯潘在他的自传《动荡岁月》中，对过去几十年全球性货币扩张有详尽论述，他认为，20 世纪 80 年代以后，如果没有以中国为首的发展中国家提供廉价产品，全球性通货膨胀将要严重得多。[①] 格林斯潘承认，20 世纪 70 年代以来，全球平均通货膨胀超过以往一切时代的总和。

根据两位法国学者的研究，2001—2006 年，正是美元相对世界主要货币大幅贬值时期，也是美国施压人民币升值最激烈的时期。该时期，美国累计对外借债净增加 3.209 万亿美元，然而净负债竟然还减少了 1990 亿美元，相当于美国同期净赚了 3.408 万亿美元，其中仅仅汇率贬值一项，就让美国赚了 8920 亿美元，资产负债收益差距让美国赚了 1.694 万亿美元，其他手段赚了 8220 亿美元。3.408 万亿美元，是怎样一个巨大利益呢？它相当于美国 6 年的国防军事开支总和。也就是说，美国通过操纵美元汇率所创造的超级利益，意味着世界各国为美国庞大的军费开支埋单。这就是美元超级霸权创造的超级利益。美国是全球最大的对冲基金、最大的风险投资公司、最大的私募基金，而且不需要任何资本金。它具有近乎无限的融资和创造信用的能力。美元长期贬值符合美国根本利益。美国根本不会或没有任何意愿发起和参与国际货币体系改革。[②]

根据美联储数据，美国全部金融资产价值与国内生产总值之比：1980 年为 5 倍，2007 年达到 10 倍。美国金融业平均工资大大超过其他行业平均工资。1980 年金融业平均工资与其他行业大体相当。2006 年，金融业的平均工资是其他行业平均工资的 1.7 倍。受高工资的吸引，美国优秀大学生竞相进入金融业。2008 年，高达 28% 的哈佛学院毕业生，进入金融业。而 1969—1973 年只有 6%。20 世纪 90 年代，斯坦福 MBA（工商管理硕士）毕业生进入金融业的薪水，是进入其他行业同班同学薪水的 3 倍。[③]

---

① 向松祚：《新资本论》，中信出版社 2015 年版，第 464 页。

② 向松祚：《新资本论》，中信出版社 2015 年版，第 474 页。

③ 向松祚：《新资本论》，中信出版社 2015 年版，第 133—134 页。

在美国，“玩美元”的金融精英，是一个引起社会公愤的特权集团。据统计，美国前25名对冲基金经理的年均收入从2002年的1.34亿美元，剧增到2012年的5.37亿美元（皆以2010年的美元计算），10年增加了4倍。他们的收入甚至达到美国0.1%精英阶层年均收入的116倍。自2004年开始，排名前25的对冲基金经理，每年的收入总和均大于标准普尔500家最大上市公司首席执行官的全部收入总和。2010年，排名前25的对冲基金经理的总收入是标准普尔500家最大上市公司首席执行官总收入的4倍。[①]风险投资和私募基金经理的收入也快速增长。

谁来养活美国？用美元“吸食”世界的美国，已经成为全球最大的“寄生帝国”。中国等新兴国家作为“世界工厂”大干苦干，美国作为“世界银行”则依靠“玩美元”，进行纸币换实物的游戏，这是“一纸万利”的生意，是一厂（造币厂）抵万厂（制造业工厂）的“艺术”。根据有关方面的研究，自从2006年以来，由于美国操纵美元贬值，到2011年，中国的美元储备缩水达6000亿美元之多。

马克思的《资本论》揭露了自由资本主义的本质，列宁的《帝国主义论》揭露了垄断资本主义的本质，而资本主义的第三形态，是“金融资本主义”。从1971年8月15日美国实行美元与黄金脱钩开始，美国就开始了“金融资本主义”阶段，美元就开始了对全球的“金融殖民”，美元霸权导致整个世界都要向美国“进贡”，美元霸权为美国带来滚滚财富。人们只看到美国在第二次世界大战后，与苏联进行了40年的“冷战”，而没有看到1971年至今，美国与世界进行的一场40年的“钱战”，这是人类历史上空前的“金融战争”“货币战争”。美国的原子弹只在日本投放了两颗，而美元作为美国的“金融原子弹”“货币原子弹”，却在全球投掷，而且是反复投掷。

玩导弹——美国精通战争甚于精通和平

今天的世界，有两个点击：一是用“鼠标”点击全球；二是用“导弹”点击全球。美国善于用“鼠标”点击全球；美国更善于用“导弹”点击全球。美国“精通战争”甚于“精通和平”。

美国著名的五星上将布莱德雷1948年11月10日在波士顿商会举行的

---

① 向松祚：《新资本论》，中信出版社2015年版，第344页。

第二次世界大战停战纪念日午餐会上的致辞中说："我们的科学知识明显地超出了我们控制它的能力。我们有无数科学家，却没有什么宗教家。我们掌握了原子的奥秘，却摒弃了耶稣的训谕。人类一边在精神的黑暗中盲目地蹒跚而行，一边却在玩弄着生命和死亡的危险的秘密。这个世界有光辉而无智慧，有强权而无良知。我们的世界是核子巨人、道德侏儒的世界。我们精通战争甚于和平，熟谙杀戮远甚于生存。"

墨西哥《至上报》1999 年 4 月 18 日刊登贝塞拉·阿科斯塔的文章，题目是"美国在 147 年中进行了 168 次入侵，本世纪对 60 个国家进行过干涉"。

根据美国国防部公布的统计数字，在 1946—1989 年，美国年均对外使用武力的次数为 2.8 次，而冷战结束后的 20 世纪 90 年代为 4.5 次。从 1990 年到 1999 年期间，美国发动的较大规模的海外军事干涉行动有 45 次，每年平均使用武力的次数大大超过了冷战时期。①

美国是"战争立国"。美国这个国家，本身就是英国移民从北美印第安人手里抢夺来的。是从 1622—1890 年之间的一场接近 300 年的战争中抢来的。美国开国，是以一场接近 300 年的屠杀北美洲本地人的战争来奠基的。"印第安人战争"的概念，是指今天美国所在的地区北美土著居民与欧洲移民之间的战争。1492 年，哥伦布发现新大陆后，欧洲移民开始移民北美，欧洲移民与北美土著居民的第一次大的战争从 1622 年开始，一直持续到 1890 年 12 月 29 日最后一次战役，"印第安人战争"才结束，他们的反抗才中断。据估计，有数百万印第安人死亡或被迫迁徙，这实际上是一个种族屠杀的过程。② 美国的战争，在移民与土著居民之间是"征战"，在到达北美的欧洲移民内部是"争战"，在殖民地与宗主国英国之间是"独立之战"，在美国与周边国家之间是"扩张之战"。

美国总统为战争自豪。1973 年 1 月 20 日，尼克松在第二次就职演说中说："我们国家本世纪发动的 4 场战争，包括我们现在正在进行并即将结束的这一战争，都不是出于个人利益，而是帮助他国人民抵抗侵略，让我们为此感到自豪吧。"美国的 11 年越南战争，是一场灾难。美国出现了 20 多万青年拒绝应征，50 多万青年当兵后变成逃兵，而美国总统居然感到自豪。

---

① 中国国际关系学会：《国际关系史》第 12 卷，世界知识出版社 2006 年版，第 149 页。

② ［德］妮科勒·施莱、莎贝娜·布塞：《美国的战争：一个好战国家的编年史》，陶佩云译，生活·读书·新知三联书店 2006 年版，第 3—14 页。

冷战后的美国，进一步战争化。美国《国家利益》双月刊网站2011年7月25日文章《华盛顿的外交臆想病》指出："冷战结束后的20年中，美国主动出兵进行军事干预的数量，几乎是冷战时期40多年里的两倍。华盛顿已经在随意动用武力，令人深感不安。我们把部队派往了过多的国家和地区，承担了过重的任务。"新加坡《联合早报》2011年1月3日发表了题为《从历史角度探讨"美国是否衰落"的老课题》的文章，作者是日本一位大学教授。文章指出，在过去的13年里，美国的国防开支持续增长。2006年美国国防支出占世界各国国防支出的51%，美国的军事支出超出了世界其他各国的总和。美国在海外的军事基地。不仅没有比冷战时期减少，而且大幅度增加。美国的经济有起伏，而美国的军事力量一直在崛起。美国在与苏联军备竞赛时期，军事力量发展快，在苏联消失后，军事步伐不仅没有放慢，而且加快。更可怕的是，冷战遏制了热战，而冷战结束后，美国的热战出笼了。美国在军事上失去制约，向热战化迅跑。从1989年以来，美国几乎经常性地处于战争状态，几乎每三年两次，而且看不到头——1989年巴拿马、1991年海湾战争、1993年索马里、1994年海地、1995年波斯尼亚、1999年科索沃、2001年阿富汗、2003年伊拉克、2004年海地。美国动武的理由在发展，在理论化，包括人道主义干涉、全球反恐战争、美国特殊论等。就连一些美国学者也担心美国将处于"永久战争"状态。

英国伦敦前副市长约翰·罗思义在2011年11月29日《环球时报》发表文章指出：西方国家最大的问题是经济问题，发达国家本来应该全力改善国内经济环境，但是不幸的是，他们却把过多的经济资源耗费在军事领域。金融危机时期的美国经济数据反映了这些发展。美国的军事开支的增加速度，是居民消费增加速度的10倍。而政府的非军事开支则有所下降。数据显示，2007年第四季度至2011年第三季度期间，美国住宅投资下降37.8%，非住宅投资下降8.1%，政府非军事开支下降1.8%，个人消费增长1.4%，而军事开支则增长了15.3%。根据世界银行数据，美国经济占全球国内生产总值的比例已经从1960年的39%下降到2010年的23%。新保守主义者认为，随着美国逐渐丧失经济竞争力，关注点要从经济领域转向美国实力最强的军事领域。

美国总统奥巴马在一次演讲中宣布，在过去10年的战争中，总共有500万美国人"穿上了军装"。而这些战争耗费了美国1万亿至2.5万亿美元的预算。美国哈佛大学教授在《外交政策》杂志2011年11月号文章

《“美国例外论”的错觉》中指出：“过去30年间，美国的军事行动直接或间接造成了25万穆斯林死亡，其中超过10万人死于2003年攻击伊拉克以后。”

美国发动的每一场战争，都是美国的胜利，又是所在国家人民的灾难。美国用炮舰政策结束了伊拉克战争、阿富汗战争、利比亚战争，却留下了伊拉克问题、阿富汗问题、利比亚问题。“问题”的解决，远比“战争”的解决，要更加麻烦和棘手，更加复杂和困难。

美国的战争化，就连美国的国防部部长都感到难以持续，无法容忍。2011年2月25日，时任美国国防部部长的罗伯特·盖茨在西点军校的演讲中指出：今后的任何一位国防部部长，在建议总统向亚洲、中东或非洲派遣大批美国陆军的时候，“都要像麦克阿瑟将军非常巧妙地表达的那样，应该检查一下他的脑子”。他认为美国向海外派遣陆军是愚蠢举动。美国外交学会会长理查德·哈斯说，美国患上了“干涉疲劳症”。

美国是一部高速运转的战争机器。军工体系绑架美国、俘虏美国，这是公开的秘密。美国总统艾森豪威尔1961年1月（在结束总统任期前3天）的卸任演讲中警告说：“一个庞大的军事体系和一个庞大的军需工业体系的复合体，对美国人来说，是一种崭新的经验。它发挥出来的巨大影响力——经济的、政治的，甚至是思想的——是不可估量的。在每一个城市、每一个州政府的办公室、每一个联邦政府的机关，人们都感受到它的存在。我们千万不要掉以轻心，忽视它可能引起的严重后果。必须注意到，我们的生产工具、自然资源以及整个民生都被卷进去了。我们千万不可以让这个复合体的压力来破坏我们自由或民主的程序，我们是不可以淡然处之的。”他又警告：“在促进科学研究和发明的过程中，政府的政策也完全可能成为一个小集团的俘虏，这个集团是由科学技术界的专家学者所构成的。”他在这里明确警告：美国出现了“军事—工业—学者专家的复合体”，他们俘虏了美国政府，也俘虏了美国人民。

世界上最赚钱的美国货物，就是美国武器。第二次世界大战结束后，美国由所谓“民主国家的兵工厂”，升级为“全世界的兵工厂”，美国的军火工业红遍全球。艾森豪威尔总统的国防部部长威尔逊，是通用公司的头子，担任战争生产委员会主席，1944年胜利在望，他为了避免战后经济衰退，主张美国应该创造一种“永久战争经济体”。威尔逊1953年出任艾森豪威尔总统的国防部部长，开了企业领导人入主五角大楼的先河。后来，福特公司头子麦克纳马拉当了肯尼迪总统的国防部部长，更加发扬光大了

“永久战争”的黩武思维。这就是军事阶层与企业阶层的“旋转门”关系。肯尼迪做了3年总统，将国防预算提高超过20%，到小布什总统，第三次海湾战争打了42天，耗资600亿美元，战争总消耗量是朝鲜战争的16倍。

在艾森豪威尔后，军工集团“俘虏美国”的问题越来越严重。美国政府和美国人民不断被洗脑，说是美国的敌人在发展新的武器，在威胁美国，从“苏联威胁论”到“中国威胁论”，美国必须用不断升级的国防经费来保护自己，甚至先发制人。1956年，美国军事领袖、公司说客、宣传人员、议会议员，一再提醒美国人民注意“轰炸机差距”的危险。结果是空军分配到大量的政府补助，而人民发现这个差距根本不存在，因为苏联只有150—200架远程轰炸机，而美国有680架B－52以及B－58轰炸机，其中还不包括北大西洋公约组织的空军。1960年，他们又用同样的伎俩在国内宣传“导弹差距”。军事发言人、政府官员、商业领袖以及与他们连成一气的新闻编辑们都说，美国将很快成为在世界上只具有二等攻击力的国家，直到军事预算决定大幅度增加以后，人们才发现，五角大楼夸大了30倍苏联导弹的威胁。1962年，美国又预测说苏联和美国的导弹比例是4：1，后来也证明是无稽之谈，苏联只建造了50枚洲际导弹，比美国在大量制造前的总数少多了。1967年，那些制造了“轰炸机差距”“导弹差距”的人们，又制造了“反弹道导弹差距”的警告，虽然支持这项危机的证据很少，但是在尼克松总统任上，仍然拨款56亿美元做第一阶段的反导弹系统的建设，以支持以后更精致的反弹道导弹计划。到了1973年，这一计划支出，超出原来预算的250%。更恐怖的是，有90%的合同，是在私下没有竞标的情况下进行的，私人公司与军事官员之间变成了同伙关系，军事官员希望早点退休，以便早日得到高薪的私人公司职位。而这种高薪，往往是因为他们在五角大楼服务的时候，为私人公司卧底服务换来的报答。1960年，在艾森豪威尔总统任上，就有1400多个军事退休官员，大部分是少校以上军衔的，被排名前100名的军火公司雇用。这些大企业是稳定赚钱而不赔钱的，因为他们唯一的客户就是政府，政府是不会倒的。关于美国军事工业复合体的共犯结构，在里根总统任上有一例。1985年12月2日，通用公司因为欺诈军方的罪名而被起诉，其中包括了一个仅值12美分的螺旋扳钳，卖给军方要9600美元。一个椅子角的塑料帽，卖给军方要1000美元，这就是通用公司。

世界军备竞赛的源头在美国。美国最大的创新，就是“战争创新”。美国发展速度最快的不是它的“生产力”，而是它的“战争力”。美国在

2006 年公布了“一小时打遍全球”的战略。这几年又出台了“海空一体战”战略。美国最需要全世界保持军备竞赛。中国可以 30 年不打仗，美国 3 年不打仗都难。美国为什么离不开战争？因为战争产业、军备产业，是美国的第一产业、核心产业，军备市场是美国在全球最具有优势的市场。

罗斯福 1941 年 9 月 1 日在《我们要竭尽全力粉碎希特勒及其纳粹势力——劳动节广播演说》中指出：“我们并不是个好战的民族。我们从来没有追求过作为一个武士之国的荣耀。我们无志于侵略。我们同独裁者们不一样，无意于掠夺。我们并不觊觎任何其他国家的一寸土地。”①

罗斯福的这段演说，在当时世界反法西斯战争中，是有进步意义的，但是这段演说并不符合美国的历史事实。美国历来自我标榜是全球“最大的民主国家”，其实，美国更是全球最大的“战争国家”。由两位德国人写成的《美国的战争：一个好战国家的编年史》一书，列举了美国从 1622—1890 年的印第安人战争到 2003 年伊拉克战争（第三次海湾战争）期间的 38 次战争，其中，发生在第二次世界大战以后的有 29 次。美国走上世界领导岗位以后，在 60 年的时间里进行的战争是过去 320 多年进行的战争数量的 3.5 倍。所谓最民主的美国，其实是最喜欢动武的美国；所谓世界领袖国家的美国，其实是发动和进行战争最多的美国。第二次世界大战以后特别是冷战之后，美国始终是世界头号战争国家。人们已经领略了第二次世界大战后的“美国战争”，人们也领略了冷战后的“美国战争”，而“美国未来的战争”又会如何？

今天的美国，是这个星球上最好战的国家，是这个世界名副其实的“武士之国”。

美国人论“美国为什么打仗成瘾”

如果我们研究这样两个课题——“中国与战争”“美国与战争”，那么就可以发现，中国是世界上最不爱打仗的国家，而美国是这个星球上最爱打仗的国家。美国为什么“爱打仗”？美国为什么“打仗成瘾”？让我们听听美国专家对这个问题的解读。

---

① ［美］富兰克林·德·罗斯福：《罗斯福选集》，关在汉编译，商务印书馆 1982 年版，第 309 页。

美国《外交政策》双月刊网站2011年4月4日文章《美国是否打仗成瘾?》作者哈佛大学约翰·肯尼迪政治学院教授斯蒂芬·沃尔特指出，由北美东海岸13块弱小的殖民地起家的美国，在之后一个世纪里，四处开疆拓土，对原住民进行征服和灭绝。1900年前后成为世界强国以来，进行了一打真正的战争，以及不计其数的军事干涉行动。冷战以后特别是进入21世纪，美国进行战争的热情高涨。美国不断发动愚蠢的战争有五个理由：

“一是因为美国有能力打仗。美国具有世界上最强大的军事力量。

“二是因为美国没有真正的敌人。美国之所以可以发动多场可打可不打的战争，是因为冷战结束后美国非常安全，世界上没有与美国势均力敌的对手。

“三是全志愿兵部队。兵役全部由志愿兵承担，容易控制公众对于战争的反对。如果实行义务兵役制，大多数美国年轻人都得应征入伍，华尔街银行家的儿女们因为在征兵名单中排到倒霉的号码，也要被送到危险的地方，如此一来，美国总统还能够把伊拉克战争和阿富汗战争打下去吗?

“四是核心集团不承担责任。在华盛顿决策的集团成员，不论是新保守派，还是自由干涉主义者，都喜好战争，都主张向外输出民主，主张用军事力量解决问题。他们经过多年的运作进入权力圈子，如果不能动用手中的权力，按照自己的喜好改变这个世界，那么，在华盛顿当个大人物，又有什么意义呢? 对于这个富有财富、享有特权、受教育程度很高的群体来说，他们主张的政策和决策所带来的后果和恶果，并不会影响到自身。海外战争即使失败了，主张出兵干涉的人也没有财产损失，没有职业生涯的损失。核心集团的战争政策与决策能够运行，是因为美国右派暗中进行了成功的控制民众心智的把戏。从20世纪60年代中期开始，美国保守派发起一场成功的活动，目标是让美国选民相信用税金支持国内各种计划，是浪费，是愚蠢。但是用税金支持一个耗费超过世界所有其他国家军队支出总和的军事集团，却是应尽的义务。

“五是国会出局。现在，美国的军事力量集中在总统手中。虽然宪法把宣战权赋予国会，但是这种权力从第二次世界大战开始，就一点点被篡夺。当代总统在下令军队攻击其他国家时，没有任何约束感。动用美国军事力量的权力完全落在总统和一些野心勃勃的顾问手中。这些因素就决定了本来应该爱好和平的美国，却为什么总是陷于那些愚蠢的战争，甚至打仗成瘾。”

作者对美国“打仗成瘾”的分析是有道理的，但是并不全面。还可以列举若干条。比如，美国的世界霸权，是以军事强权来支撑的，战争是霸权的要求，战争是强权的体现；美国是一个崇尚实力、迷信武力的国家；美国的战争，是一个战略产业，甚至是美国的第一产业；美国发动的每一场战争都是一次特殊的投资，是有高盈利、高回报的。

美国如果不能从根本上解决“打仗成瘾”的问题，那么，美国就既不会给这个星球带来安全，也不能保证自己的安全。“打仗成瘾”的美国，即使能够在军事上百战百胜，也必将陷入“有胜利而没有安全”的战略困境。

美国推进“世界革命”，加剧全球文明冲突

对比一下中国和美国在世界革命问题上的差别，有助于对“美国病”的认识。

中国共产党在“世界革命”问题上经历了一个转变的过程。中国革命是在共产国际的指导和领导下开始的，受“世界革命”观念的影响很深。20 世纪 70 年代初期，中国开始转变“世界革命”的观念与政策。1974—1975 年间，中国与一些东盟国家建交时，经过毛泽东同意，中方作出了不再支持其国内反政府组织和游击队的承诺，以后又严格执行。

中国在改革开放以后就不再提及世界革命。而美国在冷战结束后，却加紧推进世界革命。美国把自己看成世界民主运动的中心和核心，要用美国“化世界”，要把世界“美国化”，要让世界都听美国的话。这就把世界搞得鸡飞狗跳。中国特色社会主义与美国特色资本主义的一个重大区别，就是美国至今没有放弃美国式的“世界革命”。美国这个“民主帝国”至今没有放弃“输出民主”。1992 年 2 月，美国国务卿詹姆斯·贝克说：“苏联的崩溃产生了一个世纪才有一次的机会在全世界推行美国的利益和价值观念。”① 美国专家托马斯·巴尼特说：“按照‘自由之家’2003 年对世界各国的统计，在全部被调查的 192 个国家中，48 个国家被评为‘不自由’。其中包括中国。”② 中国特色社会主义并不想改变美国特色资本主义，但是

① 齐世荣主编：《15 世纪以来世界九强的历史演变》，广东人民出版社 2005 年版，第 431 页。

② ［美］托马斯·巴尼特：《五角大楼的新地图：21 世纪的战争与和平》，王长斌、汤学武、谢静珍译，东方出版社 2007 年版，第 107 页。

美国特色资本主义却要改变和颠覆中国特色社会主义。

全世界有70亿人口，200多个国家和地区，2500多个民族，6000多种语言，有多种宗教。中国打造“人类命运共同体”，建设新型国际关系，坚持海纳百川、兼收并蓄的“文明观”，让不同的文明形态平等对话、取长补短、共同繁荣，这有利于世界的进步和发展。1981年邓小平在会见美国客人时指出，有人“认为中国政府信奉的意识形态旨在摧毁类似美国这样的政府。这样的观点至少不是八十年代的观点，也不是七十年代的观点，而是恢复了六十年代以前的观点”①。遗憾的是，今天的美国，仍然抱着20世纪60年代以前的观点不放，在全世界推销美式民主，搞美国意识形态的世界革命，加剧全球文明的对抗和冲突，成为引发世界动乱的策源地。

① 《邓小平文选》第2卷，人民出版社1994年版，第378页。

第二章

帝国的梦魇——美国的“社会病”

1964年5月22日，美国第三十六任总统林登·约翰逊发表了著名的“伟大社会”的演讲，宣布美国要建设平等、公正、幸福的“伟大社会”。50多年后的今天，全世界都看到，在美国，没有出现“伟大社会”，却出现“病态社会”“畸形社会”。

你知道美国的财富是如何分配的吗

法国著名史学家马迪厄在《法国革命史》中指出：“革命不是发生在一个贫穷的国度，而是发生在一个富裕的国度。革命不是发生在大饥荒中，而是发生在整个国家欣欣向荣的时期。”

人类社会的变革历史说明，物质的进步和经济的繁荣，虽然极端重要，但是物质财富的增长并不足以保障社会的和谐与稳定，财富的鸿沟能够分裂社会。稳定社会，依靠财富的增长，更依靠财富的分配。而最可怕的事情，就是在经济陷入危机、财富停止增长的情况下，财富的分配继续加剧分化，扩大鸿沟，这势必会引爆社会。

西班牙《起义报》2012年1月1日的文章《美国：一切危机之母》指出，发明了“美国世纪”和“福利社会”的美国，最新统计数据显示，目前几乎每两个美国人中，就有一个处于低收入或贫困状态。自诩“世界历史上最富有、最强大和最民主”的国家，竟然有半数人处于严重经济困境。

今天的美国，迫切需要抢救。诺贝尔经济学奖得主约瑟夫·斯蒂格利茨指出，“现在，最富有的1%的美国人，其年收入占到美国总收入的大约四分之一。就财富而非收入来说，最富有的1%的美国人控制着总财富的

40%。这是新情况，25 年前对应的比例分别是 12% 和 33%。”①

美国前白宫预算办公室主任马特·米勒 2011 年 11 月底在接受中国《环球时报》采访时说：在美国这个人均 GDP 非常高的国家，在过去 35 年里，大部分人的工资增长是缓慢的，几乎呈“水平状态”。绝大部分的美国财富流入到 1% 的美国富有人口的口袋里。在当前的经济困难时期，情况依然如此。对于美国这样一个富有的国家，让 1500 万美国公民享受不到最基本的医疗保障，这是美国的耻辱。

20 世纪 80 年代美国实行“里根经济学”，将个人所得税的累进税率从最高的 78% 下降到 30% 以下，之后长期维持低水平的累进税率。不仅如此，高收入者往往有更多办法避税、偷税、漏税，致使许多高收入者实际税率反而低于中低收入者。② 美国总统候选人罗姆尼遭到批评，在他每年数千万美元的收入中，税率仅仅是 15%，而普通中产阶级的平均税率是 36%。

1980 年之后的 30 多年里，美国 1% 人群的年均收入上涨了 150%，0.1% 人群的年均收入上涨了 300%，90% 低收入人群的年均收入只增长了 15%。2007 年，美国 1% 人群平均税后年收入达到 130 万美元，20% 最低收入人群的平均年收入则只有 17800 美元。1% 人群一周所获得的收入，比 20% 最低收入人群一年的收入还要高 40%。0.1% 最高收入人群，一天半的收入，相当于 90% 低收入人群一年的收入。20% 最富有人群一年的收入总和超过其余 80% 中低收入人群年收入的总和。③

2008 年金融危机后，93% 的美国民众的资产净值持续缩水，而 7% 的美国富人的财富却在持续快速增加。金融危机之后的时期，竟然是自 1928 年以来，美国富豪们的收入占国民收入的比例增长最快的时期。30 多年前，1% 人群的收入总和，占全部国民收入的 12%。2007 年，美国最富裕 0.1% 家庭的平均年收入是其余 90% 家庭平均年收入的 220 倍。1% 美国家庭拥有美国全部财富的三分之一。2002—2007 年，美国国民收入的净增量中，1% 家庭拿走 65% 以上。金融危机之后，经济复苏所创造的收入净增长，1% 的家庭拿走了 93%，穷人和中产阶级的收入则完全没有增长，财富（主要是房地产）反而大幅度缩水。美国大公司首席执行官的平均工资

① 《美国有未来吗?》,《参考消息》2011 年 9 月 26 日第 12 版

② 向松祚:《新资本论》，中信出版社 2015 年版，第 360 页。

③ 向松祚:《新资本论》，中信出版社 2015 年版，第 344 页。

是普通工人平均工资的243倍。金融危机之后，最富有的1%人群（家庭）的财富总额达到美国普通家庭平均财富的225倍。1962—1983年，这个比例是100倍。1979年之后，1%人群拿走了全部资本收入（股票、债券等金融资产的收益）的59%，其余95%的人群获得的比例不到3%。与此同时，普通中产阶级家庭的收入却没有任何增长。事实上，1980年之后的差不多三分之一个世纪里，美国普通男性全职工人的收入一直停滞不前。[①]

金融危机是1%人群的发财良机。格林斯潘等人指出，2008年金融危机之后，美国全部新增的国民收入中（包括工资收入净增长和金融资产增值），93%为1%的最富有的人群所获得。[②]

美国《时代》周刊2012年1月30日的文章《如何拯救资本主义》指出：美国大企业CEO在2010年的收入为1080万美元，比前一年增加了28%。普通工人的工资则为33121美元，只增加了3%。按照这种水平，CEO的收入比雇员高出325倍。

这样的一个财富分配高度两极分化的美国，如果再不改革，势必导致革命。

美国人论美国：1%所有、1%所治、1%所享

今天的美国，是一个什么样的国家呢？按照美国权威专家的结论，美国正沦为一个“1%所有、1%所治、1%所享”的社会。这是一个十分可怕的社会。

美国诺顿出版社2012年出版了《不公平的代价：当今的社会分裂如何危及我们的未来》一书。作者约瑟夫·斯蒂格利茨是哥伦比亚大学经济学教授，2001年诺贝尔经济学奖得主，曾经担任克林顿政府总统经济顾问委员会主席、世界银行首席经济学家，美国“左派”经济学家代表人物，著有《失控的未来》《全球化及其抗议者》等，被美国《新闻周刊》赞誉为“对金融危机始终抱有正确主张的专家”。该书剖析了近30年来收入和财产分配不公导致美国贫富严重分化的深层次原因，批评美国当前资本主义市场失灵、政府失能和政治经济制度不公，并且提出加强金融监管、改

---

① 向松祚：《新资本论》，中信出版社2015年版，第343页。

② 向松祚：《新资本论》，中信出版社2015年版，第363页。

革税收制度、完善企业治理和改革选举制度等诸多对策。

1. 美国社会分配不均，财富悬殊日益严重

自从 20 世纪 80 年代共和党"里根革命"以来，美国国内富裕者愈富，贫穷者愈贫而且人数增多，中产阶级萎缩。"1% 所有、1% 所治、1% 所享"，已经成为美国社会的真实写照。突出表现如下：

一是富人财富猛增，中产阶级收入停止增长。家庭收入差距与工资、财富和资本所得的差距有关。30 年来，美国底层 90% 的人收入只增长了 15%，而"最富 1%"的人收入增长 150%，0.1%"富中之富"的人收入增长超过 300%。全职男性工人收入没有增加，中产阶级收入停滞或下滑。受教育程度较低、25—34 岁的年轻人日子更难过，高中学历的人 25 年来实际收入减少四分之一以上，2000—2010 年，拥有大学或更高学历的人收入下降十分之一。

二是分配不均，导致贫富悬殊。30 年前，"最富 1%"的人收入只占国民收入的 12%，拥有全美财富的三分之一以上。在金融危机爆发前的 2007 年，其平均税后收入达 130 万美元，而最底层 20% 的人仅 17800 美元，0.1%"富中之富"的人收入为底层 90% 的人收入均值的 220 倍。

三是金融危机加剧分配不均。经济衰退造成中产阶级的工作、养老金和房屋全都岌岌可危。富人虽然损失股票市值，一旦股市回升，短时间内就能捞回很多。而中下层则不然，与 2009 年相比，"最富 1%"的人 2010 年拥有美国新创造价值的 93%。2010 年，公司首席执行官的平均年薪与一般工人平均年薪之比为 243∶1，重新回到金融危机前的差距水平。当前美国分配不均程度已经接近 20 世纪 30 年代"大萧条"时期的惊人水平。

四是贫困人口增加，贫困率上升。难以负担生活必需品的穷人越来越多，贫困率由 2007 年的 12.5% 上升至 2010 年的 15.1%。2011 年美国赤贫家庭（指每人每天靠 2 美元或更少钱生活）数目是 1996 年的 2 倍，达到 150 万人。贫困差距（一国穷人平均收入低于官方贫困线的百分率）为 37%，是经合组织中排名最差之一。每 6 个美国人就有一人处于贫困状况，约四分之一儿童生活在贫困中。作为衡量分配不均的一个重要指标，基尼系数由 1980 年的 0.4 升至 2011 年的 0.47。美国已经成为发达国家中贫富差距最大、分配不均上升速度最快而又较少采取有效改革手段的国家。

五是机会减少，固化了分配不均。教育是改变个人命运的最重要手段之一，但是美国教育分配不均更严重。著名学府里 74% 的学生来自最富的四分之一家庭。只有约 9% 的学生来自人口的下半层。美国的机会不均已

经到了非改变不可的地步。

2. 导致分配不均和贫富悬殊的根本原因

一是市场失灵。市场的优点是效率，但是美国市场经济制度对最上层的人有利，对其他人不利。市场不但缺乏效率，而且不稳定。

二是政治失能。美国的政治制度不但无法矫正市场弊端，反而加剧市场失灵。政府可以影响个人接受教育和继承父母财富的程度。政府管理失职，导致特殊利益集团获利巨大。分配不均是过去30年日积月累的结果，是政治制度失能的结果。市场是由法律、政府的管理和各种机制塑造的。里根时期废除了用以缓和市场分配不均的各种措施，降低最高税率，缩减社会福利。降税的目的在于创造更多的工作和储蓄，但是现实中并未达到这些目的。股息分配不均高于薪资分配不均，资本利得分配不均高于其他任何形式收入的不均。降低资本利得税率，等于降低富豪的税额，不但没有吸引到更多的投资，反而减少了政府的财政收入，影响穷人的福利。

三是制度不公。美国经济和政治制度存在根本性不公平，政府承诺去做的事情与实际做到的事情相差甚远。富豪们利用企业保护自己和隐匿所得，努力确保企业所得税偏低，税制漏洞百出。富人的庞大财富中有相当大一部分是透过“寻租”积累起来的，有时更直接从民众转移给富人，更常见的是通过法令规定，运用垄断和其他剥削形式向社会其他人收取“租金”。市场失灵和政治失能彼此强化，政治权力和资本权利密切配合，形成恶性循环。

分配不公和贫富悬殊，不仅伤害了美国的经济增长和效率，而且削弱了公众信心和社会凝聚力。“占领华尔街”运动得到三分之二美国人支持，就反映了对美国经济和政治制度的不满。美国自认为是中产阶级国家而非阶级社会，这种信念有助于团结。但是分配不均引发公平感和正义感减少，甚至降低认同感。“美国是个充满机会的国土”已经成为一种迷思，“1%”对抗“99%”的口号代表一种新的国家认同，分配的“两极化”到了不容忽视的地步，美国经济和社会正在加速分裂。

3. 改变分配不公和贫富悬殊的对策

一是经济改革，加强金融业监管。抑制“大到不能倒”与“盘根错节到不能倒”的金融机构，促使银行更加透明，加强对金融衍生品的监管。促使银行和信用卡公司更具有竞争性，确保其行为符合竞争规范，让银行难以从事掠夺性放款和滥用信用卡业务，包括更严格限制高利贷。抑制发放奖金鼓励承受过高风险和短视行为。关闭逃避管理和增加逃税与避税行为的境外金融中心。更有效执行竞争法，消除垄断环境，鼓励创新。改善企业治理结构。限制首席执行官大权在握，利用企业资源谋取私利，加强股东对企业高管薪酬的发言权。全面改革破产法律，使其对债务人更为有利，促使银行更谨慎放贷，减少信用泡沫。推进司法民主化，改变打官司靠“拼钱”的做法。改革财税制度，建立累进程度更高的所得税和企业税制，堵塞各种税收漏洞。降低在美国创造就业和投资企业的税率，提高不这么做的企业的税率。取消资本利得的优惠税率，建立更有成效的遗产税制。

二是社会改革，增加教育机会。提高公共教育质量。公共资金应用于扩大对各州和非营利高等教育体系的支持，同时提供奖学金，确保穷人有接受教育的机会。完善社会福利，提供全民医疗保险，完善失业保险体系，完善医疗补助计划、食品券和社保计划，争取更好的劳工权益和条件。颁布禁止歧视的强大法律。恢复和维持充分就业。

三是政治改革，改革政治献金制度。限制企业提供竞选资金，为竞选提供更多公共资金，要求广播电视业者提供免费播放广告的时间，以便降低对于竞选捐款的需求。以公共资金支持各种独立智库。实行强制投票，降低金钱在政治程序中的重要性。为选民登记和投票提供便利，提高选民投票率，缩减不公正划分选区的空间以及议员用冗长发言阻挠议事的空间。

今天的美国，作为一个 1% 所有、1% 所治、1% 所享的国家，其根本的危机，就是 1% 的美国人脱离了 99% 的美国人，这是美国的变异和堕落。让 1% 的美国人密切联系 99% 的美国人，让 1% 的美国人回归到 99% 的美国人之中，美国才有活力和凝聚力，美国才有希望和未来。

棱镜计划：美国如何监听世界

现代化社会的人们高度开放化，但是现代化和开放化不是人们的裸体化，世界的信息化和“数据化”不能侵犯人们的隐私权。而今天的美国，作为世界最先进的信息化大国，却在大数据时代，演出了震惊世界的“网络窃听、信息侵权”的闹剧和丑闻。

2013 年 6 月，年轻的美国中情局（CIA）职员爱德华·斯诺登，在中国香港曝光了一项代号为“棱镜”的秘密项目，在全世界掀起了一场轩然大波。人们从这个棱镜计划，看到了美国这个最现代化的监听大国，是如何监听世界的。

棱镜计划（PRISM）是一项由美国国家安全局（NSA）自2007年起开始实施的绝密电子监听计划。该计划的正式名号为“US-984XN”。根据报道，泄露的文件中描述棱镜计划能够对即时通信和既存资料进行深度的监听。许可的监听对象包括任何在美国以外地区使用参与计划公司服务的客户，或是任何与国外人士通信的美国公民。国家安全局在棱镜计划中可以获得的数据包括电子邮件、视频和语音交谈、影片、照片、档案传输、登入通知以及社交网络细节，等等。

关于棱镜计划的报道是在美国政府持续秘密地要求威瑞森（Verizon）向国家安全局提供所有客户每日电话记录的消息曝光后不久出现的。泄露这些绝密文件的是国家安全局合约外判商的员工爱德华·斯诺登。他原本在夏威夷的国家安全局办公室工作，在2013年5月将文件复制后前往中国香港将文件公开。

受到美国国家安全局信息监视项目——“棱镜”监控的，主要有10类信息：电邮、即时消息、视频、照片、存储数据、语音聊天、文件传输、视频会议、登录时间和社交网络资料的细节。通过“棱镜”项目，美国国家安全局甚至可以实时监控一个人正在进行的网络搜索内容。

《华盛顿邮报》报道，“棱镜”项目2007年启动。参议员范士丹证实，国家安全局的电话记录数据库至少已有7年。项目年度成本2000亿美元，自奥巴马上任后日益受重视。2012年，作为“总统每日简报”的一部分，项目数据被引用1477次，国家安全局至少有七分之一的报告使用项目数据。

爱德华·斯诺登披露的文件称，这个名为“棱镜”的项目还可以使情报人员通过“后门”进入9家主要科技公司的服务器，包括微软、雅虎、谷歌、Facebook、PalTalk、美国在线、Skype、YouTube、苹果。

《纽约时报》指出，项目的曝光打开了一个非比寻常的窗口，使人们看到政府监控强度的增加，布什政府在“9·11”恐怖袭击之后开始采取监控举措，奥巴马政府非常支持这种举措，其监控范围有所扩大。该报分析说，这种接连出现的大曝光还说明，由于信息泄露的相关调查引发众怒，很可能知晓高级情报秘密的人员决定揭露真相。

6月7日，正在加利福尼亚州圣何塞视察的美国总统奥巴马作出回应，公开承认该计划。他强调说，这一项目不针对美国公民或在美国的人，目的在于反恐和保障美国人安全，而且经过国会授权，并置于美国外国情报监视法庭的监管之下。

6月9日，英国《卫报》抛出专访，应“告密者”本人要求公布其身份。现年29岁的爱德华·斯诺登是美国防务承包商博思艾伦咨询公司的一名雇员，过去4年内一直为美国国家安全局工作。他在专访中说，自己良心上无法允许美国政府侵犯全球民众隐私以及互联网自由。

“棱镜”窃听计划曝光后，外界哗然。保护公民隐私组织予以强烈谴责，表示不管奥巴马政府如何以反恐之名进行申辩，不管多少国会议员或政府部门支持监视民众，这些项目都侵犯了公民基本权利。

“棱镜门”还曝光了英、美监控G20多国政要。例如，2009年在伦敦召开的20国集团峰会上，英国情报机构政府通信总部就监听多个政府代表团通话并获取他们的电邮信息。中国国内媒体也把视角转向了一些美国通信公司对中国潜在的信息安全威胁，比如对思科公司的指控，因为爱德华·斯诺登揭露美国国家安全局通过思科路由器监控中国网络和电脑。据称，思科公司参与了中国几乎所有大型网络项目的建设，涉及政府、海关、邮政、金融、铁路、民航、医疗、军警等要害部门的网络建设，以及中国电信、中国联通等电信运营商的网络基础建设。中国电信163和中国联通169是中国最重要的两个骨干网络，两者承载着中国互联网80%以上的流量。但在这两大骨干网络中，思科公司占据了70%以上的份额，并把持着所有超级核心节点。然而思科公司却是美国政府和军方的通信设备和网络技术设备主力供应商。在2006年美国115个政府部门参与的一场“网络风暴”的网络战演习中，思科公司是演习的重要设计者之一。因此，安全专家担心一旦战争爆发，美国政府极有可能利用思科公司在全球部署的产品，发动网络战，对敌国实施致命打击。

“棱镜门”事件持续发酵，震惊世界。6月13日，“棱镜”计划泄密者爱德华·斯诺登在媒体刊登的专访中披露，美国政府15年来一直从事针对中国个人和机构的网络攻击。自2009年以来，美国国家安全局一直从事侵入中国内地和香港的电脑系统。美国《外交杂志》说，美国一直就网络攻击问题施压中国，却从不提及美方大范围攻击中国网络的情况。

爱德华·斯诺登称，他是出于对隐私权的担心才采取爆料行为的。他对英国《卫报》称：“我不想生活在一个做那些事情的社会里，我不想生活在一言一行都被记录的世界里。”面对全球对美国的质疑，美国官员们通常会辩称，阻止恐怖主义高于保护隐私权。奥巴马总统6月9日在对美国的监视方法进行辩护时称：“你不能在拥有100%安全的情况下同时拥有100%隐私、100%便利。”

“棱镜”事件之所以触目惊心，不仅因为涉及美国国民，也因为其他国家被卷入其中。作为互联网的发源地，美国控制着互联网的大部分根域名服务器，拥有一大批互联网跨国公司。与其他国家相比，美国在网络空间的优势甚至高于现实世界。然而与此同时，互联网早已成为全球亿万人共同使用的重要基础设施，要保持互联网的“公益性”，防止其成为被利用的工具，恐怕不能依靠美国一国的“自觉自愿”。

“棱镜”事件曝光后，大西洋彼岸的欧洲一片哗然。欧洲诸多互联网业者呼吁，欧洲应该拥有自主、强大的网络产业，这不仅事关经济利益，更重要的是，能使欧洲独立于美国情报机构的全面监控。

如今，互联网已成为全球亿万人共同使用的重要基础设施，创造一个良好的网络环境，符合全世界的共同利益。因此，除了自建网络产业，筑起严密防线，最重要的还是通过国际合作，共同应对来自网络的威胁。比如通过联合国这一主渠道，推动建立公正、民主、透明的互联网国际管理机制，构建和平、安全、开放、合作的网络空间。唯有这样，才能真正杜绝美国“网络霸权”的进攻和侵犯，让世界各国的民众在安全的环境下共享互联网带来的便捷。

星条旗阴影下的在美华人

中国香港《凤凰周刊》2012年9月25日刊登文章《星条旗阴影下的中国人——在美华人遭遇监控内幕》。文章是在采访美国情报人员、国会议员、部分在美华人以及分析整理相关文件材料的基础上写成的。这里摘取部分内容如下。

1. 最近30年美国对境内华人实施监控的演变过程

根据美国国土安全部2012年4月15日发布的一份报告，中国大陆已经成为除墨西哥外对美国移民的第一大输出地。

1978年，中央情报局成立了名为“哈撒韦”的独立行动组，对境内的苏联、中国、阿拉伯国家公民进行监控。1980—1982年，美国国家安全委员会、国务院情报与研究司、中央情报局、联邦调查局、国家安全局、国防情报局以及各军种情报部门，分别授权25个秘密调查与窃听小组，对美国境内华人进行技术监控。1983 年，中央情报局与联邦调查局分别设立人力情报搜集委员会或情报搜集小组，对社会主义国家派往美国以及西欧国家的人员实施有组织监控、策反和招募。

20 世纪八九十年代，随着中国赴美人员大幅增加，美国有关部门进一步加大对在美华人的监控力度。根据美国公民自由联盟顾问赵杰里（Jerry Chiu）透露，任何在这一时期来美的中国人，对美国而言都充满了神秘与新鲜感。美国有关部门急于通过其了解中国的内政、经济、军事发展情况，因此对其进行全面调查，并将有关信息在政府部门之间共享。

2004 年，美国开始使用“美国访客”系统（US－VISIT，全称为“美国访客及移民身份识别技术系统”）采集入境者指纹、头像等生物信息，并且于 2006 年换发携带生物识别信息的新一代护照。美国官方文件显示，“美国访客”系统启动不久，美国国土安全部下属的海关与边境保卫局、移民与海关执法局便借机提出将部分中国人列入出入境监视名单。在 2005 年的 8 个月内，85 名中国人因为非法出入境，遭到逮捕，占当年此类被拘押事件的近三成。

2005—2011 年，美国一些部门借口国内频发中国大型国有企业和民营企业并购、非法军售以及金融欺诈案件，多次要求对中国企业以及相关人员实施严格审查，一些执法部门甚至“自行创造机会”开展审查。例如，部分联邦执法官员借口东亚人面部特征相似，对入境的中国企业家私自调查，要求信仰伊斯兰教的中国人与伊斯兰国家公民一样，向美国移民与海关执法局备案登记。

2011 年，美国第三代国土安全监视项目“自动锁定系统”（ATS）全面投入使用。利用该系统，美国不但能够在海外对可能威胁其国家安全的人员和货物进行跟踪排查，还可以对进出美国的人员、船只、车辆、飞机、货物甚至通信信号实施 24 小时不间断监控。该系统下设的“ATS－P 旅行者监控系统”，可以对目标人员的旅行、出入境、移民、个人财产等记录，配偶、子女情况，职业信息，以及目标企业的交易记录、企业人员在美国以及海外活动信息等，分门别类建档。部分带有制裁与警告目的的监控信息，还会在美国政府出版的《联邦公报》（*Federal Register*）等官方通告中发布。此前，美国司法部国税局刑事调查组正是利用“自动锁定系统”，掌握了一些中国国有企业以及民企高管亲属挪用公款，在美国购买豪宅的情况，以及有人接受这些中国企业资助，在美国留学、置业等情况。

2. 主要监控对象

一是政府官员。美国国土安全部2012年的报告显示，中国是目前驻美政府人员数量最多的“非同盟国家”。过去10年，中国政府正式委派50779名官员及其家属驻美工作，26912名大陆公民担任国际组织驻美代表，还有86059名中国官员及其家属在没有正式委派的情况下过境美国。美国有关部门不但搜集这些官员的个人信息，例如DNA、指纹、眼球虹膜、照片、声音资料，以及常用通信工具、银行账户信息等，还搜集其会议讲话、决策管理特点、所在部门人事变动情况等，连其家庭成员情况也记录在案。

二是留学生和访问学者。美国国土安全部和国务院情报与研究司发布的数据显示，2000—2011年，美国境内有中国留学生1107078名，留学生家属52836名，访问学者217964名，访问学者家属60764名。为了搜集外国留学生和访问学者的个人信息，美国国土安全部2003年创建“学生和交流访问学者信息系统”（SEVIS），要求所有招收外国留学生的美国学校将本校留学生的相关资料输入该系统。外国学生向美驻外使领馆申请留学签证获批后，有关使领馆须立即将申请者所有信息录入监控系统。留学生进入美国后，美国海关会利用该系统向相关学校发出“某某将于30天内到你校注册”的通知书。如果此人逾期未到，学校须在24小时内向美移民与海关执法局报告，否则将承担法律责任。留学生在校期间，校方可随时核对SEVIS系统中储存的信息，并且在这些人的信息改变时，通知有关部门。据了解，中国大陆同美国开展的部分政府公务人员培训项目，同样被纳入SEVIS项目范畴，美国国土安全部对其实施不同等级的监控活动。

三是在美国工作的华人。李文和案是此类监控的典型。从1994年起，联邦调查局对在洛斯阿拉莫斯国家实验室工作的美籍华人李文和开展监视与调查活动。此后5年，该局特工多次对李文和进行测谎，还将其押上电椅逼迫其认罪，最终因为没有发现确凿证据而将其释放。根据统计，在调查李文和期间，数万名在联邦政府、国家科研单位、大学、企业工作的华人受到调查，许多在美华人因为政治原因，无法进入有关机构工作，其中一些人甚至被迫辞职。

四是中资企业。2011年前后，美国制定了一份对华监控名单。中国国际航空股份有限公司、华为技术有限公司、中兴通讯股份有限公司、中国石油天然气集团公司、中国海洋石油总公司等企业，都“榜上有名”。这表明，美国国土安全部已经将部分中资企业纳入国土安全常态化监控程序。

3. 主要监控手段

一是访谈。据联邦调查局特工透露，在开展反间谍工作过程中，中东人和中国人是访谈最多的对象。华盛顿总部不定期下发访谈名单，“我们从中选择感兴趣的中国人进行访谈”。

二是电话及互联网通信监控。联邦调查局特工詹姆斯·葛洛在洛杉矶法庭作证时透露，在没有确凿证据的情况下，他对华裔工程师麦大志的个人通信开展了一年多的监控。此外，2008—2010年，美国国土安全部和国家安全局对北京星创空间科技发展有限公司总裁宪宏伟、副总裁李礼的电话和电子邮件实施监控，发现其化名联系购买违禁军事技术产品，遂于2010年9月将两人诱捕。

三是借签证和入境审查套取情报。2012年初，美籍华人萧宏（化名）从欧洲返美入关时，意外被扣。美国海关与边境保卫局警员不但询问了其曾就职于中国核工业部门的丈夫和父亲的情况，还要求其画出在美国的住宅平面图。另据报道，曾经在中国某个研究所从事质子交换膜燃料电池研究的张飞（化名）在申请赴美攻读博士期间，美国某驻外机构要求张飞提供某导师研究成果的相关材料。因为担心遭到拒签，张飞瞒着研究所私自向美方提供了相关材料，导致其导师赴美探亲期间遭跟踪和恐吓。芝加哥大学教授斯考特调查发现，很多在美国的华人，均遭受过无端盘查等不公正待遇，但是他们不约而同地选择了顺从，事后也没有向美国有关部门提出申诉。

四是跟踪监控。美国《华盛顿时报》2006年1月12日报道，2006年中国驻美国使馆新馆建设期间，中方施工人员发现房间装有窃听装置，中方一些从事选址工作的人员被跟踪长达24小时。

五是安插“卧底”。据就读于密歇根大学安娜堡分校、麻省理工大学以及威斯康星大学的很多中国留学生反映，在2008—2011年期间，一些来自中央情报局的委培生以及退伍军人被安排进他们的宿舍。王力（化名）就是其中一例。他来美国攻读核工程专业博士学位，父母均在中国某大型国有能源企业工作，其室友是中央情报局的委培生。让王力感到奇怪的是，首先，尽管校方认为学生宿舍并非刻意安排，但是文学院、商学院的中国学生并没有享受这种“待遇”。其次，王力的室友经常主动向王力介绍美国朋友。在王力父母来美国探亲时，这位室友特意到机场接机，并且以导游身份陪同他们全家在当地旅行。最后，一年前，当王力进入一家美国公司实习时，这名室友突然提前终止学业并且搬出公寓。

在星条旗的阴影下，在美华人就是这样被监控着。美国，这是一个多么充满恐怖和令人恐惧的国家！

比美国大学更发达的是美国的监狱

美国的大学著名，美国的监狱更著名。今天，美国的监狱，已经成为美国在全球的品牌、王牌。

美国著名评论家弗里德曼，美国杰出的外交政策学术专家曼德尔鲍姆，在他们的著作《昨日辉煌》中提供了以下数据：“30 年前，加州 10% 的一般收入基金用于高等教育，3% 用于监狱。现在是近 11% 用于监狱，8% 用于高等教育。”

美国目前关押在监狱里的人犯，超过 600 万人。加州政府花费在狱政上的经费大幅度超过教育投资。（《环球时报》2012 年 7 月 2 日 10 版《台湾前‘副防长’称中美‘合作超过矛盾’》）现在美国的犯人数量超过任何一个国家。

英国《金融时报》网站 2012 年 6 月 10 日文章《一个超级大国衰败的时代》，作者是该报首席经济评论员马丁·沃尔夫。文章指出：“1990 年，加利福尼亚在大学上的开支是监狱的两倍。而现在，它在监狱上的开支几乎是大学的两倍。”

有美国专家援引五角大楼的数据：“17—24 岁的美国年轻人，有 75% 无法参军，因为他们高中没有毕业、有犯罪记录或身体不好。”在有些美国作家的笔下，美国的政治体系日益瘫痪，他们谈到，中国曾经领先世界，直到 1644 年开始，遭到一系列“糟糕的世纪”，这种命运也可能降临到美国头上。①

马克思说，无产阶级是资产阶级的掘墓人。在西方发达国家，特别是在美国，如果不改革、不转型，那么，中产阶级就是资本主义的掘墓人。西班牙《国家报》2012 年 2 月 21 日的文章《阶级斗争的回归》指出：阶级斗争思想在西方回归。根据皮尤研究中心 2012 年的最新调查，69% 的美国人认为，阶级之间的冲突，是社会中最大的紧张来源，远远超过种族之

① 《美国有未来吗?》，《参考消息》2011 年 9 月 26 日第 12 版。

间的冲突或移民与美国人之间的冲突。这一比例比2009年高出了19个百分点。而且主要是中等收入人群。今天不仅是所谓的劳动者阶层，而且美国和欧洲的中产阶层也感到自己成为全球化危机和新技术的失败者。美国特色资本主义正在引发“中产阶级革命”。

《历史的终结》作者，美国斯坦福大学民主、发展与法制研究中心高级研究员弗朗西斯·福山2012年在美国《外交》双月刊1—2月号发表文章《历史的未来》，副标题是“自由民主主义能够在中产阶级衰落时幸存下来吗?”他指出：美国的贫富差距在过去30年里迅速扩大。1974年，美国最富有的1%的家庭拥有的财富占国内生产总值的9%；而到了2007年，这个比例已经扩大到23.5%。美国人的实际中等收入水平从20世纪70年代起，就没有再提高过。2008年开始的欧洲美洲危机，都是过去30年来出现的放松管制的金融资本主义模式的产物。我们迫切需要严肃的学术辩论，因为当下的全球化资本主义模式正在蚕食自由民主主义所依赖的中产阶级社会基础。没有中产阶级就没有民主主义。成熟的资本主义制度催生的是中产阶级而不是工人阶级。福山认为，“全球化资本主义现在的形式，正在摧毁中产阶层的社会基础，而它也是自由民主主义的基础”。他认为西方的自由民主主义难以在中产阶级没落的情况下存活下去。

所以，如果说在马克思的时代，资本主义面临的最大危机，就是“无产阶级革命”，那么在21世纪，资本主义的最大挑战，就是“中产阶级革命”。在政治学的概念里，改革和革命，都是解决阶级矛盾和社会冲突的手段。什么叫改革？自上而下地解决矛盾，就是改革；而自下而上地解决矛盾，就是革命。革命的代价要远远高出改革的代价。告别革命的最好办法，就是深化改革。而停止改革，必然引发危机；拒绝改革，必然导致革命。

美国是全球一号吝啬鬼

美国是世界第一大经济体，美国财富甲天下，在一般人的想象中，美国肯定是富而好仁，是关心世界、慷慨大度的慈善国家。但是，按照中国台湾作家李敖提供的统计资料，美国却是全球第一号小气鬼。

美国热衷当领导，却不想尽责任，缺乏“雷锋精神”。

李敖在《审判美国》一书中指出：世界上的援外资金，联合国制定过一个目标，要求各个国家将国内生产总值的 0.7% 用于支持发展。但是只有 4 个国家真正达到了这一标准。他们是：丹麦，1.01%；挪威，0.91%；荷兰，0.97%；瑞典，0.7%。而美国在 22 个最发达国家中，排名第 22。1999 年，卡特总统就说过："我们是世界上最小气的国家。"因为丹麦在拿出国内生产总值的 1.01% 的时候，美国只拿出了 0.1%。所以美国是世界上的小气鬼。①

世界的"领导国家"，应该是世界的"雷锋国家"。美国当年在"马歇尔计划"下，每年拿出国民生产总值毛额的 3% 来援助外国。后来，美国的经济援助减少到 0.33%—0.6%。在经济援助的数量上，世界排名第 11，后来在发达国家中变成排名最后了。一般美国人认为美国是一个慷慨的国家，他们相信自己的政府将联邦预算的 15% 用于对外援助。其实在所有的工业化国家中，美国是最吝啬的国家。美国的外援拨款，仅仅是大众相信数额的三十分之一。李敖指出，美国的国民总收入数量巨大，其中对于穷国的援助仅仅是每 100 美元中的 16 美分。如果加上民间基金会和私人管道的捐款，美国外援的总额，也仅仅是每 100 美元国民收入中的 22 美分。美国参议员哈金（Tom Harkin）说，从 19 世纪到今天，美国还没有出现过"这么少的人拥有这么多的钱和这么大的权力"。但是富裕的美国缺乏国际责任感，富裕的美国人缺乏仁慈之心。②

不关心世界，不了解世界，是美国的一大特征。美国国家地理学会 2002 年发表的研究报告指出，有 85% 的美国年轻人无法在地图上指出伊拉克或阿富汗的位置，有 60% 的年轻人找不到英国在哪里，有 29% 的年轻人甚至不知道太平洋的位置。这就是美国人对世界的无知。

1948 年 2 月 24 日，美国的乔治·凯南就写秘密报告说："我们的人口仅仅占世界的 6.3%，财富占世界的 50%……在这种情况下，我们不能成为嫉妒和怨恨的对象。我们设计某种国际关系，让我们能够保持这种'不对等'。我们没有必要欺骗自己，对于我们来说，利他主义和推恩世界都是奢侈品。"③

① 李敖：《审判美国》，中信出版社 2011 年版，第 28 页。
② 李敖：《审判美国》，中信出版社 2011 年版，第 316 页。
③ 李敖：《审判美国》，中信出版社 2011 年版，第 347 页。

第三章

思想的极端——美国的“思维病”

比知识更重要的，是思想；比思想更重要的，是思维；在思维中，战略思维又是最重要的。“美国病”，是一种综合征，“美国病”的重要症状是思想观念、思维方式的极端化，特别是美国在战略思维上陷入极端而不能自拔。

“美式战略思维”的危机

建立“新型大国关系”，需要破除“旧型战略思维”。

冷战以后美国的衰落，特别是21世纪美国的霸权困境，使美国成为目前全球最大的“病人”“病国”。“美国病”的病根是什么？美国衰落和困境的根源是什么？很重要的一个因素，就是美国战略思维的局限性、滞后性、劣根性。“美国战略思维”中的积极因素，曾经是振兴美国的力量源泉；而美国战略思维中的消极因素，也导致美国的危机和困境。美国的危机，从根本上来说，是美国战略思维的危机；美国的困境，是“美式战略思维”破产的表现；美国的没落，是美国战略思维没落的结果。拨乱反正，改革和更新美国战略思维，是把美国变成“健康国家”的治本之举。

八种思维，毒害美国。创新美国战略思维，需要实现指导思想的八个历史性转变，即：改变“上帝选民”的特权思维，树立“世界公民”的平等思想；改变“讨伐异端”的十字军思维，树立文明共处的包容思想；改变“霸权永恒”的王朝思维，树立能上能下的民主思想；改变“美国利益至上”的霸权思维，树立美国利益与世界利益一致思想；改变“拉帮结伙”的联盟思维，树立团结世界的合作思想；改变“绝对安全”的零和思维，树立共同安全的思想；改变“树敌提神”的传统思维，树立没有敌人，也有动力的思想；改变“暴力出权力”的拳头思维，树立以和平手段解决问题的思想。

“上帝选民”的特权思维

在美利坚民族的身份定位上，必须改变“上帝选民”的“特权思维”，树立“世界公民”的“平等思想”。

美利坚民族是上帝的选民，这是美国人对于自己民族身份的一个定位。这就是说，美国人的出身很好，美国人受到上帝的青睐和关爱，在美利坚民族的身上烙有上帝情感的印记。“上帝保佑美国”，这是每一位美国总统在宣誓就职典礼上的核心语言。

但是，人类进入 21 世纪，美利坚民族必须重新审视自己。美国必须正确认识自己。其实，与其说上帝选择了美国，不如说是美国选择了上帝；其实，上帝不只是选择了美国，上帝正在选择中国（虽然中国信仰上帝的人不多）。在这个星球上，也不是只有上帝，还有其他宗教信仰的“上帝级别”的神灵，例如伊斯兰文明中的“真主”、佛教文明中的“菩萨”，他们也有自己的选择，他们的选择与上帝的选择同样神圣。

其实，是地球选择了人类。在这个星球上，每一个人都享有人权，每一个国家都享有主权。要求超越人权的特权，要求超越主权的霸权，只能制造灾难和不幸。美利坚民族可以是一个优秀民族，但是不能成为一个特权民族。美国要做国际社会的优秀公民，但是不能做特权公民。美利坚民族在一个民主世界中要成为和其他民族一样具有“平等一票”的正常民族。

“讨伐异端”的十字军思维

在美国价值观的“历史使命”上，必须改变讨伐异教徒的“十字军思维”，树立与不同文明和谐共处的“包容思想”。

所谓“十字军思维”，就是在意识形态领域，只让自己一家的价值观

“一花独放”，不让其他价值观“百花齐放”，是一种文化专制。

美国总统是“十字军思维”的突出代表。例如小布什总统在 2005 年连任就职演讲中就说：“历史和常识告诉我们一个真理：我们这片土地上的自由能否延续，取决于自由在别的土地上的胜利。世界和平的最大希望在于全世界都实现自由。”

美国对于异己价值观的讨伐，达到了歇斯底里的程度。美国最重视的高科技是“洗脑高科技”。在 20 世纪 50 年代，美国中央情报局就出资实施一项“麦克维特拉”计划。这个计划的出发点，是认为社会主义国家正在使用“洗脑”技术，美国需要获取这项技术。同时，其中的“弗兰肯斯坦”方案，是由美国中央情报局出资，由一位加拿大精神病专家进行“洗脑”试验，通过电休克、麻醉剂注射和药物控制等办法，来清除头脑中的“消极信息”，再通过输入“积极信息”，达到“洗脑”的效果。这个项目曾经对一百多名加拿大人进行了试验，给试验者造成了极大的痛苦。美国中央情报局进行的洗脑试验项目不止此一个。其实，美国一直在用各种办法对世界人类进行“洗脑”，包括运用国际互联网等进行舆论引导，让人们用美国的思维方式思考问题，用美国的世界观看世界。所谓的“美国生活方式”，首先是“美国思维方式”。

美国价值观，无疑是世界价值观大花园中一朵美丽的花。美国价值观不应该被别人讨伐，但是美国价值观也不应该讨伐别人、消灭异己。现在全世界的社会主义者已经放弃了世界革命思维，而美国则强化了自己的世界革命思维。这些年，美国推行“大中东改造计划”“大世界改造计划”等，暴露了美国用自己的价值观讨伐世界、改变世界的狂妄。美国的所谓全球化，就是全球的美国化。所谓文明的冲突，根源就在于美国文明的傲慢和美国文明的专制。自然界不可能一枝独秀，人类世界又怎么会只有美国文明这一种颜色呢！美国文明统一不了世界文明，美国文明要交流和融入世界文明。美利坚要从意识形态的“征伐民族”中解放出来，成为一个与不同意识形态和谐相处的“包容民族”。

“美国利益凌驾世界”的霸权思维

在美国的国家利益上，必须改变把世界霸权视为国家核心利益的“霸权思维”，树立美国利益必须与世界利益相一致的思想。

美国利益与世界利益之间，是什么关系？美国最响亮的一个口号是“国家利益至上”，就是美国一个国家的利益在全世界具有至高无上的地位。在美国的国家利益中，最核心的利益是什么？就是美国称霸世界的国家地位。

其实，人类的共同利益，绝对要高于其中任何一个国家的国家利益；而在21世纪建设民主世界成为国际大潮流的今天，在霸权已经成为人类共同利益最大侵犯者和最大威胁的情况下，任何一个国家都不能把世界霸权作为自己一个国家的核心利益，去追求、去保持、去捍卫。

美国所谓“国家利益至上”的思想，实质就是把美国一个国家的利益凌驾于整个世界利益之上的思想，是把一个国家的利益放在人类的共同利益之上。而“霸权利益至上”更是荒唐。美国的国家利益应该是在世界利益之中，而决不能凌驾于世界利益之上，更不能通过霸权手段，损害世界利益、谋求美国利益。

在一个社会中，搞极端个人主义，必然损人利己；在一个世界中，搞极端国家主义，也必然损害别国利益。树立科学的国家利益观，改革美国的国家利益观，要求美国不能把“控制世界”作为自己的国家利益。一个国家对世界的控制，就是对世界其他国家的限制和遏制，这是世界矛盾的重要根源。美国不能把“改造世界”作为自己的国家利益。强制的改造，在本质上必然是一种征服。所以，美国失去世界霸权，并不是失去了国家的核心利益，而是回归正常的国家利益。

“拉帮结伙”的联盟思维

在美国与世界大国的关系上，必须改变拉帮结伙、分裂世界的“联盟思维”，树立团结世界、合作世界的“联合思想”。

英语民族从大英帝国开始，就擅长在大国关系中搞分裂、搞联盟、搞制衡，到美国称霸世界以后，把联盟战略发展到登峰造极的地步。冷战结束以后，美国是冷战的思维不改变，联盟的战略不改变，继续在国际舞台上拉帮结伙。

中国早就提出坚持独立自主的“不结盟”外交政策。中国是近代世界崛起大国中，唯一一个实行“不结盟”政策的国家。中国既不组织以反对美国为目标的“反美联盟”，也坚决抵制任何以遏制中国崛起为目的的

“反华联盟”。而美国为遏制中国崛起，不仅在全球酝酿组织所谓政治性“民主国家联盟”，而且与世界60多个国家组织军事同盟，特别是把战略重心转移到亚太地区，大力组织对中国的遏制包围圈，同中国周边一些国家组织多边或双边军事同盟。美国的联盟思维，不仅是冷战思维的延续，而且是传统的热战思维的遗产。中国坚持不结盟战略，是一种充满战略自信的表现，是一种坚持国际公平的立场，是一种促进国际团结和世界和平的负责任的态度。

联合国是第二次世界大战的胜利成果，是国际关系上的创新，联合国的精神就是联合。在国际舞台上，在大国关系中，就是要坚持联合，反对分裂。联合国不是联盟国，联合国是世界国家之间的大联合。美国在联合国之外组织联盟，抛开联合国搞团团伙伙，就是分裂世界，就是破坏联合国的精神。

中国敢于实行“不结盟”政策，而且在美国把中国作为一号对手，对中国实行包围遏制政策的情况下，中国依然坚持自立自强，展现了一种顶天立地的男子汉气概。全世界最强大的国家美国，搞团团伙伙、群起而攻之的联盟战略还要坚持多少年呢？

“绝对安全”的零和思维

在美国的国家安全上，必须改变把自己的绝对安全建立在别人绝对不安全基础上的“绝对安全”思维，树立“共同安全”的思想。

尼克松和基辛格认为，美国所需要的安全利益，是国际力量的均势，而不是力量的过于悬殊；是“自己活，也让别人活”的共同安全，而不是只保证自己活，不管别人的死活。

尼克松在《现实的和平》一书中讲：“必须打开通向现实的和平的大门，打开这扇门需要有两把钥匙，一把在美国手上，另一把在苏联手上。除非两个超级大国建立起新的‘自己活，也让别人活’的关系，否则本世纪内不可能实现现实的世界和平。我们若不努力朝此目标前进，自杀性的战争是不可避免的。如果我们努力而获得成功，那么不仅世界大战可以避免，而且世界和平也是可以实现的。”① 基辛格说：“如果说历史有任何教

① 周建明：《美国国家安全战略的基本逻辑》，社会科学文献出版社2009年版，第355页。

育意义的话，那么其教育意义就在于没有平衡，就没有和平；没有节制，就没有公正。”①

而今天美国的安全思维，恰恰不是以力量平衡求安全，而是以力量失衡来保证美国的绝对安全，是把美国的绝对安全建立在整个世界绝对不安全的基础上。今天世界军事力量严重失衡，美国一个国家的军费，占世界军费的一半，美国军费与世界所有其他国家军费的总和持平。这就是说，美国一个国家能够战胜一个世界，美国超强的军事力量威胁整个世界。任何影响和改变美国绝对优势的努力，都被看成是对于美国安全利益的威胁，都要被打上“威胁论”的印章。这是多么可怕的事情！

美国对绝对安全的追求，美国对超级军事力量的建设，美国对于绝对军事优势的保持，实际上正是刺激和导致世界军备竞赛高潮迭起的根源。如果美国实现了“绝对安全”，那么整个世界就是“绝对不安全”。其实，“绝对安全”是一种幻想。一个让全世界都不敢入眠的国家，一个让全世界提心吊胆的国家，他自己难道真的能够睡得安稳吗？所以，美国只有改变“绝对优势、绝对安全”的思维，树立起“共同安全、共同生存”的思想，让世界都获得安全，美国才能够真正安全。

“寻敌提神”的对抗思维

全世界最需要敌人的国家，就是美国。美国在国家凝聚力上，要改变依靠“制造敌人”增强凝聚力的“造敌思维”，树立“没有敌人，也有动力”的新思维。

著名战略家布热津斯基指出，美国处在滑入“系统性退化”的危险中，这种退化是由于国内的政治僵持以及在国外错误地向有时是“自己强行树立”的敌人——例如伊拉克——发动“单打独斗的费力战争”而引起的。

没有敌人，就没有美国。美国这个国家，有一种特殊的需求，就是一定要有敌人。一个国家有敌人，有时是难免的，也是正常的。但是如果在没有真正的敌人的情况下，硬要搞一个或者搞几个“人造敌人”，或者说，硬要把不是敌人的国家当敌人，硬要逼迫不是敌人的国家成为敌人，那就不正常了。而美国就是这样一个不正常的国家。

① 周建明：《美国国家安全战略的基本逻辑》，社会科学文献出版社 2009 年版，第 354 页。

综观美国240年的历史，美国的敌人有三种：

第一种敌人，是危害美国国家安全的敌人。例如，1776—1783年美国独立战争时期的英国，1812—1815年英美战争时期的英国，就是美国的敌人；1941—1945年太平洋战争时期的日本，就是美国的敌人；2001年“9·11”事件之后的反恐战争，恐怖主义势力是美国的敌人。这种敌人是真正的敌人。

第二种敌人，是与美国的政治制度与意识形态不同的国家，是与美国具有“文明的冲突”的国家，被美国作为“意识形态敌人”“政治制度敌人”“文化敌人”。美国不仅在宗教意识形态上把与自己不同的文明看成“异端”，而且特别把马克思主义理论看成邪说，把实行社会主义制度的国家，看成他们的颠覆对象，一律要和平演变，要颜色革命，要西化、分化，要颠覆推翻。

第三种敌人，是具有赶超美国能力与潜力的国家。几乎每一个世界第二号国家，都不可避免地要享受美国给予的“挑战者”称号，要得到“战略对手”的待遇，要背负“战略威胁”的罪名。因为美国作为世界第一、全球老大，哪个国家距离美国最近，发展和冲刺的速度最快，超越美国的可能性最大，这个二号国家就铁定了是美国的一号敌人，美国就要以热战为后盾、以冷战为常态，在地区和全球组织政治和军事同盟，对这个国家进行舆论攻击，进行政治讨伐，进行军事包围，从而迟滞这个国家的发展，夭折这个国家的崛起，保证美国的霸权利益不受影响、霸权地位不被动摇。第二次世界大战后，实现军事崛起的苏联，创造经济奇迹的日本，今天，科学发展的中国，不论意识形态和社会制度与美国相同还是不同，都犯了一个追赶美国“罪”，都要被美国作为敌人来击败。美国已经击败了苏联和日本，现在要开始与中国进行“世纪鏖战”。中国这名世界田径赛场上的二号选手，就因为具有超越美国这名一号选手的运动速度和赶超力度，就要被美国痛殴。

在这三种敌人中，只有第一种敌人是美国真正的敌人。而其他两种敌人其实都是“被敌人”，就是被美国当作敌人。

把和平崛起的中国，当作敌人，是美国在21世纪对外关系中最大的一个错误。中美两个国家要建立新型大国关系，美国必须改变一种思维，就是“没有敌人，就没有动力；制造敌人，就是制造凝聚力”的思维，美国必须建设一种能力，就是在没有“人造敌人”的情况下，也能够有足够的凝聚力，能够充满朝气与活力，能够保持足够的前进动力。

“崇尚武力”的拳头思维

在国际争端中，美国必须改变“拳头里面出权力”的“拳头思维”，树立以和平手段解决问题的思想。

杜勒斯曾经在《战争与和平》一书中讲：“西方统治势力的扩充，从来不是主要依靠武力的结果。……西方国家获得政治优势的主要原因是它们供给别人所需要的东西。西方的优势大部分并不是靠军人取得的，而是外交家、商人和传教士工作的结果。”①

杜勒斯显然说了假话，西方势力的扩张，是“枪炮加圣经”，是“武力加文化”。在国际关系中，正是美国人发明了“权力政治”“拳头政治”。西方世界本身就是一个崇尚血与火的世界，而由西方建立的世界，是通过血与火的征服和屠戮而构建起来的世界。美国人奉行的是“力量逻辑”，崇尚的是“武力政治”，美国人有一种世界上最为强烈的“力量崇拜”，特别是“武力崇拜”。

美国政治家崇拜“武力政治”“拳头政治”。而这种武力政治的灾难和弊端，越来越引起美国一些有识之士的不安。20 世纪 60 年代初，由美国总统肯尼迪任命的以援助不发达国家为使命的美国“和平队”的首任长官施莱弗，就说过这样一段话：“枪炮并不能改变世界，这是这个血腥的世纪所得出的伟大结论之一。美元也不能改变这个世界，单纯的良好愿望同样不能。今天能够改变世界的与过去已经改变世界的是同样一种事物：一种思想，以及对这种思想承担义务的、具有奉献精神的个体的服务。和平队就是奉献这种精神的一个群体。”②

近年来，在美国兴起了对于“软实力”的研究和呼吁，约瑟夫·奈写了《软力量：世界政坛成功之道》一书。软实力的概念是他在批评美国政府对外政策时，作为与硬实力相应的概念提出来的，是批评小布什政府在对外政策上过于强调硬实力，削弱了美国的软实力。硬实力是指军事力量、经济力量，是能够强迫和强制对方服从自己意志的力量。软实力是指文化的力量、榜样的力量、信念和理想的力量，是能够潜移默化影响和改

---

① ［美］杜勒斯：《战争与和平》，世界知识出版社 1959 年版，第 72 页。

② 周建明：《美国国家安全战略的基本逻辑》，社会科学文献出版社 2009 年版，第 214 页。

变对方的力量。他界定一个国家的软实力主要来自三种资源：一是文化（在能够对于他国产生吸引力的地方起作用）；二是政治价值观（当它在海内外都能够真正实践这些价值的时候）；三是外交政策（当政策被认为是具有合法性以及具有道德威信时）。

这个世界，总和的军事力量会越来越大，但是用战争解决问题的可能性越来越小。在解决国际争端中，世界越来越通行的一个普遍原则是：非暴力原则、非武力原则。而美国的主导思维至今仍然是“拳头思维”。冷战后的美国，为这个世界发动和进行了最多的战争。“喜欢打仗”的美国，必须转变为“喜欢和平”的美国。这样的美国才真正能够成为“美丽之国”“魅力之国”。

“霸权永恒”的王朝思维

在美国的国家地位上，必须改变“霸权永恒”的“王朝思维”，树立在世界领导岗位上能上能下的“民主思维”。

民主思维，表现在领导地位上，就是要竞争上岗、能上能下、任期制度、不贪恋权势、不压制新秀、不垄断和世袭。

长江后浪推前浪，世上新人换旧人。在民主国家和民主世界，没有天然的领导者，也没有永恒的领导者。美国原本不是这个世界的领导国家，美国也不可能永远是这个世界的领导国家。

但是，美国今天的战略思维，用奥巴马总统的誓言来说，则是美国决不做世界第二，美国的领导地位决不能动摇，美国的霸权地位决不能丢失，美国要再领导世界 100 年。谁要冲到美国前面去，谁就是对美国的挑战和威胁，谁就要被遏制和包围。

美国要垄断世界第一这个冠军国家的宝座，美国要垄断世界领导国家的地位，美国要让自己的世界霸权地位可持续保持，这不是一种“王朝思维”，是什么？

在世界领导地位问题上，英国是美国学习的榜样。当大英帝国衰落、不能承担世界领导责任以后，英国总体来说，是“该交棒时就交棒”“该下台时就下台”，比较顺利地实现了与美国的和平交接。这是英国对于国际政治的一个贡献，也可以说是国际民主的一个范例。

第四章

仇恨的火焰——美国的“情感病”

建立新型大国关系，需要具有新型大国情感。缺乏积极健康的大国情感，建立新型大国关系的愿望，就会被仇恨的情感火焰所毁灭。

法国政论家托克维尔在他1835年出版的名著《论美国的民主》中说：“华盛顿说过一句值得钦佩的至理名言：‘一个国家总是惯于怀恨或喜欢另一个国家，它便形同一个奴隶，即成为自己的爱和憎的奴隶。’”① 在中美关系问题上，美国不就是这样一个被自己的仇恨情绪所奴役的奴隶吗？

美国怀恨中国的“感情鸿沟”，主要表现为“四仇情绪”：一是在国家地位上，美国作为全球老大害怕被超越，因此，就总有一种“仇恨二号国家”的情绪；二是在意识形态上，仇恨马克思主义的“仇马”情绪；三是在发展道路上，仇恨社会主义的“仇社”情绪；四是在政党政治上，仇恨共产党的“仇共”情绪。这四种仇恨情绪不克服，美国就会被四条绳索捆绑而不能包容和开放，中美关系就奠基在“四颗炸弹”上，始终充满危险。

竞赛权利平等，从“仇恨二号国家”情感解放出来

美国为什么要调兵遣将，包围中国、遏制中国、讨伐中国？因为中国犯了罪。什么罪？就是“赶超美国罪”。

美国经济总量是在1895年超过英国而成为世界第一的。在第二次世界大战以后登上世界霸主地位的美国，从此就把任何一个赶超美国的国家，看作是“罪犯国家”，必欲加以讨伐。美国在20世纪下半叶成功地进行了

---

① ［法］托克维尔：《论美国的民主》（上卷），董果良译，商务印书馆1988年版，第259—260页。

两次“讨伐作战”：第一次是在西方资本主义阵营内部成功地遏制了与美国意识形态同质的日本的追赶，第二次是成功地遏制了与美国意识形态不同质的苏联的竞争，从而成功地捍卫了美国世界第一的霸主地位。进入21世纪，美国开始了第三次“讨伐作战”，就是压制中国崛起。这三次讨伐作战，也是三次“卫冕之战”，是美国保卫霸权地位的三大战役。

21世纪，中国拥有一个机会，就是与美国竞争新一轮世界冠军的机会。所谓战略机遇期，其最高价值就在这里。珍惜百年一遇的“夺冠”机遇，中国当然要积极参加决赛，勇敢进行竞争。鲁迅当年论中国性格，就“哀其不幸，怒其不争”。对于中国“不争”的性格，鲁迅不是感到欣慰和推崇，而是感到悲哀和愤怒。他认为，中国的“不争”，是造成民族不幸和悲哀的重要原因。新中国，是毛泽东带领中国革命的一代人在几十年的战争中“争”出来的。崛起的中国，是邓小平等领导人带领中国人民，在改革开放的复杂斗争中“争”来的。21世纪的中国只有在竞争世界第一的冲刺中，才能够最终实现中华民族的伟大复兴。中国“和平崛起”无罪，“超越美国”有功。基辛格在《基辛格：美国的全球战略》中说：“中国如果能够继续保持国内的凝聚力，势必会成为一个世界大国，从而更有能力挑战美国。但是它不是唯一的新崛起的大国。印度、巴西和俄罗斯、中国一样，也具有类似的选择，而且在某些方面障碍还要少些。美国是否要把防止任何国家崛起为一个世界强国作为自己的安全政策？这样做会使他成为世界警察，最终招致大多数国家的反对。倘若无休止地对外干涉和用兵成为美国外交政策的主要特征，美国会耗尽自己的资源，丧失心理的平衡。”① 遗憾的是，美国的安全政策，就是绝对不能让任何一个新兴大国赶超自己。在美国的全球战略中，可能超越自己的二号国家就是美国最大的敌人。

其实，“世界第一”不是美国专利，赶超美国也不是“犯罪”。美国必须从仇恨二号国家的情绪中解放出来。

世界第一，从来不是哪一个国家的世袭特权。古代社会“大国有兴衰”，近代世界“冠军有更替”，21世纪的国际赛场也会“竞争出新秀”。在近代国际舞台上，“世界第一”，是世纪一循环、百年一更替。而首先提出和揭示这一特点规律的恰恰是美国专家。美国华盛顿大学政治学教授乔治·莫德尔斯基在1985年出版的《世界政治中的长周期》一书中，创立

① ［美］亨利·基辛格：《基辛格：美国的全球战略》，胡利平、凌建平译，海南出版社2009年版，第126页。

了“长周期理论”，提出了世界政治运动中的周期性规律：自从1494年以来，世界每隔100年到120年便产生一个政治、经济、军事超强的世界领导国。这几个领导国分别是16世纪的葡萄牙、17世纪的荷兰、18世纪和19世纪的英国、20世纪的美国。按照莫氏的这个理论，世界第一是以百年为一个任期。美国原来不是世界第一，美国也不可能永远是世界第一。美国没有垄断和世袭“世界第一”的特权与能力。当然，美国人的聪明和高明在于，当美国人还不是世界第一的时候，他们就制造了一种世界舆论，一种“夺冠”理论，就是美国人是天生的世界第一，是天然的世界第一，是被上帝选择和指定的世界第一，世界第一是美国人的天定命运，这为他们走上世界第一提供了理论根据。当美国人成为世界第一以后，他们又提出了一种“卫冕”理论，就是世界第一只能由美国人来当，谁要想与美国争世界第一，就是挑战美国、威胁美国，就是侵犯美国的核心利益，就要实行遏制和讨伐。美国国力在世界第一的位置上已经超过百年了，陷于危机困扰和国力下降中的美国，面对综合国力迅速上升的中国，最害怕和恐惧的事情，自然就是失去世界第一、成为世界第二。

世界是一个比赛场，每一个国家都是一名运动员。竞争“世界第一”，是每个国家的“天赋国权”。美国不能剥夺中国的决赛权，中国也要珍视和充分用好自己来之不易的决赛权。中国冲刺世界第一有优势，中国成为世界第一是趋势。一个没有竞争的世界，是没有活力的世界；一个不允许别人挑战自己冠军地位的国家，是专制霸权的国家。

“世界第二”，岂止是美国的恐惧，实际上也是整个西方世界的恐惧。近代世界500年，大国兴衰有轮替，而“世界第一”的宝座，始终是由西方国家垄断和世袭。美国成为“世界第二”，将终结西方世界500年的“冠军史”。但是，美国和西方世界的恐惧其实是完全不必要的。当中国成为世界第一时，并不是“中国霸权世界时”，更不是“中国统治世界时”。成为世界第一的中国，既不会成为又一个殖民世界的英国，也不会成为又一个霸权世界的美国，而是一个致力于建设“民主世界”“和谐世界”的新型大国。

意识形态平等，从“仇马”情感解放出来

在万紫千红的大自然中，玫瑰花和紫罗兰争奇斗艳，各呈风采，散发出不同的芳香。而在当今的这个星球上，社会主义这朵玫瑰花和资本主义

这朵紫罗兰，为什么就不能争奇斗艳，各呈风采，散发出不同的芳香，让这个世界更加五彩缤纷呢?

美国思想家提出“文明的冲突”，如何解决文明的冲突?美国没有解决这个问题，反而恶化了这个问题。

其实，解决文明的冲突，首先要尊重文明的差别，要坚持文明的平等，坚持意识形态平等。文明的核心是信仰，文明的载体是意识形态，崇尚自由，就必然崇尚信仰自由；坚持平等的普世价值，就必须实行意识形态平等。不能搞“信仰禁区”，不能搞“意识形态歧视”，更不能搞“意识形态迫害”。而在“美式思维”中，有一种根深蒂固的“仇马”情感——仇恨马克思主义，把马克思主义意识形态看成洪水猛兽。这种“仇马”情感，是冷战思维的重要基础，也是冷战思维的重要内容。“美式思维”如果不能从“仇马”情感中解放出来，美国就不可能从冷战思维中走出来，就不可能与坚持马克思主义意识形态的中国建立正常关系。

有一个流传广泛的故事说，近代资本主义社会的野蛮和残酷，导致灾难。上帝看不下去了，就像派出耶稣基督给人类传来圣经，惩治罪恶，送来福音一样，派马克思来到人间，送来《资本论》这样的革命圣经，让无产阶级通过革命来惩罚资本主义的罪恶，让社会主义来监督和制衡资本主义，让共产党来执行和实行这样的使命，发挥这样的作用，从而实行马克思主义与基督教的互相制衡，实行社会主义和资本主义的互相制衡，实行中国共产党和美国民主党、共和党之间的互相制衡。防止没有制约的意识形态的僵化，防止没有竞争的社会制度的蜕化，防止没有监督与挑战的国家和政党的特权、霸权、垄断、腐败。这是上帝管理和治理世界的智慧和艺术，是世界进步发展保持不竭动力与活力的规律。

这个故事，把有神论的基督教和无神论的马克思主义，做了一个幽默的沟通。从世界文明多样化的客观必然性去看，不同的文明都是客观的存在，都有他们的现实性与合理性，不同的信仰应该互相尊重，不同的意识形态应该互相包容。

给人类送来马克思主义的“上帝”，其实就是“时代”，就是“人民”。

西方以基督教传教士的精神，来改造其他文明，已经被证明是一条只会引来更多文明的冲突、文明的对抗、文明的战争的道路。坚持意识形态平等，克服传统的仇恨马克思主义的情感，尊重作为一种人类信仰的马克思主义，尊重作为一种文明、一种文化、一种意识形态的马克思主义，是美国进行战略文化创新、真正走出冷战思维陷阱所必须解决好的问题。

发展模式平等，从“仇社”情感解放出来

早在1947年3月，美国总统杜鲁门就在国情咨文中提出社会主义与资本主义两种制度的选择问题，他宣称：“整个世界应该采取美国的制度，美国的制度只有成为一种世界制度，才能存在下去。”

美国历史学家威廉·威廉姆斯在他的《美国外交的悲剧》一书中指出，许多美国人认为“其他国家的人民除非走美国的路，否则就不能真正解决他们的问题，改善他们的生活”，他们“把创造出并欣赏着一种不同于美国的生活方式的外国人视为低下、落后，应当按照美国模式来教育和改造”。

其实，不论是美国的资本主义，还是中国的社会主义，都是对于国家道路的一种选择，都是一种社会发展模式。

中国的社会主义发展模式，在苏联模式垮台的10多年前，就开始了战略转型，中国创造了一种完全不同于苏联模式的新型社会主义发展模式——中国特色社会主义。而这种发展模式作为改革开放的产物，首先是对于资本主义的开放和借鉴。中国特色社会主义，从本质上来说，是一种“合成主义”，就是面向现代化、面向世界、面向未来，实行海纳百川的原则，把社会主义建立在整个人类文明的基础上。中国特色社会主义，是中国共产党人战略文化的一种历史性转变，就是从传统社会主义的“仇资”情感中解放出来，在海纳百川的过程中，大胆纳入资本主义这一“川”中的源头活水，从而使自己的事业如同大江东去，滚滚向前。中国特色社会主义在与资本主义的关系上，改变了你死我活的斗争模式，建立起一种文明共处的新型关系，主要表现为五个特点：

一是利用资本主义，建设社会主义。列宁强调，要“利用资本主义建设社会主义”。“乐于吸取外国的好东西：苏维埃政权＋普鲁士的铁路秩序＋美国技术和托拉斯组织＋美国的国民教育等等等等＋＋＝总和＝社会主义。”① 按照列宁这一公式和定义，社会主义就是本国的好东西加上外国的好东西的总和。中国特色社会主义，就是中国的好东西加上外国的好东西的总和，是加上世界资本主义国家尤其是美国的好东西的总和。

① 《列宁全集》第34卷，人民出版社1985年版，第520页。

二是学习资本主义，建设社会主义。最好的学习对象是自己的对手。学习资本主义，才能更好地超越资本主义。现代资本主义为什么比传统资本主义有竞争力，很重要的一条是他们学习借鉴了社会主义的一些好东西。1965年，资本主义国家为了学习社会主义国家的长处，克服自身发展的困难，曾经在美国的费城召开过一次“世界资本主义大会”，发表了《资本家宣言》，提出：借鉴社会主义人民当家作主的经验，实现股份制的人民资本主义；借鉴社会主义福利制度的经验，实行从生到死包下来的福利资本主义；借鉴社会主义计划经济的经验，实行国家干预的计划资本主义。资本主义由于借鉴学习了一些社会主义的东西，增强了竞争力。而冷战后的美国资本主义，以对社会主义的胜利者自居，丧失了学习社会主义的积极性，这是美国陷入大危机的根本原因。

三是包容资本主义，建设社会主义。自从社会主义在地球上诞生以来，社会主义和资本主义之间的关系，就是水火不容、你死我活、势不两立。中国特色社会主义在这个问题上实现了三个层次的重大突破：第一个层次，是在国家内部创造了“一国两制”、共同发展的先例。就是国家的主体实行社会主义，而国家的某个部分或者某几个部分长期实行资本主义，这包括中国的香港、澳门和台湾。中国是第一个实行“一国两制”的国家，中国也是目前世界上唯一实行“一国两制”的国家，这就实现了在一个主权国家内部两种“主义”、两种制度和平共处、共同发展的奇迹。邓小平说：“我们相信，在小范围内容许资本主义存在，更有利于发展社会主义。”第二个层次，是在世界范围内倡导“一球两制”、不搞冷战的先例。中国特色社会主义提出建设“和谐世界”的目标，而不是“世界革命”的目标，坚持与不同社会制度的国家特别是与美国发展和平、友好、互利、合作的关系。这是社会主义与资本主义关系处理上的变革与创造。第三个层次，是把社会主义国家融入世界体系，拓展社会主义发展空间。同时，发挥自己的建设性作用，推动世界政治经济新秩序的建立，促进世界发展和进步。

四是合作资本主义，建设社会主义。

五是竞争资本主义，建设社会主义。利用资本主义、学习资本主义、包容资本主义、合作资本主义，并不否定和排斥良性竞争。社会主义和资本主义两条发展道路的竞争，就是要竞争谁发展得更好，综合国力更强，在世界上更得人心。

冷战结束后，美国忙于“制度输出”，所以产生了所谓“颜色革命”。

而中国是通过改革开放引进全世界的好东西，是把全世界的五颜六色合成为鲜艳的中国特色。中国特色社会主义其实就是一种中国特色“合成主义”。而美国特色资本主义在冷战后，只有保守而没有突破，所以就出现了危机。

中国特色社会主义不是以埋葬美国特色资本主义为目标，而美国的资本主义仍然是以搞垮社会主义为目标的资本主义，美国资本主义仍然是威胁社会主义的资本主义。美国资本主义应该由对抗和消灭社会主义的资本主义转型为与社会主义合作共赢的新型资本主义。

政党政治平等，从“仇共”情感解放出来

1937 年美国的民意调查显示，59% 的被调查者表示，如果需要在纳粹制度和苏维埃制度之间进行选择，他们更愿意选择希特勒的纳粹制度。[①]

美国有深厚的“仇共”传统，美国的“仇共”情感，几乎是全民性的，这主要是美国精英阶层长期的宣传所造成的。这种“仇共”情感，就是仇恨共产党的存在，更仇恨共产党执政。把共产党执政说成是“一党专政”“一党专制”，是政治垄断和权力垄断。冷战结束以后，美国又以当年对付苏联执政党的同样态度对待中国共产党，把攻击中国的政治体制和执政方式，把改变中国共产党的执政地位，把在中国推行西方世界的两党政治或多党政治，作为遏制中国的一个核心问题，加以突破，对中国实行“颜色革命”。美国精英把中国和美国的关系说成是“民主自由与独裁政府的对立”。几乎所有的驻华美国记者都承认，今天他们发自中国的任何报道都必须是为了给美国公众灌输一种偏见，就是“中国是一个极权的、专制的、反人权的最后一个共产主义国家”。美国媒体公开说，如果中美关系要根本好转，就要推翻中国现在的政权，改变中国政体。美国的“仇共”情感，实际上是人为培养和发酵起来的一种“政党歧视”，严重违背了“政党平等”“政党政治平等”的民主原则，是对于政治民主、政治平等原则的根本损害。

政党政治，是近代世界政治发展的产物。世界的政党政治从英国开

---

① 沈志华主编：《一个大国的崛起与崩溃：苏联历史专题研究 1917—1991》（上），社会科学文献出版社 2009 年版，第 295 页。

始。人类社会的“政党政治”，在本质上就是一种“民主政治”。在君主专制下产生不了政党，更形不成政党政治。但是扎根在民主政治基础之上的政党政治，其运作和实现的具体模式、具体制度，则是多样化的，可以是一党执政、多党参政的中国模式，也可以是两党制或多党制的西方模式。如果说，政党政治，是世界政治共同的时代形态，那么，一党执政、多党参政的政治制度和两党制、多党制的政治制度，就是不同国家政治的“特殊形态”，是不同国家的“个体特色”。一个国家采取什么样的政党政治模式，是根据这个国家的具体国情来决定的，而不是把美国的政党政治模式，作为标本，在全球推行。否则，就是“模式专制”，就是用一个国家的政党政治模式去评判、审判不同于自己的“异类”模式，美国把自己的两党政治模式，作为标准产品，向全球推销，要求世界各国尤其是社会主义国家，只能使用和消费美国的这种政治产品，这就是在政党政治上的一种不平等、不自由、不民主。

新中国的政党政治模式，是“一党领导，多党合作”，是“一党执政，多党参政”，是集中了“选举民主”和“协商民主”的优点而成功运作的模式，是适合中国国情的政党政治制度，是中国的特色和创造，也是中国对于世界政党政治制度的一个新发明、新贡献，为世界政党政治的多元化增添了新的色彩，是中国模式的一部分，而且是最核心、最闪亮的一部分。中国的崛起和成功，使中国“一党执政、多党参政”的政党制度，成为世界政党制度体系中一道越来越亮丽的风景线。

中国只讲“中国的政党制度对于中国来说是最好的”，中国从来不讲“中国的政党制度是世界上最好的”，从来不要求世界各国都使用中国的政党制度。因为那样讲，那样做，就是蔑视和歧视“非中国式”的其他政党制度，会导致模式的傲慢和专制。中国只希望其他国家尤其是美国，不要对中国搞制度歧视，不要迫使中国在政党制度上“抛弃中国的，使用美国的”。中国不向世界出售自己的政治产品，尤其不向美国推销中国的政党制度。而美国的口头禅是“美国的政党制度是全世界最好的”，美国要求全世界都使用美国的政党制度，美国特别要求中国一定要使用美国的政党制度。在世界政党制度上，中国的原则是自主，中国的要求是平等。而美国的要求是世界的政党政治都要统一到美国的模式和标准上来。

中国古语说：十里不同风，百里不同俗。

设想中美两国领导人交叉任职。让美国总统到中国当领导，他必将是一个优秀的共产党员，会按照中国特色社会主义办事，按照科学发展观建设和发展中国。而如果让中国国家主席到美国当总统，也要按照美国规律办事，不能把中国一套搬到美国。这就是“国情决定国政”。区别在于，让中国领导人到美国当总统，将比美国总统干得更好。因为中国领导人有改革开放的精神，有崇尚平等自由的风范，不会把中国的特色在美国推广，而会按照美国的特点规律去领导美国的建设和发展。

政党政治，是世界政治的核心；政党平等，是民主政治的灵魂。而政党平等，不仅体现在国家内部的政党关系上，而且体现在世界各种政党制度的平等上，体现在“一党制”“两党制”“多党制”“一党执政、多党参政”这四种政党制度的平等上。

欢迎“挑战”的美国，才是可爱可敬的美国

美国遏制中国、讨伐中国的一种舆论，就是把崛起的中国定性为一个“挑战者”，要求中国保证不挑战美国，保证不做挑战者。这是十分荒唐的。建设新型中美关系，必须破解“中国挑战论”，赢得中国“崛起权”。

在国际民主世界里，美国凭什么享有不被挑战的特权？“民主国家”的根本特征，就是竞选和挑战；“民主世界”的根本特征，就是比赛和挑战。

“挑战”的含义是什么？中国比美国的发展速度快，就是对美国的挑战吗？中国的经济形势比美国好，就是对美国的挑战吗？中国的经济总量超越了美国，就是对美国的挑战吗？中国的国际影响力不断提高，就是对美国的挑战吗？中国加强国防和军队建设就是挑战美国吗？

在国际舞台上，有两种性质的挑战：苏联和美国之间的竞争和挑战，是霸权挑战霸权，是霸权对抗霸权。而中国对美国的所谓“挑战”，是世界最大的发展中国家对世界最大的发达国家的追赶，中国在和平发展的道路上追赶和超越美国，何罪之有？

美国霸权不应该被挑战吗？在 21 世纪的今天，不是“挑战霸权输理”，而是“坚持霸权有罪”。21 世纪的世界，其时代特点和历史使命，就是终结世界霸权，就是建设“无霸世界”。

所谓“不挑战美国‘霸权地位’”的舆论，是错误的。因为这是以承认世界霸权的合理性、合法性为前提的。世界霸权已经是现代世界的负资产，是应该扫进历史垃圾堆的东西，世界霸权完全不应该享有“不被挑

战”的特权。

所谓“不挑战美国的‘领导地位’”的舆论也是错误的。在民主国家和民主世界，任何一个领导者，都不具备其领导地位不被挑战的特权。因为不被挑战的领导者，必然是专制主义者。在民主体制下，领导地位是竞选和挑战的结果，是通过竞选和挑战走上领导岗位的。而在民主和挑战中走上领导岗位的领导者，没有权利压制新的挑战者。美国在世界推行民主，而世界最后和最高的民主巅峰，不仅是没有一个在国内实行君主制度的国家，更重要的是实现国际民主，是在民主国家基础上建设民主世界，是在整个世界大家庭中，没有一个霸权国家能够称霸世界。

美国总统，一人最多担任两届。每一位总统都是挑战者，也都是被挑战者。既有挑战别人的权利，也要承认别人挑战自己的权利。坚持挑战者与被挑战者的权利平等，这就是民主。所以，中国挑战美国是一种权利，美国压制中国挑战是一种专制。

美国拥抱世界，世界才会拥抱美国

中国 30 年的改革开放，伴随着 30 年的思想解放。今天的“中国心理”，早已经从“四仇”情感中解放出来。这“四仇”是：

仇“教”。仇恨一切宗教。认为宗教是麻醉人民的鸦片。

仇“私”。仇恨私有制度、私有财产、私有企业。认为私有制是万恶之源。

仇“商”。仇恨市场经济。认为商品是资本主义经济的细胞，包含着资本主义的一切矛盾。

仇“资”。仇恨资本主义。认为资本主义发展到帝国主义阶段，已经腐朽和垂死，必须埋葬它。

人们研究冷战后的“中国之谜”——中国为什么能够突然融入世界、成功实现大国崛起？其实，中国之谜并不神秘，奥妙就在于中国从“四仇”情感中解放出来，以新的眼光和心态面对世界，使得中国能够理智适应世界，文明面对异己，平等合作发展，赢得世界的理解和信任。结果是中国在崛起，但是，没有哪一个国家是中国的敌人。

人们研究冷战后的“美国之谜”——作为冷战胜利之师的美国，为什么在冷战后特别是在最近十年陷于梦魇？形成了一个令美国也令世界感到大惑不解的“胜利者的悲剧”“成功者的危机”！其实，美国“胜利悲剧”之谜也并不神秘。冷战的胜利，结束了冷战的历史，同时结束的也应该是冷战的思维。美国的悲剧在于，结束了冷战的历史却没有结束冷战的思维，结束了冷战的历史却继续坚持冷战的思维。这就是思维与时代的脱节。冷战以后的世界变了，冷战以后的中国变了，但是冷战以后的美国没有变。冷战的胜利不仅没有淡化美国的冷战思维，反而强化了美国的冷战思维。美国在冷战后不仅没有外交思想大解放，没有战略观念大更新，没有战略思维大转型，反而因为胜利而更加守旧，胜利的果实变成了僵化的思想。由于没有胜利后的转型和创新，结果，历史性胜利的终点，就成为新的失败的起点。

中国愿意和 3 亿美国人民做朋友，因为中国已经摆脱了“四仇”情感。而美国的“四仇”情感不摆脱，必然把 13 亿中国人民变成美国的对手和敌人。

美利坚，需要一场“思想解放运动”。

解放思想，推进美国“心态革命”。

美国爱世界，世界才会爱美国。

第五章

傲慢的陶醉——美国的“保守病”

20 世纪 90 年代以来，全世界的人们有“三个没想到”：一是没想到在世界上红火了 70 多年的苏联，一夜终结；二是没想到在近半个世纪的冷战中战胜苏联的美国，在最近十几年迅速从世界霸权的巅峰下滑和跌落，陷入霸权的危机；三是没想到经历了百年屈辱的中国，其经济总量竟然在 21 世纪的第一个 10 年就连续超越了 5 个发达国家，并将在不长的时间内超越美国。

这是震撼整个世界、改变国际格局的三次政治大地震。这三大现象发生的根本原因是什么？其实就是两个字：“改革”。苏联解体的根本原因，用苏联人自己的说法，就是“少了一个邓小平”；中国崛起的根本原因，是搞了一场“改革开放”；而美国衰落的根本原因，是多了一个“历史终结论”。“不改革，死路一条。”不改革的苏联，已经死了；在改革中发展的中国，在习近平时代又开始了“全面深化改革”新的进军；而陷于危机的美国，迫切需要通过改革来摆脱困境。如果说，中国的“改革大业”，是谱写了成功的上半篇，而且已经开始了精彩的下半篇，那么，美国的“改变”和“前进”，还没有真正迈开步伐。美国在冷战胜利之后，就患上了傲慢陶醉的“保守病”，美国领导人虽然高喊“改变”，但是为“保守病”严重折磨的美国，始终难以迈开“深化改革”的步伐。

中美决赛是一场“改革竞赛”

中美竞争，主战场是在国内。最关键的问题，取决于国内的改革和创新。

21 世纪，中国和美国真正决定命运的竞赛，既不是经济竞赛，也不是军事竞赛，而是改革竞赛。

美国为什么深陷危机？因为美国把自己当作一块全球的“样板田”，让全世界学习自己，让全世界模仿、拷贝和复制自己，美国不思改革和进取。而在日新月异的现代世界，对于任何一个大国来说，自我欣赏，停止改革，就是倒退，就是危机。

中国为什么能够创造奇迹？因为中国是全球改革的最大“试验田”，中国通过学习全世界来丰富和发展自己。中国通过改革来不断改变和超越自己。这就是中国和美国的最大区别。

在这个世界上，能够成功“遏制”中国的国家，只有一个，它的名字叫“中国”。只有中国能够最终遏制中国。

在这个星球上，能够成功“挑战”美国的国家只有一个，它的名字叫“美国”。美国，是美国的最大威胁。

中国最大的对手，是中国；美国最大的挑战者，是美国。

在中美21世纪的竞争中，美国的优势，不是取决于对中国的遏制，而是取决于对美国的改革。遏制中国，并不能使美国霸业常青；只有改革美国，才能够使美国国运兴旺。正如美国战略家布热津斯基所说：“美国人必须明白，我们的国际实力将越来越多地取决于我们解决国内问题的能力。如今，在任何时候想要正确预判美国的全球前景，都必须首先考虑国家慎重决定进行必要的制度改革。这需要美国人对国家目前的问题和尚存的全球影响力保持清楚的认识。”“美国人现在普遍认识到，为了使国家在今后维持国内繁荣和建设性的国际地位，现在必须进行一些关键性的改革。”① 布热津斯基还具体列举了美国改革必须解决的日益严峻的6个方面的问题。

中美决赛是一场改革竞赛，两个国家的内部改革决定竞争成败。谁能够在国内深化改革，谁就能够在世界上掌握主动。中国加速积累的矛盾和问题，在与中国的改革赛跑；美国深度发酵的危机和困局，也在与美国的改革赛跑。而中国和美国两个国家，又在进行国内改革的赛跑。只有改革能够“兴”中国，也只有改革能够“救”美国。

美国的改革要解决的根本问题是：在21世纪，到底要建设一个什么样的美国？怎样建设这个美国？中国的改革，要解决的根本问题是：在21世

---

① ［美］兹比格涅夫·布热津斯基：《战略远见：美国与全球权力危机》，洪漫、于卉芹、何卫宁译，新华出版社2012年版，第46页、第64页。

纪，到底要建设一个什么样的中国？怎样建设这个中国？而中美两国的改革所要解决的共同问题是：在21世纪，到底要建设一个什么样的世界？怎样建设这个世界？

美国的一号敌人是美国

美国有“寻找敌人”的习惯。其实，美国的最大敌人是美国。德国《时代》周报网站2011年7月24日的文章借用一个卡通动物的形象说：“我看到了敌人，敌人就是我们自己。”

肯尼斯·费尔特曼是华盛顿的共和党人中经验最丰富的战略家之一。费尔特曼认为，美国最大的危险就是美国，我们是自己最难缠的敌人，因为我们总是把自己带入困境，然后就投掷炸弹或派遣地面部队。①

美国《时代》周刊2012年1月30日发表题为《如何拯救资本主义》的署名文章说，当前最大的问题是“资本家成了自己最可怕的敌人”。里昂证券公司分析师迈克·梅奥说：“与外面的抗议者相比，大银行的CEO（首席执行官）对资本主义的威胁更大。”“无论变革的呼声多么响亮，资本主义都不会消失。面临的挑战是改革资本主义。要加强其实现增长的能力，解救受压迫者，同时减少全球化和贪婪行为的负面作用。改革的结果如何，将决定资本主义和世界经济在今后二三十年的命运。”

马克思说，无产阶级是资产阶级的掘墓人。在21世纪，越来越多的西方专家认为，资本家是资本主义的掘墓人，资本主义是资本主义的掘墓人。在21世纪，资本主义的敌人，并不是社会主义，而是自由放任主义。只有与自由放任主义诀别，才能摸索更好的资本主义模式。

美国正在危机中。有70%的美国人认为国家正走在错误的道路上，有将近三分之二的美国人认为国家正在衰落。美国为什么会走上错误的道路？难道是中国人把美国人领上了错误的道路？美国为什么会衰落？难道是因为中国的崛起？

其实，美国的“一号敌人”是美国；美国只有战胜美国，美国才能领先中国。美国只有超越美国，美国才能继续领先世界。

美国的金融危机，不是中国的人民币造成的，而是美国的美元造成

---

① 《美国是它自己最难缠的敌人》，《参考消息》2012年7月13日第10版。

的，华尔街是美国经济危机的策源地。美国走出危机的根本出路，不是遏制中国，而是遏制美国，遏制华尔街。

美国要把重点由遏制中国转变为改革自己。振兴美国，必须要以“改革美国”为中心，而不是以遏制中国为中心。

必须改变“美国问题，中国责任”的“外推法”。让中国充当美国问题的“替罪羊”，这样的时代应该结束了。

衰落的美国遏制崛起的中国，就像比赛场上一个跑在前面的运动员，对追赶自己的运动员下绊子一样，通过阻挡别人的步伐和迟滞别人的速度，来保持自己的运动成绩和比赛名次，这属于比赛违反规定、竞争缺乏道德。

其实，对于任何一名真正优秀的比赛选手来说，限制对手，不如提高自己。在中美博弈中，遏制对手，不如发展自己。围堵中国，将会拖垮美国。把用来围堵和遏制中国的资源，用于发展和提高美国，代价会更小，效益会更高。

中国的头号对手是中国

美国需要通过深化内部改革，增强外部竞争力。中国又何尝不是如此呢？中国现在内忧外患突出。美国包围遏制中国的“外患”固然严重，但是中国矛盾和问题的“内忧”更加危险。

中国改革开放30多年来，市场经济和私有经济的发展，使两极分化“自然出现”。

根据王小鲁、胡永泰2011年发表的著名论文《中国家庭隐藏收入的大小及分布》的估算结果，中国居民收入分配不均的程度要比官方统计数据严重得多。中国10%最富有居民的收入，是最贫穷的10%居民收入的65倍，远远不是官方统计的23倍。中国居民收入分配不均的程度逐年上升。根据几所大学和研究机构联合举办的跟踪抽样调查结果，2002年，10%最富裕中国人拥有中国全部财富的比重是47%，到2011年，该比例已经上升到86.7%。中国基尼系数在改革开放前是0.25，2012年已经达到0.55，成为全球收入差距和贫富两极分化最严重的国家之一。①

① 向松祚：《新资本论》，中信出版社2015年版，第352页。

邓小平说，如果中国的改革产生了两极分化，那么，中国的改革就真的失败了。现在中国的两极分化，已经超越美国，改革开放是否失败？1980—2012 年，美国基尼系数从 0.3 上升到 0.39，英国从 0.28 上升到 0.34，德国从 0.22 上升到 0.32，印度从 0.32 上升到 0.34，中国从 0.28 上升到 0.42（还有统计渠道说是 0.48）。非洲和拉丁美洲在历史上就一直是贫富分化最严重的地区，虽然过去 30 多年基尼系数有所下降，但是仍然维持极高水平。例如，南非基尼系数大约为 0.6，巴西大约为 0.54。北欧斯堪的纳维亚国家，是收入和财富分配比较平均的国家，基尼系数平均大约为 0.25。① 中国基尼系数超过美国，超过全球所有发达资本主义国家，中国特色社会主义在贫富差距上超过美国特色资本主义。

世界银行报告显示，美国是 5% 的人口掌握了 60% 的财富，中国是 1% 的家庭掌握了全国 41.4% 的财富。中国财富集中程度，远远超过世界最大的资本主义国家美国。② 根据世界银行 2009 年的统计，中国的贫富收入差距大约是 113 倍，该机构认为欧洲国家和日本的基尼系数为 0.24—0.36，中国远远高于这个幅度，接近非洲和拉丁美洲水平。发展改革委专家扬宜勇说，联合国大约有 190 多个国家，在有完整统计数据的 150 个国家中，基尼系数超过 0.49 的不超过 10 个国家，排名前 10 名的除了中国，都是非洲和拉丁美洲国家。③

邓小平早就指出，要在 20 世纪 21 世纪之交，基本达到小康的时候，着手缩小差距。但是由于中国资本原始积累过程中财富来源路径的特殊性，中国富豪积累财富的时间超短。从事财富研究的胡润指出，在国外，挣一个亿的财富需要 15 年，把一个亿的财富变成 10 个亿，需要 10 年时间，而中国只要 3 年。在中国，一部分人先富，用的时间极其短暂，而先富带动后富，实现共同富裕，是遥遥无期。一些专家鼓吹说分配问题特别复杂，必须等待很长很长的时间，要大家忍耐再忍耐。邓小平强调要适时解决两极分化问题，警告不解决这个问题将导致改革失败。党中央全面深化改革的重要内容，就是有效解决两极分化。

所以，中国崛起的最大阻力，不是美国，而是中国，是中国自身的矛盾和问题，是中国改革的决心和效果。中国的“一号对手”是中国。中国

---

① 向松祚：《新资本论》，中信出版社 2015 年版，第 349—350 页。

② 解放军总后勤部政治部编印：《坚定理想信念忠诚履行使命》第二辑，第 44 页。

③ 解放军总后勤部政治部编印：《坚定理想信念忠诚履行使命》第二辑，第 406 页。

只有深化改革，跳出自我遏制，才能增强竞争能力，突破美国遏制。中国只有超越中国，中国才能超越美国。

全世界最不想改革的国家是美国

这个星球最需要改革的国家，就是美国。美国没有解决全球的任何问题，却给全球带来和造成越来越多的问题。人们发现，美国本身就是一个问题，美国无疑是全世界最大的一个问题。美国是全世界战争和危机的策源地。早在1991年，戈尔巴乔夫就说过，全世界最不想改革的国家，只有美国。2008年奥巴马大呼“改变”。但是要美国改变在全世界“玩民主”“玩美元”“玩导弹”的生存方式，可能吗？

本来，美国是一个最有改革精神的国家，是一个具有改革传统的国家。在新大陆、新移民的基础上形成的美国人，是最富于创新精神的一群人。恩格斯曾经指出，“如果我没有看错美国人”，那么，他们“在实践上走在所有人的前面，在理论上还在襁褓之中，情况就是这样，而且也不能不是这样。此外，这是一个没有传统的（宗教传统除外），从民主共和国开始的国家，是一个比任何别的民族都要精力充沛的民族”。[①] 恩格斯还说：“这个新世界由于藐视一切继承的和传统的东西而远远超过了我们这些旧式的、沉睡的欧洲人；这个新世界是由现代的人们根据现代的、实际的、合理的原则在处女地上重新建立起来的……他们这个前进最快的民族，对于每一个新的改革方案，会纯粹从它的实际利益出发马上进行试验，这个方案一旦被认为是好的，差不多在第二天就会立即付诸实行。”[②]

法国学者托克维尔在19世纪上半叶考察了美国民主后，曾经不无感慨地说：“美国的伟大在于其纠正错误的能力。”但是他也曾经担心美国体制在形成良性运转以后，有可能造成国民的麻痹大意，失去了对自我革新的锐意，失去了对暴政的警惕。历代美国的有识之士也意识到这种危险。所以美国的忧患意识甚至已经被经常化、制度化。美国的危机意识是美国创新意识的强大动力。遗憾的是，在冷战结束后，“历史的终结”意识风靡西方世界，美国在“历史的终结”的陶醉和狂欢中，开始故步自封，结果

① 《马克思恩格斯全集》第36卷，人民出版社1964年版，第668页。
② 《马克思恩格斯全集》第21卷，人民出版社1964年版，第534页。

也就真的使美国走上了终结自己的道路。

今天，以美国为龙头的西方世界，普遍找不到走出危机、持续发展的正确方向。在2012年的达沃斯论坛上，第一个公开辩论的议题最关注的热点问题，就是“20世纪的资本主义，是否适合21世纪”。现在70亿人居住在一个地球上，漂泊在同一条船上，但是这条人类方舟上没有了指南针，没有领航的船长。西方世界没有大思想家，也没有大政治家，处于一种“天上没有北斗星，地上没有指南针”的灰暗与迷茫之中。

美国特色的改革开放，要解决的主要问题有四个：（1）美国在21世纪要建设一个什么样的美国？是建设一个霸权美国、战争美国，还是建设一个“新型美国”？（2）美国要把亚太地区引导到哪里去？是分裂亚太，还是稳定亚太？是建设和平亚太，还是制造一个战争亚太？（3）美国要把世界引导到哪里去？是建设和平和谐的文明世界，还是把世界搞成一个对抗的世界、动荡的世界、危机和战争的世界？（4）美国要把美国和中国的关系引导到哪里去？是要把中美关系搞成第二场冷战，还是不惜与中国一战？所以，美国特色的改革开放，事关美国的前途，也攸关世界的未来。

改革就是让美国重新站在“上帝”一边

美国历史学家孔华润（沃伦·I. 科恩）在他主编的《剑桥美国对外关系史》中指出：美国的成功在很多方面归功于它在对外关系上取得的成就，其中一些是争取到的，一些则不是。德国“铁血宰相”奥托·冯·俾斯麦说过，上帝好像在他心中为酒鬼、白痴和美国人留下了特殊的位置。年轻的共和国似乎确实交上了好运，欧洲的灾难常常是美国的机会。当然，欧洲的灾难可能也会扩散，例如1812年。但即使在那时，美国人也得以幸免，在很大程度上，这是因为英国把全部资源用在反对拿破仑的战争上。无论上帝偏爱与否，美国人还是幸运的，他们常常是推开了那些半开半掩的大门，或至少是锁得不牢的大门。因此他们无须动员大规模的政府军来从事扩张，也不需要保持常备军来保卫帝国。19世纪40年代以前，和平时期的武装力量从未超过2万人，内战开始后也不到3万人。①

① ［美］孔华润主编：《剑桥美国对外关系史》（上），王琛等译，新华出版社2004年版，第237—238页。

今天，在美国陷于霸权危机和国力衰落的时刻，有美国专家指出，当年俾斯麦曾经既妒忌又嘲讽地说："上帝特别眷顾傻瓜、醉汉和美国。"但是，现在的美国人不应该想当然地认为上帝站在他们一边，而应该听听林肯的训诫："我们是否站在上帝这一边。"[1] 现在，上帝为什么与美国作对？因为美国远离了上帝，抛弃了上帝，背叛了上帝。

人类要生存，国家要发展，不仅需要物质，而且更需要精神。美国梦的吸引力，是与美国精神的影响力紧密联系的。今天的美国危机，不仅是经济和政治危机，也是美国精神的危机，就是美国人在精神上背离了上帝。80 多年前，印度的圣雄甘地就指出当时社会有"七宗罪"："没有原则的政治，不劳而获的财富，没有理智的享乐，没有人格的教育，没有道德的商业，没有人性的科学，没有牺牲的宗教。"对照当今美国现实，哪一条不是说得入木三分？

美国的危机，根源在于偏离了上帝的精神和宗旨。美国的改革，就是要把美国再拉回上帝身边，就是要让美国能够再度站到上帝一边。

比中国更善于搞社会主义，美国才有竞争力

一些美国人认为，"中国特色社会主义"其实是一种"中国特色资本主义"，他们认为，"比美国更加资本主义的国家是中国"，他们担心中国比美国"更善于搞资本主义"而超过美国。这当然是一种误解。但是，中国特色社会主义的确有一个特征，那就是善于汲取人类文明的一切成果，包括资本主义的文明成果。而美国特色资本主义的危机在于，它只依靠一种主义——资本主义，而排斥其他主义，尤其排斥社会主义。即使在资本主义的领域内，它也缺少包容，只奉行资本主义中的自由放任主义，搞绝对自由的市场主义，而排斥有节制、有管理、有计划的资本主义。结果就必然故步自封，丧失活力和竞争力。只靠一种"主义"，难以振兴美国。

在世界历史上，资本主义和资产阶级的出现，是一个创新，它给人类社会带来巨大发展和进步。但是由于从原始资本主义到垄断资本主义残酷压迫剥削无产阶级，激化社会矛盾，导致社会危机。怎么办？这个时候，新的创造出来了，马克思和恩格斯创造了社会主义和共产主义，结果从巴

---

① 《"美国例外论"的五大错觉》，《参考消息》2011 年 11 月 21 日。

黎公社、十月革命，到中国革命，在国际共产主义运动和世界革命中，出现了一大批社会主义国家。马克思的创新，使世界资本主义在社会主义的进攻下节节败退，资产阶级如果不改变、不 Change，就要被革命。不创新，就要灭亡。怎么办？只有一条路，就是改变自己，与时俱进，创新发展资本主义。

于是世界资产阶级开始创新，首先从德国俾斯麦开始搞改革，建立了一套工人生活保障和保险制度，俾斯麦把自己的改革看成“白色革命”，是用来对付“红色革命”的。结果在马克思的家乡，就没有搞成无产阶级革命，而是由俾斯麦搞了一场“福利革命”。后来“福利国家”“福利资本主义”风行欧洲。美国 20 世纪 30 年代实行罗斯福新政，也是美国资本主义在大危机面前的大创新。

在美国和苏联两极对抗的情况下，世界资本主义仍然比较谦虚谨慎，不断创新。而苏联模式的社会主义却故步自封、骄傲自大，认为腐朽垂死的资本主义很快就会被打倒，先进的社会主义就等着收获胜利果实。由于苏联社会主义后期几十年不创新，结果丧失凝聚力和竞争力，反而失败在美国资本主义的前面。

苏联模式社会主义失败，美国取得冷战胜利。但是胜利后的美国骄傲自大，故步自封。美国专家写的《历史的终结》一书，说世界历史终结了，美国的制度就是人类历史的顶点，不用再创新发展了。于是，原来比较谦虚谨慎、愿意接受新事物的美国资本主义，就傲慢和狂妄起来，把他们原来的创新精神用于搞歪门邪道，搞金融腐败，结果就陷于衰落、危机、困局。

当美国在冷战后宣布世界历史终结、美国特色资本主义开始高度封闭保守的时候，世界历史，世界社会主义的历史，又从中国开始了。中国特色社会主义在苏联模式的废墟上迅速崛起，美国特色资本主义却陷入第二次世界大战以来最大困境。当美国在攻击中国特色社会主义是所谓“权贵资本主义”的时候，世界舆论愤怒声讨美国资本主义是“流氓资本主义”“诈骗资本主义”“赖皮资本主义”。

所以，社会主义的未来在创新，资本主义的未来也在创新。创新，就要超越自身；创新，就要学习对手。中国改革开放 30 年的最大特点，是向美国学习，向资本主义学习；美国要增强竞争力，也必须向中国学习，向社会主义学习。比中国更善于搞社会主义，美国才有竞争力。

基辛格呼吁“美国政治体制改革”

政治体制改革，在任何一个国家，都是最敏感的改革。当今世界，哪个国家最需要进行政治体制改革呢?

这个世界上有那么一个国家，他积极推进世界各国的政治体制改革，为此不惜发动“颜色革命”直至军事干涉，用武力输出民主，用导弹发射民主，用无人战斗机空降民主。唯独自己国家的政治体制神圣不可改变。这个国家就是美国。

其实，美国政治体制的弊端很大，迫切需要改革。美国战略家基辛格就呼吁“美国政治体制改革”。基辛格在《论中国》中指出：“周期性的政府换届，是美国外交政策保持延续性的一大障碍。由于助理部长帮办以上的官员均由总统任命，所以最多 8 年就要换人，相关变动涉及多达 5000 个关键职位，而且继任者需要较长的适应期。实际上，新政府上台后的前 9 个月通常难以有所作为，要么政策随意性较强，要么依靠留任官员的建议，逐渐才能形成一套执政思路。另外，为了争取民意，新政府往往把所有遗留问题归咎于上届政府的政策失误，宣布可以在有限时间内将其解决，但是这种做法让原本无法避免的适应阶段变得更为复杂。延续上届政府的政策即使不会招致不满，通常也只是第二选择。因为新总统刚上任，他可能会低估实际情况带来的诸多限制，也可能会刚愎自用。对于受美国政策影响较大的国家这种民选换届所带来的问题，让他们不得不两面下注。”①

西方政治体制改革，比中国更迫切。法国《回声报》2011 年 10 月 7 日发表文章《世界危机首先是西方政治危机》。作者是该报子刊《焦点》月刊总编。他指出，西方经济危机暴露的是西方政治危机，是西方的民主体制、政治体制出了问题，西方政治体制不能防止危机，也不能解决危机。选举政治，既选不出也举不起优秀人才，从政人才素质平庸，不能给人们指出未来，导致民主的失败。

西方的民主模式，异化了真正的民主精神，把民主引入歧途。美国选举政治具有战略短视、政治媚俗、民粹主义泛滥等弊端，美国大选越来越具有戏剧性和观赏性。大选举变成大演出。美国那种把“选举政治”搞成

---

① ［美］亨利·基辛格：《论中国》，胡利平等译，中信出版社 2012 年版，第 173 页。

"演员政治"，那种把"选举总统"搞成"选举演员"的政治体制、政治机制，是产生不了高效率的政府的。

美国政治体制改革，必须解决"金权"操纵"政权"和"法权"、金钱成为政治和法律的母乳的问题；美国的两党制，对外不能制止不该发动的战争，对内不能阻止不该出现的金融危机，已经成为一种"轮流执政、轮流平庸、轮流失败"的机制，必须改革。美国政治界缺乏罗盘和地图，缺乏整体战略。美国政治家是民调高于一切，"连任"比"责任"更重要。美国政治体制改革，要解决选举政治迎合选民眼前利益和要求，政府行为短期化的问题；要解决美国模式的选举政治使党派纷争，相互掣肘、政府执行力羸弱、行政效率低下、国家信用崩溃等问题。世界要支持和帮助美国进行政治体制改革。

需要一场美国特色的改革开放

关于中国改革的重要性，邓小平有一句名言："不改革，死路一条。"今天的美国，又何尝不是如此呢？

美国福克斯新闻网在2010年的民调显示，62%的美国人认为美国处在衰落中，而认为美国处在上升中的人数比例是26%。美国衰落，这是超过半数美国人的感觉，不是外国人的感觉。是美国人民给美国写鉴定。美国《基督教科学箴言报》2011年7月3日文章《独立纪念日的忧郁？美国人有衰落感、关注国内》说：民调指出，有2/3的美国人认为过去10年对于美国是衰落的10年，有3/4的美国人说，经济疲软对美国人的威胁超过国家安全威胁，美国人的"管理好我们自己的事情"的思想，处于冷战结束以来的最高水平。"美国，到了专注于国内建设的时候了。"美国在21世纪的第一个10年，就陷于"地狱10年"。美国的下沉，美国的危机，不仅危害美国，也殃及世界。

美国前白宫预算办公室主任马特·米勒2011年11月底在接受《环球时报》采访时说，他写了《向左走，向右走——美利坚的未来之路》。他指出，金融危机是美国精英的集体失败。第三方面的力量会出现。未来10年，美国将不得不艰难地走上资本主义制度的"十年改良"之路。[①] 美式资本主

---

① 《改革图存——美利坚民族到了最危险的时候》，《环球时报》2011年12月1日第7版。

义，必须“改革开放”。但是，3 亿美国人民虽然发出了改革的呼声，也形成了改革的共识，却缺乏真正能够带领美国进行改革的政治家。于是，人们提出，“美国需要进口一个邓小平”，让他带领美国人民解放思想、拨乱反正，像中国的改革开放那样，开始美国的改革开放。

美国需要一个邓小平。美国需要一场思想大解放。全世界最需要改革的国家是美国，而全球改革难度最大的国家也是美国。要让大银行的 CEO 良心发现，自己监督自己，那显然行不通。那么，通过议会制定法律如何？遗憾的是，正如英国《金融时报》网站 2012 年 1 月 13 日署名文章所说：美国的共和党和民主党，这“两党往往寻求相同的资金来源。在马克・吐温的小说《镀金时代》中，竞选资金的重要来源是铁路资本家，而如今则是华尔街”。这也正是一些人愤而发起“占领华尔街”运动的原因。他们对在现有体制内解决问题感到没有信心甚至绝望。资本主义改革的前景到底如何？如果改好了，会不会走向社会主义？如果改不好，会不会走向法西斯？会不会出现大动乱？这个问题难以预测，只有让时间来回答了。

没有改革，资本主义走不到今天。美国《时代》周刊 2012 年 1 月 30 日第 1 期文章《如何拯救资本主义》指出，资本主义是有历史贡献的，例如它通过贸易和金融把国际社会结合在一起。不墨守成规是资本主义的天性、优势和传统。资本主义能够维系和发展，是因为它在困境中能够一次又一次地变革。大萧条的苦难引发了一场促使资本主义实现平等与稳定的运动，从而加强了政府保护与管理——就是罗斯福“新政”和欧洲“福利国家”。后来，为了摆脱 20 世纪 70 年代的滞胀，资本主义不得不提高效率和创新能力。里根和撒切尔夫人开创了解除管制、自由贸易和资本自由流动的时代，催生了全球经济繁荣。今天在旷日持久的衰退中，资本主义面临又一个拐点，资本主义再次需要变革，变革的内容包括理顺政府与市场的关系，加强对银行业的监管，实施税收改革，增加向最富有的人征税，阻止他们钻避税天堂的空子，限制大企业向政界人士捐款和进行游说的能力，对财富和权力加以制约。与大街上的抗议者比较，大银行的 CEO 对资本主义的威胁更大。

今天的资本主义如果不深入改革，就没有明天。在 20 世纪 90 年代初期，西方欢呼资本主义已经征服了世界，历史终结了，现在是资本主义喊“救命”了。

不论是中国的改革，还是美国的改革，都需要突破对于一种主义（不论是资本主义还是社会主义）的封闭，而善于通过学习对手的主义，以丰富自己的主义；也都需要突破现在已有的各种主义，共同创造超越这个星球上已有主义的新的主义。

其实，资本主义改革的最大特点，是学习社会主义；而社会主义复兴的最大特点，是学习资本主义；今后社会主义和资本主义的共同出路，是超越自己的主义，也超越对手的主义，创造出新的主义。人类的出路，就是要不断地创新，不停地开拓。

第六章

抢救美国——让“山巅之城”重放光明

一个人患了重病，成为“病人”，就需要抓紧抢救，及时治疗。

一个国家患了重病，成为“病国”，同样需要及时治疗，抓紧抢救。

一个“病人”讳疾忌医，就会病入膏肓，生命危险。

一个“病国”讳疾忌医，同样会病入膏肓，生命危险。

抢救霸权美国这个危重的霸权病国的医生是谁？就是整个国际社会，就是深受美国霸权控制和压迫的整个世界。

21 世纪的人类社会，面临的一个最大的战略现实是：美国不能救世界，只有世界能够救美国。

让美国管理世界，还是让世界管理美国

李光耀说，要在亚洲建立制衡中国的一种框架。其实，更重要而紧迫的任务，是要在世界建立制衡美国的框架。

失去监督和制衡的国家，必然走向疯狂和没落。没有监督的美国，没有制衡的美国，必然霸权猖獗。苏联解体后，马来西亚总理就感慨：共产主义和社会主义失败后，资本主义已经无须展示柔弱的一面了。如今，赤裸裸的资本主义卷土重来，美国霸权主义已经为所欲为地通吃全世界。

美国藐视联合国。尽管联合国并不能给世界一个理想的秩序，但是它仍然是目前世界上能够拥有的最好的国际组织形式，联合国也是唯一能够限制大国权力的国际组织。冷战后，美国没有制约，抛开联合国干预前南斯拉夫问题，并且提出“人权高于主权”的理论。“9·11”事件后，美国单边主义达到顶峰，抛开联合国和其他国际组织，不顾传统盟友的反对，拼凑“志愿者联盟”出兵伊拉克，实行先发制人的战略。失去制衡的霸权，加倍

疯狂。

冷战后，美国由原来的“半球霸权”，扩展为“全球霸权”。美国管理世界的结果，是霸权横行世界，霸权搞乱世界，霸权祸害世界，霸权压迫世界。要创造一个和平发展、稳定文明的世界，要创造一个民主法治的世界，就必须把美国管理世界转型为世界管理美国。而世界管理美国的本质，就是要监督、制约美国的霸权，就是要把一个霸权的美国改造和转型为一个民主的美国，就是要建设一个尊重“人权”和“国权”而反对“霸权”和“强权”的没有霸权的新世界——无霸世界。

在美国霸权的淫威之下，不仅联合国被美国边缘化，被美国工具化，而且北大西洋公约组织，也成为美国控制欧洲的工具。有德国学者指出：“北大西洋公约组织基本上是在20世纪90年代不知不觉地从一个建立在协商基础上的同盟，转变成为美国控制欧洲的工具。与冷战时期相比，欧洲对美国的实际依赖度有增无减。谁如果在完成美国既定任务时不配合，就肯定会受到政治和经济的双重压力，就会遭遇铺天盖地的热嘲冷讽。北大西洋公约组织要求盟友互相磋商的年代已经一去不复返。”①

所以，把世界从霸权下解放出来，就必须实现由“美国管理世界”到“世界管理美国”的转变，让世界监督美国，让美国融入世界。

让美国改造世界，还是让世界改造美国

美国热衷于改造世界。其实，这个世界最需要改造的，是美国。与美国改造世界相比较，世界改造美国，显得更为迫切。

改造美国，改造什么？就是要改造美国的自私、美国的虚伪、美国的丑陋、美国的霸权。亨廷顿对美国外交行为的描述是：“向他国施压，使他们接受美国的人权、民主价值观和做法；阻止他国获得可能会对美国的优势构成挑战的军事力量；在其他国家的领土上或其他社会中强行实施美国法律；根据他国执行美国有关人权、毒品、恐怖主义、核扩散、导弹扩散，现在又是宗教自由等方面的标准的情况，对他们加以分门别类，对达不到美国标准的进行制裁；打着自由贸易和公平市场的旗号，推动美国公

① ［德］赫费里德·明克勒：《帝国统治世界的逻辑：从古罗马到美国》，阎振江、孟翰译，中央编译出版社2008年版，第1页。

司的利益；从美国公司的利益出发，制定世界银行和国际货币基金组织的各项政策；干预与其没有多少直接利害关系的地方性冲突；胁迫他国奉行有利于美国的经济政策和社会政策；推动美国在海外的武器销售，同时又阻止他国进行类似的销售。”这样的一个美国，是一个追求支配世界、统治世界的美国，是一个与公平世界、和谐世界、多极多元世界相矛盾的美国。所以，为了这个星球的安全和进步，就不能让这样的一个美国来改造世界，而是要让世界来改造美国。亨廷顿所描述的这样一个丑陋的美国，难道还不应该被改造吗？而彻底改造这样的一个美国，就不能只是依靠美国来改造美国，而是要依靠世界来改造美国。

一个国家，需要建设强大的“公民社会”，才能有效制衡政权；一个世界，需要建设强大的“公民世界”（由全球的国家组成），才能有力制衡霸权。美国不允许压迫公民人权的“非民主国家”在这个世界存在，而世界也不允许践踏国家主权的“霸权国家”在这个星球横行。21世纪，是终结世界霸权的时代，是一个“世界改造美国”的时代，而不是一个“美国改造世界”的时代。从世界适应美国，到美国适应世界；从世界属于美国，到美国属于世界；从美国脱离世界，到美国回归世界，这将是美国的历史性转变——美国将成为一个“非霸权国家”；这也是世界的历史性进步——世界将第一次成为一个“无霸权世界”。

让世界改造美国，实现美国由霸权国家到正常国家的转型，是一场深刻的革命，是一个艰难的过程。在如何处理美国与世界的关系上，美国需要认真总结四个阶段的历史经验：

一是美国“走向世界”的成功。美国从开国到第二次世界大战胜利，在处理与世界的关系上，积累了好的经验。这一阶段的美国，把孤立主义和进取主义结合起来，把韬光养晦和有所作为统一起来，创造了大国崛起的奇迹。

二是美国“竞争世界”的胜利。从第二次世界大战胜利以后到冷战结束的近半个世纪，美国和苏联各占地球半边天，在双方竞争世界霸权的持久博弈中，最后是美国胜出。美国与苏联竞争世界霸权的过程，虽然有曲折、有反复、有败笔，但是总体来说，还是以比苏联更好的发展成就赢得了最后的主动与胜利。冷战的结束，也毕竟是世界的一个进步。

三是美国“领导世界”的教训。冷战结束后，美国一方面收获了冷战胜利的成果，另一方面又违背时代进步的潮流，继续用冷战思维指导和处理与世界的关系，导致脱离世界、藐视世界、分裂世界、对抗世界，结果给世界造成了灾难，美国自身也陷于危机和衰落。

四是美国“回归世界”的选择。美国霸权的衰落不可避免，美国霸权的黄昏已经来临，中国和一些新兴国家的崛起势不可当。美国是继续在冷战思维的绝路上走下去，在世界霸权的穷途末路上徘徊，还是放弃霸权专制，与中国建立新型大国关系，这是美国必须作出的战略选择。

基辛格在《论中国》后记中指出：“亚洲的未来在极大程度上取决于中美两国的构想，以及两国能够在多大程度上与对方在本地区的历史角色和地位相整合。通观其历史，美国的行为常常源于两个动机：一是坚信自身的理想信念具有普适性；二是自认为有义务传播自身的价值观。而中国行事则是基于自身的独特性：中国文化的传播方式是依靠潜移默化，而非传教士般的热忱。”“这两个社会代表了两种截然不同的例外论，这使得二者的合作具有内在的复杂性。太平洋两岸的领导人有义务建立起磋商和相互尊重的传统，以便使合力建设一个共享的世界秩序在后来人眼中成为两国共同的抱负。”① 美国战略思维，是强调所谓“普世性”，要在全世界推广美国的制度，要用美国的制度去覆盖全世界，要用美国价值观改造全世界，要用武力推广美国价值观。中国战略思维，是讲特色，是坚持自己的，尊重别人的，既不妄自菲薄、崇洋媚外，搞全盘的“拿来主义”，也不唯我独尊，不搞“输出主义”，不用自己的制度去强迫别人，不用自己的价值观去改变别人。

打造“第四个美国”，“山巅之城”才能重放光明

21 世纪，建设一个什么样的美国，建设一个什么样的世界，是摆在美国面前的第一课题。

在美国的文化传统中，有一种根深蒂固的“使命观”。从欧洲移居北美的第一批清教徒便带来了这种使命观。在他们看来，“北美的发现和开拓是上帝的旨意，其目的就是要创建一个全新的世界”，要使美国成为“整个世界的山巅之城”；“美国的未来不仅是其自身的未来，也是人类的未来，世界的未来，甚至是宇宙的未来”；“美国人是特殊的上帝选民，我们驾驭着世界自由的方舟”；“上帝使美国人成为在混乱不宁的地方‘建立

① ［美］亨利·基辛格：《论中国》，胡利平等译，中信出版社 2012 年版，第 517—518 页。

制度的统治者'，上帝赋予美国人'压倒整个地球上反动力量的进步精神'，使美国人成为'治世的能手'"，"'美利坚民族是上帝选择出最终领导世界复兴的国家'。"就是说，美国肩负着上帝的使命，肩负着领导世界、照耀世界的责任，"除了美国之外，任何一个国家都不能领导这样一种新的时代"。①

而近几年的美国民意调查表明，有三分之二的美国人认为，美国走在错误的道路上。一个自己都失去方向感的迷茫的美国，怎么能够发挥"山巅之城"的作用、继续充当世界灯塔呢？

美国的崛起，是与整个西方世界的崛起联系在一起的，是与资本主义的崛起联系在一起的。美国的崛起，是西方世界崛起中的一个阶段，是其中的一次高潮。而西方资本主义的崛起过程，同时也是一个改革过程。西方资本主义是在不断的改革中实现崛起的。西方有专家出版新书《资本主义制度4.0》，指出全球资本主义制度必须有第四次变革。第一次变革是19世纪初主张实行自由贸易的自由资本主义制度；第二次是20世纪二三十年代凯恩斯式的福利国家制度；第三次是20世纪80年代初由撒切尔和里根开创的以自由市场为核心的货币主义。现在需要进行的第四次变革，不仅是改变一些规则和换下一些无能之辈，而且是要改变市场与政府的关系，就是要破除市场神圣、自然完美的神话。

美国，也是在改革中不断转型和前进的。对于美国来说，18世纪是美国在独立革命中建国和创制的世纪；19世纪，是美国在扩张、开发、废除奴隶制中走向强大和富有的世纪；20世纪，是美国在两次世界大战和一次冷战中走向世界、称霸世界的世纪；21世纪，是美国总结经验教训，适应新的形势，通过改革创新实现由霸权国家到非霸权国家转型，成为世界的正常国家和健康国家的世纪。

"美式改革"要解决的问题，是在以往革命和改革的基础上，实现新的历史跨越。美国改革的目标是：建设第四个美国。

第一个美国——是在实现独立建国的目标后，作为世界第一个"共和国"，在"孤立主义"旗帜下发展进步和高速崛起的美国。这是一个"领先世界的美国"，是一个"榜样世界的美国"。

第二个美国——是在第二次世界大战后，主导西方阵营，与苏联进行霸权竞争，通过近半个世纪的博弈，最终赢得冷战胜利的美国。这是一个

① 齐世荣主编：《美国从殖民地到唯一超级大国》，三秦出版社2005年版，第45页。

“冷战的美国”，是“领导半个世界的美国”。

第三个美国——是在冷战后20年“一超独霸”的国际格局下，“领导整个世界的美国”。这段时间，是美国国家命运兴盛的顶点，也是美国国家地位衰落的起点和拐点。这是一个“因傲慢而导致衰落的美国”，是一个“由狂妄而走向失败的美国”。

第四个美国——是总结经验、吸取教训，彻底改革的美国。这是在中国和美国的战略竞争中，改变“霸权国家”的性质，走向“正常国家”的美国。

美国在21世纪各种问题的病根，是在两个战略关系上的“两个脱离”：一是在国内关系上，1%和99%的关系，是1%的精英脱离99%的民众；二是在国际关系上，是1%和99%的关系，就是世界上1%的国家美国，脱离世界上99%的国家。建设第四个美国所必须进行的改革，表现在内政改革和外交改革两个方面。美国内政改革的根本问题，是彻底改善美国国内1%和99%之间的关系，从体制机制上保证美国1%的人能够密切联系美国99%的人，始终不脱离美国99%的人。只有如此，才能建设“和谐美国”。而美国外交改革的根本问题，是在美国与世界的关系上，彻底改善美国这一个国家与世界上99%的其他国家的关系，特别是彻底改善与中国的关系，从体制机制上保证美国不搞世界霸权，能够紧密联系和团结世界其他国家，以民主的态度平等对待其他国家，这样才能在国际关系中真正体现美国是一个民主国家的性质，才有利于建设“民主世界”“和谐世界”。如果美国能够彻底实施这两个方面的改革，那么，美国的性质将发生根本性的改变，世界的面貌将发生根本性的改变。美国将成为一个在内部实现了“1%的人与99%的人之间的和谐”，在外部废除了“1%的国家对于99%的国家的霸权”的国家，美国将由一个分裂的国家变成一个团结的国家，由一个霸权国家变成一个“非霸权国家”。美国将重新成为世界的榜样国家、灯塔国家。

第二篇 地球不会围绕美国转

——美国靠什么再领导世界100年

21 世纪，是把世界霸权送进“历史博物馆”的世纪。

21 世纪的美国，将实现与霸权的分离。

21 世纪的世界，将与霸权告别。

建设新型大国关系，是对旧型大国关系的深刻革命，是国际关系前所未有的伟大创新，是国际社会划时代的升级和转型。

建设新型大国关系的过程，就是“告别世界霸权”的过程，就是创造“无霸时代”的过程。

从大英帝国时代的“殖民世界”，到美利坚帝国时代的“霸权世界”，再到新型大国关系旗帜下的“无霸世界”，这是国际社会进化的三大形态。

历史终将证明，21 世纪的中美两国，将在建设新型大国关系的过程中，成为“世界霸权的掘墓人”，成为国际文明新时代——“无霸时代”的开拓者。

第一章

世界不能容忍美国领导权

“世界不能容忍美国领导权”，这是著名的美国战略专家亨廷顿的一句震撼世界的话。

在第二次世界大战以前，当美国只是领导美国的时候，美国是最成功的美国；第二次世界大战胜利后，当美国领导半个世界的时候，在两大阵营的竞争与比较中，美国是比苏联成功的美国；而在冷战结束后，当美国领导整个世界的时候，美国是失败的美国。

美国领导世界有“瘾”

美国，有一个领导世界的“领导梦”，这是“美国梦”的重要内容。这个领导世界的梦想，从美国建国以来就有，更确切地说，在美国建国以前就有。

美国开国后的立国宗旨，是华盛顿的“孤立主义”，就是美国只管美国的事，美国只领导美国。这是美国特色的韬光养晦，是深藏大志、蓄积能量、等待时机。

1823 年美国总统门罗提出“门罗主义”，就是美国不仅要管美国的事，而且要管美洲的事，美国要做整个美洲的领导。这是美国的领导工作由美国一个国家到美洲一个大洲的重要跨越。

19 世纪末期马汉提出“海权论”，20 世纪初期威尔逊总统提出“14 点计划”，第二次世界大战后期罗斯福总统对战后全球的“世界主义”设计，美国在半个世纪的时间里，实现了由领导美洲一个洲，到领导西方世界这半个地球的跨越，美国成为与苏联并驾齐驱的半个世界的领导者。冷战结束后，美国成为全球唯一的霸主，成为全球的领导者，美国实现了由领导半个世界到领导整个世界的跨越，登上了全球领导的顶峰。

美国把领导世界看成是自己的“天定命运”。1845 年 7 月，在美国正式兼并德克萨斯数月后，《联邦杂志和民主评论》发表文章《兼并》，提出美国人“天定命运”的责任感，就是美国人肩负着天定的使命，要拓展到整个大陆，那是上帝为美国的发展而指定的。

美国领导世界的“天定命运”论，包括三个理论支柱：

一是“种族优越论”。美国虽然是个移民国家，是个民族的大熔炉，但是“白人种族优越论”突出，“白人至上”观念强烈。在有种族偏见的人看来，白色象征着善良、纯洁、美丽，而黑色象征着罪恶、腐朽、丑陋。认为以白人为主体的美利坚人，是最优秀的民族，具有领导和征服劣等民族的权利。这种权利不属于任何其他民族。

二是“美国伟大论”。美国主流社会具有“美国伟大”的思想。只有让伟大的美国领导世界，才能使世界走向伟大。

三是“民主制度优越论”。认为美国创立的立宪民主制度，是世界上最好的政治制度，美国制度最能保障人们的自由、民主权利，美国有使命、有能力把美国的民主政治模式普及全球。

最优越的种族、最伟大的国家、最先进的制度，就决定了只有美国能够领导世界。

美国梦，在美国平民心目中，就是一个创业梦、一个公平梦、一个幸福梦。但是，在美国精英的视野中，美国梦就是一个全球“领袖梦”，就是一个世界“领导梦”。

美国梦有四个具体内容：

（1）美国梦，是一个“信仰梦”。就是信仰上帝，以基督教的价值观塑造人的灵魂和国家的国魂；就是信仰美国模式的民主、自由、人权那一套观念和制度。美国信仰、美国价值观，是美国梦的生命线。

（2）美国梦，是一个“使命梦”。就是把用美国的核心价值观塑造美国、改造世界，把在全球实现“美国化”，作为“天定命运”去承担，作为上帝赋予的使命去完成。

（3）美国梦，是一个“领袖梦”。就是美国要做天上的北斗星，为世界标定方位；要做山巅之城的灯塔，为人类的进步照亮道路；要成为地球上的“核心国家”，成为领导世界的“领袖国家”。

（4）美国梦，是一个“公平梦”。就是建立一种机制，提供一种环境，使人们能够平等竞争，只要进取，就有机遇；只要奋斗，就有成功；只要努力，就有幸福。人们能够依靠自己的天才和奋斗，改变自己命运，实现人生价值。

从美国建国到第二次世界大战以前，当美国只是领导美国的时候，美国梦是一个世界上最年轻大国的进取和创造，这个阶段的美国梦，是经典的美国梦，是最美的美国梦。在第二次世界大战以后，美国成为西方国家、西方阵营的头领，成为半个世界的领导者，并且迅速走上与苏联阵营争夺世界霸权的道路，这时的美国梦，就成为争霸梦，就开始变质；在冷战胜利后，美国成为世界霸主，开始称霸世界以后，这时的美国梦又进一步变质，美国发动的战争和美国造成的危机，不仅给美国带来噩梦，也给世界带来噩梦。

美国领导世界三大失败

1993 年 1 月 5 日，老布什总统在西点军校的讲话中说："冷战以后，美国成为世界上唯一的超级大国，美国的职责就是运用自己的道德与物质资源，以促进民主与和平。我们有责任也有机会进行领导。没有其他国家能够担当这一职责。"

美国在冷战之后走上领导世界的宝座，美国 20 多年的领导，有三个失败：

第一个失败，是美国没有领导好美国。英国前首相布朗在 2010 年出版的《超越崩溃——战胜第一次全球化危机》中指出，美国的金融创新蕴涵风险。在危机前的 20 年内，一种新的全球金融体系不断发展，脱离了监管，导致一种奇怪现象，就是：没有资本的资本主义。他指出：美国要重新塑造美国梦。美国梦一直激励全世界。现在，美国梦不仅不能激励全世界，而且连美国人民自己也激励不了。美国梦的核心是承诺只要努力工作，就无须为就业和高生活水平担心。的确，在 20 世纪相当长的时间里，美国人的实际收入都比上一代翻番。1950 年后的 25 年，美国家庭净资产年增长率达到 8%。但是从 20 世纪 70 年代起，收入分配开始失衡。2000 年后更严重，2002—2007 年间，美国三分之二的收入增长集中在 1% 的最富裕阶层。由于多数人的工资水平停滞不前，只能依靠借贷来推动消费。1990—2007 年消费贷款占可支配收入比重由 80% 上升至 130%。危机迫使美国陷于严重衰退，工资水平下降，长期失业率高企。由于贷款受到限制，推动全球增长的美国人的消费大幅下滑，由占美国 GDP 的 76% 降至 73%，而且此时美国的经济规模已经缩水。因此，美国的当务之急，是缓解不平等加剧，解决中等阶层收入停顿的问题。他指出，金融危机造成全球需求出现缺口。2010 年秋，欧洲和美国仍然有四分之一的工业产能闲置，工业化国家有 4700 万失业工人。未来 10 年西方可能陷于低增长时期，西方七国年增长率可能只有 1.45%，将创第二次世界大战以来最低增速纪录。美国长期深陷在战争和危机的泥潭中。英国前首相布朗对美国的批评是中肯的。美国总统，首先要领导好美国，才有资格领导世界。当不好美国总统，如何能当好“太平洋总统”？如何能当好“全球总统”？

第二个失败，是美国没有领导好西方世界。西方世界处在危机和困难中。

第三个失败，是美国没有领导好全世界。冷战后的美国，是全球最大的“经济危机贡献国”，是“泥潭战争贡献国”，是“军备竞赛推动国”，是“新型冷战发动国”，是“亚洲分裂制造国”，是“亚洲战乱催生国”。美国已经领导世界陷入危机，美国又在推动亚洲走向战争。美国的亚洲战略目标，就是要制造“亚洲人制衡亚洲人”的“亚洲内耗”，就是要制造“亚洲人打亚洲人”的“亚洲内战”，就是要把“21 世纪的亚洲”变成“20 世纪的欧洲”。就是要把亚洲变成美国包围遏制中国崛起的“主要战场”，把亚洲变成一个“角斗场”。历史将证明，美国在 21 世纪最大的失败，是其亚洲战略和亚洲政策的失败。而美国在亚洲的失败，也就是美国霸权的彻底失败，是美国全球领导地位的终结。美国长期领导世界的结果，是加剧了全球的分裂和混乱。美国领导世界，给这个世界带来的问题和造成的麻烦，比他为这个世界解决的问题要多得多。美国不是世界问题、世界矛盾的解决者，而是世界的麻烦制造者，是世界灾难、世界危机的制造者。美国的领导，已经成为世界的包袱，成为世界的负资产。今天亚太地区出现的对抗和紧张，就是美国对这个地区“加强领导”的恶果。

美国的领导，不能解决全球的问题；美国的领导，给全球带来更多的问题；美国的领导，是全球最大的问题；美国的领导，不是解决问题的领导，而是制造问题的领导；要有效解决全球的矛盾和问题，必须有效解决美国的领导问题。对于美国的领导地位来说，就是两种选择：一是改革美国的领导，由霸权性质的领导，转型为民主领导、科学领导、集体领导；二是美国被弹劾、被罢免，或者主动辞职，退出领导岗位。总之，要想继续当领导，美国必须表现好。

美国四位总统领导世界的“成绩单”

冷战结束后，美国领导全球20多年的“政绩”，如何评价？这个问题，虽然有全球公论，但是最权威的结论，应该是美国人民。而美国重量级战略专家的看法，尤其具有一种特殊的指标意义。在这方面，布热津斯基2007年出版的畅销书《第二次机遇：三位总统与超级大国美国的危机》，尤其具有说服力。

布热津斯基在书中指出，冷战结束后，“美国戴上全球领导者的桂冠，是形势所造就的事实，而不是世界各国的拥戴”。[①]

美国全球领导者的桂冠，虽然不是来自世界各国的拥戴，但是如果美国能够真正发挥好全球领导者的作用，那么，美国依然可以赢得世界各国的拥戴。遗憾的是，美国的领导表现和领导结果让全世界失望。冷战后，以“世界总统”自居的几任美国总统，向世界交出来的是一份又一份不及格的成绩单。布热津斯基在书中列了一张表：“全球领袖：一份总统报告卡。”按照布热津斯基的评价和鉴定，老布什总统扮演的角色是“世界警察”，得分“B”；克林顿总统扮演的角色是社会福利“吹鼓手”，得分“C”；小布什总统扮演的角色是“保安队长”，得分“F”。小布什总统更是灾难性总统。冷战后美国第四任总统奥巴马给自己打分是“B+”，低于A高于B。美国《时代周刊》指出，美国在21世纪的第一个10年，是“地狱里的10年”，是失败的10年，是美国近代历史上最黑暗的时期。

布热津斯基在2007年的质问和结论是：“美国是如何领导世界的？一句话，非常糟糕。……在冷战结束后自我加冕为全球领袖15年后的今天，在面对一个政治敌对的世界里，美国作为一个民主国家，正变得越来越恐惧和孤独。”[②] 他警告，美国正大量丧失其全球领袖地位的合法性，美国总统在世界范围内的可信度和道德地位不断遭到削弱。

布热津斯基说：“在20世纪90年代初期，如果有机会让世界舆论指定一个最理想的国家来管理全球的安全事务，大部分舆论可能会选择美国。

① ［美］兹比格纽·布热津斯基：《第二次机遇：三位总统与超级大国美国的危机》，陈东晓等译，世纪出版集团、上海人民出版社2008年版，第22页。

② ［美］兹比格纽·布热津斯基：《第二次机遇：三位总统与超级大国美国的危机》，陈东晓等译，世纪出版集团、上海人民出版社2008年版，第142页。

到了2006年，这种情形绝不可能发生。”[①] 而在美国金融大危机之后，选择美国领导世界的情形就更不可能发生。按照布热津斯基2007年的说法，“在世人的心目中，美国的形象不再是自由女神，而转变为关塔那摩监狱”[②]。现在的美国，在世界的观感中，已经变成了丑陋的美国、可怕的美国、被世界憎恨的美国。美国作为上帝的选民，已经辜负了上帝的期望。

美国领导世界，让世界失望。

美国领导世界20多年的实践，证明美国不适合领导世界。

美国领导世界20多年的实践，使美国失去了领导世界的资格。

美国当领导，世界很糟糕。

世界还能让美国再领导100年吗？

布热津斯基之问：美国适合长期担任全球领袖吗

美国是否适合长期担任全球领袖？

布热津斯基在《第二次机遇：三位总统与超级大国美国的危机》一书中系统解析美国在冷战后领导世界15年的教训。在该书第一章“全球领导面临挑战”中，作者开宗明义就指出：冷战结束后“美国总统第一次自我加冕全球领袖，是个重要的历史时刻。尽管无从得知它在日历上的确切日期，但是这个时刻紧随苏联的解体以及冷战的结束，是无疑的。美国总统虽然没有在国际上获得任何正式的祝福，但是确实担当起了全球领袖之职。不但美国的媒体如此相称，外国人也以全球领袖之礼相待”[③]。

布热津斯基说：“历史上，15年不过是短暂的插曲。但是在我们生活的时代，在历史加速发展的步伐，即便是在几十年之前也是难以设想的。所以，现在对美国自20世纪90年代发展成为世界唯一超级大国的国际表现，作一个战略评估并不为早。美国是否已经负责并且有效地履行其国际领导角色，将不仅对美国本身，而且对整个世界的安全和福祉，都是一个

---

① ［美］兹比格纽·布热津斯基：《第二次机遇：三位总统与超级大国美国的危机》，陈东晓等译，世纪出版集团、上海人民出版社2008年版，第143页。

② ［美］兹比格纽·布热津斯基：《第二次机遇：三位总统与超级大国美国的危机》，陈东晓等译，世纪出版集团、上海人民出版社2008年版，第146页。

③ ［美］兹比格纽·布热津斯基：《第二次机遇：三位总统与超级大国美国的危机》，陈东晓等译，世纪出版集团、上海人民出版社2008年版，第1页。

至关重要的问题。”

布热津斯基对美国在15年中领导世界的国际表现进行战略评估的目的，是要探究这样一个尖锐的问题，美国三任总统“他们究竟让其身后的世界变得更好还是更糟？究竟让美国在世界上的地位更强大还是更虚弱？作为全球第一个超级大国，美国在过去15年里的表现为未来留下了哪些关键的经验教训？”美国“是否适合有效扮演一个长期的全球领袖？”①

美国“是否适合有效扮演一个长期的全球领袖？”这是美国战略家在金融危机前就提出的疑问。8年后的2015年，观察今天的美国和今天的世界，布热津斯基之问，已经引发世界更多人的思考。

亨廷顿断言：世界不能容忍美国领导权

亨廷顿1993年在美国《外交》季刊夏季号发表《文明冲突?》一文，提出“世界文明冲突论”，引起轩然大波。该文的主要思想是：在1793年法国大革命建立民族国家之前的一段时期，国际冲突主要是君主之间争夺领土和势力范围的战争；1793年到第二次世界大战结束这段时期的国际冲突，主要是民族国家之间的利益冲突和由此引发的战争；从第二次世界大战以后到苏联解体这段时期的国际冲突，主要是社会主义和资本主义之间的意识形态冲突和由此引起的冷战；苏联解体后的国际冲突，就变成了世界各大文明之间的冲突。他认为当今的世界形态很大程度上取决于七八种主要文明的互动，包括西方、儒家、日本、伊斯兰、印度教、斯拉夫-东正教、拉丁美洲等文明，可能还包括非洲文明。他还认为，当今的世界文明冲突，归根到底是西方文明与非西方文明之间的冲突，原因在于“不同的文明对上帝与人、个体与群体、公民与国家、父母与子女、丈夫与妻子的种种关系有不同的观点，而对权利与责任、自由与权威、平等与阶级的相对重要性也有迥然不同的看法”。亨廷顿反复强调：“未来世界政治的主轴，很可能是‘西方与非西方的矛盾’。”在非西方文明中，他特别强调“儒家-伊斯兰的联合”的危险性。由此，他设计了一套“西方对抗非西方”的战略，主要内容就是西方怎样对抗所谓“儒家-伊斯兰的联合”的

① ［美］兹比格纽·布热津斯基：《第二次机遇：三位总统与超级大国美国的危机》，陈东晓等译，世纪出版集团、上海人民出版社2008年版，第5页。

战略，实质就是要建立一个孤立和遏制中国的国际统一战线。

亨廷顿的美国文明中心论受到猛烈批评。1996 年他在美国《外交》杂志 11—12 月号上又发表文章《西方文明：是特有的，不是普遍适用的》，阐述了一些有价值的观点。他在一开篇就承认："宣扬西方文化就是、也应当是全世界的文化这样一种观点，是错误的、傲慢的和危险的。"他还指出："西方——特别总是喜欢自己思想的美国——认为，非西方的人民应该接受民主、自由市场、有限政府、政教分离、人权、个人主义、法制这些西方的价值观，并且应该在他们的制度中体现这些价值观。但是在非西方文化中，对这些价值观的基本态度轻则是怀疑，重则是强烈反对。西方认为是有普遍性的价值观，在非西方看来则是帝国主义"；"帝国主义是西方文化普遍适用论的必然结果。""如果认真分析起来，那种认为非西方人民应该接受西方的价值观、制度和文化的看法，具有不道德的含义"；"企图把西方的意志强加给其他社会的任何尝试，都同主张自决和民主的西方价值观相悖"；"随着西方力量的衰降，西方价值观和文化的吸引力也减弱了，因此，西方必须使自己适应它的将其价值观强加给非西方社会的能力不断衰退这一现实。"亨廷顿承认"现代化和经济发展，既不需要、也不会造成西方化，相反，它们将促进本国文化的复兴"。

1996 年，亨廷顿把他的思想写成《文明的冲突与世界秩序的重建》一书。1997 年，他为该书中文本写序，特地向中国读者解释说，他的基本观点不是要挑起中国和美国的冲突，而是为了促进中美对话。他说："在未来的岁月里，世界上将不会出现一个单一的普世文化，而是将有许多不同的文化和文明并存。那些最大的文明也拥有世界上的主要权力，他们的领导国家或者是核心国家——美国、欧盟、中国、俄罗斯、日本和印度，将来可能还有巴西和南非，或许再加上某个伊斯兰国家，将是世界舞台的主要活动者。在人类历史上，全球政治首次成了多极的和多文化的"；"在这样一个多元化的世界上，任何国家之间的关系都没有中国和美国之间的关系那样至关重要。如果中国经济在未来的 10 年或 20 年中仍然以现在的速度发展，那么中国将有能力重建其 1842 年以前在东亚的霸权地位。另一方面，美国一贯反对由另一个强国来主宰欧洲或东亚，为了防止这样的情况发生，美国在本世纪参加了两次世界大战和一次冷战。因此未来的世界和平，在相当大的程度上，依赖于中国和美国的领导人协调他们各自的利益及避免紧张状态和对抗升级为更为激烈的冲突甚至暴力冲突的能力，而这些紧张状态和对抗将不可避免地存在。"他反复讲，他的文章和书是为了

“唤起人们对文明冲突的危险性的注意”，正是为了促进不同文明之间的对话，达到避免冲突升级的目的。

2001 年初，亨廷顿接受媒体采访时，谈了他对 15 年后世界形势的预测。他说：欧盟和中国将是主角。在正常情况下，俄罗斯将东山再起，印度可能会崛起成为一个有影响的角色。长期趋势无疑是朝着这几个大国的力量进一步平衡、美国优势下降的方向发展。美国的相对实力将逐渐削弱。美国不再有掌管整个世界的意愿，“整个世界也将越来越不能容忍美国的这种图谋”。

其实，亨廷顿在 2001 年初，对于 15 年后世界形势的预测，是讲对了一半，也讲错了一半。人们看到，整个世界确实是越来越不能容忍美国继续领导世界的这种图谋，但是美国不仅不反思、不改进，而且美国总统公然宣称美国要再领导世界 100 年，美国称霸世界的野心越来越强烈了。

亨廷顿最大的失误是什么？就是用“文明的冲突”掩盖了“权力的冲突”。亨廷顿认为冷战后世界的主要矛盾，是“文明的冲突”，其实，冷战后世界的主要矛盾，不是文明的冲突，而是权力的冲突，就是美国的世界霸权与不同国家的国家主权之间的冲突，这种世界霸权与国家主权之间的冲突，是冷战后世界的根本矛盾，是导致全球冲突、对抗、分裂、混乱的主要矛盾。而解决这个矛盾的唯一办法，就是全球合力，监督、管理和制衡霸权，让霸权国家主动或被迫放弃霸权。

美国专家论美国“灾难性领导”的原因

布热津斯基在《第二次机遇：三位总统与超级大国美国的危机》中所讲的“危机”，就是讲的美国对世界的“领导危机”。他指出美国“领导世界”的失败事实，透视美国对全球“灾难性领导”的原因，试图揭示美国全球“领导危机”的根源。

布热津斯基在 2008 年出版的《美国与世界》一书中第一章“美国缘何陷于困境”中指出：在苏联国旗从克里姆林宫降下的那一刻，美国人无不认为自己获得了历史性的胜利，而如今他们却感到美国实力衰落、四处碰壁。在此期间，美国丧失了众多机遇，也采取了一些错误的行动。例如，1991 年美国通过军事行动成功将萨达姆赶出科威特，但是却没有能够抓住这一机遇解决巴以问题。在克林顿执政时期，美国没有能够促使俄罗斯与西方开展紧密合作，等等。当然，与美国应对“9·11”事件的致命误判相比，这些失误都相形见绌。

布热津斯基认为，美国对全球领导的失败，是由于思想上的僵化保守，没有看到和适应世界发生的三大变化。他说，在今天的世界中，国际环境正在发生三大变化。一是全球政治觉醒。全人类首次在政治上活跃起来，变得更加积极主动。二是全球权力重心正从大西洋地区向远东转移。这并不意味着大西洋体系的崩溃，而是意味着大西洋体系丧失了500多年来对国际事务的支配权。三是诸如气候变化、环境污染、贫穷等需要人类协力解决的全球性问题不断涌现。未来美国在世界中的地位，取决于其是否有能力应对这些变化带来的各种挑战。小布什一叶障目，盲目将恐怖主义定义为美国在21世纪最严峻的挑战，导致美国举国上下笼罩在一种恐惧的气氛之中。布热津斯基认为，在整个20世纪90年代，美国人普遍具有一种傲慢自大的心态，“历史终结论”甚嚣尘上，在相互依赖程度日益上升的国际体系中，美国人认为自己可以随意制定游戏规则，没有意识到美国缺乏代表国际社会行使权力的经验，仍然用冷战时期的思维方式和组织机制解决问题。

布热津斯基认为，冷战后走上世界领导岗位的几任美国总统，由于无视国际环境正在发生三大变化，导致四大致命的弊端。布热津斯基在《第二次机遇：三位总统与超级大国美国的危机》中精辟地指出：“美国的政策被全世界视为：在一个后帝国时代，仍显示傲慢的帝国主义特征；在一个后殖民时代，仍深陷于殖民主义窠臼；面对一个史无前例的相互依存的世界，却仍然自私自利，冷漠无情；在一个宗教多元的世界中，却对文化问题自以为是。如此，这场美国超级大国的危机就必将会成为终结美国力量的终点。”①

布热津斯基对美国领导世界失败原因的分析，虽然不乏深刻和犀利，也难免有局限与不足。冷战后的美国，获得了历史性的胜利，为什么接着就开始了历史性的失败，使胜利的终点成为失败的起点？根本问题在于，美国对于世界的领导，是霸权性质的领导，是没有制衡的领导，是没有“挑战者”的领导。美国在国内的领导是三权分立体制，而美国对世界的领导则是三权垄断：美国是世界的立法者，掌握世界规则的制定权；美国

① ［美］兹比格纽·布热津斯基：《第二次机遇：三位总统与超级大国美国的危机》，陈东晓等译，世纪出版集团、上海人民出版社2008年版，第171页。

是世界总统，掌握在世界任意行动的权力；美国是世界法院，掌握世界司法权，是世界的司法裁判，是世界的大法官。正由于美国把领导权变成了霸权，用霸权的方式来领导世界，把领导世界变成了霸权世界，结果就使得美国领导世界，不是“造福”世界，而是“造怨”世界、“造恨”世界、“造仇”世界。

自从美国在冷战后自我加冕、主动走上世界领导岗位以后，虽然成为“失败的领导”“灾难性的领导”，却丝毫没有华盛顿的“任期制”风范，反而誓言要继续保持美国的“全球领导地位”，要“再领导世界100年”，这可能吗？

第二章
让中国“乱”起来，美国折腾中国有阴招

21 世纪美国霸权最突出的特征，就是对中国的战略遏制。这种遏制阴险毒辣、不择手段。

强权 + 阴谋——美国外交的战略特征

中华人民共和国历届领导人，对美国和平演变中国的战略设计，对美国西化、分化、弱化中国的阴谋诡计，一直保持高度警惕。但是，近年来中国一些“精英人物”却要求中华民族“消除‘美国阴谋论’”。他们说，“在美国有一股暗流是中国威胁论”，“在中国，这股暗流是‘美国阴谋论’，这股暗流主要来自极端民族主义分子和既得利益集团。他们高举‘爱国主义’的大旗，高谈民族的百年屈辱，危言耸听地指出以美国为首的西方阵营‘亡我之心不死’……”。还有的中国“专家”提出，对美国的研究，要“超越阴谋论”。为什么？他们考证说，“美国外交政策的特征，是强权而不是阴谋”。

其实，美国外交政策的特征，是“强权 + 阴谋”。

今天，为了实现“中国梦”，对于美国对华战略的阴谋诡计，我们应该时刻保持警惕之心。

2006 年，美国斯坦利基金会提出了一份秘密研究报告（以下简称“秘密报告”），题目是“如何影响中国的国家战略和军事战略”。该报告内容高度保密，经过删减后，刊载于 2008 年《关于大国问题》的专题报告中，供内部学习使用。美国国内许多精英，高度评价此报告，把它与 20 世纪 40 年代美国战略家凯南起草的“长电报”相提并论。该报告出笼后，时任美国国防部部长的拉姆斯菲尔德将其呈送给布什总统。耐人寻味的是，

1946年2月以一份8000字长电报为美国制定对苏联“遏制”大战略奠定理论基础的凯南，是美国驻苏联大使馆的临时代办。而60年后，在2006年提出“如何影响中国的国家战略和军事战略”秘密报告的作者弗兰克·斯图尔特·科尔曼，也曾经在美国驻中国大使馆工作10年。

把60年前美国驻苏联大使馆战略专家的8000字长电报，同60年后美国驻中国大使馆战略专家的18000字秘密报告，做一个对比，可以看出，这两个文件，确实是对战略对手的战略设计，这是两个阴险的设计。而对中国的战略设计所用的篇幅，又两倍于对苏联的战略设计（就目前我们已经看到的删节本内部报告而言）。可见美国对中国战略设计的重视程度和复杂程度。

设计“如何影响中国的国家战略和军事战略”的美国战略专家弗兰克·斯图尔特·科尔曼，先后毕业于美国安纳波利斯海军学院和斯坦福大学，获得政治学博士学位。他在美国驻华使馆工作10年期间，对中国社会以及军队有深入研究。回到美国后，他供职于美国国防情报局。

如何围绕“政治改革”困扰中国

秘密报告对中国的战略设计之一，就是如何围绕“政治改革”困扰中国。

秘密报告称：中国有“一片未开垦的土地，这片有待耕耘之地就是政治改革。”“如今，中国各级政府机构腐败成风，给中国带来了最严峻的挑战。没有实质性的改革，就无法抵制腐败的滋生”，“中国的特点是同时拥有着极度开放的经济与极度保守的政治”，“政治滞后将不可避免地干扰经济进步。如果这种扭曲的体制一再发展，中国经济注定要在十年内走下坡路。我们判断，如果中国近期不进行有意义的政治改革，剩下的好时光也只有十余年了”。

“为了防止胡锦涛成为真正的改革者，并于2007年末发动一场全面的政治改革，我们或许应该全力以赴地分散他的注意力。为了遏制他，我们应该采取如下办法”：

一是“鼓噪中国国内反动势力加强活动，制造政治动荡。中国越是不稳定，共产党就要付出越大的力气追求稳定。在形势动荡不堪之际，共产党肯定不会冒险发动政治改革”。

二是“中共十七大召开之前，在经济领域不要对中国进行援助或开展合作。我们应该争取扰乱香港证券交易所，削弱中国人民对经济持续增长的信心”。

三是“利用任何有用的现代化媒体形式，支持‘法轮功’活动以及中国的民主运动”。

四是“继续批评中国的人权问题，组织国际舆论谴责北京政府，对于所有正在向共产党执政权发起挑战的人权维护者提供帮助”。

五是“把握当前形势，使中国的负面因素发挥作用。例如，腐败问题长期令中共头痛不已。政治体制越是落后，腐败现象就越猖獗；腐败现象越猖獗，共产党就越不愿意实施政治改革。如此一来，其合法性将备受公众质疑，越来越不得人心。应该采取办法让共产党查出更多的腐败分子，同时不要引渡一些外逃贪官”。

以台湾为导火索，引爆中国

秘密报告对中国的战略设计之二，就是如何用“台湾问题”来驾驭中国。从中可以看出美国运作台湾问题的战略战术。

秘密报告称：中国人“一直都向往‘大一统’思想，并且进行着坚定不移的追求。从历史上看，没有任何国家像中国这样多次分崩离析，也没有其他国民像中国人这样如此渴望国家统一。自从19世纪以来，尽管中国是世界上领土损失最多的国家，但是也是最不愿意丢掉领土的国家。中国的每位统治者，都会把中国完全统一作为根本任务。最终完成‘大一统’的想法会轻而易举地滋生仇外的民族主义。中国的民族主义就像一把双刃剑，既可以团结整个国家，也可以给国家带来灭顶之灾”。

“如今，台湾的任何风吹草动都会令中共领导人忐忑不安，这种情况在以前从未有过。这不仅是台湾的良机，而且也为美国提供了可乘之机。对美国来说，过去50年内一直在想方设法遏制中国。时至今日才骤然发现，遏制中国最有效的武器在于中国人自己，即台湾岛上的某些中国人。台湾能够驾驭着中国的国家走向，而美国又驾驭着台湾的走向。于是，中国相当大一部分命运便落在了美国人手中。”

“我们必须看到，21世纪的东亚政局纷扰未定，如果美国想要继续保持对华优势，必须有力地控制着台湾问题的进程。目前，中国还没有准确地把握住美国真正的战略意图。因此，对美国来说，这是一个绝好的机会。中国人认为，美国不想看到一个动荡不安的中国。有人指出：‘一个死亡的中国不利于美国，一个活生生的中国也不利于美国，只有一个昏昏欲睡的中国才符合美国的利益。’这番话或许代表了中国许多战略思想家的看法。实际上，只有让中国变成另一个中东，美国才能够实现最终的战略目标，即在未来100年确立起至高无上、独一无二的领导地位。因此要在那个渺小的岛屿——台湾问题上牵引中国、引爆中国。”

秘密报告建议美国政府采取如下策略：

“一是不断‘误导’中国领导人紧盯台湾问题，接二连三地挑战中国在台湾问题上的底线——‘台独’，深深地刺痛中国敏感的神经。最终让高涨的民族主义摧毁中国人民的理性思考。最简单也是最有效的方法莫过于鼓噪一些国家支持台湾加入国际组织。”

“二是‘煽动’中国对台动武。确保台湾的战火燃烧到一定的程度。也就是说，一旦台湾宣布独立，中国将不得不发动战争。如果中国不发动战争，共产党的合法性将受到严重威胁；一旦卷入战争又失败了，共产党也将不得不放弃执政权。这种情况下，中国就无法维持现状了。”

“三是如果十七大后，中共提出与国民党甚至民进党就统一问题进行谈判，要确保台湾领导人提出如下要求：统一的唯一前提条件，是共产党放弃一党专政，实行民主政治，承诺在全国范围自由、公开地选举领导人。这些‘苛刻的条件’，无疑会赢得海峡两岸人民的拥护，但是也肯定会遭到共产党的抵制。那时，所有反对统一的责任，将自然而然地推卸到共产党的身上。”

美国对台湾的战略设计，就是用“民主统一”抗拒“和平统一”，中国要实现两岸统一，就必须把美国的大民主搬到中国，必须把台湾的滥民主搬到大陆，这实际上是让美国和台湾的所谓民主制度统一中国，是要把中国统一在美国和台湾的政治制度之下。这不是和平统一中国，而是和平演变中国。

台湾对于美国，不仅具有遏制中国的战略价值，而且具有军备市场的商业价值。李敖在《审判美国》一书中指出：美国的所谓保护台湾，那保护费是由台湾自己出。台湾的“国防”预算比例世界第一高，钱都进入美国腰包。在20世纪50年代，台湾的军费开支占总预算的70%以上，直到2003年，75亿美元的军事预算占总预算的比例仍然高达16.63%。如果按照人均军费，是世界第一。台湾岛已经成为了美国的“赚钱岛”。[1]

① 李敖：《审判美国》，中信出版社2011年版，第129页。

让中国军队成为一支不能打胜仗的军队

秘密报告在“恐怖的西太平洋”这一部分，围绕着中国军队在未来战争中能不能成为赢家，进行了分析和预测。

1. 如果中美发生战争，美国可以在军事上获得胜利，但可能导致美国的动荡

秘密报告说：“我们发现一条规律，就是美国能够十分成功地颠覆社会主义国家，但是却完全无法征服宗教国家。强大的苏联顷刻间可以土崩瓦解，但是伊朗仍然屹立于世。伊拉克即使垮台了，似乎也没有倾倒。如果将这条规律用于战争可以发现，美国能够打败日本、德国等最顽强的国家，却从来没有真正打败过外表柔弱、根本无法与日本相提并论的中国。我想，这是因为美国人始终以一成不变的眼光看待中国，总是认为中国地大人多。现在，中国有两亿多人都是二线的准军事力量，几乎相当于美国总人口的三分之二。即使到了 21 世纪，美国这种习惯思维依然没有改变。”

“因此，美国传统的政策似乎是，无论西太平洋出现了什么情况，都不要直接与中国发生任何军事冲突。只要不爆发全球战争，美国最好只是与小国作战，并且在战争中坚持两项原则：一是只进行军事上能够容易停止的战争；二是只在战略要地进行战争，因为扼守战略要地的国家碰巧都比较弱小。美国过去几十年从事的战争，都是‘经济战争’。如果美国和中国发生战争，美国可以在军事上获得胜利，但是在经济方面不会有丝毫收益。相反，还可能给美国国内经济全局带来麻烦，进而导致国内动荡。中国人民曾经不止一次地在废墟上重新建立家园，实际上至少有三次。美国人能够做到吗?”

2. 没有美军介入，解放军也难以打败台军

秘密报告建议：“不要对中国发动战争，这并不是因为中国的军力十分强大。恰恰相反，中国的军事机器每天都在老化。综观中国历史，每个王朝的军事力量都经历了由盛而衰的演变。对于中国人民解放军来说，这种衰落过程尤其短暂，甚至比清朝的‘八旗军队’还要快。当前的解放军处于历史最差状况。我曾经多次参观访问解放军部队，并且在过去十年对其进行研究，我深信我对这支军队有着十分准确的认识。我敢说，台湾海

峡战争一旦打响，即使在没有美国军队介入的情况下，解放军也会觉得彻底打败台军是极其困难的。”

“台湾与大陆军力的差距可没有两者领土面积那样悬殊。解放军精通的游击战术在台湾海峡将毫无用武之地。在卫星遍布苍穹的时代，要想进行任何秘密调动几乎都是不可能的。随着时间的推移，现代战争将变得更加错综复杂，使用越来越多的高技术。但是影响战局成败的关键因素则变得越来越简单，作战指导方针也越来越单一，即只要保持优势力量。这里所说的力量指的是基于信息的力量，而不是军事力量或人力。遭受原子弹袭击的时候，无论你是百万大军还是孤身一人，结果都是一样的。遭受计算机攻击的时候，也是如此。”

3. 解放军与美军至少有“两代差距”

秘密报告妄断：“中国的军队没有任何战略。换言之，它的军事战略融入了太多政治因素，不出错才怪。目前，中国是世界上唯一仍然奉行中央集权的共产主义国家。在这种国家，军队肯定是而且也只能是一种政治工具，因此它不愿改革。”

“中国人反对军队改革的时候，总会以‘不适合中国国情’为理由。在国民党杀戮共产党党员的那些年代，国民党的借口就是‘马克思主义不适合中国国情’。”

“解放军几乎是世界上最保守的一支军队。迄今为止，世界多数国家基本都完成了军队从机械化战争向信息化战争的转变，但是解放军只有一只脚刚刚迈进机械化战争的门槛。它与美国军队至少有两代差距，实际上与日军、台军也相差一代。”

“解放军把所有的新思想、新观点都视为无稽之谈。我在北京的时候，常常拜读一些具有远见卓识的解放军军官的个人专著和文章。其中一些著作给我留下了深刻的印象，但是他们的观点似乎普遍得不到重视。”

“这不仅让我回想起查尔斯·戴高乐的专著《装甲战》。该书在法国出版后，以每册 15 法郎出售，却无人问津。但是德国的‘坦克战之父’海因茨·古德里安买到以后，却不分昼夜地反复研究，从戴高乐的著作中深受启发，提出了坦克闪击战理论，该理论帮助第三帝国征服了法国等欧洲国家。五角大楼和中央情报局多次组织召开关于刘亚洲将军思想的研讨会，我都参加了。就我所知，这种研讨会在中国从来就没有办过。”

4. 中国军队难以摆脱“大陆型”思维模式

秘密报告说：“当前，新一轮军事革命带来了日新月异的变化。上一场战争的经验或许并不适合下一场战争。但是中国军队一贯喜欢跟在别人后面，总结过去的经验。这种不良的习惯，是由于该军队的特性所决定的，它主张建立规模庞大的大陆型军事力量。”

短期内，中国将难以摆脱大陆型军队的思维模式，主要原因有三：

“一是红军、八路军与解放军均擅长游击战，他们通过游击战打赢了所有的战争。游击战是农民的战争样式。解放军主要也是由年轻的农民构成的一支队伍。农民总是对土地恋恋不舍，他们眼中没有天空和海洋。”

“二是自从1949年以来，中国共产党在朝鲜战争、中印边境冲突、中越边境战争等一些局部战争中轻松地大获全胜，这些战争都是在陆地上进行的。这些轻而易举的胜利，使他们无法看到战争中暗藏的另一面。”

“三是近代时期，中国广袤的土地总是被各地的军阀分割而治，需要一支规模庞大的地面部队守卫疆土。”

让“大中国”出不了“大战略”

战略决定成败。如何遏制中国“战略思想”的生产？如何遏制中国“大战略”的形成？如何扼杀中国的战略创新人才？从秘密报告对中国这方面的战略设计，可以看出美国封杀中国有创意的战略思想的手段和策略。

1. 中国的战略研究存在“严重缺陷”

秘密报告称：“在中国的十年间，我对中国主要的研究力量进行了认真考察后发现，中国在此方面存在着严重缺陷，十分凄惨。”

“中国的战略理论既不清楚又不连贯。每次新领导人执政后，都会提出一些新政策。中国的新政策，就相当于新的国家战略。因此，中国的国家战略就受到了最高领导人智商的影响。也就是说，如果领导人出类拔萃，国家战略就会卓尔不群；如果领导人平平淡淡，国家战略就会毫无起色；如果领导人愚昧无知，国家战略就会误入歧途。例如，毛泽东在前半生英明卓绝，但是后半生却日渐式微。邓小平一世英明，但是中国只有一位邓小平。”

“中国有句古语曰：一朝天子一朝臣。每当新的领导走马上任后，他必须改变其前任领导的行为方式。否则，就会感觉不能全面地展现自己的智慧。”

2. 中国人“不习惯从哲学的角度考虑问题”

秘密报告说：“当前的中国领导人先前都是攻读自然科学或科学技术的。在近两届中央政治局常委中，几乎没有主攻文科出身的。这与西方发达国家领导人的知识体系有着鲜明的差异。”

“更重要的是，亚洲人，尤其是中国人，自古以来就不习惯从哲学的角度考虑问题。今天，亚洲人民能够表达观点，但是引导世界的不是这些观点，而是哲学思想。这种哲学思想对于世界向前发展必不可少。”

3. 美国在战略研究上，“比中国有巨大优势”

秘密报告说：“我之所以费尽心思地强调上述问题，就是想告诉美国人，我们比中国有巨大的优势，尤其是在思想领域。只要中国拒绝任何政治改革，就不会有正确的思想路线。只要没有正确的思想路线，就不能制定出任何可行的国家战略。”

“当然，我们也不应该忽视中国战略研究界和思想界发生的任何变化。在独裁体制下，尽管所有的思想家都很无力，但是他们毕竟还是思想家。”

4. 让中国战略家的思想不能进入战略决策

秘密报告说：“两年前，我撰写了一份题为《刘亚洲已识破美国的战略底线》的报告。自上个世纪末，这位中国的空军中将始终在呼吁中国共产党调整重心，重视中国的西部地区。当中国共产党决定‘开发西部’的时候，我着实吃了一惊。后来，当我得知这场新运动仅仅限于经济开发，甚至只是将其停留在口头上时，我就放心了。这意味着刘亚洲的政策建议根本没有受到重视。”

5. 分裂中国西部地区，尤其是促使西藏独立

秘密报告认为：“20 世纪的美国外交战略，继承与发展了 19 世纪的英国外交战略，它的指导方针是：石油管道沿线的国家以及中东、中亚地区产油国周边的国家越小越好，除此之外，其他国家越大越好。因为大国之间频繁的摩擦与冲突会使他们忙得不可开交，无暇他顾。当前，中东和中亚地区除了中国之外没有其他大国。因此，我们 21 世纪的目标，就是要分裂中国西部地区，尤其是促使西藏独立。”

6. 对中国实行“声东击西”战略

秘密报告强调：“中国地形的特点西部是高山峻岭，东部是低洼平原。中国的统治者以往总是盯着西部地区，将其视为中国的后院。然而，过去 200 年这种情况有所改变，英国就是从海上入侵中国。大约 100 年前，清王朝内部发起了一场大辩论，解决中国应该注重海防还是边防的问题。中

国内部对台湾问题和西部问题的争论，正是对这个古老问题的重复，以此决定海防与边防哪个对中国更重要。在两者之间保持均衡似乎是不可能的。晚清的历史证明，海防不会关系到中国的存亡。日本在甲午战争后占领了台湾，但是并没有影响到清朝政府在中国大陆的统治。恰恰直至左宗棠带着棺材，信心百倍地收复新疆之后，中国才开始有了今天这般广袤的版图。台湾从中国分离出去已经有半个多世纪了，但是中国仍然通过改革开放保持着快速发展。台湾这样一个小岛，当然不足以阻挡中国发展的步伐。然而，除了个别几位战略思想家之外，几乎无人对此有清醒的认识。这种情况令我们欢欣鼓舞。孙子曰：‘围师遗阙。’台湾就是我们在全球留下的‘阙口’，它可以大大转移中国的战略重心。中国共产党内有许多人认为，美国深陷中东困局的时候，中国应该利用十年战略机遇期，通过这个‘阙口’闯进太平洋。然而中国一些有眼光人物的思想警示着我们不要过于乐观。”

让中国最出色的智囊停止思考

如何让中国最出色的智囊停止思考？美国中央情报局如何“围剿”中国有创见的战略思想？

秘密报告说：“我举这些例子的原因，就是要说明中国仍然有一些清醒人士，他们的声音使我们的对华政策受到了挑战。中国地方以及军内的一些思想家在军内外普遍有着非同凡响的影响力，我们绝对不能掉以轻心。他们的意见会成为主流吗？这是我们应该认真研究的问题。两年前，美国中央情报局利用因特网组织了对刘亚洲的攻击后，他的声音趋于式微。但是完全销声匿迹了吗？现在一些中国思想家可能在养精蓄锐，准备阻挠我们遏制中国的活动。”

“为了影响中国的国家战略和军事战略，我们必须确保能够让中国最出色的智囊停止思考问题。独立思考是中国最稀缺的资源，我们要让这种稀缺的资源变得更加罕见，直至完全无影无踪。”

让中国军队的“战略精英人才”不被重用

秘密报告称：“过去 20 年，我们针对李际均等一些中国军事思想家成功地进行了攻击。[1] 李将军是一个非常可怕的人物。他培养了很多和他一样的军官。这对美国来说，不是一个好消息。今后，还要加大攻击力度。”

调整“人权战略”，增强对中国杀伤力

秘密报告建议：“评估与调整美国的对华政治价值定位，停止公开批判中国严重破坏人权的行为及其一党独裁体制。只有让中国保留现行的专制体制，那些贤明人士的声音，才能够继续不起作用。大约200年前，英国勋爵马嘎尔尼访华后在日记中总结说：‘清朝政府鼠目寸光，什么都不懂，就知道遏制国民的理性思考。’这是由其统治体制的本质决定的。在专制体制之下，统治者自然不喜欢富有独立思考能力的知识分子。在他们看来，知识就是累赘和障碍，甚至还会祸害无穷。”

因特网是中美交锋的最重要战场

秘密报告建议：“严密控制因特网。因特网是我们与中国共产党迎面交锋时最重要的战场。我们与共产党等持有不同意识形态的敌人交手时，战场不在天空或者海洋，而是在因特网上。通过因特网，公众可以发表与听取意见。而在中国，对于信息的自由获取，可以轻而易举地变成一股无法控制的力量，影响到政治与社会变革。这值得我们高度的关注，需要恰当的引导。网民或许代表了人民的意志。人民的意志虽然不是法律，但是能够束缚决策者的手脚。我们应该在网上不断挑起摩擦，制造事端。”

---

① 李际均，中央军委办公厅前主任，中将军衔。他学富五车，思维开阔，曾经得到王任重的举荐，被邓小平提拔与重用。

第三章

让日本“疯”起来，美国策划中日对抗手段毒

秘密报告关于中日关系的战略设计，提出了一整套激化中日矛盾、利用日本遏制中国的战略和策略。这里介绍其中部分内容，看看美国如何让日本疯狂起来。

中日两国搏斗，比台海两岸对立，更有杀伤力

秘密报告称：“我无法断定中国领导人最终能否解决台湾问题。我们不应该低估美国利用台湾牵制与削弱中国的难度。毕竟，海峡两岸都是中国人，血浓于水。一旦有外部势力介入，海峡两岸的人民也不是完全不可能联手御敌的。在这种情况下，美国就要使用手中的另外一颗棋子了。”

“那片绵延的群岛——距离台湾东北部几百英里之外，有一片绵延的群岛。在100多年的时间里，它给中国带来了太多的麻烦。”

“日本是中国的宿敌。大约150年前的一个夜晚，鸦片战争的领导人林则徐在湘江之畔遇到一位年轻人。林则徐语气凝重地严肃指出：‘中国最危险的敌人是日本，它会给中国带来灭顶之灾。我们这代人年事已高，无法看到那一天，但是你们可以看到那一天。’后来，正是在该年轻人的指挥下，对日战争一败涂地。此人就是左宗棠。”

“历史告诉我们，在亚洲，任何时期只能有一支主要力量脱颖而出，两支主要力量并驾齐驱的情况似乎是不可能的。大约有2000年的时间，中国一直都是亚洲的头号力量。然而临近19世纪末，日本则占据了亚洲的头把交椅。中国强盛时便欺负日本，日本强大后又攻击中国。中日两国从未

有过真正的和平。可以预言，它们今后会再度兵戎相见，结果不是日本征服中国，就是中国打败日本。英国与美国都能战胜中国，但是他们在中国领土上没有利益。他们对日本同样如此。美国两次战胜日本，也没有培养起太多的兴趣。而中日对抗的主要根源，在于两国有着完全相同的文化和历史背景。日本几乎所有的事物都可以追溯到中国。同时，现代中国的许多流行物，包括一半以上的中国词汇都出自日本。从更大的历史视觉来看中日之间的战争就像国家内战，类似于唐朝与突厥之间、明朝与清朝之间的战争一样。实际上，60 年前日本发动的侵华战争，就是清朝对明朝战争的重演。两次侵略路线如出一辙，就连‘南京大屠杀’，似乎也受到了清初‘扬州十日’和‘嘉定三屠’的启发。”

美国使日本失去“野蛮本性”，是一个严重失误

秘密报告称：“假如以前没有美国插手，日本很可能就统治了中国。同样，如果没有美国，日本今后仍然可能成为中国的统治者。其原因在于，所谓‘同种同族’的中日人民有着天壤之别的差异。日本人善于合作，待人真诚，团队工作意识强。中国人恰似一盘散沙，没有任何信仰，精神素质差，气势颓废。日本人勇于创新，善于变革。只有善于因势而变的国家，才是不可战胜的。而中国人则极端保守。总的来看，在整个中国的历史长河中，只有 2000 年前秦始皇实施的那次改革堪称成功的改革。”

“美国的出现，使日本野心勃勃统治东亚的计划，永远成为泡影。第二次世界大战爆发后，美国先后打败与占领日本，接着又对它进行改革。美国在打败和占领日本这两个方面，是大获全胜，但是在对日本进行改革的过程中，却出现了明显的错误。战后，在对日本进行重新评估的同时，也应该对中国进行重新评估。然而，华盛顿那些目光短浅的政客们，却在这个问题上严重失误。在将近 60 年的时间里，华盛顿从来没有把日本看成是一个正常的国家。当然，日本作为一个战败国，在这个意义上，它的确不是一个正常国家，是需要美国的改造的。遗憾的是，美国在对日本进行改造时，把西方的民主体制和价值观强加给了日本，结果使得这个蠢蠢欲动的国家，彻底改变和抛弃了过去所具有的那种‘野蛮本性’，把一个野蛮的日本变成了一个温和和文明的日本，这些在思想上被美国人调教了几十年的日本人，他们的性格发生了巨大的变化，与 1931 年发动九一八事变

的那些人比较，毫无疑问，已经判若两人了。美国人竟然在不经意间，实际上是为中国除掉了一个强大对手和心腹之患。这或许也是导致中国能够迅速崛起的一个重要原因。”

日本“开始凶相毕露，这是美国绝佳的战略时机”

秘密报告称：“毛泽东和邓小平都十分睿智，他们具备了华盛顿那些政治家所不及的远见卓识。毛泽东曾经在陕西北部他那简陋的窑洞中向埃德加·斯诺表示，他从来没有把日本当成是一个国家，他认为日本只是一个法西斯组织，因此决不和日本谈判。然而，当美国没有把日本视为一个正常国家的时候，中国却反而把日本当成了一个正常国家。毛泽东和邓小平都在利用日本这张牌对付美国。也就是说，当美国敌视中国的时候，中国会与日本改善关系；当日本充满敌意的时候，中国便又拉近与美国的关系。毛泽东和邓小平在美日之间玩着力量平衡的游戏，因此赢得了巨大的战略优势。其中最成功的一次力量平衡游戏，是1972年毛泽东邀请基辛格访华，这令日本大为震惊，迫使时任日本首相田中角荣不得不赶在尼克松总统之前访华，而该举动反过来又进一步加深了中美关系。”

“当今的中日关系已经降至冰点，这与邓小平在位时期相比，已经形成了巨大的反差。其主要原因在中国。其一，中国领导人没有把日本作为一个正常国家。自从江泽民上台之后，就把处理与日本的历史问题作为当务之急。其二，为了转移公众对于悬而未决的国内问题的注意力，中国领导人鲁莽煽动了国民的仇日情绪，甚至唆使人民参加反日游行示威，破坏日本大使馆。于是，日本的右翼势力骚动不安，潜伏已久的‘野蛮本性’和‘野心’开始凶相毕露。这是美国绝佳的战略时机，美国不应该让这种机会溜掉。”

按住中日两国的“脉搏”，决不让中日关系深度发展

秘密报告称：“美国觉得：日本，虽然可以支配，但是不可靠；而中国呢？中国是既不可以被支配，又不可靠。”

“日本感到：美国，虽然势力强大，却远在天边；中国虽然近在咫尺，却对日本充满了深仇大恨。”

“中国认为：美国，正在谋求的是全球利益；日本则是着眼于亚洲利益。”

“如果美国能够准确地按住中国和日本这两个国家的脉搏，那么美国就能够巧妙地应对未来的任何问题。尤其要强调的是，在美国享有有利条件的时候，必须要有忧患意识，要有危机感。美国今后面临的最差的情况，莫过于中国和日本这两个国家走向和解。美国决不能允许中国和日本之间的关系，发展成为德国和奥地利那样的关系；决不能允许中国和日本之间的关系，发展成为美国和加拿大那样的关系。如果中国国力继续增强，经济继续攀升，中日和解的可能性还是存在的。如果日本完全西化，变成了美国希望的民主国家，而中国也变成了现代化超级强国，中日和解就会成为现实。”

中日仇恨的“火山一旦喷发”，任何“政治力量都会化为灰烬”

秘密报告称：“中日两国在东海存在着潜在冲突，这可能让我们目睹到两国冲突的序幕。中国与日本之外的所有邻国都存在着边界问题。然而，钓鱼岛问题的出现打破了这种局面。如果处理不当，中日东海危机就会升级，其严峻程度将不亚于中亚或中东地区的任何危机。春晓油田或许最有可能成为中日爆发冲突的地点。”

“如果出现了诸如占领钓鱼岛等极端行为，或者恶语中伤中国人民的情况，可能会导致中日两国陷于军事冲突，甚至是小规模战争。那么东亚的整个政治版图将全面调整。为了防止台湾发生任何意外事件，中国的领导人与中间力量可能会以各种借口劝说公众保持平静，以便控制局势。然而，一旦中国卷入与日本的冲突之中，中国将无人敢于违背民意，抵制对日本的作战。经过近十年的压抑，中国民间对于日本的强烈的民族情绪，已经成为一座巨大的火山。这座对日愤怒的火山一旦喷发，任何与其违背的政治力量都会化为灰烬。中国的现代历史告诉我们，对于日本的仇视，是一种特殊的力量，实际上也只有仇日情绪才能最大限度地激发和团结中国的力量，并且锻造出具有共同意志和爆发力的中华民族。”

“1895 年中日甲午战争之后，中国社会普遍形成了一种蔑视对外示弱、要求对外示强的民族心态，义和团起义就是这种示强心态的反映和写照。在这样一种民族心态的舆论环境之下，仇视外国人就意味着有爱国之心，而向外国人低眉折腰则是国家叛徒。这种心态带来的是一系列不可挽回的灾难，而中国人至今还没有完全意识到其后果。”

“与中国相比，日本社会与日本人似乎更加冷静与理性。但是我认为，这只是表面现象。实际上，这只不过是日本自我克制传统的一种表现。一旦冲突爆发，日本人心中堆积了几十年的怒气，将会急剧迸发，形成一股可怕的力量。”

“自晚清以来，中国共进行了三次现代化建设，前两次都由于日本的入侵而中止。第三次现代化建设是否还会遭受此不可思议的宿命呢？”

让中国“同时进行两场战争”：对台作战和对日作战

秘密报告称：“中日冲突将深刻地影响中国的国家战略和军事战略。中国近年来的战争准备主要围绕着台湾，准备在台湾问题上与美国打一场有限战争。然而，一旦中日之间出现了任何问题，中国军队的目标将不再是一场有限战争，肯定是一场地区战争。对此，中国尚未准备就绪。当然，日本也没有做好准备。日本领导人清楚，一旦中日开战，它将更加依靠美国。尽管依靠美国是颗苦果，但是日本知道它必须吞下。当前，日本没有打算与美国分道扬镳，因为它的政治、军事与国家战略都是围绕美国设计的。但是现在无法预测30年后美国和日本关系的走向。通过加剧中国和日本的冲突，促使日本更加靠近美国，才符合美国利益。中国、日本、美国之间的三角关系，正像上世纪的中国、美国、苏联大三角关系。如果中日关系不如中美关系，美国就会从中渔利。美国必须利用这些关系，获取决定性优势。”

“看来，中国不得不同时进行两场战争了，这就是对台作战与对日作战。结局将如何呢？”

日本军队的“战争准备”比解放军扎实

秘密报告称：“有些国家的将军，只能打赢一个时期的战争。例如，苏联的建国元勋只打赢了内战，无法在第二次世界大战中重复这些胜利的战绩。斯大林注意到这种情况后，决定重新选用朱可夫、华西列夫斯基等一批年富力强的将军。”

“但是，美国的将军却有着不同的表现。第二次世界大战爆发时，年近60岁的巴顿将军思维如同20岁的年轻人。麦克阿瑟将军也曾经在第一次世界大战中浴血奋战。”

“相比之下，今日中国的将军也许不能指挥当代战争。他们每天都喊着打台湾，但是从来没有进行任何真正的进攻作战准备。根据透露，在2001年之前，解放军甚至没有一份详细的台湾地图。”

“日本从来不吵着要打仗，但是在战争准备方面从来没有懈怠。例如，在东京至大阪的高速公路上有一段长10公里的路段，又宽又平，路面十分坚硬。这就是可以用于起降轰炸机和战斗机的战时跑道。第二次世界大战末期，盟国规定不许日本生产进攻型武器，但是你如果去过日本就会发现，日本的输油管与加农炮炮管一样粗，天然气管与榴弹炮炮管一样粗。一旦日本投入战争，所有这些都可以用来制造武器。”

“早在1995年的时候，日本的一位高级官员就宣称：日本可以在183天之内造出一枚原子弹！”

日本“完全能够战胜中国”

秘密报告称：“假如说台湾军队与解放军的实力不相上下的话，那么日本则完全能够战胜中国。”

“日本军人不仅有中国军人引以为豪的一切‘软件’，例如不辞辛劳、不怕牺牲等，还有中国军人所不具备的一些‘软件’，就是精湛的战术水平。第二次世界大战期间，日军能够在交战中严格地遵守他们在日常训练中学到的规则，没有丝毫的慌乱和恐惧。”

中日将重演甲午风云，“以海战揭开序幕”

秘密报告称：“一旦中日两国燃起战火，战场可能就在西太平洋地区。它仍然会像100年前的中日甲午战争一样，以海战揭开序幕。”

“如今，中日海军实力对比发生了逆转。日本海军力量虽然不如美国，但是已经超过俄罗斯，排行世界第二。尽管它仍然自称海上自卫队，但是实际上就是一支标准的现代化海军。唯一缺乏的装备是航母。”

“日本人尤其善于发动突然袭击，这是其武士道传统的产物。此次战争可能再次从日本偷袭打响。”

“我注意到，日本海军近期正在鹿儿岛进行着艰苦的海空攻击训练。日本联合舰队偷袭珍珠港之前，也是在这里开展训练的。这是否有些巧合呢?”

“日本海军将在4小时内歼灭中国海空军”

秘密报告称：“所有的军事分析人士都清晰地预测出了此番中日战争的结局。韩国国防部的一位副部长曾经向《东亚日报》指出，一旦中日开战，中国必败无疑。甚至日本海军权威人士也自信地声称：‘如果中日交战，日本海军将在4个小时内歼灭中国海空军。’”

“日本人一贯认真严肃，说到做到。这些言论在一定程度上表明，日本始终都在整军备战。”

“在东海发现的大油田，注定中日两国会殊死搏斗，以便在今后20年获得对该地区的控制权。在有关有争议的‘中间线理论’和‘大陆架理论’达成任何结论之前，日本再度叫嚣道：‘中国正在吮吸日本的能源。’现在非常值得投入精力，对日本的真实意图进行反思了。”

“是否所有中国人都完全忽视了这些情况？似乎并非如此。”

对新中国进行“阴谋诡计”的战略设计，是美国的一项持续性战略工程。产生于2006年的这份大报告，不是第一份。例如，美国中央情报局对付中国的《十条诫令》，最初撰写于1951年，以后不断修改。这个《十条诫令》在2000年4月披露在因特网上。这份大报告也不是最新的。但是从这份大报告中，我们不难看出美国算计和折腾中国的大阴谋。

折腾中国，将会拖垮美国

美国建国240年来，在横跨四个世纪的历程中，犯错误最多的世纪是21世纪。

在21世纪的第一个十年，美国战略决策的失误和错误，就超过了在此之前200年所犯错误的总和。

由于美国陷于霸权困境和霸权危机，所以，未来几十年，在霸权衰落中挣扎的美国，将进入战略失误和战略错误的高发期。

21 世纪的中国，不是美国能够遏制得了的。遏制中国，是美国无法完成的任务。

历史将证明，美国在 21 世纪最大的战略失误和战略错误，是对中国的战略遏制和战略包围；美国在 21 世纪最大的战略浪费，就是为遏制中国而进行的战略投资；美国在 21 世纪最大的战略悲剧，是由于遏制中国而付出难以承受的巨大代价，是由于扶持日本而导致军国主义猖獗，结果必然是搬起石头砸了自己的脚，加速美国的衰落和霸权的终结。

第四章
实行“螃蟹战略”——美国把亚洲变成“角斗场”

美国的亚洲战略，是美国遏制中国大战略的重点。

美国正在把21世纪的亚洲，搞成20世纪上半叶的欧洲——那是一个战火不断的欧洲。

美国正在把21世纪的亚洲，搞成20世纪下半叶的欧洲——那是一个冷战恐怖笼罩的欧洲。

遏制中国——美国捍卫世界霸权地位的“第三战役”

第二次世界大战以后，美国成为世界一号国家，成为世界的领导国家，从此，美国就把保卫世界霸权地位，作为国家的核心利益，只要发现哪个国家发展快，有可能追上它和超越它，就千方百计把这个“挑战者”、把这个“竞争者”、把这个“二号国家”摁下去，让这个国家一蹶不振，甚至垮台，再也没有能力与它一比高下。

美国在第二次世界大战后进行霸权保卫战，总共是三大战役：第一战役，是与苏联打冷战，从第二次世界大战结束不久到1991年，打了将近50年，终于把苏联摁下去了。第二战役，是20世纪80年代末90年代初，针对日本在经济上追赶美国造成的经济威胁，美国用货币战争的办法，击败日本，把日本打翻在地，日本经济从此一蹶不振。第三战役，就是美国对中国的遏制和包围。

这第三战役，从2010年中国经济总量超越日本成为世界第二开始，这是一个转折点。从此，中国和美国的关系，就成为冠军国家和亚军国家的关系，成为老大和老二的关系。也就在这一年，美国总统在国情咨文演讲中提出：美国决不做“世界第二”，要捍卫“世界第一”的地位。奥巴马的国情咨文是一个宣言，就是美国要和中国打一场“世界第一”保卫战。

这三大战役，美国感到最难打的是第三战役，就是遏制中国的大战役。美国感到用对付日本的办法遏制不住中国；美国感到用对付苏联的办法，也遏制不了中国；美国感到把当年对付日本和苏联这两家的办法都用来对付中国，那也不够用。美国人犯了愁。

美国遏制中国——晚了 20 年吗

对于遏制中国，美国有一种紧迫感，也有一种遗憾感。

早在冷战一结束，美国就有人提出，美国的下一个目标是中国。1992 年 9 月 17 日，美国传统基金会主办的刊物《政策研究》发表了一篇文章《正在觉醒的龙——在亚洲真正的危险来自中国》。该文章说：“在经过一个世纪的起步失误之后，看来中国终于坚定地走上了一条经济飞速发展、军事上显示其实力的道路，而这的确将在整个亚洲和全世界引起反响。这对于美国的经济利益和安全利益的影响是巨大的。”文章又说，“中国是世界上军事力量正在迅速扩大的唯一的大国，而且它是一种共产主义制度正在满足其人民的经济愿望的第一个实例”。从此，“中国威胁论”被大肆炒作。中国威胁论的鼓吹者们甚至认为，中国近代以来饱受欺凌，一旦翻身变强大，一定会报仇雪恨。

但是，美国没有马上把战略遏制的锋芒对准中国，这有两方面的原因：一是多种因素的干扰；二是美国精英认识不一致。

冷战后的第一个十年，是美国狂欢、骄傲的十年。冷战胜利后，中国虽然是美国急于和平演变的头号目标，但是由于当时美国要尽快消化拥有庞大核武库的俄罗斯，要继续打压日本激烈的经济竞争，要预防和阻止统一后的德国在欧洲坐大，这些都使美国一时间无力将战略目标定于一尊，无法集中火力于中国。因此整个 20 世纪 90 年代，美国在选择“头号挑战者”时，感到看不准、定不下，结果就是 10 年蹉跎。美国没有看到，冷战结束后的世界，最有潜力的国家是中国；没有看到苏联模式垮台后，世界上最有生机与活力的主义，不是美国特色的资本主义，不是欧洲特色的资本主义，而是中国特色的社会主义。美国没有看到，世界大国的执政党，最厉害的是中国共产党。美国在最重要的战略目标上，没有看清楚，没有形成共识。

到2000年美国大选时，布什和切尼猛烈攻击克林顿给了中国太多的发展机会，表示他们上台后、下一届美国政府将把目光锁定中国这个头号目标。但是当美国要开始对中国进行遏制的时候，“9·11”事件爆发了，美国投入了10年的反恐之战，美国要通过反恐战争控制中东和中亚，结果，世界最强大的美国军队，钻进了阿富汗的大山里与游击队周旋，美国军队成为在混乱不堪的伊拉克维持秩序的治安队，美国用21世纪最现代化的军队打原始社会石器时代的战争。

而正是在21世纪的第一个十年里，中国经济总量占美国经济总量的比例，实现了由10%到45%的大跨越。中国从2004年经济总量世界第七位，排列在意大利之后，以平均1年2个月超越一个西方发达国家的速度，用6年时间连续超越5个发达国家，在2010年成为世界第二。对于21世纪第一个十年中国的惊人发展，普通美国人没有想到，杰出的美国人也没有想到。21世纪的第一个十年，是中国跨越式发展的十年，也是美国迅速衰落的十年，美国人称之为“地狱十年”。美国下一个十年会是什么样的十年，中国下一个十年又会如何？美国感到困惑、焦虑、恐惧。

美国遏制中国，是美国压制二号国家的第三大战役，这个大战役，从那里入手呢？就是从中国周边开始，从海洋开始。而美国从海上遏制中国，是最有优势的。美国有世界最强大的海军力量，美国控制了太平洋，而与中国相邻的海洋国家多数与中国有争议，是可以充分加以利用的。于是，美国就支持他们与中国“对着干”，支持他们哄抢中国，哄抢中国的海洋权益和岛屿。中国古代有陆地的万里长城，那是防御性的，防御外敌入侵。美国现在要在太平洋修筑封堵中国的海上万里长城，第一、第二、第三岛链，成为美国遏制中国的三道海洋长城。

美国战略重点——为什么在亚洲

中国古代有句话，“得中原者得天下”，因此，就有“逐鹿中原”、竞争天下的大博弈。

21世纪的亚洲，就是世界的“中原”，得亚洲者得世界，得亚洲者得霸权。

近代世界，有三个发展阶段：一是欧洲中心阶段，以大英帝国为主导；二是美洲中心阶段，以美国为代表；三是亚洲中心阶段，以中国为代表。

21 世纪的世界，“一个中心、两个基本点”——就是“以亚洲为中心，以欧洲和美洲为两个基本点”，形成近代世界历史上第三个大格局。

亚洲在地理上是世界的高原，但是在政治上、经济上却长期是世界的低谷，是世界的低洼地。

21 世纪的亚洲，既是世界海拔最高地、最高峰，也将是世界政治、经济、军事的最高地。

美国的亚太再平衡战略，就是着眼维持和延续美国的世界霸权，要和中国“逐鹿中原”，要和中国“逐鹿亚洲”，要和中国博弈亚太。如果美国的战略重点仍然是在亚洲之外，那么，美国就要边缘化。

美国全球战略重点放在亚洲，而美国的亚洲战略重点是中国和日本。从历史上看，能够称雄亚洲的国家就是中国、日本，而美国亚洲战略的关键，就是“控制”日本，就是“遏制”中国，就是让中国和日本成为天敌，互相牵制，形成“鹬蚌相争、渔翁得利”的态势，创造“中日对抗、美国得利”的格局。

美国和日本已经用冷战思维对待中国，而中国则用“非冷战思维”应对美国、日本。最后的胜利者，不是冷战思维的继承者，而是新型大国关系的倡导者。

亚洲危机——全球最大危险在亚洲

21 世纪的亚洲地区，有六个最。一是全球最有活力和潜力的地区。二是拥有全球最大市场的地区。三是国家间竞争最激烈的地区。四是群雄四起、互不服气的地区。例如印度、日本、中国，都有“主导亚洲、问鼎中原、引领天下”的雄心大志。五是全球利益冲突和矛盾关系最复杂的地区。这一地区集中的复杂矛盾，既有每个国家内部分裂的矛盾，例如台湾与中国大陆、韩国与朝鲜；又有亚洲地区内区域国家之间的矛盾，例如中国与日本、印度与巴基斯坦、韩国与日本等国家之间的矛盾；还有全球最高层次的、全球顶峰的矛盾，就是美国与中国的矛盾。所以，亚洲是情况最复杂、矛盾最突出的地区。六是军事冲突和战争危险最大的地区。亚洲地区是全球最大的政治地震带、军事火山群，随时可能出现军事地震，战争的火山随时可能喷发。美国多年来在亚洲地区组织“亚洲小北约”，以区域联盟对付中国。这是一个以美国和日本联盟为核心，包括澳大利亚、新西兰等在内的从属于北约的亚洲小北约。美国还拉拢印度、越南等中国周边国家，来制约中国。

亚洲国家到底要建设一个什么样的亚洲？是分裂的亚洲、战争的亚洲，还是和平的亚洲、团结的亚洲？美国和日本到底要把亚洲变成一个什么样的亚洲？美国和日本的亚洲战略，正在把这个地区由一个全球最大的“商品市场”变成全球最大的军备竞赛的“军火市场”；把这个地区由全球最大的“市场”变成“战场”。亚洲国家要认清自己的核心利益和长远利益，要建立“亚洲集体安全体系”，要签订“亚洲和平条约”，要建设“亚洲安全机制”，而不是拼凑各种分裂亚洲、遏制和包围中国的同盟体系。

美国宣传一种理论，就是“中国孤立论”，说中国没有朋友，更“缺乏盟友”，把侵犯中国主权的国家说成是“恐中国家”，从舆论上孤立中国。其实，中国在20世纪80年代美国和苏联冷战正酣的时代，就开始了不结盟的大战略，在今天的非冷战时代，中国更不可能再去效仿今天的美国和当年的苏联，搞什么冷战思维，搞什么反美同盟。同盟战略，在20世纪上半叶，是为两大军事集团进行世界大战服务的战略；同盟战略，在20世纪下半叶，是为两大阵营进行冷战服务的战略；美国在21世纪仍然大搞同盟战略，就是继续在全球搞分裂，在地区搞分裂，让世界进入新的冷战状态，置世界于新的战争危险。中国不搞联盟战略，是中国充满自信的表现，是建设新型大国关系的实际行动。

美国的亚洲战略——“螃蟹战略”

中国领导人习近平警告某些国家，不要为了自己的一己私利，把一个地区搞乱，甚至把整个世界搞乱。

而美国的亚洲战略，恰恰是把亚洲形势“搞乱”的战略，是把亚洲局面“搞砸”的战略，是把亚洲矛盾“搞炸”的战略。

美国的亚洲战略，是“螃蟹战略”，就是把亚洲变成一个筐，把亚洲国家变成筐子里的一群螃蟹，大家在亚洲这个筐子里，彼此咬住，缠斗在一起，谁也不松口，谁也动弹不得。美国在亚洲实行的这种“代理人战略”“代理国战略”，就是“让亚洲人打亚洲人”，就是用“亚洲内耗”“亚洲内战”来“遏制中国、控制日本、主导亚洲”。而美国又给日本和菲律宾这样的国家注射了“战略兴奋剂”，让他们疯狂起来，像上了“毒瘾”一样，成为疯狂国家，与中国对着干。亚洲争端，特别是在钓鱼岛和南海问题上，美国是幕后黑手，美国是总策划、总导演、总裁判，美国是矛盾激化的总根源。美国的亚太再平衡战略，就是“让亚洲人平衡亚洲人”的战略。

在今天的世界，美国是一头“全球虎”，日本是一条“亚洲狼”。“美国虎”与“日本狼”，目前正在摆兵布阵，要合力攻击狂咬“中国大象”。而有些国家则狐假虎威、与狼共舞。

亚太地区的最大危险，就是美国这一头“美洲虎”和日本这一条“亚洲狼”。东北亚、东南亚、东亚的国家，都被日本打过。美国、俄罗斯都被日本打过。第二次世界大战中，美国用原子弹教训了日本；第二次世界大战后，美国又对日本进行了民主化改造，给日本打了“镇静剂”，让日本老实了一段时间。现在，美国的全球目标和亚洲战略，又需要日本疯狂起来，于是，美国又给日本打了“兴奋剂”，日本狼性复发，狼性狂热，开始张牙舞爪。“美国虎”和“日本狼”，其实也各怀鬼胎。日本配合美国对中国进行“遏制”，其实也是想乘机摆脱美国“控制”，在政治和军事上做大，在国际地位上提高。20 世纪上半叶，日本发动侵华战争“征服中国”，最终目标是为了“击败美国”、称雄世界。日本 21 世纪国家大战略的本质，是“反中脱美”，“反中”是手段，“脱美”是目的。今天仍然处于美国控制之下的日本，并不是一个真正的主权国家，而仅仅是享有半个主权的国家。对于日本来说，脱离美国的控制，实现国家的独立，其实是比反对中国更迫切、更重要的事情。美国搬起日本这块石头，来砸中国，最后这块石头可能会首先落到美国的脚上。

阿基米德说，给他一个支点，他就能够撬起整个地球。当年，毛泽东要改善中美关系，导演了“乒乓外交”，用“小球转动大球”，改变了世界格局。今天，美国要“平衡亚太、遏制中国”，要用一岛（钓鱼岛），撬动一洲（亚洲），搅乱一洋（太平洋），转动一球（地球）。亚太地区已经成为中美 21 世纪大博弈的主战场。中国是正在成长和腾飞的“中国龙”，美国是称王称霸的“全球虎”，日本是准备疯狂出击的“亚洲狼”。“中国龙”“美洲虎”“亚洲狼”，正在上演 21 世纪版本的“三国演义”。

美国高调“重返亚太”，说的是发挥“再平衡”作用，其实发挥的是“再破坏”作用。日本当年发动侵略战争，搞“大东亚共荣圈”，现在又配合美国，对中国搞“大东亚包围圈”。日本要再一次祸害亚太。美国和日本，是亚洲战争的策源地。为了亚太地区与世界和平，亚太地区有正义感的理性国家，都不会“狐假虎威”地追随美国，也不会“与狼共舞”地跟在日本后面，而是要为建设和平亚太、建设和平世界作出贡献。

第五章

十大教训——美国“领导世界”失败之谜

美国领导世界20多年，其结果是：美国陷于经济危机而难以自拔，亚洲陷于战争危险而难以和平，世界陷于混乱而难以稳定。美国对世界的领导，之所以成为“失败的领导”“灾难性的领导”，主要教训有十条。

按照“竞争世界”的规律“领导世界”，必败

中国古代历史就有一条戒律：马上得天下，而不能马上治天下。意思是说，夺取天下的规律和治理天下的规律不是一回事。而美国在20世纪初至今的国际舞台上，恰恰是“善于分裂世界”，而“不善于团结世界”；“善于竞争世界”，而“不善于领导世界”；善于“夺取世界”，而“不善于建设世界”。

人们看到，第二次世界大战以后，在近半个世纪的美苏冷战中，美国不仅发明了“冷战”这种大国竞争和阵营博弈的新模式，而且在与苏联的对垒中，在两大联盟的抗衡中，美国是长袖善舞、纵横捭阖，在总体上处于主动。冷战40多年的实践证明，美国善于组织阵营，善于领导联盟，善于竞争世界。第二次世界大战后，一部40多年的冷战史，就是美国领导半个世界（西方世界）与苏联阵营在全球逐鹿天下、夺取天下的历史。最终结局证明，美国对冷战的驾驭和领导是不错的，是获得胜利、赢得成功的40多年。

但是，马上得天下，而不能马上治天下，冷战夺天下，而不能冷战治天下。在冷战胜利后走上世界领导岗位的美国，依然运用冷战的方式领导整个世界，结果就是由它领导世界的20多年，成为糟糕的20多年，失败的20多年，灾难性的20多年。这样的对比，暴露了美国领导能力的局限

性——美国能够领导一个阵营，能够领导一个联盟，能够领导半个世界（西方世界），但是美国不善于领导整个世界，美国不能驾驭整个地球。

冷战的结束，标志着美国走上了由领导半个世界到领导整个世界的领袖国家的地位，可是美国没有实现由“世界竞争者”到“世界领导者”的战略转型，没有成功实现角色的变换，没有发挥世界旗手、人类灯塔、全球聚合者的作用，反而使这个世界矛盾更激烈，冲突更频繁，对抗更加剧，局势更动荡，而美国本身也更不安全。

美国的教训说明，领导整个世界，必须突破“阵营思维”和“联盟思维”的局限，必须突破“善于竞争天下”而“不善于领导天下”的局限，必须具有热爱人类、统揽全球的胸怀和气度。遗憾的是，美国没有适应这样一个时代要求，没有实现这样一个自我超越。

美国有领导自己一个国家的成功经验，美国有主导美洲一个地区的成功经验，美国也有组织联盟和阵营、统领半个世界的能力和经验，但是美国缺乏领导整个世界的胸怀和能力。美国最近 20 多年领导整个世界的失败记录，是实践对美国领导能力的检验，是历史对美国领导政绩的考评，也是美国自我书写的一份鉴定。

美国为什么能够成功领导半个世界，却不能有效领导整个世界？为什么美国成功赢得冷战，取得了对于世界的领导权，却迅速成为一个失败的全球领导者？美国为什么迅速由一个成功的“夺权者”，成为一个失败的“掌权者”？就是因为美国有“竞争世界”的经验，却没有掌握“领导世界”的特点规律。美国用自己竞争世界的那一套手法来领导世界，结果就难免失败。

没有全球战略视野，就没有世界领导权

基辛格在 2001 年 6 月出版的《基辛格：美国的全球战略》一书中指出：在新世纪和新千年之初，美国与其说需要一项具体政策，不如说更需要一个长期的理念，“有史以来，美国第一次需要制定一项涵盖无限期未来的全球战略。……如果美国不学会如何去区分自己必须做什么，想做什么，能做什么，那就会耗尽自己的心理和物质资源”①。今天的美国依然没

① ［美］亨利·基辛格：《基辛格：美国的全球战略》，胡利平、凌建平译，海南出版社 2009 年版，第 293 页。

有找到自己正确的全球战略。

《大国兴衰》的作者早在1987年就指出：由于中国形成了“一个宏伟的、思想连贯和富于远见的大战略，这方面将胜过莫斯科、华盛顿和东京，更不必说西欧了”。从大战略的角度解析大国兴衰，从大战略的高度透视领导境界，就不难看出美国“领导世界”失败的致命伤。

布热津斯基在《第二次机遇：三位总统与超级大国美国的危机》中指出：在冷战后的三位美国总统，他们领导世界的通病是“战略病”，就是战略层次上不去。他指出：老布什“是一个超级的危机管理家，而不是一个战略设计家”。[①] 其“原罪”是在“非传统的环境中奉行传统政策”，因此，当整个世界体系处于变动可塑状态，并且普遍对于美国的政治领导和道德领导给予积极响应的时候，在旧的世界体系崩溃、新的世界体系急切需要设计和构造的时候，却没有给人类关于“世界新秩序”的梦想提供任何实质性的东西。他的因循守旧，使美国失去了冷战胜利这样一个比第二次世界大战胜利具有更大意义的机遇，美国没有抓住这个伟大的机遇塑造一个伟大的新世界。

布热津斯基指出：克林顿虽然具有很强的领导才能和鲜明的领袖气质，但是他的“原罪”在于“缺乏战略进取心”，缺乏战略的一致性，他用“全球化”的华丽辞藻，来逃避制定和实施现实而长远的战略规划，因此总是被眼前的问题困扰，被国内的政治势力左右。他在美国没有全球对手的情况下，没有抓住机遇创造一个更为广泛的融合世界的架构，世界的反美情绪愈积愈深，而美国却几乎浑然不觉。克林顿“善意的无能”，使美国的战略机遇继续流失。

布热津斯基指出：小布什是一位“灾难性的领导”。他虽然具有强烈的执着和难得的勇气，但是唯独缺乏对于复杂世界的了解，而且还有容易教条化的习性。“9·11”事件给了美国一个锻造全球同盟的难得机遇，但是小布什政府的外交政策却完全变成了单边主义和教条主义，“如果你不与我们为伍，你就是与我们为敌”，成为以“战时总统”自居的小布什最响亮的战斗口号。结果是，美国的反恐，使世界感到惶恐。

冷战后，“当美国领导地位总体上受到世人欢迎的时候，美国却缺乏一种更宏大、更雄伟的方向感来引导世界。美国超强的军事地位，本身并

① ［美］兹比格纽·布热津斯基：《第二次机遇：三位总统与超级大国美国的危机》，陈东晓等译，世纪出版集团、上海人民出版社2008年版，第36页。

不能为一个正处于广泛政治觉醒的风口浪尖之上的混乱世界提供所需要的答案”。[①] 在布热津斯基看来，“随着冷战结束，世界正呼唤一些更具雄心、更为重大的、更具远见的东西。权势本身已经不能包含人们已经被唤醒的渴望”。“历史呼吁世界总体的远大设想……它也呼吁一种类似于第二次世界大战后那种创造性的全球性架构。”[②] 美国的遗憾和悲哀在于，“三位美国总统缺失的是把握时代精神的战略悟性”。而这种缺失，不仅由于领导者的个人气质，也与外交团队的素质，与美国的政治思潮和社会文化氛围，以及冷战后全球政治觉醒的特征变化有关。这诸多因素的合力，加剧了三位美国总统缺乏战略悟性的严重性、危害性。

可以说，冷战后的美国，进入一个千载难逢的战略机遇期。但是在这样一个“战略型时代”，却没有产生“战略型总统”，没有抓住机遇塑造美国和世界的未来，没有开辟划时代的新局面，反而迅速陷于战略困境。有机遇，无战略，这是美国领导世界 20 多年的又一个教训。今天的美国精英们矢志要捍卫美国的世界领导地位，雄心勃勃要再领导世界 100 年，但是他们没有提出建设新世界的战略设计和长远规划。

领导世界，需要权力，更需要战略。基辛格在 2001 年出版的《基辛格：美国的全球战略》中指出：“处于巅峰的美国现在处境尴尬。面对有史以来也许是最深远、最波澜壮阔的巨变，美国提不出反映新现实的理论。冷战的胜利滋生了自满情绪，对现状的满足导致人们把政策看作是老一套内容的延续。随着美国经济的蒸蒸日上，决策人开始把战略与经济混为一谈，看不清美国技术引起的巨大变化带来的政治、文化和信仰上的后果。”[③] 美国把经济与战略混为一谈，美国陷于“战略的贫困”。

基辛格认为，美国在冷战后没有搞出新的大战略，是由于三代人没有形成共同认识。他指出：“在当今世界中，美国的作用至关重要。然而 20 世纪 90 年代美国迟迟制定不出一项连贯的全球战略，根本原因在于三代人对外交政策的看法大相径庭，对美国在世界上的作用各执己见。争执的三方分别是：50 年代和 60 年代推行冷战战略的老一代人，他们想在新千年

---

① ［美］兹比格纽·布热津斯基：《第二次机遇：三位总统与超级大国美国的危机》，陈东晓等译，世纪出版集团、上海人民出版社 2008 年版，第 63 页。

② ［美］兹比格纽·布热津斯基：《第二次机遇：三位总统与超级大国美国的危机》，陈东晓等译，世纪出版集团、上海人民出版社 2008 年版，第 64 页。

③ ［美］亨利·基辛格：《基辛格：美国的全球战略》，胡利平、凌建平译，海南出版社 2009 年版，第 3 页。

里走老路；越南战争时期反战运动的骨干分子，他们想把自己的经验教训用于新的世界秩序中；受自己时代影响长大的一代人，他们无法理解冷战时期一代人的观点或是越南战争时期反战者的观点。”① “在经济全球化的世界里，冷战后的一代人投身华尔街或硅谷的热情，不亚于当年他们的父辈投身公职的热情。这反映了人们重视经济问题甚于重视政治问题。人们越来越不情愿投身政治的又一原因是，在政坛上毫无个人隐私可言，不少人因此身败名裂。”②

冷战后的世界，是一个新的世界，领导这个新的世界，需要新的战略视野，需要创造新的战略。而走上世界领导地位的美国，却创造不出领导世界的正确战略，也就担负不起领导世界的重任。

帝国思维，无法引领“民主时代”

蒙古帝国，曾经拥有2500万平方千米的面积，蒙古帝国的疆域横跨欧亚大陆。大英帝国在鼎盛时期的面积达到3000万平方千米，大英帝国的领土分布在5个大洲之上。③ 在人类的“帝国时代”，那些帝国都难以久存，在今天的“非帝国时代”，就更不容许世界的领袖国家具有“帝国思维”，更不容许在国际事务中推行“帝国之道”。而美国在取得冷战胜利后的20多年领导世界的失败，恰恰是由于这个国家在世界的“民主时代”，仍然坚持“帝国思维”，仍然热衷于推行“帝国之道”。

基辛格在《基辛格：美国的全球战略》一书中说：“有些美国人为自己国家处于强权地位而欢欣鼓舞，竟然鼓吹要明确地确认仁慈的美国霸权主义。但是这种渴望会使美国背上无法承受的负担。实际上，到目前为止，还没有一个社会曾经无限期成功地承受过这种负担。不管美国认为自己的目的多么无私，只要它明确坚持自己的霸主地位，就可能促使全世界其他国家逐渐团结起来反对美国，把美国人逼入不利地位，最终孤立美国

---

① ［美］亨利·基辛格：《基辛格：美国的全球战略》，胡利平、凌建平译，海南出版社2009年版，第12页。

② ［美］亨利·基辛格：《基辛格：美国的全球战略》，胡利平、凌建平译，海南出版社2009年版，第13页。

③ ［德］赫尔费里德·明克勒：《帝国统治世界的逻辑：从古罗马到美国》，阎振江、孟翰译，中央编译出版社2008年版，第3页。

并且使美国的国力耗尽枯竭。通往帝国的大道往往导致国家的衰败，因为对于无限权力的追求，最终必定削弱国内的约束力量。没有一个帝国不选择通向专制独裁的道路。……蓄意追求霸权主义的做法，最终将使美国成为伟大国家的整套价值观毁于一旦。”①

2009年7月，美国出版了《未来的全球关系：美国霸权的崩溃与新兴地区的崛起》一书，该书指出：2003年，美国占世界GDP的28%，而欧盟已经是30%。而在1950年的时候，美国占全世界GDP的一半。他说：美国霸权正在加速衰落，从国内来看，美国已经从一个共和国变成了一个带有法西斯特质的专制国家。从国际看，在经济增长和生产力方面，美国仍然落后于欧洲和亚洲。

冷战以后的时代，人类社会已经进入了“后帝国时代”。布热津斯基在《第二次机遇：三位总统与超级大国美国的危机》中指出“当今的世界，在政治上已经觉醒，不再接受帝国式的统治和领导”②。他强调，“当前全球领袖的基本要求与英帝国时代已经迥然不同。那种由经济势力为后盾，由一群优秀精英来执行一项复杂精密战略的军事强国，不再是维持帝国统治的充分条件”③。

而美国对世界的领导，恰恰是在“后帝国时代”继续沿用“新帝国思维”。美国在取得冷战胜利以后，面对整个世界，陷于一种“帝国的傲慢”，认为美国是自罗马帝国时代以来最强大的帝国，是真正的全球性帝国、世界性帝国。美国以帝国思维观察世界，制定外交政策，实行单边主义，顺我者昌、逆我者亡。在帝国思维指导下的美国领导，就不是民主领导，而是霸主领导。美国把领导世界变成了霸权世界，把整个世界推向了自己的对立面。结果是：越强大、就越孤立；越强大、累积的敌意就越严重；越强大，就越不安全。正如布热津斯基所说的那样，在柏林墙倒塌大约15年后，一度自豪的、在全球赢得赞誉的美国，在全世界受到强烈的敌视，它的合法性和信誉摇摇欲坠，它的军事力量陷在从苏伊士到中亚的新的“全球巴尔干”的泥潭中，它的曾经忠心耿耿的盟友们正在疏远它，而

① ［美］亨利·基辛格：《基辛格：美国的全球战略》，胡利平、凌建平译，海南出版社2009年版，第297页。

② ［美］兹比格纽·布热津斯基：《第二次机遇：三位总统与超级大国美国的危机》，陈东晓等译，世纪出版集团、上海人民出版社2008年版，第140页。

③ ［美］兹比格纽·布热津斯基：《第二次机遇：三位总统与超级大国美国的危机》，陈东晓等译，世纪出版集团、上海人民出版社2008年版，第171页。

在世界各地的民意调查却记录了对美国的普遍敌意。这是为什么？

布热津斯基之问，答案就在于：人类进入 21 世纪，“帝国思维”已经无法领导“民主时代”。“帝国之道”已经无法引领世界走向未来。骄傲的美国用帝国思维领导民主时代，是逆时代潮流而动，其结果必然是世界敌视美国，美国得罪了整个世界。

美国利益万岁，不能凝聚世界

美国退休空军中将布伦特·斯考克罗夫特在他的《转变的世界》一书的修订版中写道：“曾经，我们被看作为所有人竭尽全力；现在我们被认为只专注于一己之利。”而“只专注于一己之利”，就是导致美国“领导世界”惨遭失败的一个重要原因。

近代世界，关于国家利益的经典表述，最精彩的是英国外交大臣帕麦斯顿勋爵。帕麦斯顿勋爵 1848 年 3 月 1 日在英国下议院说过这样一句话：“我们没有永恒的盟友，我们也没有永久的敌人。我们的利益是永恒的，追求那些利益是我们的职责。”约翰·肯尼迪总统 1963 年 9 月 26 日在盐湖城的讲话中说：“我们必须认识到，每一个国家都根据它自己的利益来决定它的政策。”法国戴高乐总统说：“国家没有朋友，只有利益。”

每个国家都有自己的利益，整个世界则有公益——共同利益。世界是一个利益体系，一个国家的利益不可能完全孤立和脱离其他国家的利益。一个国家的利益高于其他国家的利益，甚至高于所有国家的利益，这就是特权，就是霸权。不能把一个国家的利益凌驾于其他国家的利益之上，不能以损害其他国家的利益来维护自己国家的利益，更不能通过损害全球的整体利益，来满足一个国家的私利。

美国是个崇尚利益的国家。美国的经典口号是“国家利益万岁”。而这个“国家”的特定含义是美国，就是美国的国家利益要万岁。“国家利益万岁”并不是一个坏口号，但是，作为一个占据世界领导者角色的领袖国家，就不能只顾自己的国家利益万岁，而不管别的国家的利益和全球多数国家的利益是否能够万岁。更不能把“国家利益万岁”变成“霸权利益万岁”，变成“霸权国家的利益万岁”，变成“美国的世界霸权利益万岁”。

美国由于“狭隘界定的国家利益”，限制了自己的视野。布热津斯基指出："美国在全球公益问题上缺乏领导风范。"① 美国把自己的国家利益神圣化，表现了一种极端的利己、高度的自私。美国利益脱离了全球公益，美国利益损害全球公益，这样的美国利益必然成为一种特权利益、腐败利益。一个国家，要充当世界的领导者，这个国家就不能只是顾及自己国家的利益，而是要有服务全球公共利益的意识。世界的领导者，要为全球操心，要为全球服务，而不能只是为自己服务，不能利用全球领导者的特殊地位，让全球为美国服务。尤其不能以损害全球的利益，去维护美国的所谓国家利益。

中国领导人对于"领导"的概念，有一个经典定义："领导就是服务。"世界领导就是世界公仆，就是为世界服务，而不是世界主人，被世界服务。冷战后，美国领导世界，就是美国要为世界人民服务，而不是世界为美国服务。每个国家都是这个世界的一个公民，全世界接近200个国家，就是近200个世界公民，都是美国的服务对象。美国领导世界的本质，是服务世界、造福世界，而不是运用世界领导权，去服务美国的特权，去控制世界、压制世界、掠夺世界。

法国著名政治学家和历史学家雷蒙·阿隆在他的名著《帝王共和国》中论述美国的全球角色时说："除非美国的国家利益……能够同时服从一种基于权力和法律的国际秩序，否则它既无法击败任何国家，也难以获得任何国家的效忠感……世人有理由喟叹：那种仅仅运用影响、权谋，却毫无道德感的外交年代，已经终结。"

所以，美国如果要坚持和保持世界领导地位，那么，美国的外交政策，就既要捍卫美国的国家利益，又要促进世界的安全与福祉。美国把保持世界霸权地位、保持美国对世界的领导权，作为核心利益加以维护，是与世界民主和世界文明的潮流相背离。如果一个总统把一直当总统、当领导，作为自己的核心利益，把不当总统、不当领导认同为侵犯他的核心利益，这是多么荒谬。在一个民主的时代，特权不是领导者的特征；在一个民主的时代，霸权也不是美国的核心利益。

美国不能正确处理美国利益与全球公益的关系，把美国利益凌驾于全球公益之上，这表现在多方面。布热津斯基指出："鉴于美国日益上升的全球债务（美国现在借了全球80%的存款）和巨额贸易逆差，尤其考虑到

---

① ［美］兹比格纽·布热津斯基：《第二次机遇：三位总统与超级大国美国的危机》，陈东晓等译，世纪出版集团、上海人民出版社2008年版，第137页。

当前情绪激昂、风靡全球的反美浪潮，如果爆发一场规模巨大的金融危机，将可能对美国福祉和安全造成可怕后果。”① 这个预言不幸被言中。今天的世界正在被迫吞食由于“美国的自私”和“华尔街的贪婪”所导致的危机苦果。

不仅世界的领导国家，而且被领导国家，都必须考虑世界利益。在全球化时代，各个国家的领导人和政治家，都应该将自己的国家利益与人类的共同利益结合起来。现代世界以民族国家为基本行为主体，政治家必须考虑国家利益，但是人类共同利益越来越突出，世界整体利益越来越重要，任何一个现代国家的政治家，都必须是国家利益与全球利益的统一论者。

基辛格在《基辛格：美国的全球战略》一书中“美国的传统”一节里说：亚历山大·汉密尔顿的嘱咐是“对利益最冷静的计算”。但是即使在汉密尔顿时代，美利坚共和国也被看作是根据开明的理性主义的规则运作的。对于那些被迫生活在不那么仁慈的统治之下的不太幸运的民众来说，美国注定要成为他们的楷模。因此，美国的行为永远不可能是完全为自己的，美国的本质决定它必须为世界事业而奋斗。正如詹姆斯·麦迪逊在1804年所说的“美国必须要以一国政府的榜样至少对世界上盛行的腐败提出抗议，这样做，既是为了全世界，同样也是为了我们自己”。②

今天的美国，早已丢掉了早期美国的优良传统，成为一个只关心自己私利的坏榜样。冷战后的美国，只关注美国、不关心世界，而且是损害世界以利美国。美国的高度自私，全球有目共睹。

没有人类的尊严，就没有美国的尊严

“全球政治觉醒”，是冷战后在美国战略学术界的时髦概念，被认为是世界政治发展的时代特征。布热津斯基在《大失控与大混乱》一书中，把“全球政治觉醒”定义为一场持续时间达三个多世纪的大众政治觉悟运动，它开始于18世纪末的法国革命，并且由欧洲蔓延到全球。他认为，今天的

① ［美］兹比格纽·布热津斯基：《第二次机遇：三位总统与超级大国美国的危机》，陈东晓等译，世纪出版集团、上海人民出版社2008年版，第168页。

② ［美］亨利·基辛格：《基辛格：美国的全球战略》，胡利平、凌建平译，海南出版社2009年版，第217页。

全球政治觉醒，更加具有广泛性和全球性，也更加具有鲜明的时代性，人们“追求人类尊严”的愿望空前强烈，“日益强烈的不平等感”成为产生反帝、反西方、反美情感的动力。

在“全球政治觉醒”的政治潮流面前，在全世界“追求人类尊严”的愿望空前强烈的情况下，布热津斯基认为，世界的领袖国家，必须尊重“全世界对人类尊严的渴望”，“美国最困难的任务，但也是历史上最关键的任务，就是向整个世界昭示一种时代的理念……美国应当全面融入追求人类尊严这一进程中。这里的尊严，既包括自由、民主，也蕴涵着对于文化多元的尊重”①。“美国只有认同普世性的人类尊严的理念——其基本要求是尊重源于政治、社会和宗教的文化多元——才能够克服将由全球政治觉醒对抗美国所带来的风险。人类尊严涵盖自由和民主，并且超越两者。它还包括社会正义、性别平等，以及最重要的对世界范围内的文化和宗教多样性的尊重。这也是为什么由外部强加的急躁的民主化进程注定要失败。稳定的自由民主体制必须分阶段培育，并且通过内部扶植。”②

为了强化对“人类尊严”的论述，布热津斯基在《第二次机遇：三位总统与超级大国美国的危机》一书中还引用了拿破仑的历史教训，他指出：“拿破仑从罗马教皇手中抓住帝国的皇冠安在自己头上，视自己为历史的代理人，引导法国民众把革命觉醒转化为一场重建欧洲的宏大进程。自由、平等、博爱在整个欧洲被强行推广，也不管欧洲人是否翘首期盼。在第一位美国的全球领袖自我加冕十多年以后，一位美国总统，与当年拿破仑一样，宣布美国的历史使命（以及他自己的使命）就是推动整个伊斯兰世界在文化和政治领域的转型。”③ 结果，他们都以失败告终。

拿破仑时代的法国和冷战后的美国，在他们与世界关系上的教训说明，只有尊重世界，才能够领导世界；再强大的国家，再显赫的“大人物”，只有尊重“人类的尊严”，才会有自己国家的尊严，才会有领导者个人的尊严。

布热津斯基在2008年出版的《美国与世界》中指出：“全球政治觉醒

---

① ［美］兹比格纽·布热津斯基：《第二次机遇：三位总统与超级大国美国的危机》，陈东晓等译，世纪出版集团、上海人民出版社2008年版，第160页。

② ［美］兹比格纽·布热津斯基：《第二次机遇：三位总统与超级大国美国的危机》，陈东晓等译，世纪出版集团、上海人民出版社2008年版，第162页。

③ ［美］兹比格纽·布热津斯基：《第二次机遇：三位总统与超级大国美国的危机》，陈东晓等译，世纪出版集团、上海人民出版社2008年版，第2页。

所带来的挑战，就是全世界对于人类尊严的渴望。美国应该放弃鼓吹自由和民主。因为不同的人对于自由和民主具有不同的解读。美国应该以人类普遍的尊严，定位自己的追求。尊严的含义，不仅包括自由和民主，而且还意味着对于文化多元性的尊重。”①

人类在“民主化”“全球化”时代，也进入了“尊严化”时代。在“尊严化”时代，需要的是一个尊重世界的美国，而不是一个以傲慢态度对待世界的美国，更不是一个欺压世界的美国。在“尊严化”时代，公民要尊严，民族要尊严，国家要尊严，尊严是普世价值，是全球追求。人类的尊严，需要的是美国的世界化，而不是世界被强制美国化，被暴力美国化。美国要更多地适应世界，而不是要世界一味适应和服从美国。

团结全世界，才能领导全世界

美国的全称是“美利坚合众国”，这个国号的最大特点和亮点，就是“合众”。但是，“美利坚合众国”真的“合众”了吗？今天的美国，不论在国内社会还是在国际社会，到底是一个“合众国”，还是一个“分众国”？人们看到，虽然美国一直以能够把来自世界各地不同肤色、不同国家、不同种族、不同民族、不同地区、不同信仰的人群进行“合众”而自夸，但是时至今日，美国国内的种族歧视依然根深蒂固。21 世纪的美国，不仅在国内没有很好地实现文明的包容、文明的融合，而且在国际上加剧了文明的冲突，进行文明的讨伐，造成文明的战争。美国在国内种族关系上不能平等“合众”，在国际关系中更不能包容“合众”。美国这个“合众国”不仅把国内的黑人群体一波又一波地逼到大街上举行反抗运动，而且把一个多元化的世界搞得分崩离析，烽烟四起。美国这个所谓的“合众国”，已经成为分裂世界、撕裂全球的最大的“裂众国”。

美国设计和创立了联合国，但是美国又不尊重联合国。美国在冷战后的联合国里是越来越不搞“联合”了。特别是最近 10 年来，美国多次绕过联合国，大搞单边主义，通过自己的联盟来主导国际事务。在伊拉克问题上，美国甚至避开传统盟友欧洲联盟来实行单边主义。当联合国不能成为美国的驯服工具的时候，美国就架空联合国，撇开联合国，天马行空，

① 刘源：《坚定信仰信念强化战斗精神》第七辑，军事科学院政治部 2009 年版，第 213 页。

独往独来。

能够领导世界的国家，必须是能够联合世界、团结世界的国家。而美国却是在“全球树敌”。亨廷顿早在美国《外交》杂志双月刊1999年3—4月号就发表文章《孤独的超级大国》，他指出：美国官员虽然“赞美美国是仁慈的霸主”，把美国标榜为“第一个非帝国主义式的超级大国”。美国人民也不主张和不支持美国搞霸权主义。“1997年的一次民意测验中，只有13%的人期望美国在国际事务中占主导地位，而74%的人则希望美国同其他国家实现权力共享。”“美国缺乏一种建立单极化世界的国内政治基础。”但是美国的确是“一个无赖超级大国”，“在世界上越来越陷于孤立”。亨廷顿说：“美国领导人一贯声称它是代表‘国际社会’的。可是他们心目中代表着哪些国家呢？是中国？是俄罗斯？印度？巴基斯坦？伊朗？还是阿拉伯世界？是东南亚国家联盟？还是非洲？拉美？法国？而这些国家或地区是否又把美国看成是自己所在社会的代表呢？在大多数问题上，美国所代表的社会，充其量也只是他那些盎格鲁-撒克逊血统的兄弟（例如英国、加拿大、澳大利亚、新西兰）；在许多问题上，代表德国和一些欧洲的民主小国；在中东问题上有以色列；在实施联合国决议方面有盟友日本。这虽然都是一些重要的国家，但是他们远远够不上全球性的国际社会。”“通过一个又一个问题，美国发现自己越来越处于孤立的境地，同党寥寥无几，与世界上大多数的国家和人民形成对立。……那些视自身利益与美国利益相辅相成的国家越来越少。这至少在联合国安理会常任理事国的核心构成中是这样。在冷战最初的10年间，格局是4∶1，美国、英国、法国、中国四个国家联合对付苏联。毛泽东领导的中国政府在联合国恢复了合法席位后，格局变成了3∶1，中国处于一个游移的中间位置。而现在却变成了2∶1∶2，形成了美国和英国两国对中国和俄国两国，而法国则处于中间位置的局面。”“在1997年哈佛大学举办的一次会议上，一些学者报告指出，至少有拥有世界人口三分之二的国家——中国、俄罗斯、印度、阿拉伯、穆斯林以及非洲国家——都把美国看作是他们社会独一无二的最大的外来威胁。……日本公众在1997年曾经把美国列为仅仅次于朝鲜的第二大威胁。”

“9·11”事件后，美国总统宣布“要么和我们站在一边，要么和恐怖主义站在一边”，这完全是一种强盗逻辑或黑社会逻辑。美国在冷战后的行动，如果得不到联合国的支持，美国就转向盟国寻求支持；如果连盟国的支持都得不到，就采取单边主义。——美国总统小布什的格言是：“谁不支持我们，就是反对我们。”（Who’s not for us is against us）这是典型的帝国逻辑。

2002年9月7日，也就是“9·11”事件近一周年前夕，在对加拿大的1000人的民调中，15%认为美国在中东和世界其他地区的所作所为，应该对这场悲剧负完全责任；69%认为美国应该负部分责任；只有15%的人觉得美国完全不用负责任。民调的结论是：高达84%的加拿大人认为，对于“9·11”事件美国是咎由自取。美国的邻居加拿大的感觉，就是美国的行为必然导致世界的痛恨。①

美国推行的全球化，最有成绩的是“全球反美化”。这个“反”字的含义，包括仇恨美国、讨厌美国。2002年的一次盖洛普民意调查，调查了包括美国的盟友土耳其、沙特阿拉伯、约旦在内的中东9个国家，结果发现只有22%对美国有好感，53%摇头。另有一家民调调查了“9·11”事件的原因，在24个国家的政党和社团领袖中，60%—80%认为是美国自己招惹来的。关于不能接受美国过于强大的事实，西欧占66%，东欧和俄罗斯占64%，拉丁美洲占58%，亚洲占42%，中东占59%。全世界不喜欢美国，是否由于美国支持以色列？在民调中，有70%的美国人认为是这个原因。57%的中东人也有此理解。但是在美国人和中东人以外，承认这种理解的，西欧只占22%，东欧和俄罗斯只占17%，拉丁美洲只占7%，亚洲只占36%。这证明，世界恨美国，支持以色列不是关键。② 而美国总统小布什在“9·11”事件后的反应是：我真的很吃惊……居然会有人恨我们。

美国双日出版社2009年出版的美国战略预测公司总裁乔治·弗里德曼撰写的《未来100年：21世纪预测》一书指出：“美国在21世纪，将更频繁发动战争。美国不需要赢得每一场战争，只需要分化各个主要大国，使其难以形成反美联合体。美国应该促使伊斯兰世界自相残杀，防止形成新的伊斯兰帝国。”“为了阻止地区霸权崛起，美国的战略目标，不是维护地区稳定，而是使地区更不稳定。在亚洲，美国也无意致力于朝鲜半岛、南亚、东南亚的和平稳定，那种认为美国想在该地区恢复和平稳定的想法是错误的。”

基辛格在《基辛格：美国的全球战略》一书中，谈到美国与大西洋国家的关系时，批评了“美国盛气凌人、不可一世的态度”。他说：“美国惯

---

① 李敖：《审判美国》，中信出版社2011年版，第370页。
② 李敖：《审判美国》，中信出版社2011年版，第367页。

于把合作看作是他国是否同意美国的议程，动辄对自己的亲密盟友适用本国的法律，对失去自己往日辉煌的国家的处境麻木不仁。美国的对外政策必须更注意照顾他国的情感，同时欧洲的政策也要更灵活些。"[①] 基辛格多次说："美国必须放弃与世界对抗。"

领导就是团结，团结才能领导。拨弄是非，组织联盟，搞团团伙伙，是成功的领导之大忌。真正的世界领导者，是能够适应世界、包容世界、团结世界、关心世界、引领世界、造福世界的国家，特别是善于和不同质的文明、不同质的社会、不同质的国家打交道，不能搞"物以类聚、人以群分"，只是和跟自己属于同一个思想体系的国家友好。而美国的领导不是代表世界，只是代表世界的一部分，代表一部分世界；美国的领导，不是为了世界，而是为了美国；美国不是团结世界、和谐世界、整合世界，而是分裂世界，通过不断确定异己，不断寻找对手，不断制造敌人，不断组织一些国家去整治另一些国家，撕裂了这个世界的和谐。2001 年 9 月 11 日后，美国领导思维的逻辑就是非黑即白，"如果你们不与我们为伍，就是与我们为敌"，迫使全世界的每个国家都要在美国面前"选边、站队"，实际上，是用美国的单边主义凌辱世界，把美国对世界的领导权，建立在"美国威权""美国霸权""美国强权"的基础上。

欧盟委员会前主席、意大利前总理普罗迪 2010 年 6 月 29 日在中国国际战略学会的演讲中说："在 20 世纪 90 年代，许多人相信 21 世纪仍然是美国的世纪。但是在'9·11'事件后，由于奉行错误的反恐政策和发动伊拉克战争，美国不仅在中东和世界其他地区给自己制造了 10 亿敌人，而且开始走下坡路，综合国力下降，单边主义难以为继。"一个在世界上为自己制造了 10 亿敌人的国家，如何能够充当这个世界的领导者呢？在"全球恨美国"的时代，美国又怎么能够成功领导全球呢？

中国共产党的领导人毛泽东在与胡耀邦的一次谈话中，谈到"什么是政治?"胡耀邦讲了他对"政治"的理解。毛泽东说，关于"什么是政治"的问题，没有你说的那么复杂。所谓政治，无非是把拥护我们的人搞得多多的，把反对我们的人搞得少少的。

此论精彩！按照毛泽东对政治的这一经典解读，那么，我们也可以说："什么是国际政治?"国际政治，就是在世界上处于领导地位的国家，

---

① ［美］亨利·基辛格：《基辛格：美国的全球战略》，胡利平、凌建平译，海南出版社 2009 年版，第 64 页。

把反对自己的国家搞得少少的，而把拥护自己的国家搞得多多的。

对于热心领导世界的国家，对于热心当世界领导者的国家，“什么是世界领导?”就是在全世界，能够把拥护自己的国家搞得多多的，而把反对自己的国家搞得少少的。而美国的国际政治，是一种在全球不断增加敌人的政治；美国对世界的领导，是一种在全球大面积播种仇恨的领导。

要“魅力世界”，而不能“武力世界”

美国历来有武力干涉的传统。墨西哥《至上报》1999年4月18日刊登文章《美国在147年中进行了168次入侵，本世纪对60个国家进行过干涉》。该文讲的147年，是指从1798年到1945年的147年中，美国军队侵犯其他国家168次，一年超过一次。

冷战之后，美国用武力控制世界，将全球分为5个战区，有25万军人驻扎在美国本土以外。美国在全球超过150个国家、700多个基地有自己的军队和物资。① 冷战后，美国这个“民主帝国”是全球最喜欢动武的“战争帝国”。枪杆子不是传播民主、人权和公民社会的最佳手段。而美国领导世界的特点，恰恰就是“武力至上”，就是“枪杆子里面出民主”，是“导弹里面出霸权”。

美国用武力控制世界，还有一套为其辩护的理论。1904年，西奥多·罗斯福总统在国情咨文中就说：在美洲和在其他各地一样，如果有哪一个国家祸乱时起，政事弛废，结果使文明社会的关系为之破坏，最后一定需要由某一个文明国家出兵干涉。这就会迫使美国不得不对那些公然目无法纪或政事弛废的国家执行国际警察的权力。乔治·布什总统退职前，强调美国要以武力保卫领导地位。他说：真正的领导地位，要求具有使用武力的愿望。而且武力可以作为一种外交手段的有益后盾和补充，如果需要的话，还可以作为一种临时性的替代方案。

美国依靠武力推行民主，造成严重人道主义灾难。美国通过导弹的力量和处死萨达姆的震慑力，在伊拉克实现了民主，但是美国给伊拉克输出

① ［德］赫费里德·明克勒：《帝国统治世界的逻辑：从古罗马到美国》，阎振江、孟翰译，中央编译出版社2008年版，第146页。

民主带来的灾难是惊人的。美联社2009年4月公布的一份统计数字显示，伊拉克战争至少造成11万伊拉克贫民死亡。截至2009年11月9日，驻伊拉克美军士兵死亡4362人。2011年3月19日，西方国家对利比亚发动了军事打击，以武力推翻了卡扎菲政权。这场战争造成2万多人死亡，数万人流离失所，5000多个大小武装组织各自为战。①

在全球觉醒的民主时代，一个世界领导者要受到世界的拥戴，要有效领导世界，主要依靠自身的魅力，而不是依靠权力，更不能依靠武力。一些美国政治家虽然倡导"软实力"，但是美国对世界的领导，却总是通过"硬实力"，尤其崇尚军事力量，动辄就"让导弹飞"，让"航空母舰说话"。布热津斯基批评美国"主要依赖武力战略的局限"，特别是批评"美国以军事方式推进选举式民主"的劣根性。② 美国把民主与武力捆绑，不惜以"导弹推广民主"、用"航母输送自由"、用"无人机空投人权"，结果送去的不是民主，而是社会的崩溃，是民众的灾难，是持久的混乱。

当今时代，世界领导者的最大优势和资源，不是"武力"，而是"魅力"。第二次世界大战结束以来，特别是冷战结束之后，国际舞台已经由你死我活的"角斗场"、你输我赢的"拳击场"，向你追我赶的"田径赛场"转型。美国要当好世界的领导者，就必须抛弃"角斗士思维""拳击手思维"，树立"运动员思维""田径赛思维"。21世纪的世界，解决矛盾，科学领导，更多的是用头脑、用智慧、用魅力，而不是用拳头、用武力。美国在21世纪的国际舞台上，不能当"拳头领袖""导弹领袖""大力士领袖"。

30年前的美国人还知道谦虚。100年前的美国人还知道手里虽然拿着大棒，但是说话要温和。而今天的美国不仅手里有大棒，而且骄横狂妄，动辄拳脚相加，要把别人"炸回石器时代"。诺贝尔和平奖从1901年以来，给美国总统颁发的最多，美国第26任总统西奥多·罗斯福由于协调在中国土地上进行的日俄战争获得诺贝尔和平奖，威尔逊得到1919年度诺贝尔和平奖，奥巴马获得2009年度诺贝尔和平奖。但是，诺贝尔和平奖并没有减少美国的战争，这是一个讽刺。

---

① 《环球时报》2012年3月24日第7版。

② ［美］兹比格纽·布热津斯基：《第二次机遇：三位总统与超级大国美国的危机》，陈东晓等译，世纪出版集团、上海人民出版社2008年版，第121页、第135页。

不“学习世界”，就不能“领导世界”

世界的“领导者”，不仅是世界的引领者，也必须是世界的“学习者”。只有真诚学习世界的国家，只有虚心以世界为师的国家，才是有资格领导世界的国家。任何一个国家不论如何先进、富有和强大，如果总是习惯于用一个国家的文明去领导一个世界，总是满足于用一个国家的智慧去解决世界的矛盾和全球的问题，那是绝对不能胜任的。只有集中世界的智慧来领导世界，只有依靠人类的智慧来应对挑战，才能够有效解决全球面临的矛盾和问题，真正发挥领导作用。

最近30多年来，中国之所以成为全球发展进步的模范，取得举世瞩目的成就，一个重要原因，就是中国与世界接轨，中国向世界敞开胸怀，中国虚心学习世界。西方世界最近几百年来，始终以世界的老师自居，以世界救世主、世界解放者的身份出现。美国在称霸世界以后，更是以世界“教师爷”的身份，训导、批判、改造别国，让世界学习美国，而美国却不向世界学习。西方世界了解和学习中国的愿望，长期以来远远低于中国学习和了解西方的愿望与热情。其实，中国学习世界，不是从1978年的改革开放开始，而是从1840年鸦片战争以后就开始了。从那以后，中国一直努力向西方世界学习，向美国学习。中国的“洋务运动”，是向西方世界学习“坚船利炮”、学习先进科技的运动；中国的“维新变法”，是向西方世界学习“君主立宪”、学习政治改革的运动；中国的“辛亥革命”，是向西方世界学习推翻帝制、学习资产阶级民主共和制度的运动；甚至中国共产党的成立和中国革命的兴起，也是学习和实践西方世界创造的马克思主义的运动。马克思主义、社会主义，都不是产生在中国的主义，而是产生在西方的主义，是被中国学习、引进和再创造的主义。

中国30多年的改革开放，包括对外开放和对内改革两个方面。所谓开放，主要就是向西方国家开放，就是借鉴和学习西方对中国有益的东西。所谓改革，就是改变自己过去长期奉行的不符合实际、不符合时代的东西，实现与世界的接轨，实现中国文明与西方文明的科学结合，在这个基础上创造出既超越西方，又超越自己的中国特色的时代新东西。中国的改革开放，是中国历史上也是世界历史上空前的对于西方的“大学习”，是对自己的“大反思”“大突破”，是着眼时代需要的一次“大创新”。中国改革开放是一场持续30多年的研究和学习西方的“大运动”。这次大运动，在深度、广度、时间跨度上，都远远超过了当年俄罗斯彼得一世对欧洲的学习，超过了日本明治维新对西方的学习，是中华文明向西方文明、向全球文明学习的一场伟大运动、思想解放和思想创新。这样一场史无前例的学习运动，使改革开放的中国成为全球最大的“学习型国家”“创新型国家”。以学习外国语言为例，在过去的30多年中，中国有4亿多人学习英文，中国每年的出版物中，翻译西方作品占20%，而在西方国家，翻译作品比例不足2%。从1978年到2013年间，中国出国留学总人数达到305万人。目前，中国已成为全球最大留学生生源国。而最近20年，美国在世界领导者的岗位上，只是忙于征服世界、搅动世界、向世界推销美国。美国是世界的裁判者、控制者、遏制者，而不是世界的学习者。

2005年5月22日，美国《纽约时报》评论版，用隶书的中文标题发表了专栏作家克里斯托夫的文章《从开封到纽约——辉煌如过眼烟云》。这位作家说，公元1000年，坐落在黄河岸边的古城开封，是世界上最重要的城市。文章用汉语标题，是为了说明汉语是许多美国人将来要学习的语言，而繁华如梦的哲理也是美国人需要了解的。作者说：“在我看来，公元前2000年之前，世界上最重要的城市是伊拉克的乌尔；公元前1500年之前，也许是埃及的底比斯；公元前1000年，很难说哪个城市有绝对优势，不过很多人会认为是黎巴嫩的西顿；公元前500年，是波斯的波斯波利斯；公元1年，是罗马；公元500年前后，也许是中国的长安；公元1000年，是中国的开封；公元1500年，是意大利的佛罗伦萨；公元2000年是纽约；到了公元2500年，上述这些城市，可能一个都挨不上边儿。”“11世纪的开封是宋朝的首都，人口超过100万人，而当时伦敦的人口只有15000人左右。”克里斯托夫告诉美国人，从开封衰落的历史可以看出，“教训之一，就是要保持科技活力”。当时的开封，科技相当发达。“教训之二，是要避免狂妄自大。当时的中国认为，无须向外国学习——中国的衰败也就从此开始了。”他说：“从这两方面看，我都为美国捏一把汗。美国目前经济管理懈怠，无法解决农业补助或长期预算赤字问题。技术虽然领先，但是公立中小学的数学和科学水平只能算作二流。美国人对外国缺乏兴趣。”“这与中国人勉力进取、发奋向上、意志坚定的面貌形成鲜明对比。中国人就是靠这种斗志再次走向了世界的前沿。如果我们在经济繁荣的桂冠下流连不前，即使像纽约这样伟大的城市，也总有一天会堕落为哈得逊河上的开封。”在这位美国作家看来，美国要汲取中国曾经由于封闭而导致落后的教训，美国又需要学习中国在改革开放中面向世界、海纳百川的成功经验。有资料显示，美国的国会议员有三分之二的人是没有出过国的，或者连护照都没有，不出国也不用护照，因为美国人对国外没有兴趣。

美国《当代历史》杂志 2010 年 9 月号刊登美国乔治·华盛顿大学教授沈大伟的文章《如何应对一个新中国》，作者指出，美国从 19 世纪晚期就有对于中国的“传教士情结”，奉行“塑造中国”的战略。今天，面对一个全新的中国，要改变“塑造战略”，不要再把中国看成美国老师的一个施教改造的对象。未来的美国，应该考虑如何“被中国塑造”以及能够从中国学习到什么，例如在清洁能源、科技创新、生态城市等方面。沈大伟看到了一个事实，那就是：中国由于虚心学习美国而迅速崛起，美国由于拒绝学习中国而必然导致衰落。

能够虚心学习世界者，才能够成为世界的领先者、领导者。拒绝学习世界的国家必然落伍。这样一个规律，美国也不能例外。

用导弹输送“民主”，靠空袭播种“自由”

世界上有多少人口，就有多少张脸谱。如果其中有一个人提出主张，说自己的脸谱是这个世界上最美丽、最标准的脸谱，是这个世界的“普世性脸谱”，所以要按照自己的脸谱，使用武力，为其他所有与自己长得不同的人进行整形手术，以此实现人类脸谱的标准化、普世化，人们无疑会说这是一个疯子。

而在今天的世界，就有这样的疯子国家，要把万紫千红的世界变成一个颜色，要用自己的颜色去染遍整个世界，为此不惜以武力推行所谓“颜色革命”，按照自己的政治脸谱，使用武力或其他各种手段，来为世界各国进行政治整形。

大自然的本性，就是多样性。保护自然界的多样性，才有良好的生态环境。人类世界也永远是多元的，多元化的世界才是一个丰富多彩的世界。维护世界的多元性，保护国际社会的生态平衡，才能使这个世界充满生机与活力。

不能按照美国的脸谱，为世界各国整形。按照美国模式整形，很多国家“毁容”。例如，美国在俄罗斯推行“休克疗法”，造成一场浩劫，被俄罗斯人称为俄罗斯历史上的第四次浩劫。俄罗斯历史上的第一次浩劫，是13世纪蒙古铁骑的入侵。第二次浩劫是1812年拿破仑占领莫斯科。第三次浩劫是1941年德国军队的入侵。第四次浩劫就是美国帮助俄罗斯搞“休克疗法”，把俄罗斯搞了个半死，长期难以恢复元气。

美国推行“华盛顿共识”，要求发展中国家推动资本市场自由化，导致1997年亚洲金融危机和后来的阿根廷金融危机，使不少国家的经济倒退20年。

美国掀起所谓民主化浪潮，导致南斯拉夫国家解体和全面内战，20多万人丧生，数百万人流离失所，是第二次世界大战后欧洲最大悲剧。

美国推行美式“民主”，破坏了世界“民生”。根据联合国统计，在过去20年中，中国脱离贫穷的人口数量占世界脱离贫穷人口数量的70%。现在，世界上仍然有大约一半人口生活在贫困之中，民生问题是当今世界第一位的问题。而民生问题不是拷贝美式民主就能解决的。复制西方政治模式，进口美国民主模式，依靠美国的选举民主，不仅不能解决发展中国家的民生问题，而且会使问题恶化。发展中国家人民的第一需要不是美国式的“大民主”，而是基本民生问题的解决。西方坚持民主化高于一切、压倒一切、代替一切，依靠民主化解决一切，一切服从民主化，给非西方国家造成无穷动荡和战乱。一些发展中国家实行激进的政治改革，造成整个社会过高的利益期望，导致政治参与爆炸、社会混乱分裂。

目前，全球有大约30亿人受战乱、赤贫、饥饿、基本生活品匮乏的煎熬。对于这30亿人来说，他们第一位的需要，不是进口和享受美国式的大民主，而是解决起码的生存和生活问题。“选票”与“钞票”，他们最需要的不是大民主的“选票”，而是维持生活的“钞票”。对他们来说，民生第一，民主第二；钞票第一，选票第二。

美国专家弗朗西斯·福山提出，在世界范围内，美国的“出口产品”已经不像过去那样受欢迎，美国式民主和自由资本主义一直是美国的两个品牌，现在这两个品牌都在贬值和破产中。俄罗斯总统普京说：贫困是对民主的最大威胁，贫困者不可能享有真正的民主和自由。试图将外来民主移植到贫困社会，只能造成混乱和独裁。经济落后国家首要的不是政治转型，而是摆脱贫困。

美国用导弹输出“民主”，既破坏了世界“民生”，也破了世界和平。美国有个著名理论，是“民主和平论”，认为民主体制出和平。而现在，恰是美国这个最强大的所谓民主国家，成为破坏世界和平最有力量的国家。为什么美国的民主不能给世界带来和平？因为美国使用非和平的办法推广民主，结果民主变成了混乱，和平首先被破坏。对民主的武力推广，成为对和平的最大威胁和破坏。武力推广民主，成为引发战争的一个根源。“民主和平论”成为“民主战争论”。民主，必须是和平的；民主，必须为这个世界带来和平。任何民主都应该是和平的民主，用战争推广民主，本身就是不民主，就是破坏民主。民主是目标，民主也是手段，必须用民主的手段达到民主的目标。民主在手段和目标上，都要有利于和平。和平高于民主，民主不能破坏和平，不能因为民主而牺牲和平。

今天的世界，决不允许用导弹输送民主、靠空袭播种自由。

考察一下美国向全球武力输出民主的战略演变轨迹，就可以看出，美国由孤立主义到霸权主义的国家质变过程。基辛格在《基辛格：美国的全球战略》一书中，将这个过程大致描述为四个阶段：

第一阶段，是19世纪“美国在孤立主义中自得其乐”的阶段。基辛格说：“在整个19世纪，美国在孤立主义中自得其乐，当时的政治家们提出了两个在任何其他社会看起来都是自相矛盾的主题：美国的价值观和体制适用于全世界，但是同样，如果美国将它的价值观和体制限制在国内，不让它们因为自己与外部世界广泛的政治互动而遭到污染，美国就更有把握把自己的价值观和体制传播开来。”“美国人对人类进步有着坚定不移的信念，并且确信历史是，或者至少应该是一部稳步迈向日益繁荣、自由和正义的长征史，而美国的经验是这部分历史的具体象征。”

第二阶段，是20世纪初美国精英出现分歧、开始争论的阶段。基辛格说：“到20世纪初，对美国全球使命的信念有了演变，美国确信要实现全球福祉，就必须把构成美国成功故事的各种成就推广到全世界。在进入20世纪之时，威廉·詹宁斯·布莱恩，把美国定性为‘一个逐渐但是最终肯定要成为世界进步最高道德因素的共和国，成为世界争端公认的仲裁人’。”① “自从共和国诞生以来，美国模式是否可以应用于世界其他地方，一直是美国的一个基本论题。威尔逊进行了创新，把以前用道德榜样鼓舞别人的做法，改变成为用积极的外交政策传播这些价值观的做法，把以前那种让人瞻仰‘山顶上那个金光万道的城市’的做法变成了向外推广这些价值观的圣战。反对他的人阻拦他，并不是因为他们对美国价值观是否适

---

① ［美］亨利·基辛格：《基辛格：美国的全球战略》，胡利平、凌建平译，海南出版社2009年版，第219页。

用于全球感到怀疑，而是对如何应用这些价值观有不同意见。他们认为，要完成美国的全球使命，最好的方法就是让自己的国内体制发出闪亮的光芒，而不是把自己的资源消耗在国外的冒险行动中。”①

第三阶段，是第二次世界大战结束后美国为向全球输出自由而“披上了战袍”的阶段。基辛格说：第二次世界大战结束时，“美国占据了绝对的支配地位，因此，罗斯福总统和杜鲁门总统在创建联合国的过程中，可以不受约束地按照完美的美国原则，就是集体安全、民族自决、非殖民化的原则塑造国际环境。罗斯福在 1941 年 1 月宣称，四大自由——言论和信仰自由、免于匮乏和恐惧的自由——是美国政府在‘世界各地’的追求目标。换言之，美国为维护和保护世界各地的自由人民，披上了战袍，而这正是约翰·昆西·亚当斯当年警告反对过的。恰恰是那些在19 世纪孕育了美国孤立主义的特性，在 20 世纪燃起了美国人救世主般的全球主义热情。”②“传教士般的狂热再加上唯我独尊的态度，这两者的结合产生了全球主义和传教士般冲动的致命结合，从而把美国推入了越南。”③

第四阶段，是冷战后，克林顿开启的“用空袭播种自由”的阶段——基辛格说：“约翰·昆西·亚当斯主张，美国向海外传播民主的最好方式，就是向世界展示其在国内发扬民主的优越性。克林顿政府实现了从这个主张最后过渡到把促进人权变成美国外交政策的一项主要目标。”“北约在美国的敦促下对南斯拉夫进行了 78 天的全天轰炸。”④

基辛格在《基辛格：美国的全球战略》一书的“结论”中说：“美国面临的终极挑战是如何把自己的权力转变成道德共识，不是依靠强权将自己的价值观强加到别的国家头上，而要让别的国家愿意接受自己的价值观，因为我们生活的这个世界尽管看起来不愿意接受，但是事实上却急切需要有一种开明的领导力量。”⑤

---

① ［美］亨利·基辛格：《基辛格：美国的全球战略》，胡利平、凌建平译，海南出版社 2009 年版，第 224 页。

② ［美］亨利·基辛格：《基辛格：美国的全球战略》，胡利平、凌建平译，海南出版社 2009 年版，第 226 页。

③ ［美］亨利·基辛格：《基辛格：美国的全球战略》，胡利平、凌建平译，海南出版社 2009 年版，第 227 页。

④ ［美］亨利·基辛格：《基辛格：美国的全球战略》，胡利平、凌建平译，海南出版社 2009 年版，第 231 页。

⑤ ［美］亨利·基辛格：《基辛格：美国的全球战略》，胡利平、凌建平译，海南出版社 2009 年版，第 298 页。

美国现在把自己的世界领导权力，变成了一种强制推行美式民主的暴力和武力，让世界一些国家在美国的空袭和导弹打击下，鲜血淋淋地“被民主”“被自由”“被人权”。其实，美国推行民主是幌子，维护霸权才是真的。在这个世界上，不听美国话，民主也要被推翻；听美国话，专制也是好朋友。

今天的世界，各种模式都在实践中，在探索中，在改革中，在发展中。哪一种模式都不是标准模式、绝对模式、终极模式、普世模式。大自然永远是万紫千红、丰富多彩的，人类社会也是如此。多元化是世界的本质，多元化是世界的未来，单一化（特别是全球美国化）只是霸权国家的一种乌托邦幻想。

美国向世界推广民主，就是搞美国式的世界革命。苏联模式的世界革命已经失败了，中国的世界革命思维在30年前就已经转变了。现在，只有美国仍然在继续进行美国式的世界革命。不论是“苏式”世界革命、“中式”世界革命，还是“美式”世界革命，都是要不得的。未来的世界领袖国家，都不能是搞“世界革命”的国家，而是包容和尊重世界多元化的国家。

“历史终结论”，麻醉了美国

在冷战中取得胜利的美国，创造了一个重要的理论——“历史终结论”。运用“历史终结论”来领导美国和世界，是美国领导工作失败的一个重要原因。

在“历史终结论”的麻醉下，美国把自己的制度看成世界历史发展的终点。基辛格指出，美国“获得冷战胜利甚至助长了其他一些团体的自我满足情绪，进而发展成为全球必胜主义。按照他们的天命观，美国已经建立了最优秀的政治和经济制度，世界其他国家最好的选择，唯一可行的选择，就是采用美国式的政治和经济制度。……历史终结理论取得了一定的可信度。整个世界都在采用美国经济和政治制度的各种翻版。各国的竞争主要体现在如何快速地实现这个目标”①。

在“历史终结论”的麻醉下，美国把21世纪的第一个十年，变成了

① ［美］亨利·基辛格：《基辛格：美国的全球战略》，胡利平、凌建平译，海南出版社2009年版，第232页。

"地狱10年"。美国《时代周刊》2009年12月7日发表《地狱10年》的封面文章，文章指出，21世纪第一个十年是美国第二次世界大战后"最沮丧和幻灭的十年""遭报应的十年""梦想破灭的十年"，是大崩溃的十年，是失去的十年。根本原因就是美国被冷战的胜利冲昏了头脑，变得狂妄自大。

在"历史终结论"的麻醉下，美国的创新能力衰退。美国《新闻周刊》2009年11月23日发表《美国正在失去"护身符"》一文，作者认为，美国的创新力已经不再是世界第一，虽然美国看起来仍然是技术创新的领跑者。在2009年的13名诺贝尔奖获得者中，有9人来自美国。如果不包括经济学奖、文学奖、和平奖在内，仍然有近70%的诺贝尔奖由美国人获得。虽然面临经济衰退，美国依然在信息技术、生命科学、纳米技术等重要领域保持统治地位。美国创新力领先的原因，是20世纪30年代开始的三次浪潮。一是第二次世界大战后德国、法国、英国等竞争对手在政治、经济、社会制度等方面受到严重破坏，在一代人的时间里，美国在科技和经济领域，都没有强有力的竞争对手。二是移民潮带来大量红利。有10万犹太人在20世纪30年代不顾移民限制涌入美国，他们曾经使德国成为领先世界的科技研发国家。20世纪50年代，美国的大学、研究中心、公司，成为吸引全球人才的磁石。1965年，美国移民制度的松绑，再次引发移民潮，大量训练有素的印度人和中国人进入美国。三是美国政府对科研事业的大规模投入。美国政府从大萧条时期开始，就把大量资金用于大学的科研活动，使美国开始具有了创新能力。美国在20世纪50年代，将GDP的3%用于科技开发，这占当时世界科研总投入的绝大部分。在过去50年，美国政府成为互联网、激光、全球定位卫星、磁共振成像技术、DNA排列测序等成百上千的技术得以发明和应用的主要推动者。

作者认为，冷战后美国的创新力开始衰退。首先，其他国家和地区的积极追赶。中国宣布未来20年60%的GDP将与科技相关。欧洲加大了科研投入，已经在大型强子对撞机项目花费了50多亿美元，而美国的同类项目却在20世纪90年代初被众议院叫停。在药物研发领域占统治地位的美国也遇到中国、印度等亚洲国家的挑战。美国在人力资本这一关键资源上，也开始落后，没有培养出足够多的符合知识经济发展所需要的人才。其次，冷战后，美国对于基础研究的投入直线下降，而且不重视新兴高科技领域。由于苏联威胁的消失，美国政府的科研投入在20世纪90年代下降了40%，进入历史最低点。美国在高科技领域的衰落是明显的。例如对能源领域缺乏兴趣，在太阳能、风力、电池制造业等领域不仅没有取得重大进展，而且落后于其他国家。最后，崛起的新兴地区削弱了美国吸引优秀人才的能力。虽然美国的文化是开放的和创造性的，但是也是被政府的政策所塑造的。硅谷在20世纪50年代诞生在美国加州，因为加州当时拥有最好的公共教育体系，有吸引国防工程制造业的基础设施和商务环境。但是，今天的加州在忙于修监狱，而不是建造大学。1976年，加州预算的18%用于教育，今天是10%。目前已经破产的加州，只能依靠持续大规模的借贷勉强维持。在过去30年里，美国对科研的资助大幅度下降，教育制度在衰落，移民政策越来越缺乏弹性。税收和调节政策更多倾向于国内的特殊利益人群而不是着眼于国家长远竞争的需求。今天的美国文化，已经成为不敢面对现实，期待引进人才以掩盖国内不足，用金融取代实体经济，通过借贷买卖房屋让国人感觉富足。

历史没有终结，历史也永远不会终结。中国在与时俱进，不断创造新的奇迹；世界在吐故纳新，不断谱写新的乐章；美国也必须从历史终结论的麻醉中清醒过来，才能够跟上时代潮流。

第六章

世界霸权，不是美国的生命线

20年前，“历史的终结”是美国庆祝冷战胜利的欢呼。

今天，“霸权的黄昏”越来越成为全球的共识。

美国总统在国内最多任两届，但是美国在世界上却要一直当领袖，即使总统干得再糟糕、再失败，也不辞职、不下台、不退休。

自从中国成为世界的“亚军国家”以后，美国向世界发出的最强烈呼喊，就是美国“决不做世界第二”，要坚决捍卫美国的“世界领导地位”，并且把中国定性为“挑战国”，开始了对“挑战者”的战略讨伐。

其实，把“世界霸权”作为一个国家的“核心利益”来维护，是典型的“美国误区”。霸权，本来就是国际事务中的一种特权、强权、专权，霸权本来就不是什么好东西，怎么能够作为国家的核心利益来看待和维护呢？

全球领导地位，不能作为一种私利来追求，不能作为一种世袭特权利益来持续，不能作为某一个国家的专利来保护。

由今天世界的冠军国家美国，对今天世界的亚军国家中国，炮制出来的所谓“挑战论”，把“亚军国家”中国妖魔化，实际上是对亚军中国赶超冠军美国的一种舆论遏制和舆论讨伐，是对亚军国家赶超权利的一种剥夺。

世界霸权，不是美国的“核心利益”

自从获得世界霸权以后，美国就把世界霸权作为国家的核心利益来捍卫，谁触动了美国的世界霸权，谁就是侵犯了美国的核心利益，美国就要和谁拼命。如此一来，世界霸权就成为美国的命根子。

21 世纪的美国必须摒弃把世界霸权作为自己国家核心利益的陈腐观念。第二次世界大战以后尤其是冷战以后，美国在世界霸权的位置上为自己攫取利益，世界霸权成为美国国家利益的“超级仓库”，为美国带来了滚滚红利。但是，世界霸权是世界强国的癌症，大国会为霸权而丧命。历史的逻辑是霸权衰国、霸权亡国。世界霸权对于美国来说，是一条衰落之路、没落之路。世界霸权腐蚀了美国，腐败了美国。世界进步的潮流进入 21 世纪，美国的世界霸权成为“世界祸害”，美国的世界霸权不仅损害世界，也困扰自己。美国最近 10 年的失败，是霸权的失败。美国各种病症的病根，就是“霸权”，美国患了“霸权病”，这是一个威胁世界也断送美国“国运”的致命病症。美国的各种困扰，有一个总的根源，就是“霸权困扰”；美国的各种危机，根源在于“霸权危机”；美国的衰落，实质是“霸权的衰落”。在 21 世纪，靠霸权兴国，靠霸权强国，是违背历史潮流的，美国坚持世界霸权，必然走向衰落、没落。美国未来的前途和出路，在于彻底转变靠霸权兴国、靠霸权强国的战略思维，把美国从霸权思维、霸权战略、霸权目标中解放出来，向“非霸国家”转型，向“无霸世界”前进，成为世界上的“正常国家”。实现美国国家性质的“去霸化”，这将是美国历史上最深刻的一场革命。

世界霸权不是美国应该捍卫的核心利益，世界霸权也不是中国的奋斗目标。2009 年 8 月 10 日，日本首相鸠山由纪夫在其个人网页发表的《我的政治哲学》中说道：“日本处于为继续维持霸权地位而奋斗的美国与谋求成为霸权国家的中国之间，如何维持政经独立、守护自己的国家利益，这是日本也是其他亚洲中小国家所烦恼的问题。”其实，鸠山由纪夫只说对了一半。美国确实是一个为继续维持霸权地位而奋斗的国家，但是中国崛起的目标不是成为霸权国家，而是成为强大的非霸权国家。中国的崛起不是霸权的崛起，而是世界霸权的终结。中国和美国的战略竞争，目标不是霸主地位的更替和取代，不是世界霸权换霸主，而是终结一个旧的霸权世界，形成一个没有霸权的新世界。中国的崛起，正带动一个新世界的崛起，推动一个多极化无霸世界的形成。中美两国战略博弈，将深刻改变世界面貌，也将深刻改变两国的命运。在这场战略大博弈中，美国将完成由霸权国家向非霸权国家的转型，美国将成为这个星球上“最后一个”霸权国家。而中国也将成为人类历史上“第一个”非霸权的世界第一国家。21 世纪中美大国博弈，是一种史无前例的新型博弈，这种新型博弈不是围绕“世界霸权的更替”进行，而是围绕“世界霸权的终结”展开。让世界“告别霸权”，是中美博弈的使命与贡献。所以，美国不谋求霸权连任，中国不当世界霸权接班人，这才是中美两国应该互相承诺的“战略再保证”。

世界霸权，不是美国的生命线。霸权失去，并不是美国的末日来临。美国《国家周刊》网站 2009 年 6 月 3 日的文章《美国之后：中国世纪》指出：“中国世纪对美国世纪来说就是末日来临吗？这是美国人广泛存在的担忧。其实，中国的上升能刺激美国快马加鞭。倘若有朝一日美国醒悟，发现它不再是世界首屈一指，换成中国人坐在最高位置上，那时美国可能不得不进行长期遭到抵制的改革，这有利于美国的进步。即使中国成为世界头号经济体，美国经济仍然会稳步增长。”所以，从世界霸权中解放出来的美国，将充满新的生机与活力。

“冠军美国”应对“亚军中国”，呼唤“华盛顿精神”。

美国是这个星球上的冠军国家，美国最害怕的是在屁股后面追赶他的亚军国家。美国的这样一种“运动员心态”很正常。

但是，冠军不是哪一个运动员的专利，亚军追赶冠军是权利，亚军超越冠军而创造了新记录，是成绩刷新，是体育进步。亚军绝对有权利挑战冠军，而冠军绝对没有权利压制亚军。

美国引以为荣的一个重要制度，就是美国领导人的竞选制度和任期制度。如果一位美国总统，把别人与他竞选说成大逆不道的“挑战”，是对自己领导地位的“威胁”，如果一位美国总统要“保卫”他的“领导地位”无限期延续下去，那么他无疑是病态的思维。但是我们看到，在美国国内的“总统文化”中，那种为人称道的“华盛顿精神”，在冷战以后美国领导世界的过程中，却丝毫没有体现。尽管冷战以后美国对世界进行了灾难性的领导，但是人们听到的不是美国虔诚的反思和检讨，而是美国要继续领导世界 100 年的宣示。在一个全球民主的时代，美国把世界领导地位作为自己的利益实行垄断占有，是不可持续的。

世界领袖国家，百年更替有规律

21 世纪的美国，应该树立科学的“世界第一观”，树立民主的“世界领袖观”。

世界第一，从来就不是哪一个国家的世袭特权。古代世界“大国有兴衰”，近代世界“冠军有更替”，21 世纪的国际赛场也会“竞争出新秀”。在近代国际舞台上，“世界第一”是世纪一循环、百年一更替。而首先提出和揭示这一循环更替规律的恰恰是美国专家。美国华盛顿大学政治学教授乔治·莫德尔斯基在 1985 年出版的《世界政治中的长周期》一书中，提出了“长周期理论”，揭示了世界政治运动中的周期性规律。他指出，自从 1494 年以来，世界每隔 100 年到 120 年便产生一个政治、经济、军事超强的世界领导国。他认为先后涌现的几个领导国，分别是 16 世纪的葡萄牙、17 世纪的荷兰、18 世纪和 19 世纪的英国、20 世纪的美国。世界第一，大致是以百年为一个任期。美国原来不是世界第一，美国也不可能永远是世界第一。美国没有垄断和世袭“世界第一”的特权与能力。

美国人的聪明和高明在于，当美国人还不是世界第一的时候，他们就制造了一种世界舆论，一种“夺冠”理论，好像美国人是天生的世界第一，是天然的世界第一，是被上帝选择和指定的世界第一，世界第一是美国人的天定命运，这为他们走上世界第一提供了理论根据。

当美国人成为世界第一以后，他们又提出了一种“卫冕”理论，就是世界第一只能由美国人来当，谁要想与美国争第一，就是挑战美国，就是侵犯美国的核心利益，就是大逆不道，就要实行遏制和打压。

美国国力在世界第一的位置上已经超过百年了，陷于危机困扰和国势衰落的美国，面对综合国力迅速上升的中国，最害怕和恐惧的事情，自然就是失去世界第一、成为世界第二。

“挑战论”，剥夺亚军中国的“决赛权”

怎样捍卫“世界第一”？怎样巩固美国的世界领导地位？是依靠自己的创新和贡献，还是依靠对别人的遏制、压制？冷战之后，美国把捍卫世界第一建立在阻挡别人前进、不许别人竞争的基础上。美国遏制中国崛起和冲刺世界第一，核心就是“挑战论”，就是不允许亚军挑战冠军，剥夺中国竞争冠军国家的“决赛权”。我们简要解析美国遏制中国的四大战略舆论：

一是“不挑战论”。美国创造了一个“挑战国”的概念，认为“挑战国”向“领导国”的屡次挑战都以失败告终，只有领导国的合作者才能得到大利益。美国创造出“挑战国都是失败国”的论调，不符合历史事实，是为美国霸权辩护，是威慑别的国家。近代世界历史上“世界第一”的更替，都是竞争和挑战的结果。问题不在于是否有挑战，而在于以什么方式挑战，在于挑战的性质。如果说，综合国力的竞争和比赛是一种挑战，那么这种挑战是国际竞争的必然，是世界进步的动力。美国也是在挑战中走上世界舞台的。美国用“挑战”的罪名，讨伐中国“冲刺世界第一”的竞争和努力，暴露了其在国际赛场的称王称霸。

二是“不改变论”。中国的发展和崛起，不能改变由美国建立起来的以美国为核心的世界格局，不能改变以美国为世界警察和治安队长的世界政治、经济秩序。必须在美国编制的世界体系中活动，必须按照美国制定的规章制度办事，否则就要受到制裁，这是十分霸道的。世界在发展和进步，没有一成不变的格局、体系和秩序。奥巴马的竞选口号是“改变”，美国要“改变”，世界要“改变”，任何国家都不能阻止这个世界走向“改变”。

三是“符合美国利益论”。美国领导人常说的一句话是“一个繁荣强大的中国符合美国的利益”。这句话另外一面的意思是：中国的繁荣强大必须符合美国的利益，中国的繁荣强大必须限制在符合美国利益的范围内，中国只能在符合美国利益的范围内发展和强大，中国的发展与强大必须和美国的利益保持一致。这也是霸主逻辑。中国的发展，怎么能以符合美国的利益为标准、为限度、为底线呢？中国的发展和强大，只能按照中国的利益需求、符合中国的利益要求。不能因为符合美国的利益就发展、就强大，不符合美国的利益就不发展、就不强大。不能因为和美国的利益一致就发展和强大，和美国的某些利益不一致就不发展不强大。决定中国崛起与发展的根本标准，是中国的国家利益，而不是美国的国家利益。正如同美国当年的崛起，不是以符合英国的利益为标准一样。

四是“中国威胁论”。美国把中国的发展和强大看成是美国的威胁，把美国的安全建立在中国的有限发展和有限强大上，实际上是要求中国以美国的感受来决定中国的前进步伐。美国要捍卫自己的世界第一地位，要捍卫美国的世界领导地位，就要把心思用在创新创造上，用在对世界的责任和贡献上。依靠遏制别人、打压别人来捍卫世界第一、保卫领导地位，既不道德也不可持续。

要想继续当领导，美国必须表现好

21 世纪仍然会有“世界第一”，但是 21 世纪的世界越来越不能容忍“世界霸权”。现代民主国家不需要“君主”，现代民主世界也不需要“霸主”。

在捍卫世界第一和世界领袖地位的问题上，英国人可以作为美国人的榜样。在近代世界历史上，连续两个世纪蝉联“世界第一”的国家，只有英国。1688—1792 年，不列颠成为世界领导国；1792—1914 年，不列颠再次充当世界主导国家。英国为什么能够连任两届世界第一？关键因素在于英国有两次领先世界的大创新。英国第一任期的重大创新，是英国进行了光荣革命，建立了议会、政党制度；推行欧洲的势力均衡；对世界贸易的间接管理；英格兰银行发行国债等。英国第二任期的重大创新，是废奴，自由贸易，金本位制，工业革命，拉丁美洲的独立等。世界第一必须是创新第一、贡献第一。美国要想在 21 世纪连任“世界第一”，保持世界领导地位，就要像英国那样再度为世界作出创新和贡献。英国的绅士风度还体现在英国的体面衰落上，体现在与美国之间“世界第一”“领袖地位”的和平更替上。虽然大英帝国把“世界第一”和“领导地位”让给美国，也是心不甘、情不愿，不是什么“和平禅让”，但总是和平转移。未来的中美博弈，美国能够具有英国式的“绅士风度”吗？会出现一种“美国风度”吗？美国能够体面衰落、与新的世界第一和平更替吗？

国际社会是一个大舞台，每个国家都是一个演员；当代世界是一个比赛场，每个国家都是一名运动员。竞争“世界第一”，是每个国家的“天赋国权”；竞选“世界领袖”，是每个国家的“民主权利”。处于亚军地位的中国，下一个赶超目标当然是冠军美国。中国不能在亚军的荣誉面前停滞不前，中国要奋勇参加与美国的冠军决赛，这是中国应该享有也应该行使的民主权利。美国不能剥夺中国的决赛权，中国也要珍视和充分用好自己来之不易的决赛权。中国冲刺世界第一有优势；中国成为世界第一是趋势。一个没有竞争的世界，是没有活力的世界；一个不敢竞争冠军的亚军，是没有出息的亚军；一个不允许别人挑战自己冠军地位的国家，是专制霸权的国家。竞争冠军，是亚军的天然使命。已经成为世界亚军国家的中国，要“宜将剩勇追美国，敢于拼搏争冠军”。

“世界第二”，不仅是美国的忧虑，也是整个西方世界的恐惧。近代世界500年，大国兴衰有轮替，而“世界第一”的宝座，始终由西方国家垄断和世袭。美国成为“世界第二”，将终结西方世界500年的“冠军史”。但是，美国和西方世界的恐惧是完全不必要的。当中国成为世界第一时，并不是“中国霸权世界时”。成为世界第一的中国，既不会成为又一个殖民世界的英国，也不会成为又一个霸权世界的美国，而是一个致力于建设“无霸世界”的新型大国。中国不做世界霸权接班人。中国当领导，世界更美好。

第七章

美国之后——霸权没有接班人

比“全球经济危机”影响更大的，是“全球权力危机”。

布热津斯基指出：在2025年之前的这段时间里，不管是美国在外交政策的失败，还是内政改革的失败，“美国继续担任全球领导者的能力都会逐步地甚至终结性地衰落。不论国内不景气还是国外持续失败，都将逐渐消耗美国的活力，令美国社会渐渐意志消沉，降低它的社会吸引力和全球威信。如果这种局面持续下去，或许到2025年，在发生全球性动荡的背景下，美国实际上将失去它自封的‘21世纪主宰者’的头衔。但届时争夺这个位置的又会是谁呢？”① 他强调：“全球重心正在从西方向东方转移（从欧洲向亚洲转移，可能甚至是从美国向中国转移），这个过程此时仍然在进行中，其后果目前很难预料。”② 在布热津斯基看来，世界在转变——由西方领航世界到东方领航世界；由美国领航世界到中国领航世界；全球权力在转移，由美国向中国转移。

如果美国的领导地位真的崩溃了，美国的情况会怎样？中国的情况会怎样？世界的情况会怎样？美国霸权之后，中国霸权会上场吗？中美两国之间的“霸权交接”已经开始了吗？

中美竞争是地球进步第一动力

在运动场上，能够参与决赛的总是那些最优秀的运动员。在国际舞台

---

① ［美］兹比格涅夫·布热津斯基：《战略远见：美国与全球权力危机》，陈东晓等译，新华出版社2012年版，第75页。

② ［美］兹比格涅夫·布热津斯基：《战略远见：美国与全球权力危机》，陈东晓等译，新华出版社2012年版，第129页。

上，有实力和潜力参与世界“冠军国家”竞争的民族，也是世界最优秀的民族，是最伟大的民族。而世界最优秀民族的决赛，能够给世界带来活力，是对整个世界的带动和推动。中美竞争、中美决赛，是21世纪世界发展进步的第一动力。

崛起的中国，要感谢有美国这样世界一流的“遏制者”；而冠军美国，也要感谢有中国这样世界一流的“挑战者”。在运动场上，如果一个冠军运动员一直没有挑战者，或者根本就不允许挑战，那么这样的“终身冠军”岂不成为运动场上的恶霸和暴君？美国为什么不能被“挑战”？谁给予美国不被挑战的权力？没有竞争的世界，是没有活力与生机的世界。中美竞争，让21世纪的世界充满活力。

与伟大的国家博弈，才能够使自己更伟大。两个伟大的国家博弈，将产生新的伟大。21世纪，在我们这个星球上进行的伟大的美国和伟大的中国之间的一场世纪博弈，将产生更伟大的中国和更伟大的美国，而且也将创造一个更伟大的世界。中美两个伟大国家的博弈，是21世纪中美两个国家发展进步的最大动力，也是21世纪全球进步发展的最大动力。

美国是西方世界中对人类贡献巨大的国家，也是西方国家中最文明、最理性、最智慧的国家。而中国则是东方世界中对人类贡献最大的国家，是东方国家中最文明、最理性、最智慧的国家。中美博弈，无论对于中国还是对于美国，都是机遇，都是幸运。中国为遇到美国这样伟大的对手自豪，美国也应该为有中国这样伟大的对手骄傲。

中美两国在互相竞争，中美两国也在互相改造。中美竞争，将改造美国，改造中国，也改造世界。美国政府对于经济的干预已经达到了惊人的程度。国际媒体称美国实行的是在共产主义面前变节的资本主义，称美国为“美利坚社会主义共和国”。而中国社会主义市场经济的威力，使美国人惊呼“比美国更资本主义的是中国”。

中国和美国在21世纪你追我赶，互相促进、共同发展。中国崛起，美国得“力”，就是得到促进力量；中国崛起，美国得“利”，就是得到经济合作和贸易交流之利益；中美竞争也是世界进步最大的推进剂。中国和美国的合作与竞争都是进步的动力，而竞争比合作更能够推动世界进步。中国和美国在21世纪将互相制约、互相监督、互相竞争、互相合作。中美两国互相比较和比赛，看谁在国内更有凝聚力、在国际更有吸引力。21世纪的中国遇上美国这样的强手，21世纪的美国能够有中国这样的对手，是双方的机遇、福分和荣幸。21世纪的世界舞台和国际赛场能够有中国和美国这样的高级选手，是世界的福音。中华民族要以良好的心态，紧紧抓住与美国同场决赛的机遇，迎接和投入这场史无前例的大竞赛、大考试，取得优异的竞赛成绩。把中国和美国的竞争、决赛，看成是两国的不幸和世界的灾难的悲观主义，是不必要的。经过中国和美国战略大决赛的洗礼，中国和美国会更有魅力，整个世界也会更美丽。世界新一轮综合国力的奥林匹克竞赛已经开始，中美世纪决赛的帷幕已经拉开。

在中美大博弈的赛场上，中国人需要学习美国人的竞争精神，要以美国精神同美国竞争。

法国政论家托克维尔在1835年出版的名著《论美国的民主》中说："对于一个美国人来说，人的一生就像一场赌博，就像一次革命，就像一个战役。这些同样的原因在对每一个人发生作用的同时，也给国民性打下了不可遏止的冲动的烙印。因此，美国人随时随地都必然是热心于追求、勇于进取、敢于冒险、特别是善于创新的人。这种精神真实地体现在他们的一切工作当中。他们把这种精神带进了他们的政治条例，带进了他们的宗教教义，带进了他们的社会经济学说，带进了他们的个人实业活动。他们带着这种精神到处去创业：不管是到荒山老林的深处，还是到热闹繁华的城市，莫不如此。正是被他们用于海运业的这种同样的精神，才使美国商船比其他一切国家商船的运费低廉和航行迅速。"① "我认为，国家同人一样，几乎总是在青年时代就显露出其未来命运的主要特点。当我看到英裔美国人的那种经商干劲、经商的便利条件和经商获得的成就时，就情不自禁地相信，他们总有一天会成为地球上的第一海上强国。他们生来就是来统治海洋的，就像罗马人生来就是来统治世界的一样。"②

美国能创造"第二次伟大"吗

美国，有两次伟大。

第一次是在18世纪，当全世界的国家都在君主制的领导下生存的时候，在世界上出现了第一个没有君主制的国家——美国。美国以一个国家的民主制，对峙全世界一大群国家的君主制，美国这一盏民主制的明灯，

① ［法］托克维尔：《论美国的民主》（上卷），董果良译，商务印书馆1988年版，第471页。
② ［法］托克维尔：《论美国的民主》（上卷），董果良译，商务印书馆1988年版，第474页。

在整个世界君主制的天空中显得格外明亮。美国在君主制度满天下的时候，敢为天下先，在独立战争以后，不搞君主制，开创民主制，成为全球第一个民主共和国，这是美国的创造，是人类的骄傲。

第二次是在21世纪，美国又面临一次创造世界历史的新机遇，就是在世界普遍废除君主制的基础上废除“霸主制”，美国不做霸权国家，带头建设“无霸世界”，开辟“无霸时代”新纪元。美国的第二次伟大，将比第一次伟大要更加伟大。

美国实现第一次伟大，是孤军奋战、单打独斗。美国实现第二次伟大，将能够与全球合作，特别是与中国合作。美国能否实现第二次伟大，关键要看美国能否解决“霸权近视眼”，像当年从“君主思维”中解放出来那样，彻底从“霸主思维”中解放出来，用远眺世界前进方向的望远镜，看到“无霸世界”的远景，迈开走向“无霸时代”的步伐。

遗憾的是，当年在世界带头不搞“君主制”的美国，今天却怎么也不肯放弃“霸主制”。在美国一些精英看来，如果美国丧失领导地位，那么世界有史以来第一次由于没有全球监护人，将出现一个“无人主导”的混乱世界、悲惨世界。在美国流行一种观念：“美国不当领导，世界就要崩溃”；“美国失去霸权，世界没有未来”；美国这个“世界的太阳”如果落山了，整个世界都会陷于黑暗。布热津斯基在他2011年出版的新书《战略远见：美国与全球权力危机》中就认为，没有一个大国准备好了取代美国，中国尚未做好扮演美国的全部角色的准备。所以，美国衰落后，世界将更加危险；美国失去霸权，全球没有大赢家，到处都是大输家。他预言美国之后的世界，将是一个漫长的混乱的危险的世界。他认为，由于美国霸权的衰落和中国霸权的崛起难以衔接，在美国霸权“退位”的时候，中国霸权难以同时“加冕”，中美霸权的移交难以衔接和同步，所以，21世纪上半叶的国际舞台将重演20世纪上半叶大国争雄、世界遭殃的可怕场景。

其实，布热津斯基的《战略远见：美国与全球权力危机》这本书，放到历史发展的大趋势来看，恰恰是缺乏远见。而他把美国的霸权危机与全球权力危机混为一谈，认为美国的霸权危机就是全球的权力危机，更是用美国利益绑架世界利益，用美国霸权绑架全球权力。

正如同把一个国家的命运寄托在一个人（皇帝、国王、君主）身上是最大的危险一样，把整个世界的命运寄托在一个国家（强权国家、霸权国家、超级大国）身上也是最大的危险。一个国家的长治久安，不能建立在“君主制”的基础上，不能建立在一代又一代新老君主有序交替和成功接班上，而是要废除君主制，建立民主制。只有在民主制度的基础上，国家才能始终前进在健康发展的轨道上。而整个世界的长治久安，也不能建立在“霸主制”的基础上，不能依靠一代又一代新老霸主的有序交替和成功接班，来给世界加保险。而是要从根本上废除“世界霸主制”，建立起真正的“世界民主制”，这样，世界才能够在和平稳定、长治久安的轨道上运行。

一个国家从“君主制”到“民主制”的转变，是国家性质的根本转变；整个世界从“霸权制”到“民主制”的转变，也是世界性质的根本转变。以往的世界精英的重大贡献，就是推动自己的国家实现了从君主制到民主制的转变，把自己的国家由君主制国家变成了民主制国家。当代世界精英特别是中美两国精英，在国际舞台上的历史使命，就是要推动世界由“霸主世界”转变为“民主世界”。美国精英的责任，包括两个方面：一方面是利用美国霸权衰落的历史机遇，推动美国的国家转型，让美国尽早实现由“霸权美国”到“非霸权美国”的转型，让美国成为一个“非霸权化国家”；另一方面是利用新兴国家崛起特别是中国崛起的文明与善意，建立新型大国关系，进行合作，共同建设“无霸世界”，推动国际社会的“无霸化”进程，实现国际社会由“丛林社会”向“文明社会”的转变，实现整个世界由“霸权世界”向“无霸世界”过渡，建设没有世界霸主的民主世界。

21 世纪需要一个什么样的世界？需要一个无霸世界。21 世纪需要一个什么样的美国和中国？需要一个“去霸化”的美国，需要一个“非霸化”的中国。建设一个没有世界霸权的新世界，是中美两国共同的历史使命。21 世纪，只有“霸权的终结”，没有“霸权的交接”。美国将成为世界最后一个霸权国家，成为在国际国内两个方面都彻底民主化的国家，这是美国的转型和转化。中国将成为世界第一个“非霸权冠军国家”，成为建设无霸世界的先驱者、引领者，这是中国的创造和贡献。而世界将成为没有霸主的“无霸世界”——真正的“民主世界”。失去霸权的美国，将更加美丽；不搞霸权的中国，将受到世界的爱戴；没有霸权的世界，将更加稳定、发达、文明。

废除“君主制”，是国家大进步；终结“霸主制”，是世界大飞跃。

美国“告别霸权”的时代来临

当美国在冷战结束后欢呼“历史的终结”的时候，他们没有想到，今天的美国面临的真正问题，是“霸权的终结”。

美国之后，不是世界末日。美国失去霸权，不会像西方有些人担心的那样，会使世界陷于一个“新的中世纪时代”。在 2011 年初的美国经济学会年会上，有一位经济学家宣称：“美国称霸世界的时代已经终结。”

21 世纪，是人类世界“告别霸权”的世纪，是开创无霸时代，实现世界转型、建设无霸世界的世纪。

美国霸权为什么不能持久？新兴的中国为什么不做新兴的霸主？历史的终结是不可能的，而霸权的终结又为什么是必然的？

美国人害怕的是“霸权转移论”，就是恐惧世界霸权由美国转移到中国。而中国人信仰的是“霸权终结论”，中国是世界霸权的“掘墓人”，而不是美国霸权的“接班国”。

世界霸权，不是美国的核心利益，虽然它是美国多年享有的难以割舍的特权利益。这个利益是要改革的。“去霸权化”的美国，才是正常的美国，是健康的美国，是更伟大的美国，是更可爱的美国，是更精彩的美国，也是更受尊敬的美国。

中国崛起，是中国在 21 世纪的核心利益，谁阻挡和遏制中国崛起，谁就是损害中国的核心利益。因为中国的崛起不是霸权的崛起，中国崛起不是要建立世界霸权，而是建立“无霸世界”。

世界霸权不是个好东西。21 世纪的世界危机，从根本上说是世界霸权危机，就是用霸权的办法领导世界、管理世界、治理世界，已经不行了。世界霸权已经不是解决世界危机的机制，而是导致世界危机的根源。世界霸权不是世界万恶之源，但它的确是世界多恶之源。

21 世纪的现代国家，不需要一个君主；21 世纪的现代世界，也不需要一个霸主。有君主的国家，是君主制国家；有霸主的世界，是霸主制世界。如果说一个国家的“君主专制”必然压制人权，那么一个世界的“霸主专制”也必然压制国家主权，压制人权。现代国家不能靠“君主专制”保护人权，现代世界也不能靠“霸主专制”保护国家主权和公民人权。

美国式的“联盟霸权”取代了英国式的“殖民霸权”，而未来任何一个崛起的新兴国家都不可能“接班”美国霸权。世界霸权，既不可能通过美国的世袭使其持续存在，也不可能通过交接给另一个国家而持续存在。美国霸权，是一个不能持续的霸权，是一个不能交接和传承的霸权，美国霸权只能是一种走进历史的霸权，美国霸权是最后一种世界霸权。

在英国霸权之后有美国霸权，但是在美国霸权之后，不仅不会有中国霸权，而且永远不会有任何世界霸权。因为和平发展、合作共赢早已成为时代的主流，“国内专制”和“国际专制”也必然被淘汰，“专制国家”和“霸权国家”都应该进入历史博物馆。所以，在中国和美国的关系中炒作“霸权转移论”是不科学的。21 世纪的世界霸权，既不可能被某个国家如美国长期占有，也不可能被两个国家如美国和中国进行转移（不管这种转移是和平的还是非和平的），霸权只能在大国的竞争与合作中走向最终消亡。所以，美国将是最后一个霸权国家，超越美国的中国将是第一个非霸权的世界头号国家、冠军国家、领导国家。今后的领导国家不是霸权国家，今后的世界领导权不是世界霸权。世界领导权仍然存在，但是世界霸权不存在了。这就是世界领导国家和世界领导权的去霸权化，就是世界领导国家的文明化，就是世界领导权的非霸权化。

“中国威胁论”为什么是错误的？因为对世界的最大威胁是世界霸权。不是中国威胁论，而是霸权威胁论，是世界霸权威胁世界论。世界霸权感到受威胁，是世界的进步。

人类社会要消灭两个专制：一是在每个国家内部，要消灭君主专制，建设民主国家，因为君主专制导致人身依附；二是在国际社会要消灭霸主专制，建设民主世界，因为霸权世界创造的是国家依附，就是其他国家要依附霸主霸权国家，要出卖国家权力。要建设民主国家，更要建设民主世界。要建立民主的国家秩序，更要建立民主的世界秩序。

世界秩序是否离不开世界霸权？离开了世界霸权，世界是否就是世界无政府状态？世界是否就要大乱？过去的世界是靠霸权统治、控制，靠霸权管理、治理、维持、领导。没有霸权的世界会混乱和崩溃。这就如同过去的国家是专制国家，没有专制统治就没有国家秩序，就会出现无政府状态。而现代国家不需要专制，现代世界也不需要霸权。世界霸权是一种国际专制，要像埋葬国内专制一样埋葬世界霸权。从封建国家到民主国家是进步，从霸权世界到民主世界也是进步。

美国霸权已经成为世界公害。美国霸权越来越失去合法性，美国利用世界霸权谋求国家特权，以美国利益为核心，让世界利益为美国利益服务，使世界组织、制度、体系，都成为替美国利益服务的工具。例如，美国绕过联合国发动伊拉克战争，单方面宣布退出《反导条约》，拒绝签署《京都议定书》等。美国的核心利益与世界的核心利益相违背。

告别霸权、终结霸权，并不否认美国的历史创造和历史贡献。美国霸权的兴起，曾经是国际文明的一个进步。迄今为止，人类文明包括国内文明和国际文明两个部分。美国在国内文明上，在全世界第一个实现了国家政治权力的和平转移，而在与英国的关系上第一个实现了世界霸权的和平交接。美国不仅在国内政治中创造了一套价值观，而且在国际政治中也创造了一套价值观和体制。美国在“建设一个什么样的国家”和“建设一个什么样的世界”两个方面，都贡献了价值观，进行了制度和组织的创新。美国崛起，也是美国价值观的崛起。在美国崛起的时候，其他大国已经提不出新的国际政治理念，他们信奉和实行的都是老一套的大国均势、联盟、结盟、殖民地和势力范围等战略理念。两次世界大战，把传统的世界政治送进了坟墓，迫切需要新的政治价值体系来指导国际关系。于是美国提出和倡导的一些核心思想，例如非殖民地化、民族自治、国际合作、对于发展中国家的援助等，就能够适应和引领国际政治潮流，就具有历史的进步性和时代性，就能够在第二次世界大战后大行其道。美国的国际政治价值观念体系，在第二次世界大战后变成国际政治制度体系和国际组织体系，美国主持建立了世界性的政治、经济、安全体系，包括联合国、世界银行、国际货币基金组织、关税以及贸易总协定等，这些都是应该充分肯定的。

中美竞争的结局，不是“霸权交接”而是“霸权终结”

21 世纪中美百年竞争的结局是什么？是美国和中国之间“霸权的交接”，还是这个世界的“霸权的终结”？

美国的逻辑是：罗马帝国维持了1500 年，大英帝国持续了 200 年，而美利坚帝国才 70 年，离帝国的终结还早着呢。而且美国是“仁慈的帝国”，是“文明的帝国”，应该是“长久的帝国”。

其实，让美国霸权加速走向历史博物馆的，恰恰是美国自己。美国霸权的第一掘墓人不是中国，而是美国。美国霸权导致美国的狂妄和腐败，美国霸权不仅给世界带来战争和分裂，而且给美国带来危机和衰落。要振兴美国，就必须抛弃霸权；要稳定世界，就必须废除霸权。美国是世界霸权的送终者，美国正在为世界霸权送终。

今天的美国，已经步入“霸权的黄昏”；而明天的中国，将迎接“无霸世界”的第一个黎明。中美竞争的结局，是世界霸权的终结而不是世界霸权的交替。冷战结束后，世界不需要“历史终结论”。而美国独霸世界 20 多年后，这个世界却需要“霸权终结论”。霸权的终结，不只是美国霸权的终结，而且在美国霸权之后，这个地球上再也没有新的霸权国家出现。

美国必定失去霸权，但是美国会继续强大。中国必定超越美国，但是中国不会获得霸权。世界必定告别霸权，而无霸世界将会更加美好。

美国人在走上世界霸权地位以后，曾经推出了一系列霸权理论，包括乔治·凯南的“遏制战略论”、亨廷顿的“文明冲突论”、福山的“历史终结论”。世界历史发展到今天，到了美国与霸权吻别的时候了。中国人推出了“霸权黄昏论”“霸权终结论”。“霸权黄昏论”揭示了世界霸权的现实和现状。“霸权终结论”揭示21世纪世界霸权的历史命运，预测失去霸权后的美国，展望霸权消失后的世界，憧憬无霸世界里的中国。

人们说21世纪是“中国世纪”，也有人说21世纪仍然是美国世纪。21世纪到底是中国世纪还是美国世纪？这是一个全球赌题，是一个世纪赌题。可以肯定，21世纪不是“霸权世纪”，而是结束霸权、终结霸权的世纪。在21世纪，老的霸权不可能持续，新的霸权也不可能产生。21世纪让霸权成为历史，让霸权进入博物馆。

“无霸世界”是今后世界格局的一个核心概念。无霸世界，其本质就是“民主世界”。无霸世界并不是无政府世界，也不是无领导世界，也不是无领导权时代，而是一个没有国际控制、压制的民主世界。世界的无霸化，就是世界的民主化。

中美竞争的结局，不是“霸权的交接”，而是霸权的终结。美国将成为国际舞台上最后一个霸权国家，中国将成为国际舞台上第一个“非霸权冠军国家”。美国成为最后一届“霸权领导”，中国成为第一个“非霸权领导”。

中国人不称霸，但是中国人要反霸。反霸不等于反美，中国人在本质上是反霸不反美。中国人反霸，不仅反对别人搞霸权，而且也反对自己强大以后搞霸权。

现在，美式领导不仅不能解决世界难题，而且美式领导本身就是世界的一个问题，是世界的“一号问题”。目前世界面临的所有问题中，首先要解决的问题，就是美国霸权祸害世界的问题。

中国和美国在21世纪竞争的结果，既不是“霸权的持续”，美国遏制了中国，美国霸权继续下去；也不是“霸权的挑战”“霸权的转移”，中国超越了美国，世界霸权由美国转移到中国；也不是“霸权的分裂”，美国人提出的所谓“G2共治”，美国让渡一些霸权给中国，由中国和美国共同执掌世界霸权；而只能是“霸权的终结”，是“无霸时代”的出现。美国霸权没有接班人，中国不做霸权“接班国”。全球的觉醒和时代的潮流，已经不能容忍由一个国家领导、控制和压迫世界的霸权体系继续存在。布热津斯基说：“中国尚未准备好扮演美国角色。中国尚未做好在世界上扮演美国的全部角色的准备。”中国确实没有做好在世界上扮演美国的全部角色的准备，因为中国压根就不做美国霸权事业的接班人。

霸权与美国——抛弃世界霸权，美国才能常青

失去霸权的美国，将成为“新型美国”。

中美竞争，中国胜出，美国将有“两个失去”：

一是失去“世界霸权”，美国将成为一个“非霸权国家”。这是美国国家性质自从第二次世界大战以来的又一次历史性的转变。第二次世界大战后，美国走上与苏联争夺整个世界霸权的道路。冷战中的美国，是属于半个世界（西方世界）的霸主，美国没有获得整个世界霸权，因此，冷战中的美国可以说是“半霸权国家”。而经过近半个世纪与苏联阵营的博弈，美国赢得冷战的胜利，取得整个世界霸权以后，就成为一个“全霸权国家”，就是“一超独霸”。而美国称霸世界，既没有给美国带来好运，也没有给世界带来福音。美国经济和金融霸权给世界带来大危机，美国霸权把世界变成了一个“危机世界”。美国属于世界，而不是世界属于美国。享有世界霸权的美国，是世界之上的美国，是脱离世界的美国，是压迫世界的美国，是剥削世界的美国。而失去世界霸权的美国，是世界中的美国，是属于世界的美国，因此是获得新生的美国，是真正能够具有常青活力的美国。

二是失去“世界第一”，美国将成为一个“非冠军国家”。这是在发展的竞争和比赛中，美国被新的跑得更快的选手超越。这是世界发展进步中新的冠军选手的产生，是新的比赛成绩的产生，体现的是国际社会“后浪推前浪、一浪高一浪”的历史趋势，是世界充满活力的表现，是世界进步发展的表现。美国要做好在 10 年内成为“世界第二”的准备，甚至要有在 20 年、30 年内成为“世界第三”的准备。在被新的国家选手超越的情况下，美国的速度和力量依然可以是快的和强的。失去世界第一的美国，依然是充满魅力的美国。13 亿人口的中国超越了 3 亿人口的美国，是正常的。一个 3 亿人口的美国在世界第一的位置上有 100 多年，如果仍然没有挑战者、没有追赶者、没有超越者，那倒是不正常的，说明这个世界缺乏

活力。一个冠军蝉联百年而没有后起之秀，绝不是一件值得庆祝的事情。

如果美国实行“两保”战略，即一保“世界霸权”，二保“世界冠军”，那么，美国注定不能成功。美国世界政治评论网站2011年2月21日文章《新规则：美国追求的应当是“门户开放”，而不是世界第一》指出：近年来，关于美国“衰落”的讨论，让美国人揪心。人们担心美国没有能力无限期地保持世界第一地位，从而对于将要出现的“后美国世界”感到担忧。更糟糕的是，美国人还被要求在两个错误的选项中进行选择：美国应该千方百计保卫世界第一，还是甘心失去冠军宝座？主张捍卫世界第一的美国人认为，不捍卫世界第一的美国人是不爱国的美国人。作者认为，这种思维是大错特错的。

抛弃世界霸权，美国才能常青。保有世界霸权的美国，其实是一个拴着铁链的超级大国。世界霸权是美国衰落的根本原因。美国没有称霸世界的时候，是朝气勃勃的，是引领世界的。美国的衰落，是从冷战胜利以后开始的。美国没有了对手的制衡，没有了世界的监督，没有了自身的自律，就在狂妄中迅速衰落。

失去霸权的美国，不是衰落的美国，而是获得新生的美国，是更伟大、更可爱、更有活力的美国。冷战中的美国，一切危机，在根本上是“争霸危机”，就是由于争夺世界霸权而导致的危机。冷战后的美国危机，包括恐怖主义的安全危机、金融危机、经济危机，最根本的是“霸权膨胀”的危机。“霸权病”是美国的不治之症，美国只有彻底割除这个恶性的“霸权肿瘤”，肌体才能恢复健康，成为一个健康国家。霸权不是美国的“核心利益”，而是美国的“核心疾病”。称霸前的美国，是全世界最具有生气和朝气的美国，是最可爱的美国。霸权中的美国是全世界最凶恶狰狞的美国，也是饱受霸权困扰和折磨的美国。霸权后的美国，去霸权化的美国，将是正常健康的美国、可持续进步的美国。

霸权的终结≠领导权的终结。美国霸权的终结，也不等于美国领导权的终结。美国失去霸权，不等于美国失去领导权，而是失去在世界上飞扬跋扈的权力，失去一个国家说了算的权力，失去独断专行的权力。人类世界，是需要领导的，有领导的世界才有秩序、规则和稳定。但是世界领导权以世界霸权的性质出现，只是20世纪以前的历史形态。人类世界进入21世纪，仍然需要世界领导权，但是已经不需要世界霸权了，世界领导权的性质发生了根本变化。一个民主、自由、法制的世界需要领导，但是不需要霸权来领导。美国失去了世界霸权，仍然可以享有对于世界的集体领导权，可以与其他国家共同领导、民主领导、文明领导。所以，美国离开世界霸权的岗位，不等于美国从根本上离开世界领导岗位。未来的世界领导权，在根本性质上已经发生转变，未来的世界领导权已经不具有世界霸权的性质，而是去霸权化的领导权，是必须通过联合国进行的领导权，不可能再是一个国家可以绕开联合国、抛开全世界的单边主义霸权。

美国《国家利益》双月刊2011年11—12月号刊登哈佛大学教授的文章《美国时代的终结》，文章认为，由于美国领导人犯了许多代价高昂的错误，“美国时代的黄昏”提前来到。

其实，霸权的终结，将是美国的新生。失去霸权的美国，将回归国际民主和自由，这是美国的解放，是美国的第二次建国。失去霸权的美国，会有更多的朋友，更少的敌人，更大的安全，更广阔的回旋余地和发展空间。由于在比赛场上出现了更优秀的选手和运动员，美国虽然被赶超，但是美国依然能够创造比自己过去更好的成绩，而且美国也可以在自己新一轮的改革开放之后，再度赶超中国。

在美国与霸权的关系上需要确立四个新观念：（1）霸权不是美国的生命线。（2）霸权不是美国的国家核心利益。（3）霸权不是美国的天赋使命。（4）霸权不是世界稳定和秩序的需要，而是全球负资产，是束缚霸权国家、捆绑整个世界的绳索与铁链。废除霸权，解放美国，解放世界，是21世纪的时代潮流。

霸权与亚洲——摆脱霸权控制，亚洲二次解放

近代亚洲，多灾多难。从16世纪开始，先是遭受西方殖民主义的侵略，后来又遭受日本军国主义的杀戮。第二次世界大战的结束，是一个转折点，标志着西方世界（包括脱亚入欧的日本）在亚洲的殖民主义统治的终结，亚洲获得了第一次解放——从殖民主义的统治中解放出来。但是，亚洲在第二次世界大战胜利后，虽然摆脱了西方殖民主义的“统治”，却在冷战的世界中，又陷入美国霸权主义的“控制”，亚洲长期被捆绑在美国进行冷战的战车之上。许多亚洲国家，处于美国的控制之下，依附美国，充当美国的盟友，按照美国的指挥棒运转，名义上是“独立”国家，实际上不是“自主”国家，而是被“霸主”控制和驾驭的“仆从”国家。2011年，美国把战略重心转移到亚太地区，美国霸权主义遏制亚洲崛起的

螺丝钉越拧越紧，美国分裂和操纵亚洲国家的力度越来越大。今天亚洲特别是东亚的突出矛盾和问题，几乎都有美国的插手、控制、利用，背后都有美国霸权主义的影子与黑手。在美国霸权主义的魔咒作用之下，21世纪上半叶的亚洲，正在成为全球最危险的火药桶。21世纪上半叶的“亚洲角力”，很可能重演20世纪上半叶的“欧洲噩梦”。

为了防止21世纪上半叶的亚洲变成20世纪上半叶的欧洲，需要建设一个摆脱美国霸权控制的“新型亚洲”“自主亚洲”“独立亚洲”。亚洲在20世纪下半叶从殖民主义的统治中摆脱出来，是亚洲的第一次解放。亚洲在21世纪上半叶从美国霸权“控制”中摆脱出来，是亚洲的第二次解放。

美国霸权不衰落，亚洲和太平洋区域将永无宁日。美国霸权是加剧亚洲分裂的最大因素，是亚洲和平与发展的最大威胁。

2011年7月，中国外交部部长在东盟地区论坛上指出，当前全球经济增长50%源自亚洲，而中国贡献26%。亚洲在崛起，中国在领航，这引起美国的妒忌。

美国《外交政策》双月刊2012年1—2月号刊登的布热津斯基文章《美国之后》指出：在美国衰落的时候，“更加咄咄逼人的中国民族主义可能抬头，损害中国的国际利益。北京要是妄自尊大，采取民族主义，就会无意中动员一个强大的区域联盟，同自己作对。中国的主要邻国——印度、日本和俄罗斯——都不准备承认中国在全球图腾柱上接替美国位置的资格。由此引发的区域性争夺可能非常激烈，尤其是鉴于中国邻国同样的民族主义倾向，亚洲随后可能出现一个国际关系非常紧张的阶段。那么，21世纪的亚洲就可能开始重现20世纪的欧洲的景象——暴力和嗜血”。

中国本来是亚洲和平与发展的功臣，但是布热津斯基却把亚洲的问题和矛盾，把亚洲的危险和威胁，都说成来源于中国，实在是颠倒是非。亚洲的乱局、困局和未来的危局，根本原因不是亚洲国家本身，更不是世界“和平大使”与“发展模范”的中国，而是由于美国为了保卫自己的世界霸权，分裂亚洲、控制亚洲，遏制中国、包围中国。美国是亚洲闹剧的总策划、总导演、总指挥。恰恰是美国霸权在亚洲的膨胀，将21世纪上半叶的亚洲，锻造成20世纪上半叶的欧洲。

冷战以后，美国走上了世界霸主地位。人们看到，美国把战略重点放在哪里，哪里就是矛盾冲突不断，就是烽火狼烟一片。进入21世纪，在美国没有把战略中心转移到亚洲以前，亚洲是比较平静的。而进入21世纪的第二个十年，当美国把战略重心转移到亚太地区，并且向这个地区调兵遣将，拉帮结伙，组织联盟，煽风点火，亚太地区就开始热闹起来了，特别是围绕中国周边地区，矛盾和摩擦加剧。为了维持世界霸权地位，美国正在亚洲制造分裂和混乱，美国就是要把21世纪上半叶的亚洲塑造成一个20世纪上半叶的欧洲，让亚洲和太平洋地区的大国之间互相争斗，让那些中小国家也积极参与其中，让亚洲人制衡亚洲人，让亚洲国家制衡中国，实现美国人以亚洲制衡和遏制中国崛起，从而保持美国霸权地位的战略目标。所以，美国霸权的触角伸到哪里，哪里的矛盾就加剧，哪里的关系就紧张，哪里的事情就复杂，哪里的秩序就混乱，哪里的危险就增加。

但是，时代不同了，美国霸权再怎么猖獗，也难以把21世纪上半叶的亚洲搅和成20世纪上半叶的欧洲。

可以说，一个没有美国霸权插手和干预的亚洲，会更加平静、更加团结、更加安全。而失去世界霸权的美国，会更受亚洲欢迎，美国与亚洲的关系会更正常。

霸权与世界——开创“无霸时代”，打造“无霸世界”

说世界离不开“霸主”，就好像说国家离不开“君主”一样荒谬。民主国家不需要“君主”，民主世界也不需要“霸主”。

一些美国精英把美国失去霸权，看成是世界莫大的灾难，认为只有美国领导世界，世界才能美好。事实恰恰相反，没有霸权的世界，才是更美好、更理想的世界。

布热津斯基在《美国之后》中指出：如果美国衰落、失去世界霸权，那么，“全球共同利益可能受到削弱”，“一些在地缘政治上接近区域大国的弱国的安全取决于靠美国的全球主导地位巩固的国际现状——也会随着美国的衰落变得更加脆弱。处于这种危险状况的国家和地区——包括格鲁吉亚、中国台湾、韩国、白俄罗斯、乌克兰、阿富汗、巴基斯坦、以色列和大中东——在如今的地缘政治上相当于自然界的最濒危物种。他们的命运与美国衰落留下的国际自然环境息息相关”。“美国衰落的另一个后果可能是削弱全球共同利益——海上通道、太空、网络空间和环境——的普遍合作的管理。这些共同利益的保护，对于全球经济的长期增长以及基本地缘政治的持续稳定极其重要。在几乎每一种情况下，建设性和有影响力的美国角色的可能缺失，会对全球共同利益的基本公有状态构成致命的破坏，因为美国力量的优势无处不在，创建了会防止冲突的秩序。”“美国的衰落会造成全球的不安全，危及一些脆弱的国家”，“美国之后的世界，会变得越来越复杂，越来越混乱。”还有一些美国专家鼓吹说：“当世界由一个国家主宰的时候，世界会更加稳定，尤其是当这个国家是美国的时候。”“取代美国主宰的世界，会是一个无人主导的世界。”如果美国失去霸权，那么“有史以来第一次，世界将没有全球监护人”。

其实，21世纪的世界，并不是没有世界霸权就没有世界秩序。虽然最近50年来，世界秩序是以世界霸权的形式出现的，世界秩序是以世界霸权来保障和实现的。虽然世界霸权在世界丛林中，是唯一能够克服“无政府状态”的一种机制。但是，在21世纪，世界霸权作为个别国家的专权、集权和特权，已经违背世界民主潮流。世界霸权对于世界的秩序与稳定，对于世界的和平与发展，已经不是积极力量，而是腐败力量、破坏力量。今天的美国霸权不是出团结，而是出分裂，美国的联盟战略制造地区分裂，制造世界分裂。今天的美国霸权不是出和平而是出战争，不是出稳定而是出动荡、出危机。“霸权世界”必须进步为“民主世界”，“霸权世界”必须转型为“无霸世界”。

美国霸权通过地区结盟和全球结盟，拉拢一些国家，控制一些国家，遏制一些国家，军事进攻一些国家。其实，那些受美国“保护”的国家，那些与美国结盟的国家，也是捆绑在美国战车上的国家，是被美国控制的国家。例如，亚洲的日本、韩国等与美国结盟的国家，欧洲的北大西洋公约组织里的国家，他们首先是被美国捆绑和控制的国家。美国组织各种联盟，是一种分裂世界、控制世界的权术，是一种保持霸权地位的权术。那些联盟国家首先是被美国霸权控制的国家，其次是被美国霸权利用的国家，就是美国利用他们作为攻击对手的前锋，最后，才是被世界霸主保护的国家。这些国家没有真正的独立地位和自主权力。而美国失去霸权地位后，这些国家和地区将从美国的控制下解放出来，独立自主地选择自己的发展道路和外交政策。

人类社会过去习惯于建设“霸权世界”，形成“霸权秩序”。美国失去世界霸权，世界将成为无霸世界，这是历史性的进步。人类将学会建设新的民主世界。人类完全有能力建设无霸世界。一个民主无霸的世界，将是一个更加文明进步的世界。从旧型有霸世界到新型无霸世界，这是人类世界巨大转型，是人类世界的一次脱胎换骨。

国内政治不当“保皇派”，国际舞台不当“保霸派”

当封建主义即将退出历史舞台的时候，在国家政治斗争中，有一批“保皇派”，他们要保卫“皇帝”“国王”，要保卫“君主制”、抵抗“共和制”。当霸权主义即将退出历史舞台的时候，在国际舞台上有一批“保霸派”，他们要在国际关系中保持“霸权制”，阻止世界政治实现“民主制”。国际政治中的“保霸派”与国家政治中的“保皇派”，具有共同的政治思维——君主思维、霸主思维。

封建时代的“君主思维”与今天的“霸主思维”，国家政治中的“保皇思维”与国际政治中的“保霸思维”，具有共同的性质。区别在于“保皇思维”把一个国家的命运寄托在一个人——皇帝身上；“保霸思维”把整个世界的命运寄托在一个国家——霸权国家身上。

君主思维认为，国家必须围绕君主转；霸主思维认为，世界只能围绕霸主转；今天的世界要正常运转，就不是美国围绕世界转，而是世界围绕美国转。于是，一个连自己的国家都领导不好的国家，却还要持续领导整个世界。

布热津斯基在《大棋局——美国的首要地位及其地缘战略》一书中指出，冷战结束以后，美国作为“第一个和唯一的全球性大国的突然出现，造成这样一种情况：如果它以同样快的速度丧失至高无上的地位，不管是因为美国自动退出世界事务，还是因为一个成功的对手的突然崛起，都会严重破坏世界稳定。实际上这会迅速导致全球性的混乱。哈佛大学的政治学家塞缪尔·亨廷顿所作的大胆断言是正确的：‘比起一个美国在决定全球事务方面继续拥有比其他任何国家更大的影响的世界来，一个美国不占首要地位的世界将是一个更加充满暴力、更为混乱、更少民主和经济增长更困难的世界。维持美国在国际上的首要地位，是保障美国的繁荣和安全的关键，也是保障自由、民主、开放经济和国际秩序在这个世界上继续存在下去的关键。’”①

布热津斯基断定亨廷顿在1993年所作的大胆断言是正确的。但是，实

---

① ［美］兹比格纽·布热津斯基：《大棋局——美国的首要地位及其地缘战略》，中国国际问题研究所译，上海人民出版社1998年版，第42页。

践是检验真理的标准。最近20多年美国占据国际首要地位的实践证明，亨廷顿的大胆断言是不正确的。美国最近20多年不仅没有给国际秩序带来新的稳定，没有给世界经济带来新的发展，没有给世界带来更高境界的和平，而且也没有给美国人带来繁荣和安全，反而给美国和世界带来了危机、动荡、困境。无情的实践打破了所谓世界离不开美国的首要地位的迷信。美国已经成为世界金融危机、经济危机、安全危机的策源地。而且对于美国领袖地位的怀疑，恰恰是由美国的战略家们首先提出来的。正是在布热津斯基1997年出版《大棋局——美国的首要地位及其地缘战略》之后的10年，他在2007年出版的《第二次危机：三位总统与超级大国美国的危机》一书中，提出了“美国是否适合长期担任世界领袖”的疑问。对于美国担当世界领袖的信念，美国战略家首先开始怀疑和动摇，开始担忧和恐惧。

今天，人们担心一旦美国霸权衰落，世界不是要乱套了吗？当年，人们也担心一旦君主、皇帝的权力完结，国家不是要乱套了吗？这两种担心，具有共同的思维根源。认为“君主”衰落将导致国家大乱的恐惧，催生了封建社会末期的“保皇派”。认为“霸主”衰落将导致全球权力危机的恐惧，则催生了世界霸权末期的“保霸派”，他们要保卫美国这个世界君主、世界霸主、全球皇帝的地位。区别在于，今天的“保霸派”比较当年的“保皇派”，更有全球眼光。也正因为如此，今天的“保霸派”比当年的“保皇派”危害更大。因为“保皇派”保卫的是一个国家的君主体制，阻止的是一个国家的民主化进程，而“保霸派”保卫的是整个世界的霸权体制，阻止的是一个地球的民主化进程。

推进21世纪全球政治进步，不仅要在每一个国家中用民主代替君主，废除君权专制，把君主国家变成民主国家，而且必须在这个星球上用民主代替霸主，废除霸权专制，把霸权世界变成民主世界，这是世界民主化的关键。

布热津斯基说：“美国之后的世界：到2025年不是中国而是混沌。”“最重要的是，中国被公认为最有希望的美国的后继者，它有令人敬畏的帝国历史和慎重耐心的战略传统，而且今天的中国越来越自信。但是，中国还没有做好在世界上扮演美国角色的准备，再过几十年也不会。”“美国全球卓越地位的迅速衰落将带来全球危机，破坏中国的长期前景。”①

---

① ［美］兹比格涅夫·布热津斯基：《战略远见：美国与全球权力危机》，洪漫、于卉芹、何卫宁译，新华出版社2012年版，第79页、第83页。

其实，美国的危机，是“世界霸权”的危机，而不是“世界权力”的危机；美国霸权的危机，不是世界权力的危机，而是世界权力走出霸权垄断的契机、转机。美国失去霸权，世界并没有失去权力，而恰恰是“美国失去霸权，世界赢得权力”。一个国家，当“君主”失去权力的时候，国家并没有失去权力，而是“君主失去权力，人民赢得权力，权力回归人民”，国家实现转型，由“君主国家”变成“民主国家”，这是国家的进步。同样的道理，在这个世界上，当世界霸主失去世界霸权的时候，全球并没有失去权力，而是“霸主失去霸权，世界赢得权力，权力回归世界”，世界也要转型，由“霸主世界”变成“民主世界”，这是世界的进步。21世纪的世界，不是“美国霸权衰落、中国霸权兴起”，不是“美国霸权下台、中国霸权上任”，而是“美国霸权卸任、民主世界兴起”，国际社会“无霸时代”的来临。

让美国“回归”世界，让世界“解放”美国

从国家民主化到国际民主化，是一个进化过程。无“君主”才有民主国家，无“霸主”才有民主世界。

民主化包括两个层面：一是在国家的层面，民主化意味着建设民主国家、法制国家，就是要废除封建专制，告别专制独裁；二是在国际层面，就是要建设民主世界、法制世界、平等世界，就是要废除世界霸权，废除世界事务中的“一国专制”“一国跋扈”。这两个层面是互相联系的。世界上民主国家越多，对世界霸权的容忍度就越低。真正的民主国家，必然在国内不容忍专制，在国际也不容忍霸权，既要求国内民主也要求国际民主。全球民主化浪潮是全球的政治觉醒，是全球霸权的掘墓人。真正的民主国家，并不只是在形式上搞普遍选举的国家，而是在国际事务和国内事务两个方面，都真正独立自主的国家。没有自主的国家，不能自主的国家，不是真正的民主国家。今天的世界，是一个缺乏“国际民主化”的世界，推进国际民主化，是全世界所有国家的共同使命。

美国一些精英在为捍卫美国霸权地位呐喊的同时，也在思考失去霸权地位后的美国命运。布热津斯基设想霸权终结后的美国：“从长远看，全球政治注定会变得与一国独掌霸权力量的状况越来越不相协调。因此，美

国不仅是第一个和唯一的真正全球性超级大国，而且很可能也是最后一个。”[①] 他说：“这不仅是因为民族国家正日益相互渗透，而且因为知识作为力量正被越来越广泛地传播和分享，而且越来越不受国界的限制。经济力量也可能会变得更加分散。在未来的年月里，不大可能再有哪一个大国像美国在本世纪大部分时间里那样，达到其国内生产总值占世界大约30%的水平，更不用说像美国在1945年那样占世界总产值的50%。根据有些估计，到20世纪末，美国的国内生产总值仍然将占全球的20%，到2020年可能降低至10%—15%。同时，欧洲、中国和日本等大国的份额，将上升到与美国差不多的水平。全球经济不再可能由某个单一实体所主宰，就像本世纪美国曾经做到的那样。这显然将产生深远的军事和政治影响。”[②] “另外，正是美国社会多民族的和例外的特性，使美国容易推广其霸权，而又能够使这种霸权看起来不像是严格意义上的一个国家的霸权。比如，如果中国寻求全球性的首要地位，那么，它的这种努力不可避免地会被别国看作是试图强制推行一种一个国家的霸权。简单地说，任何一个人都可以变成一个美国人，但是只有中国人才可以是中国人——这就给寻求任何基本上是一国的全球霸权设置了额外的和重要的障碍。”[③] “相应地，一旦美国的领导作用开始减弱，美国目前的全球性首要地位，似乎也不可能被任何一个国家单独重新获得。这样，未来的关键问题是：‘美国的全球性首要地位将给世界留下什么样的持久遗产？’” “答案部分地取决于这种首要地位会保持多久，以及美国将以多大的力量来塑造一个将来能够更正式地固定下来的主要大国的伙伴关系框架。实际上，由于国内外两个方面的原因，美国建设性地利用其全球性力量的历史机遇可能被证明是相对短暂的。真正的平民主义的民主从来还没有在国际上取得过主导地位。对实力的追求，特别是运用这种实力所要求的经济代价和人的牺牲，总地来说与民主的本性是不相符的。民主化有利于防止国家被动员起来追求帝国野心。”[④] “的确，有关未来的最大的不确定因素，很可能在于美国是否会成

---

① ［美］兹比格纽·布热津斯基：《大棋局——美国的首要地位及其地缘战略》，中国国际问题研究所译，上海人民出版社1998年版，第274页。

② ［美］兹比格纽·布热津斯基：《大棋局——美国的首要地位及其地缘战略》，中国国际问题研究所译，上海人民出版社1998年版，第274页。

③ ［美］兹比格纽·布热津斯基：《大棋局——美国的首要地位及其地缘战略》，中国国际问题研究所译，上海人民出版社1998年版，第274—275页。

④ ［美］兹比格纽·布热津斯基：《大棋局——美国的首要地位及其地缘战略》，中国国际问题研究所译，上海人民出版社1998年版，第275页。

为第一个没有能力或者没有意愿运用其实力的超级大国。它是否有可能变为一个软弱无能的全球性大国？民意调查表明，只有一小部分美国人（13%）赞成‘美国作为剩下的唯一超级大国在解决国际问题方面继续担任一个举足轻重的世界领袖’。压倒多数的美国人（74%）都赞同‘美国在与其他国家一道解决国际问题的努力中做自己公平的一份’。”① 这说明，美国人民是拥护集体领导而并不青睐一国霸权的。

国内政治的民主化，并不能解决国际政治的霸权化。民主化的美国，并没有防止一个霸权化美国的出现。美国是矛盾的：一方面是国内民主化的美国，另一方面是国际霸权化的美国。这说明导致国内民主化的根本因素，与导致国际霸权化的根本因素，不是一回事。而古代中国，在国内虽然没有什么民主化，但是在与周边国家的关系上，则是非霸权化的，这也说明国内民主化和国际霸权化没有根本的联系。产生和形成国际霸权的根本因素，是世界力量格局失去平衡，整个世界的力量不足以制约一个国家，而这个国家的力量足以驾驭和压制整个世界，这个国家又具有强烈的称霸世界的欲望。具有霸权的欲望和拥有霸权的力量，就是霸权出现的基础，就是霸权国家产生的原因。所以，解决世界霸权问题，既靠霸权国家自觉地开明和进化，更靠整个世界力量格局的制衡和平衡。

---

① ［美］兹比格纽·布热津斯基：《大棋局——美国的首要地位及其地缘战略》，中国国际问题研究所译，上海人民出版社1998年版，第275页。

第三篇 战略兴国

——新中国大战略第四形态

国家兴衰看战略，民族奋起靠战略。大战略是国家的生命线，大战略是国家的核心竞争力。

近代中国的落伍，最根本的原因是战略的陈旧和滞后；中国共产党的伟大奋斗，靠的是正确的战略指导；实现中华民族的伟大复兴，需要先进的战略创新。

在中美世纪决赛的“战略竞争”中，中国需要科学的“竞争战略”。实现“中国梦”，必须创新“中国战略”。

第一章

百年中国——从“救亡图存”到“伟大复兴”

从1840年鸦片战争以来，中华民族面临的战略挑战，归结起来就是两大课题：一是民族生存问题；二是民族振兴问题。这两个问题紧密联系，“救亡图存”的警钟与“振兴中华”的呐喊，汇集成为近代中国的最强音。

1949年新中国成立，标志着中国“救亡图存”的历史任务完成，一个社会主义大国屹立在世界的东方。而实现中华民族伟大复兴的任务，又历史性地摆到新生的共和国面前。如果说新中国的第一个30年，实现了国家的“政治崛起”，中国成为在世界战略格局中与美国、苏联之间大三角关系中的一支重要力量；那么，新中国的第二个30年，就是实现了国家的“经济崛起”，使中国在和平与发展的时代，成为全球经济发展的模范，成为仅次于美国的世界第二大经济体；那么，中国在今后第三个30年，将实现国家的“全面崛起”，将超越世界最发达的国家美国，成为全球的冠军国家、领航国家。

在今天的世界上，美国是全球的“冠军国家”，中国是全球的“亚军国家”。未来30年，不仅是中国实现伟大复兴的战略机遇期，而且是在国际舞台上“美国卫冕、中国夺冠”的“战略决赛期”。崛起，是一种权利，捍卫中国崛起权，就是捍卫中国的国家核心利益；决赛，是一种资格，捍卫中国决赛权，就是坚持一种国际正义；超越，是一种能力，捍卫中国的超越权，就是坚持一种比赛公平；复兴，是一种成功，捍卫中国的复兴权，就是坚守中国的百年梦。中国领航世界，是对人类的贡献。

遗憾的是，美国实行“遏制战略”，导致中国面临“崛起困境”。如何突破霸权遏制，如何解脱崛起困境，是21世纪中华民族必须完成的答卷。中国在这样一场世纪大考中，能够考出一个好分数吗？中国在与美国的这场战略决赛中，能够跑出好成绩来吗？

一生能有几回搏！一国又有几回搏！在世界大智慧的擂台上，中国一定能够创造出自己的传奇和精彩。中国人民既然站立起来了，就决不能再趴下。

四个“世纪初期”——中国“大落大起”

近代以来，中国的国家命运，中国与世界的关系，在四个“世纪初期”，具有标志性印记。

19 世纪初期的中国，是落日的辉煌；

20 世纪初期的中国，是图存与救亡；

21 世纪初期的中国，遭遇崛起困境；

22 世纪初期的中国，将为世界领航。

19 世纪初期——落日的辉煌。19 世纪初期的中国，是世界最伟大的帝国。历史学家戴逸在《18 世纪的中国与世界》的报告中指出：当时全世界有 9 亿人口，中国有 3 亿人，占世界人口的三分之一；在粮食产量上，中国大约也占世界的三分之一，居世界首位；1800 年中国的工业产值（主要是手工业生产）占世界的 33. 3%，而整个欧洲只占 28. 1%；18 世纪全世界超过 50 万人口的大城市共有 10 个，中国占了 6 个：北京、南京、扬州、苏州、杭州、广州。法国启蒙思想家伏尔泰在 18 世纪中叶写到，中国，“由于它是世界上最古老的民族，它在伦理道德和治国理政方面，堪称首屈一指”①。但是，此时的中华帝国，已经是帝国斜阳，已经是落日前的辉煌了。

20 世纪初期——图存与救亡。在 1894 年的甲午战争中，中国惨败。1895 年中国与日本签订了《马关条约》。甲午战争后，中国处于“敌无日不可以来，国无日不可以亡”的存亡危机状态。严复在天津《直报》连续发表 4 篇文章，最后一篇《救亡决论》，第一次响亮地喊出“救亡”的口号。一年前，郑观应还把他的书称作《盛世危言》，一年后，严复就呼唤“救亡”。西方列强受到日本侵华轻易获得胜利并且得到巨大利益的刺激，掀起了瓜分和掠夺中国的竞赛。从 1897 年起，列强纷纷在中国划分势力范

---

① ［法］伏尔泰：《路易十四时代》，吴模信译，商务印书馆 1982 年版，第 594 页。

围，纷纷派兵强占战略要地作为租界。沙皇俄国强行租借中国的旅顺、大连，并且控制了整个满洲；大英帝国强租威海和香港以北的新界，并且控制了长江下游；法国强租湛江，并且控制桂滇（广西、云南）；德国强租青岛，并且控制山东；日本继侵占台湾后，又控制福建。清朝政府对列强的侵略要求都不敢拒绝，对于外国军队强行占领所要“租借”的土地，只有退让而不敢抵抗。一时间，国际上列强要“瓜分”、“豆剖”中国的议论甚嚣尘上，中华民族面临生死存亡的危机。中国的救亡意识和救亡运动，不仅在上层精英阶层，而且在普罗大众中高涨。这时一些不同版本的“瓜分中国图”，出现在当时的各种报章和书籍中，令国人震恐。当 20 世纪来临的时候，在英国主导的世界秩序下，西方列强的八国联军正占领着中国的首都北京。此时中国面临的主要问题，不是强弱兴衰，而是民族存亡、亡国灭种的现实威胁。救亡图存，成为中华民族 20 世纪上半叶的主旋律，是一切进步运动与活动的核心。

21 世纪初期——崛起的困境。在 21 世纪的第一个十年，中国以千里马的速度，在经济总量上连续超越了 5 个发达国家，由世界第七位跃升为世界第二位，并且将在今后 10 多年内超越美国，成为世界最大经济体。中国的崛起，震撼了世界，震惊了美国。从 2011 年起，美国的全球战略重点东移，锁定中国为其主要遏制对象。美国挥师亚太地区，以超强的军事力量，遏制、包围和封堵中国。美国的战略目标，就是压制中国崛起，捍卫美国霸权。美国在亚太地区组织“遏制中国的联盟”，组织“遏制中国的统一战线”。在美国霸权主义全方位遏制和压制之下，崛起的中国，成为在亚太地区“被包围”的中国，成为海洋国土“被哄抢”的中国，成为头上戴着“中国威胁论”等多顶帽子的“被审判”的中国，成为在美国干预下长期不能实现国家统一的“被分裂”的中国，成为发展越快、承受的猜忌和压力就越大的“被妒忌”的中国。美国的遏制，使中国陷于“崛起的困境”。美国霸权主义，成为遏制和夭折中国崛起的主要威胁。

22 世纪初期——为世界领航。中国“走向世界”的根本目标，是“走向世界第一”；中国建设现代化国家的最高境界，是成为世界“冠军国家”；中国对世界的更大贡献，是肩负起“领航世界”的责任。22 世纪初期的中国，在突破了“崛起的困境”之后，在经历了与美国的“百年赛程”之后，必将登上世界冠军的领奖台，就像毛泽东在 1949 年登上天安门城楼宣布新中国的成立那样，宣布中华民族复兴大业的成功。22 世纪初期的中国和世界：旭日东升照长空，锦绣山河展新容。

四个“世纪初期”的中国，国家命运“大落大起”。中国人民已经渡过了“大落”的艰难岁月，中华民族已经进入了竞争新一轮世界冠军的“战略冲刺期”，中国选手已经站在了“腾飞”“大起”的冲击出发线。现在，中美“世纪决赛”的起跑枪声已经响起，没有任何力量能够阻挡21世纪的“中国冲刺”。

两个“百年抗争”——从“反抗侵略”到“突破遏制”

振兴中华，实现民族伟大复兴，近代中国有两个“百年抗争”。第一个百年抗争，从1840年到1949年，是解决中国的“生存危机”问题。这第一个“百年抗争”的伟大成果，就是一个“新中国”的诞生，就是一个伟大的社会主义国家屹立在世界的东方。中国的第二个“百年抗争”，是从1949年到2049年新中国建国100周年，是解决中国的“崛起困境”问题。这第二个“百年抗争”的光明前途，就是一个世界“冠军国家”的诞生，就是世界历史上一个“中国时代”的开辟，就是一个“领航世界”的中国屹立在太平洋西岸。届时，太平洋西岸的灯光将比太平洋东岸的灯光更加明亮。

为解决中国“生存危机”的第一个“百年抗争”，中国面对的是世界列强的侵略、瓜分，主要是英国和日本的侵略。其中又以日本为首恶和元凶。14年抗日战争，中华民族反对外敌入侵的战斗可歌可泣。20世纪初期的中国，被西方世界看成是“劣等民族”，“救亡图存”成为中国第一目标。1840年鸦片战争后，到1949年新中国成立，在这109年的时间里，中国的首都，三次被外敌攻占：第一次是英法联军在第二次鸦片战争中于1860年攻入北京，火烧圆明园。第二次是1900年八国联军攻入北京，又一次占领中国首都，并且统治北京达一年之久。第三次是1937年12月13日日本军队攻陷中国首都南京，进行了6个星期的大屠杀，30万中国人被屠杀。世界上没有任何一个大国，在100年内，国家首都三次被外敌攻陷。实际上，中国的抗日战争何止14年？中国的抗日战争既不是从1937年开始，也不是从1931年开始，而是从1894年甲午战争开始。中国的抗日，是从1894年到1945年的50年，是跨世纪的。甲午战争是19世纪末日本侵略中国和朝鲜的战争，从1894年7月25日丰岛海战爆发为开端，到1895年4月17日《马关条约》签字结束。孙中山1894年11月24日，在

《兴中会章程》中第一次提出了“振兴中华”的口号，也第一次把“救亡图存”与“振兴中华”联系起来，提升了第一个“百年抗争”的政治境界与战略层次。

为解决中国“崛起困境”的第二个“百年抗争”，中国面对的是美国霸权主义的遏制。第二个“百年抗争”，以新中国成立第二年开始的一场轰轰烈烈的抗美援朝战争为序幕，以2011年美国战略重点转移到亚太地区为重要转折点。从此开始，遏制中国、延续美国世界霸权，就成为美国全球战略的核心。20世纪上半叶，中国面临的是民族存亡的“生存危机”，日本军国主义是20世纪前半期中华民族的主要威胁。当年面对日本侵略者，中国人民高唱“中华民族到了最危险的时候”。今天面对美国霸权的全方位遏制，中国人民高唱“中华民族到了最危险的时候”。50年抗日，中国是反对日本军国主义侵略以“救国”。百年抗美，中国是反对美国霸权主义遏制以“兴国”。

中国战略思维四大变化

中国和美国的竞争，最关键的是战略思维的竞争。战略思维决定美国的命运，战略思维决定中国的前途，战略思维决定中美竞争的结局。

中国的崛起，发端于战略思维的转变，开始于战略文化的创新。一场真理标准大讨论，首先实现了意识形态的自我突破，中国共产党人实现了指导思想的战略性转变，这可以说是社会主义的一次“文艺复兴”。

在中国战略文化的创新中，中国共产党主要抛弃了“两革”思维——以开展“无产阶级文化大革命”来推进中国发展的“文革”思维，以支持“世界革命”来推进世界进步的“世革”思维。

改革开放以来，中国千变化、万变化，关键是四个变化：

中国第一变：共产党内部关系不搞“路线斗争为纲”。不论是在革命过程中还是在建设过程中，不论是在执政前还是在执政后，共产党内部出现不同意见和主张，都是一种正常现象，应该通过党内民主的渠道予以解决。但是长期以来，在中国共产党内部却将不同意见和主张的分歧，作为“路线斗争”来看待和处理，又把这种“路线斗争”作为社会上的“阶级斗争”在党内的反映，这样，党内的路线斗争就成为在党内进行的你死我活的阶级斗争。按照这种标准来衡量，在中国共产党内总共发生了11次路线斗争。共产党内部以“路线斗争为纲”，结果使党内矛盾越来越激烈、党内斗争越来越复杂。改革开放以来，中国共产党废除了以“路线斗争为纲”，建立起正常的党内政治生活，实现了党内关系的正常化，增进了党的团结，增强了党的凝聚力、吸引力。

中国第二变：国内社会关系不搞“阶级斗争为纲”。从斯大林时代就有一个理论，就是社会主义社会阶级斗争越来越尖锐。中国共产党人坚信“阶级斗争尖锐论”，坚决批判“阶级斗争熄灭论”，坚持“以阶级斗争为纲”，要求对阶级斗争“年年讲、月月讲、天天讲”，并且通过持续不断的政治运动，开展全国性、全民性大规模阶级斗争。这导致社会矛盾激化，社会难以稳定，阶级斗争冲击经济建设，影响人民生活。1978 年中国废除“阶级斗争为纲”，提出“以经济建设为中心”。1992 年以后，中国以建立“社会主义市场经济体制”为目标的改革深入进行。进入 21 世纪，中国努力建设“和谐社会”“法治社会”，大力改善民生，增进了整个社会的团结，促进了中国社会从传统社会向现代社会转型。如果说，两千年的中国封建社会，是在皇帝统治下的“臣民社会”；新中国成立后的中国社会，是在“阶级斗争为纲”和计划经济体制下人民群众当家作主的“人民社会”，那么 1978 年以后的中国社会，就是在社会主义市场经济基础上，不断走向民主和法制的“公民社会”。这样的中国社会，充满了动力与活力。

中国第三变：在大国关系中不搞“联盟斗争为纲”。近代以来的世界，国际舞台上大国竞争的一个突出特征，就是“联盟对峙”“联盟斗争”“联盟对抗”。几个大国之间的战略竞争总是通过组织“国家集团”、形成“联盟力量”，进行“群体博弈”。这种联盟战略说到底，就是“团团伙伙”“拉帮结伙”。美苏冷战，就是人类有史以来最大规模的联盟斗争和联盟对抗。新中国成立以后，中国先是与苏联阵营结盟，抗衡美国阵营；后来又与美国阵营联合，制衡苏联阵营的扩张。中国在改革开放后，彻底抛弃“结盟战略”，坚持独立自主不结盟政策，同世界一切国家发展正常和友好关系。尽管美国为了遏制和包围中国，加紧在全球尤其是在亚洲和太平洋地区组织针对中国的政治、军事、经济同盟，但是中国不组织“反美联盟”来对抗美国的“反华联盟”。这并不是中国的孤立和孤独，而是中国的勇气和自信。站在国际道义制高点上的中国，赢得了世界舆论的赞扬和支持。中国这样做，不仅有利于缓和与美国的关系，而且有利于推动中美关系和世界大国关系走出冷战思维，走上建立新型大国关系的轨道。

中国第四变：与世界的关系不搞“世界革命为纲”。全世界无产者联合起来，进行世界革命，解放全人类，这是国际共产主义运动的悠久传统。直到20世纪60年代，中国在反对帝、修、反的浪潮中，还是希望在国际上掀起民族解放运动的高潮，希望出现亚洲、非洲、拉丁美洲人民革命这样一种“世界的农村”包围西欧、北美这种“世界的城市”的形势。从1965年起，中国在国内宣传中，把“世界革命”作为现实任务提出来，不仅使援外规模升级，而且在准备世界革命的同时也必然准备世界战争，加剧了准备战争早打、大打的紧张气氛，不利于国家建设。1987年中国共产党召开第十三次全国代表大会通过的党章，删除了以往有关“无产阶级国际主义”的条文，确定要在和平共处五项原则和互惠互利的基础上，建立国家之间和政党之间的关系，这是一个重大的战略转变。中国放弃世界革命思维，尊重各国人民自己的选择，不干预别国内部政治斗争，不把中国模式向世界出口，不用中国模式复制世界、拷贝世界，这就使中国与世界的关系得到根本改善。

由于中国改变了在党内大搞路线斗争、在社会上大搞阶级斗争的“文革思维”，改变了埋葬资本主义体系的“世界革命思维”，改变了以意识形态划线、实行阵营联盟对抗的冷战思维，中国形成了一套新的战略文化体系，赢得了良好的国际国内环境，在战略上处于主动地位，建设、发展和复兴的伟大事业焕发出勃勃生机。

中国战略思维的历史性变化，就连一些美国有识之士也叹为观止。2005年9月21日，美国常务副国务卿佐利克在美中关系全国委员会发表《中国向何处去？——从正式成员到承担责任》的演讲。佐利克说：“中国不反美国，中国不反民主，中国不反资本主义，中国也不反现存国际体系。美国有什么理由非要反中国不可？美国不能再用大国关系的传统模式看待21世纪的中国，美国应该调整过去的对华政策，容忍和支持中国成为国际体系中‘负责任的利益攸关方’。”

邓小平为什么邀请世界人民“打倒中国”

毛泽东、邓小平反对帝国主义、霸权主义的理论与实践，给全世界留下深刻的印象。其实，让世界人民“监督中国”“揭露中国”“打倒中国”，也是毛泽东和邓小平的一个重要战略思想。

基辛格在《论中国》中谈到一位中国领导人的一篇文章时说："邓小平同志曾经说过，如果中国有朝一日在世界上称霸，世界人民就应当揭露、反对并打倒它，这一点国际社会可以监督我们。"

邓小平的女儿毛毛在《我的父亲邓小平——"文革"岁月》一书中说，1974 年春天，邓小平在组织写作班子起草他率团出席定于 4 月在美国纽约召开的联合国第六届特别会议的发言稿时，一次开会讨论到讲话稿的结束语时，邓小平思量着说，应该讲这样几句话，就是"中国现在不称霸，将来也不做超级大国"，"如果中国有朝一日，变了颜色，变成了一个超级大国，也在世界上称王称霸，到处欺负人家，剥削人家，那么，世界人民就应当给中国戴上一顶社会帝国主义的帽子，就应当揭露它，反对它，并同中国人民一道，打倒它。"毛泽东在邓小平的演讲稿上批示："好，赞同。"①

中国在与美国的关系上坚决"不争霸"，中国在与世界的关系上坚决"不称霸"，中国就不会与世界为敌，世界就不会仇恨中国。新中国的缔造者毛泽东在20 世纪50 年代就说过："中国会变成一个大强国，而又使人可亲。"② 1840 年以后，到新中国成立前，中国是一个列强可欺的大弱国，是一个可怜可悲的大弱国。新中国成立以来，改变了可欺可悲的弱国形象，树立了可亲可敬的大国和强国形象。一个大强国如果搞霸权，就可恨、可怕、可恶。一个大强国如果主持正义、维护和平，就可亲、可爱、可敬。现在"使人可亲"的大国形象，正在世界上逐步确立起来。

与中国在世界上越来越成为"可亲的大强国"形成鲜明对比，美国在世界上越来越成为一个"可恨的大强国"。2004 年 9 月 10 日，美国《外交》杂志发表的《仇恨美国》指出："反美主义……它已经成为今天国际政治领域中的一股强大的潮流。""与 50 年来的任何时刻相比，现在对美国的敌视程度更深，范围也更加广泛。"根据民意调查，2003 年，对美国有好感的欧洲人比例下降了 30%。2000 年，75% 的印尼人认为自己是亲美的，到 2004 年的时候，80% 的印尼人敌视美国。在墨西哥，对美国的支持率 2000 年比 1995 年下降了 26%，为 41%。在阿根廷，2004 年表示支持美国的人只有 31%。2002 年 2 月，美国权威的民意调查机构盖洛普民意测验所调查了包括美国的盟友土耳其、沙特阿拉伯、约旦在内的中东 9 个国家，

① 毛毛：《我的父亲邓小平——"文革"岁月》，中央文献出版社 2000 年版，第 301 页。
② 郑必坚：《论中国和平发展新道路》，中央党校出版社 2005 年版，第 111 页。

结果表明，只有22%的公民对美国有好感，53%的人对美国没有任何好感。当问到他们为什么厌恶美国的时候，大都回答由于布什政府的政策。[1]在世界一些地区和国家，人们把美国称为流氓国家、无赖国家，“真正的帝国和邪恶轴心”。美国《纽约时报》2004年1月25日刊载的一篇文章把美国称为“唯一的超坏大国”。[2] 布热津斯基认为，冷战后，美国总统实际上成为世界之王，1991年的美国比较1945年的美国面临更大的机遇，美国没有对手，没有敌人，美国面临千载难逢的机遇，而如今已经不堪回首。就在成为全球唯一超级大国15年后，美国却发现自己处在一个政治上充满敌意的世界里，成为一个可怕的孤独的民主国家。主要表现在伊斯兰世界对美国的敌视不断增加，中东被搞乱了，伊朗在波斯湾坐大，俄罗斯愤愤不平，日本在亚洲更加孤立，拉丁美洲民主化浪潮和反对美国的浪潮同时发展，不扩散体制濒临崩溃，美国的诚信和道德形象受到严重损害，小布什领导美国反恐，把美国变成了一个自我封闭、人人自危的孤立国家。美国在全球树敌，根子就在于推行霸权主义和单边主义，破坏了世界的和谐，也失去了自己的安全。

义和团、清政府、八国联军，八国联军最可恨

在20世纪初期的中国大地上，有三股力量登场。第一股力量是八国联军，他们靠洋枪洋炮杀进中国，攻进北京，他们是侵略者；第二股力量是以慈禧太后为首的清政府，这股力量腐败透顶，内不能安民、外不能御敌，只顾维护统治，只顾自己逃命的专制腐朽力量；第三股力量是自发形成的人民反抗力量，是救国救民的力量，这股力量以义和团为代表。当时的中国，还没有工人阶级产生，也没有资产阶级形成，更没有中国共产党出现，当时中国最进步的政治力量，就是充当抗敌先锋的义和团，他们成为在关键时刻反对侵略、挽救国家的主力军。

义和团运动，在本质上是一场农民运动。但是这场农民运动与中国历史上其他农民运动的最大区别在于，以前的农民运动都是“反封建”的农民运动，义和团运动是中国第一次最大规模的“反帝农民运动”，说明帝

① 《美国：从博得同情到遭人厌恶》，《参考消息》2004年9月12日。
② 齐世荣主编：《美国从殖民地到唯一超级大国》，三秦出版社2005年版，第367页。

国主义和中华民族的矛盾成为中国社会的主要矛盾，而义和团运动就是解决这种矛盾的一次壮烈的尝试。义和团运动虽然失败了，但是不能否定它的伟大意义。

但是，有一种奇怪的现象：受批判最多的，不是侵略中国的八国联军，不是腐败卖国的清朝政府，而是喋血抗争的义和团。这公平吗？

有人说，没有义和团，就没有八国联军。其实，没有帝国主义，没有他们对中国长期的政治、经济、文化和军事侵略，怎么会有反对帝国主义的义和团？如果清朝政府和清朝军队在外敌入侵面前，能够承担起御敌、保国、安民的重任，又何至于让无数赤手空拳的中国民众走上抗击外敌的战场，以自己的血肉之躯进行保家卫国的战斗呢？

西方国家至今都害怕中国民众的“义和团情结”，尤其害怕中国青年一代的所谓“愤青”情绪，甚至把中国现代“愤青”与当年“义和团”类比。其实，只要西方世界没有“八国联军情结”，就不必害怕中国的“义和团情结”。中国的义和团情结，不是什么“排外情结”，而是中国人民强烈的反帝情结，是反侵略、反干涉情结，是中国民众与强权抗争搏斗的救国情结。今天，以美国为首的西方世界，也不必担忧中国年轻一代的“愤青”情绪，只要不搞霸权、不遏制中国，中国爱国青年又何“愤”之有？

义和团是爱国团，是救国团，义和团运动是伟大的反帝救国运动。一些人把义和团运动说成是落后排外的运动。其实，西方军队到中国来，代表的不是西方的文明，而是西方的野蛮。义和团运动是失败了，原因是西方的屠杀。但是西方把中国变为殖民地的阴谋也失败了，原因是义和团的反抗。正是义和团运动阻止了西方列强对中国的瓜分豆剖。八国联军统帅瓦德西在给德国皇帝的奏议中说，他本来认为“关于近年以来时常讨论之瓜分中国一事”，现在“实为一个千载难得之实行瓜分时机”，但是，义和团的反抗精神改变了他的观念，他说：“吾人对于中国群众，不能视为已经成为衰弱或者已经失去德性之人；他们在实际上，尚含有无限蓬勃生气。”“至于中国所有好战精神，尚未完全丧失，可于此次拳民运动中见之。在山东、直隶两省之内，至少当有 10 万人数，加入此项运动。”他的结论是，“无论欧、美、日本各国，皆无此脑力与兵力，可以统治此天下生灵四分之一也。……固瓜分一事，实为下策”。要把“华人置诸德国官吏治理之下”，实在是“一种困难”，“并吞土地一事，与其谓为促进商业，则毋宁谓为阻碍商业”[①]。如果当时中国没有义和团运动，那可就真是要亡国了。

在晚清年间曾经长期主持中国海关工作的英国人赫德，比瓦德西想得更深、看得更远。赫德说，义和团运动“是一个纯粹爱国主义的自发自愿的运动”，“这个运动已经掌握了群众的想象力，它将会像野火一样烧遍全中国”，“今天的这段插曲不是没有意义的，那是一个要发生变革的世纪的序曲，是远东未来历史的主调：公元2000年的中国，将大大不同于1900年的中国”[②]。赫德在100年前的预言和判断，已经被实践证明了。中国在1840年以后之所以沦为半封建半殖民地，是由于统治者腐败无能。而中国为什么一直没有成为全殖民地，是因为有敢于战斗的具有义和团精神的平民百姓。谁能说，1900年失败的义和团运动和1949年的新中国庆典没有联系和关系？

亲身经历过义和团运动的孙中山1924年4月20日在《民权主义》演讲中指出：“像庚子年发生义和团，他们的始意是要排除欧美势力的。因为他们要排除欧美势力，所以和八国联军打仗。”他们“用大刀、肉体和联军相搏，虽然被联军打死了几万人，伤亡枕藉，还是前仆后继，其勇锐之气殊不可挡，真是令人惊奇佩服。所以，经过那次血战之后，外国人才知道中国还有民族思想，这种民族是不可消灭的”[③]。

义和团精神，与后来中国革命党人的战斗精神，与《义勇军进行曲》所表现的英雄精神，是一脉相承的。晚清邹容的《革命军》，陈天华的《警世钟》《猛回头》，吴樾之的《暗杀时代》，都表现了强烈的革命精神。陈天华更是激烈呼号、热血沸腾，怒声若雷电。他在《警世钟》中说：“于今各国不由我分说，硬要瓜分我了，横也是瓜分，竖也是瓜分，与其不知不觉被他瓜分了，不如杀他几个，就是瓜分了也值得些。俗语说的赶狗逼到墙，总要回头来咬他几口，难道四万万人，连狗都不如吗？洋兵不来便罢，洋兵若来，奉劝各人把胆子放大，全不要怕他。读书的放了笔，耕田的放了犁耙，做生意的放了职事，做手艺的放了器具，有把刀子磨快，子药上足，同饮一杯血酒，呼的呼，喊的喊，万众直前，杀那洋鬼子，杀投降那洋鬼子的二毛子。满人若是帮助洋人杀我们，便先把满人杀

① 金冲及：《20世纪中国史纲》第1卷，社会科学文献出版社2009年版，第32页。

② 军事科学院政治部：《坚定理想信念，强化战斗精神》第10辑，第184页。

③ 《孙中山全集》第9卷，中华书局2006年版，第315—316页。

尽；那些赃官若是帮助洋人杀我们，便先把赃官杀尽。‘手执钢刀九十九，杀尽仇人方罢手！’我所最亲爱的同胞，我所最亲爱的同胞，向前去，杀！向前去，杀！向前去，杀！杀！杀！杀我累世的国仇，杀我新来的大敌，杀我媚外的汉奸。杀！杀！杀！”① 我们从陈天华的“万众直前”，“向前去，杀！向前去，杀！向前去，杀！杀！杀！”的战斗精神，从《义勇军进行曲》的“我们万众一心，冒着敌人的炮火，前进，前进，前进，进！”从《大刀歌》中“大刀向鬼子们的头上砍去”，可以看到中华民族的民族主义、爱国主义是在反对外部敌人的战斗中，用鲜血和生命凝聚而成的。新中国的国歌精神，就是一种爱国、救亡、战斗、图强的英雄精神。如果说，今天的“义和团情结”让一些人大感忧虑，那么在美国霸权主义的包围、遏制面前，如果连一点义和团敢于反抗的意识都没有，岂不是更加危险、更加可怕？

美国“霸权主义”为什么害怕中华“民族主义”

美国“霸权主义”最害怕中国的“民族主义”。基辛格在《基辛格：美国的全球战略》一书中说：在中美关系中，“中国的行为主要受 19 世纪民族主义的影响，而不是 19 世纪的马克思主义。……美国外交面对的挑战，是如何避免煽起中国的民族主义。”“有可能导致中美冲突的不是共产主义，而是民族主义。……随着所谓的社会主义市场经济得到确立和逐渐发展，执政党有可能会把民族主义作为自己执政的依据。”“谨慎的美国领导人应当一面避免煽起中国的民族主义，一面通过短暂的对中国施压而获益。”②

美国最担忧的是中国的民族主义由“精英情绪”成为“大众情绪”。布热津斯基在《大棋局——美国的首要地位及其地缘战略》一书中说：“中国历史是一部民族辉煌的历史。目前中国人民强烈的民族主义，与以往不同的，只是它渗透于全社会之中，因为它吸引的人数之多，是前所未有的中国人的自我认同和情感。这不再是一种基本上仅限于学生的现象。

① 王尔琢：《中国近代思想史论》，社会科学文献出版社 2003 年版，第 155 页。

② ［美］亨利·基辛格：《基辛格：美国的全球战略》，胡利平、凌建平译，海南出版社 2009 年版，第 115 页、第 124 页、第 126 页。

在本世纪初，成为中国国民党和中国共产党的先驱者的都是学生。中国的民族主义现在已经成为一种群众性的现象。正在决定着世界上人口最多的国家的思维方式。”“这种思维方式具有深刻的历史根源。历史使中国的精英倾向于认为中国是世界的理所当然的中心。事实上，中文的‘中国’两字就是‘中央王国’的意思，表达了中国在世界事务中处于中心地位的观念，并且强调了民族团结的重要性。这种观念也意味着影响力分成不同的等级从中心向周边辐射。因此，作为中心的中国希望他人对它敬服。”“而且，自古以来，人口众多的中国一直有一个与众不同的和自豪的文明。这一文明在所有方面都是极为先进的：哲学、文化、艺术、社会管理技巧、技术发明和政治权力。中国人不能忘怀的是，一直到大约公元1600年以前，中国一直在农业生产率、工业发明和生活水平方面居于世界领先的地位。但是，同哺育了大约75个国家的欧洲文明和伊斯兰文明不同的是，中国在历史上绝大部分时间里，一直是一个单一国家。在美国发表独立宣言之时，它已经拥有两亿多人口，而且还是世界上主要的制造业大国。”①“从这一观点出发，那么中国从辉煌的地位上跌落下来，在过去的150年中蒙受了种种屈辱，是一种畸形变化，是对中国特性的亵渎，也是对每一个中国人个人的羞辱。这种屈辱必须洗雪，作恶者应该受到应有的惩罚。主要的作恶者是英国、日本、俄罗斯和美国。它们的作恶程度不一：英国发动了鸦片战争，在事后还厚颜无耻的贬低中国；日本在过去漫长的一个世纪里，对中国发动了掠夺性的战争，使中国人民蒙受了巨大苦难。但是日本对此至今仍然没有悔悟；俄罗斯不断地侵吞中国北方领土，斯大林又颐指气使，完全无视中国人的自尊心；最后还有美国通过其在亚洲的存在和对日本的支持，成为中国实现对外抱负的障碍。”“中国认为，上述四个大国中，已经有两个受到了历史的惩罚。英国已经不再是一个帝国，米字旗在香港永久地降落，结束了那令人特别痛苦的一章。俄罗斯虽然仍然是邻国，但是其地位和声誉已经锐降，领土也大为缩小。因此对中国构成最严重问题的只有美国和日本。中国将根据与这两个国家的相互作用，来最大限度地界定自己的地区作用和全球作用。”② 布热津斯基的结论是正确的，今天中国的民族主义，主要是针对日本的挑衅和美国的遏制。

---

① ［美］兹比格纽·布热津斯基：《大棋局——美国的首要地位及其地缘战略》，中国国际问题研究所译，上海人民出版社1998年版，第210—211页。

② ［美］兹比格纽·布热津斯基：《大棋局——美国的首要地位及其地缘战略》，中国国际问题研究所译，上海人民出版社1998年版，第211页。

美国国家情报委员会2004年发布的《2020年全球趋势》指出：在中国“民族主义似乎困扰着每个人。成长中的中国中产阶级，更加热衷于民族主义，而不是热衷于民主”。美国人希望中国中产阶级更热衷于美国所推行的“民主主义”，以更多地与中国的执政党对立和对抗，而不是更加热衷于“民族主义”，更多地与美国对立和对抗。同时，报告提出“中国不断发展的中产阶级，为推动政治自由创造了机遇，同时也可能为更强烈的民族主义培育了土壤”。“中国政府将可能通过指责外国干涉等方式来转移国内公众的批评，使中国的民族主义更具有敌意和排外性。”

美国害怕中国的“民族主义”，是因为中国“民族主义”在本质上是爱国主义。根据专家考证，虽然“中国”一词的产生，可以上溯到公元前14世纪，但是在公元前3世纪以前，中国一词的意义是泛指同一文化的“诸夏”民族。自秦朝统一中国以后，中国一词更增强了政治统一的意义。到1895年以后，在中国“主权”观念成熟而普遍，出现了“国民”“国权”等概念。此时中国民族主义的一个突出特点，是争取中国的自立与主权，要求国际地位平等，是面对挑战和危机的一种觉醒和奋起。费孝通曾经指出，中华民族作为一个“自在的”民族实体，是几千年的历史过程逐步形成的，而作为一个“自觉的”民族实体，则是在近百年来中国和西方列强的对抗中出现的。虽然“中华民族”这个词到20世纪初期才出现，却凝聚了中华民族5000年的历史，是对历史的真实记录和高度概括。中华民族的民族主义，就是中国的爱国主义。在单一民族国家，例如日本和朝鲜，民族主义就是爱国主义。在多民族国家的中国，56个民族的56种民族主义、56种民族感情，汇聚为一种热爱大中华、心系大中国的思想感情，统一于中华民族这个大民族主义中。只有当56个民族中有哪一个民族，要把自己的民族主义变成民族独立主义、民族分裂主义、民族特权主义，这种分裂中华民族、分裂国家、破坏民族团结的主义，才是破坏因素。辛亥革命前后，中国出现了“中华民族”一词，成为中国大地上各族人民的集体认同。孙中山的“三民主义”中第一个就是民族主义，这个民族主义的早期含义是驱除鞑虏、恢复中华，后期含义是反对帝国主义和殖民主义，实现民族融合。辛亥革命后建立的中华民国，宣布是汉、满、蒙、回、藏“五族共和”的国家，而不是一些人错误宣称的“中国人摆脱了满洲奴役而复国”。所以，中国近代民族主义，就是在反对西方列强侵略、瓜分和灭亡中国的民族斗争中产生的，是反对西方国家的殖民主义、霸权主义、炮舰主义、帝国主义的主流思想，是中华儿女的爱国主义和救国主义。

资本主义的美国，恐惧中国的社会主义；霸权主义的美国，更惧怕中国的民族主义。因为中国社会主义，扎根在中国爱国主义之上。民族主义、爱国主义，是社会主义的生命。在马克思主义进入中国，社会主义进入中国以后，民族主义也是凝聚中国的第一主义。爱国、强国、兴国的爱国主义追求，是中国人信仰马克思主义和选择社会主义的动力。爱国主义比社会主义更能够把海内外的中华儿女团结和激励起来。

最近十几年来，随着中国崛起，中国人特别是中国青年关心世界局势和国家大事的热情也在崛起，他们以主人翁的姿态审视世界、评说国事，他们对西方世界尤其是美国遏制中国崛起严重不满和抗议。美国看到中国青年不是矛头对内，与中国“执政党”过不去，而是与世界“执政国”美国和西方世界过不去；他们看到中国年轻一代在全球化中，不是加速西化和“美国化”，而是更加“中国化”；他们焦虑中国青年一代不仅不是西方和平演变的对象，反而成为抗击美国遏制中华民族复兴的新生力量，他们产生了战略焦虑，因为中国年轻一代所谓民族主义的实质，是爱国主义，是“非西方主义”。实践证明，当今世界，民族主义仍然是一个国家、一个民族的第一意识形态，是第一凝聚力。美国鼓吹经济全球化，意在推行意识形态全球化，扫灭各个国家特别是战略对手国家的民族主义意识形态，为美国意识形态的全球化服务。中国意识形态，是社会主义和民族主义的结合，美国在与中国的竞争中，既害怕中国的社会主义，更害怕中国民众强烈的民族主义。比较中国的社会主义，中国的民族主义对于美国的霸权主义，更有威慑力和抵制力。

其实，只要美国不用霸权主义压迫和遏制中国，就根本不用害怕中国的民族主义。中国特色民族主义，是世界最大的“农耕民族”的民族主义，不同于“游牧民族”的民族主义，不同于“海洋民族”的民族主义。它不是扩张性民族主义，不是进攻性民族主义，而是内向性、防御性民族主义。在世界三种民族主义中，中国的民族主义是最文明、最和平的民族主义。

搞臭中国民族主义的最好办法，就是在民族主义前面加上“狭隘”二字，成为“狭隘民族主义”。而在爱国主义前面加上“狭隘”“狂热”“极端”两个字，也就成为“狭隘爱国主义”“狂热爱国主义”“极端爱国主义”了，就可以否定和批判了。其实，不怕狭隘民族主义，就怕没有民族主义，更怕投降主义、卖国主义、汉奸主义。当年如果没有民族主义，就没有抗日战争；今天如果没有民族主义，就不能应对美国遏制。民族主义，是中国第一凝聚力，是中华民族第一软实力。

中国特色社会主义必将超越“美国特色资本主义”

冷战后，“历史终结论”曾经在全球风靡一时。而21世纪中国特色社会主义快速崛起的实践，很快宣告了“历史终结论”的终结。面对中国的崛起，《历史的终结》的作者不得不认错。他认为，开始于2008年的全球经济衰退暴露出的最大讽刺，就是共产党统治的中国，在应对资本主义危机时，表现得比民主选举出来的美国政府更好。当西方民主国家步履蹒跚之际，中国经济却以稳健的步伐呼啸前进，在过去30年大约5亿人民脱离贫困，创造了世界上最多的中产阶级。中国的制度能够迅速作出复杂重大的决定，北京在驾驭市场经济迎接未来挑战方面比华盛顿更胜一筹。现在，一个美国式自由思想不再占主导地位的新时代已经开始，美国已经没有什么东西可以教中国了。作者指出，美国的制度缺乏应对长期危机的能力。在美国政治体系中，金钱已经成为选举的王牌，少数利益集团左右整个经济和社会利益的立法，美国不能有效理智地进行科学决策，无法解决长期问题。他警告，按照达尔文理论，中国的制度可能比自由国家的制度更具有适应性。他强调，民意调查显示，与美国人相比，有更多中国人认为他们的国家正沿着正确方向前进。

在苏联国家解体、苏联模式终结之后，中国为什么没有成为“第二个苏联”？就因为中国出了个“中国特色社会主义”。

中国特色社会主义必将超越“美国特色资本主义”，这是21世纪一个大趋势。

基辛格在《论中国》里，论述了“中国必胜主义者”的观点。其实，“中国必胜”思潮在美国比在中国更时髦。美国《外交政策》杂志2011年1—2月号《重新思考“美国衰落”》的文章，就比较和列举了中国比美国具有的优势：

（1）与苏联比较，中国在与美国的博弈中具有经济优势。苏联崩溃的根本原因，是经济体系效率低，人民生活水平长期上不去。20世纪50年代苏联人均粮食和肉类水平不如沙皇时代。苏联既没有在国内建立市场经济，也从来没有尝试在全球市场下竞争。而中国则是全球经济舞台的优秀生，在经济发展上创造了奇迹。目前，美国仍然是世界最大经济体，具有世界最好的大学和最大的公司，美国人民具有创业精神和技术造诣，那些富有才干的移民仍然对美国心生向往。但是，如果美国的经济无法创造就业，曾经充斥在美国各个大学的聪明的亚洲学生，就会选择返回祖国。在全球企业的排行榜上，仅有沃尔玛、埃克森美孚两家美国公司进入前十名，中国已经有三家。如果美国不再成为机遇、繁荣和成功的乐土，美国的吸引力和号召力就会江河日下。

（2）与日本比较，中国在与美国的博弈中拥有人口优势。日本人口只有美国的一半，这意味着在日本经济超越美国之前，日本的人均产出必须达到美国的两倍以上，这种奇迹是不可能出现的。所以，日本经济虽然也多年急速增长，至今仍然保持出口大国的地位，但是它始终难以成为第一名的候选者。而中国的人口是美国 4 倍。

（3）在军事方面，美国的军费开支相当于其他国家军费开支的总和，军事力量强于竞争对手。但是，伊拉克战争、阿富汗战争的教训说明，美国的军事力量远远没有一些人鼓吹的那么有用。美军可以在数周内推翻一个敌对政权，但是实现一个国家的稳定与和平则是另外一回事。美国军队能够迅速赢得一场战争，却迟迟不能赢得和平。美国正在通过赤字开支为其军事霸权融资，这意味着阿富汗战争的账单实际上是“用一张中国信用卡支付的”。参谋长联席会议主席马伦曾经指出：“迅速增加的国债，才是美国国家安全的最大威胁。”

（4）在中美政治博弈方面，中国最近 30 多年在市场化和全球化大潮中乘风破浪，成功崛起，说明了中国共产党的执政能力和中国特色社会主义的发展能力。一党执政的中国将超越两党轮流执政的美国。中国崛起，将颠覆只有西方政治体制才能实现大国崛起的定律。中国可以用非西方政治模式取得超越西方的经济成就与综合国力。这样一来，美国两党制的神话，西方多党制的神话，整个西方世界政治体制的神话，也就破灭了。这不仅是美国的国家地位危机，而且是美国政治体制和整个西方政治体制的危机。

美国《时代周刊》网站 2011 年 1 月 20 日的文章《为什么中国搞资本主义比美国好》，认为中国驾驭经济比美国更胜一筹。其实，不是中国搞资本主义比美国好，而是“中国特色社会主义”比“美国特色资本主义好”。

中国特色社会主义，在国内坚持“一国两制”，是能够驾驭资本主义的社会主义。中国特色社会主义在全球坚持“一球两制”，是能够与国际资本主义合作的社会主义，是能够与资本主义国家密切合作、互利共赢的社会主义。中国特色社会主义是振兴中国、造福世界的社会主义。

评选“全球最佳执政党”，中国共产党是当代世界“金牌党”。

放眼世界各大“主义”，最有活力的主义是中国特色社会主义。

第二章

战略兴国——新中国大战略四个阶段

古代中国是一个战略大国，中国五千年战略文化博大精深。西方世界崛起以后，中国的战略文化却严重滞后。落后就要挨打，比经济落后、科技落后、军事落后更危险、更致命的落后，是大战略的落后。旧中国的灾难，是战略落伍的恶果；新中国的建立，是战略正确的收获；实现中国梦需要创新“中国战略”，没有伟大战略就没有伟大复兴。

新中国的外交大战略，大致可以分为四个阶段：

第一个阶段，是新中国成立后的20年，从新中国成立初期到20世纪60年代末期，是实行“一边倒”的大战略，通过“联苏制美”，维护中国的国家安全。在20世纪60年代的一段时间里，虽然一度是“两面反”“双反”——把“美帝、苏修”这两霸一起反，但是总的说来，这是一个战略转折中的战略过渡。

第二个阶段，是从20世纪70年代初期到80年代末期，是实行“一条线”的大战略，通过“联美制苏”，维护中国的国家安全。

第三个阶段，是在冷战结束以后到2010年中国经济超越日本之前，中国是实行“不结盟”的大战略，在韬光养晦中抓紧发展自己。

第四个阶段，是从美国重返亚太，把全球战略重心转移到包围、遏制中国开始。今后几十年，中国的大战略将是“大博弈”，就是围绕“崛起与遏制”的基本矛盾，中国与美国将进行一场全方位的战略博弈。

第一个大战略——“一边倒”

第二次世界大战后的世界，形成了以美国为一方、以苏联为另一方的两大阵营对峙的战略格局。新中国第一个外交大战略是什么？就是毛泽东确立的向以苏联为首的社会主义阵营“一边倒”的“联苏制美”大战略。毛泽东在新中国成立前夕，就明确宣布，新中国要实行“一边倒”，坚定地站在“和平、民主、社会主义一边”，要和一切爱好和平自由的国家和人民团结在一起，首先是和苏联以及各个新的民主国家团结在一起，使新中国不陷于孤立地位。

从第二次世界大战后，到新中国成立前，美国对中国的基本政策，就是“扶蒋反共”，美国出钱出枪支持国民党反动派打内战。但是美国失算了，国民党反动派失败了，美国“失去中国”，美国的“扶蒋”政策不仅没有挡住中国革命胜利的潮流，而且由于“反共”，也把新中国推进了苏联阵营，促进了新中国与苏联结盟。

在1949年3月召开的中国共产党七届二中全会上，毛泽东指出：“我们不能设想，没有苏联，没有欧洲的及美国的工人，吸引了美帝国主义的力量在西方，我们中国也能胜利。”毛泽东认为，“我们与苏联应该站在一条战线上，是盟友”①。

1949年6月30日，毛泽东又在《论人民民主专政》一文中，公开提出和声明中国在革命胜利后将采取“一边倒”的外交方针。他旗帜鲜明地宣布，新中国将倒向“社会主义”一边，倒向苏联一边。毛泽东强调，新中国采取“一边倒”的方针，这是由孙中山40年经验和中国共产党28年经验所得出的结论。中国人不是倒向帝国主义一边，就是倒向社会主义一边，绝无例外。骑墙是不行的，第三条道路是没有的。我们反对倒向帝国主义一边的蒋介石反动派，我们也反对第三条道路的幻想。②

提出“一边倒”这样一个大战略，不只是由意识形态和社会制度所决定的，而且是当时中国在世界格局中的处境所决定的。当时，美国对于即将胜利的中国共产党人继续采取敌视态度，而苏联对于即将诞生的新中国也不是很放心。在这种情况下，如果没有旗帜鲜明的态度，就会使即将诞生的新中国在国际社会中得不到任何有力的支持而处于自我孤立的境地。新中国成立后的第二天，苏联就致电表示，决定同新中国建立外交关系，成为第一个承认新中国的国家。接着一批社会主义国家承认了新中国。这就粉碎了一些西方国家准备在国际社会中孤立中国的企图。新中国成立后，美国带头孤立、封锁、包围、遏制中国。1949年12月和1950年1月，

---

① 胡乔木：《胡乔木回忆毛泽东》，人民出版社1994年版，第548页。

② 《毛泽东选集》第四卷，人民出版社1991年版，第1472—1473页。

毛泽东、周恩来先后抵达苏联访问，签订了《中苏友好同盟互助条约》，中心内容是加强合作，共同制止帝国主义国家的侵略，苏联给予中国 3 亿美元的低息贷款，并且在上海对中国提供空中保护。中国有了一个可靠的强大的同盟国，有利于争取世界和平，抵抗帝国主义侵略，放手进行国内建设。

1989 年 5 月 16 日，邓小平会见苏联共产党总书记戈尔巴乔夫时指出：新中国成立后，对中国的威胁主要来自何方？从新中国成立一开始，我们就面临着这个问题。那时威胁来自美国，最突出的就是朝鲜战争，后来还有越南战争。朝鲜战争，中国出了志愿军，同美国直接较量，苏联供给的军火还要中国付半价。后来中苏两国关系不好了，中国面临经济困难，但无论怎样困难，也得还这笔军火债，我们提前两年还清了。20 世纪 60 年代，在整个中苏、中蒙边界上苏联加强军事设施，导弹不断增加，相当于苏联全部导弹的三分之一，军队不断增加，包括派军队到蒙古，总数达到了 100 万人。对中国的威胁从何而来？很自然地，中国得出了结论。应该说，从 60 年代中期起，我们的关系恶化了，基本上割断了。……实质问题是不平等，中国人感到受屈辱。虽然如此，我们从来没有忘记在中国第一个五年计划时期苏联帮我们搞了一个工业基础。①

中国和苏联的结盟，使中国赢得了一场战争——朝鲜战争，使中国在苏联的帮助下建立了一个工业基础。

第二个大战略——“一条线”

20 世纪 60 年代末 70 年代初，美国由于陷于越南战争泥潭，大伤元气和霸气，被迫进行战略收缩。苏联在国际事务中采取咄咄逼人的气势，其霸权主义呈现进攻性和扩张性。20 世纪 60 年代后期，中国和苏联的冲突加剧，苏联取代美国，成为中国的头号敌人。当时苏联军事实力处于快速增长阶段，并且在苏联阵营内部提出社会主义国家“有限主权论”“社会主义大家庭论”，对不同意见的国家实行武装入侵。1968 年 8 月，苏联武装入侵捷克斯洛伐克，在 6 小时内占领了这个国家，这件事对中国刺激很大。中国与苏联有 7000 公里共同边界。苏联从 1960 年夏天开始不断挑起

① 《邓小平文选》第 3 卷，人民出版社 1993 年版，第 294—295 页。

边境事件，支持印度在中印边界进行武装挑衅。中国开始把苏联称为“社会帝国主义”，苏联进攻中国成为一种现实威胁。20世纪60年代末到70年代初期，苏联在中苏边境上不断增兵，从1969年的21个师，1971年的33个师，到1973年的45个师。[①] 1969年4月28日，毛泽东在九届一中全会上提出：“我们要准备打仗。”

而在20世纪60年代末70年代初，中国一度是与美国和苏联两个超级大国同时对抗，这既不明智也难以持续。毛泽东曾经说过：“两霸我们总要争取一霸，不能两面作战。”[②] 1969年3月，中国和苏联在边境武装冲突以后，毛泽东认为，中国和苏联发生交战，给美国人出了个题目，好做文章了。1969年4月，中国共产党第九次全国代表大会结束后，毛泽东、周恩来委托四位元帅研究国际战略形势，结论是：美国和苏联的矛盾大于中国和苏联的矛盾，苏联对中国安全的威胁比美国大。新的战略判断，导致了新的战略转变。中共中央在1969年底决定改善与美国的关系。在美国通过中间渠道传递消息以及采取解除对华禁运等措施后，毛泽东1971年4月决定邀请美国乒乓球队访问中国，导演了精彩的“乒乓外交”，通过民间往来的形式，开始了中国和美国关系正常化的进程。1972年2月，美国总统尼克松访问中国，开始了中国和美国联合对付苏联的局面，从此在国际斗争中形成了中国、美国、苏联“大三角”的态势，塑造了一个新的世界战略格局，改变了中国要应付“四面八方”的局面，可以集中应对北方的威胁，并且借助国际力量形成了对抗苏联威胁的一条共同战线。

“一条线”的战略构想，是毛泽东1973年2月17日在会见美国总统特使基辛格时，明确提出来的。毛泽东在提到中美相互接近时说：“我们也需要嘛。你们的总统坐在这里讲的（手指基辛格的座位），我们两家出于需要，所以就这样，（把两只手握在一起）HAND—IN—HAND（手携手）。”基辛格说：“我们双方都面临同样的危险，我们可能有时不得不运用不同的方法，但目标相同。”毛泽东说：“这就好，只要目标相同，我们也不损害你们，你们也不损害我们，共同对付一个王八蛋。”毛泽东对基辛格说：“要搞一条横线，就是纬度，美国、日本、中国、巴基斯坦、伊朗、土耳其、欧洲。”这实际上提出了一个从中国、日本、巴基斯坦、伊

---

① 宫力：《邓小平与美国》，中共党史出版社2004年版，第105页。

② 这是毛泽东1972年7月24日与周恩来、姬鹏飞等人的谈话中提出来的。见宫力：《邓小平与美国》，中共党史出版社2004年版，第24页。

朗、土耳其、欧洲到美国的联合对抗苏联的国际统一战线，这是一个宏大的战略构想。一条线战略，实际上是中美结盟，团结日本、欧洲等国家，联合制衡苏联的国际统一战线，核心是中美联盟、制衡苏联。[①] 1974 年 1 月 5 日，毛泽东又在会见日本外务大臣大平正芳时，提出了“一大片”的构想，就是指“一条线”周围的国家，就是通过团结这一条线和一大片的所有国家，动员一切可以利用的力量，共同对付苏联的扩张进攻主义。[②]

新中国大战略的第一次大转变，为国家带来战略主动，扭转了 20 世纪 60 年代一度出现的中国同时抗衡“帝、修、反”，与美国和苏联两面为敌的战略被动局面。1972 年 2 月，毛泽东与美国总统尼克松举行历史性的会见。2 月 28 日，中国总理周恩来与美国总统尼克松在上海签署联合公报，就是《上海公报》。虽然当时双方没有建立外交关系，但是建立了战略层次的外交联系，为两国关系确定了性质、目标和方向。1973 年 5 月，中国和美国各自在对方首都设立联络处。1978 年 12 月 16 日，中美建立正式外交关系，并且发表《建交公报》。

毛泽东逝世后，邓小平忠实坚持联合美国、制衡苏联的“一条线”战略。1979 年邓小平在访问美国之前，接见了美国时代出版公司总编辑多诺万和《时代》杂志香港分社社长克拉克，中心思想是，在日益增长的来自苏联的危险面前，应当加强中国和美国的关系，结成统一战线来对付苏联。他指出，中国和美国关系正常化的意义重大，两国关系的发展，只是一个方面，更重要的还是全球战略问题。在苏联的称霸野心面前，中美和其他国家面临着共同的命运。相当一个时期以来，苏联是进攻的，美国处于防御地位。目前战争的主要策源地是苏联。我们从关于三个世界的概念出发，建立了一条反对霸权主义和维护世界和平、安全和稳定的统一战线，而这条统一战线包括美国在内。[③]

1984 年 4 月，在美国总统里根访问中国期间，邓小平在与他会谈中指出：苏联并不是一个好对付的力量，如果美国采取正确的政策，大家联合起来对付它，一定可以取胜。所谓取胜，就是遏制它，使它不要横行霸道。苏联收敛起来，世界和平就有保证。我们始终认为，有资格发动世界战争的还是美国和苏联两家，但是战争的主要来源还是苏联，我们并没有

① 宫力：《邓小平与美国》，中共党史出版社 2004 年版，第 106 页。
② 宫力：《邓小平与美国》，中共党史出版社 2004 年版，第 107 页。
③ 宫力：《邓小平与美国》，中共党史出版社 2004 年版，第 253—254 页。

离开这个判断。①

邓小平1985年9月14日在会见奥地利总统时说："1969年发生了珍宝岛事件。我们当时面临的形势是，从美苏力量对比来看，苏占优势，而且张牙舞爪，威胁中国。面对这样的形势，我们的判断是，苏联处于进攻性态势，全球性进攻。毛主席当时从力量对比中做出了这样的判断。为了制止战争的危险，当时毛主席提出了建立从日本到欧洲到美国的'一条线'战略，以对付苏联的挑战。这有个好处，促进了美国和欧洲的联合，美国和欧洲在军备上赶上来了。美国同中国的关系改善了，日本、欧洲同中国的关系也赶上来了。"②

第三个大战略——"不结盟"

20世纪70年代，美国由于在侵略越南战争中的失败与困境，被迫进行战略收缩。而苏联由于军事实力快速增长，在全球急剧扩张，中国从反对霸权、捍卫国家安全出发，转型外交政策，实行联美抗苏的"一条线"战略，遏制了苏联扩张，塑造了新的世界格局，维护了世界和平。

但是20世纪80年代，苏联陷于阿富汗泥潭，由于扩张过度，逐渐失去战略优势。美国甩掉了越南战争包袱，实力恢复和增强。里根在1981年担任美国总统后，提出"重振国威"，增加军费开支，对苏联强硬，开始在战略上处于攻势。同时鼓吹要同台湾建立更加密切的关系，并且散布说，中国力量弱，抗衡苏联的力量不大。这说明美国在其全球战略中降低了对华关系的重要性。中国政府对于美国在对华关系特别是在台湾问题上的倒退行为进行了坚决斗争，双方的谈判在1982年春天一度陷于僵局。之后，美国考虑到全球战略的需要，特别是担心中国和苏联的缓和，才同意限制对台湾的军售。中美两国在1982年8月17日发表了联合公报——"八·一七公报"，美国政府承诺逐年减少售台武器并且最终导致这一问题的完全解决，但是美国并没有真正遵守公报的规定。而在中苏关系方面，1982年3月，苏联最高领导人勃列日涅夫在塔什干发表讲话，希望改善中苏关系。1982年夏天，邓小平提出："要采取一个大行动，向苏联传递信息，争取中苏关系

---

① 宫力：《邓小平与美国》，中共党史出版社2004年版，第433页。

② 宫力：《邓小平与美国》，中共党史出版社2004年版，第377页。

有一个大的改善。但必须是有原则的，条件是苏联得做些什么事情才行。”苏联积极回应，僵局开始打破。从1982年10月起，两国进行了6年的12轮磋商，讨论消除中国和苏联关系的三大障碍，就是苏联在蒙古驻军威胁中国、支持越南入侵柬埔寨、出兵阿富汗。1985年，戈尔巴乔夫担任苏联最高领导，在改善对华关系上迈出了实质性步伐。苏联于1989年完成从阿富汗的撤军，同年，越南军队也分阶段撤出柬埔寨，苏联此后又从蒙古撤军。1989年5月，戈尔巴乔夫访问中国，实现了与中国关系的正常化。以后，两国又通过谈判解决了边界问题。

显然，联合美国、抗衡苏联的“一条线”大战略，在新的国际形势面前，已经不利于中国在国际舞台上独立自主地发挥作用，限制了中国外交斗争的主动性和灵活性。从1982年下半年开始，邓小平等中国领导人开始酝酿和提出新的战略思想。

在1982年9月召开的中国共产党第十二次代表大会上，中国领导人正式宣布：中国将坚持独立自主的外交政策，绝不依附于任何大国和大国集团，绝不屈服于任何大国的压力。这是新中国大战略第二次转变的重要标志。后来，邓小平又对这一转变进行了多次论述。

1984年5月29日，邓小平指出：“中国的对外政策是独立自主的，是真正的不结盟。中国不打美国牌，也不打苏联牌，中国也不允许别人打中国牌。中国对外政策的目标是争取世界和平。在争取和平的前提下，一心一意搞现代化建设，发展自己的国家，建设具有中国特色的社会主义。”①

1985年6月4日，邓小平在中央军委扩大会议上发表重要讲话，阐明他对国际形势的新判断，提出了两个转变的重要思想，为中国大战略的转变提供了依据。邓小平认为“第一个转变，是对战争与和平问题的认识。……我们改变了原来认为战争的危险很迫近的看法。第二个转变，是我们的对外政策。过去有一段时间，针对苏联霸权主义的威胁，我们搞了‘一条线’的战略，就是从日本到欧洲一直到美国这样‘一条线’。现在我们改变了这个战略，这是一个重大的转变。世界上都在说苏、美、中‘大三角’。……我们奉行独立自主的正确的外交路线和对外政策，高举反对霸权主义、维护世界和平的旗帜，坚定地站在和平力量一边，谁搞霸权就反对谁，谁搞战争就反对谁。所以，中国的发展是和平力量的发展，是制约战争力量的发展。现在树立我们是一个和平力量、制约战争力量的形象十分重要，我们

① 《邓小平文选》第3卷，人民出版社1993年版，第57页。

实际上也要担当这个角色。根据独立自主的对外政策，我们改善了同美国的关系，也改善了同苏联的关系。我们中国不打别人的牌，也不允许任何人打中国牌，这个我们说到做到。这就增强了中国在国际上的地位，增强了中国在国际问题上的发言权。”①

1985 年 9 月 14 日，邓小平在会见奥地利总统时再次明确指出：“我们现在的判断是战争是可以避免的。所以，我们改变了‘一条线’的战略。……现在不仅西欧在一定范围内采取独立政策，东欧也在一定范围内采取独立政策，……我们现在观察国际战略形势，不仅把中国看作是维护世界和平、制约战争的因素，而且把西欧和东欧也视为维护和平、制约战争的力量。”②

1986 年 6 月 18 日，邓小平指出：“我们坚持独立自主的和平外交政策，不参加任何集团。同谁都来往，同谁都交朋友，谁搞霸权主义我们就反对谁，谁侵略别人我们就反对谁。我们讲公道话，办公道事。这样，我们国家的政治分量就更加重了。这个政策很见效，我们要坚持到底。”③

邓小平关于“不结盟”的战略思想，其含义，就是坚决贯彻执行独立自主的方针，对待任何国际问题，都从中国人民和世界人民的根本利益出发，根据事情本身的是非曲直，独立自主地确定自己的立场和态度。对于美国和苏联两个国家的霸权主义，中国都要旗帜鲜明地反对，美国和苏联之间的矛盾，中国是可以利用的，但不是配合这一霸去反对另一霸，也不是在两霸中搞平衡、搞等距离。

需要说明的一点是，不能因为实行不结盟战略，就否定了原来的结盟战略。不结盟，是一种独立自主；结盟，也是一种独立自主。新中国与世界两个最强大国家曾经的结盟，都是独立自主的选择，都是当时国际形势的需要，都是战略上的巨大成功。

不结盟的战略思想，酝酿和形成于冷战后期，但是真正彻底地成为一种国家战略，在实践中得到全面贯彻执行，并且产生巨大战略效果，主要还是冷战后的 20 年。虽然从 1982 年党的十二大就提出要坚持独立自主的不结盟外交政策。但是，后来中国在外交实践中对待苏联和美国两个国家的态度，并不完全是等距离的。中国对于中美关系的重视程度，仍然超过

---

① 《邓小平文选》第 3 卷，人民出版社 1993 年版，第 126—128 页。

② 宫力：《邓小平与美国》，中共党史出版社 2004 年版，第 445 页。

③ 《邓小平文选》第 3 卷，人民出版社 1993 年版，第 162 页。

对于中苏关系的重视程度。因为中国对于苏联仍然有严重的戒心，而中国的现代化建设仍然需要美国的资金和技术。所以，我们仍然把“不结盟”的大战略归属于冷战后20年在中国外交实践中真正发挥作用和收获成果的大战略。

需要说明的一点是，新中国的大战略，都是独立自主的，而不是只有在不结盟的阶段才是独立自主的。中国大战略，在“不结盟”的阶段是独立自主的，在“一边倒”和“一条线”时期也是独立自主的。因为这些战略都是中国独立自主的选择，而且中国在其中也都是独立自主地决策和行动，并没有依附性。所以，“独立自主”和“不结盟”是两个概念，不结盟只是独立自主的一种战略模式和战略形态，独立自主有时是采取不结盟的形态，有时则是采取结盟的形式。中国共产党在自己的战略历史中，不管是采取结盟战略还是不结盟战略，都是独立自主的。那种认为独立自主就是不结盟，只有不结盟才是独立自主，结盟就不是独立自主的看法，是不正确的。

第三章

大博弈——新中国大战略第四形态

进入21世纪的第二个十年，作为世界二号国家的中国与世界一号国家美国之间的战略关系，出现了一个历史性的转变。中国实现伟大复兴的中国梦，进入战略冲刺期，中美两国在发展的竞争和国家地位的竞争上，进入了一个“战略决赛期”。新中国的大战略在经历了“一边倒”“一条线”“不结盟”三个战略阶段和战略形态后，现在必须进行战略创新，进入第四个阶段，必须确立第四个大战略。中国第四个大战略，可以称为“大博弈”。

“大博弈”，作为中国大战略的第四个阶段、第四种形态，也是中华民族大战略的最高形态，是中国大战略最深刻的历史性转变和历史性创新。

中国大战略要升级，要拓展，要走出去。中国大战略要实现六个战略转型：实现从“配角战略”到“主角战略”的转变；实现从“国家战略”到“国际战略”的转变；实现从“陆权战略”到“海权战略”的转变；实现从“赶超战略”到“引领战略”的转变；实现从“生存战略”“发展战略”到“决赛战略”的转变；实现从“学徒型”战略到“创新型”战略的转变。所谓“大博弈”，就大在这六个转变上。而“大博弈”战略的核心，就是中国和美国要走上决赛场，中国要赢得决赛的好成绩。

从“配角战略”到“主角战略”

新中国成立以后的40年里，在美国和苏联长期冷战的两极化世界格局之下，中国不论是结盟苏联，还是联合美国，始终是在美国、苏联这两个超级大国之间周旋的第三者。冷战后，中国成为美国一超独霸之下世界多强中的一强，可以韬光养晦，发展自己。但是当中国经济总量成为世界第二，中国和美国的关系成为这个星球上的亚军国家和冠军国家之间的关系，中国和美国的关系就发生了质的变化，中国越来越成为一只与美国比翼齐飞的雄鹰，成为一只要搏击长空、超越美国的雄鹰。于是在世界舞台上，就开始了一场由中美两个主角博弈和演出的大剧，中国就由以前超级大国竞争中的“配角”变成了世界舞台上的“主角”，就由过去不结盟时期在多路英雄中韬光养晦不出头，变成比赛场上必须参加决赛的夺冠选手，必须要上场，必须要冲刺。

中国进行大博弈的主要战略对手就是美国。中国21世纪的第一战略就是中美博弈战略。21世纪全球的第一战略也是中美博弈战略。如果说在冷战时期，世界的第一战略是美国和苏联的竞争战略，那么21世纪世界的第一战略就是中美竞争战略。中美战略博弈，决定中国的国运，决定美国的命运，也决定世界的前途。

中美大博弈的内容丰富。面对美国这样一个超级对手，中国需要处理好六个战略关系。

一是博弈美国必须“学习美国”。毛泽东早就说过，美国是一个伟大的国家，美国人民是伟大的人民。博弈美国的第一项内容，就是学习美国、借鉴美国，来发展中国。中国的改革开放，其实就是学习西方特别是学习美国的过程。

二是博弈美国必须“合作美国”。在21世纪今后的岁月里，中美两国是全球最大的合作伙伴。

三是博弈美国必须“竞争美国”。中美两国是最大的战略竞争对手，这种竞争包括政治、经济、军事等各个方面，核心是国家战略地位的竞争。

四是博弈美国必须“突围美国”。中国崛起的过程，是对美国反包围、反遏制、反孤立、反封锁的过程。中国崛起的过程，是对美国遏制的突围过程。要敢于突围，善于突围。要不怕孤立，善于打破孤立状态，不能成为“孤独的大国”。中国不搞抗衡美国的“联盟战略”，但是中国要有广结善缘、宾客盈门的“朋友战略”，要广交朋友，不断扩大朋友圈子。

五是博弈美国必须“超越美国”。中美博弈，实质上就是一场中美决赛。中国将超越美国。中国要有超越美国的决心和信心。

六是博弈美国必须“团结美国”。不仅在竞争美国、赶超美国的过程中，要团结美国，而且在超越美国以后，更要团结美国，携手美国，共同建设和平和谐的新世界。

从“国家战略”到“世界战略”

自古以来，中国的大战略都是“国家战略”，而不是“世界战略”，不是“全球战略”，这是中国大战略的局限性。中国古代有“天下战略”，这个“天下”的范围也是中国本土。中国古代的天下战略，主要有三个含义：

一是在中国国家内部争夺国家统治权的战略，没有超出大中国国内战略的范围。

二是在中国周边团结友邻国家的战略，包括所谓朝贡战略，都是中国的周边战略，是与中国毗邻的地区战略。

三是新中国成立以后，前60年的中国大战略，不论是联合苏联抗衡美国、联合美国抗衡苏联，还是后来的不结盟战略，中国都不是世界舞台上的战略主角，这些战略都是中国的自保战略，是中国围绕自己的国家利益而制定的“国家战略”。

从21世纪的第二个十年开始，中国与美国的博弈，成为世界舞台的主角戏。中国对于美国的大战略，是博弈世界冠军国家的战略，是竞争“世界引领权”和“世界领导权”的战略，是真正的全球战略，是决定中国命运也影响世界前途的大战略，是超越前三种战略的时代大战略。

创造中美博弈大战略，在中国史无前例。21世纪中美博弈的大战略，将实现三个超越：一是对新中国成立以前到春秋战国时代3000年大战略的超越。二是对近代世界500年大国竞争战略特别是世界一号国家和二号国家竞争的大战略的超越。因为，中美博弈与以前的世界大国博弈，在性质和内容上都截然不同。三是对新中国建国60年来国际博弈大战略的超越。因为，在毛泽东和邓小平时代的大战略，都是中国处于两个阵营之间、两个超级大国之间的平衡战略，是第三者战略，是要联合一个对付另一个的战略。而21世纪的中美博弈战略，是中国作为独立一方同最强大的另一方纵横世界的战略。中国大战略第一次由国家战略上升到世界战略的层次。而这种逐鹿全球、纵横世界的战略含义，不是争霸和称霸世界，而是建设一个什么样的新世界，如何建设这个新世界。

冠军国家，必须是“设计世界”的国家。美国的霸权不好，但是美国设计世界的精神值得学习。美国历史学家孔华润在他主编的《剑桥美国对外关系史》中写道：在第二次世界大战期间，“关于胜利后的世界形势，关于对战后世界的设计，美国国务院的努力引人注目。几乎伴随着战争的降临，他们就开始组织针对未来世界事务的研究小组和咨询委员会等，将本部门的官员以及国会议员、记者、学者、军官等相关人员召集起来对战后事务进行广泛的研究与讨论，其中包括对敌国的占领、领土调整、国际安全以及重建贸易关系，等等。尽管上述委员会此时的探讨还没有太多超出信息与观点的交换，但是一些特定的观念已经出现，这些观念一旦在华盛顿开始寻求战后世界的具体指导时就会立即成为美国正式政策的一部分。这些观念很明显是威尔逊式的。参加研究小组的绝大多数成员都同意，击败轴心国后维持秩序与安全的主要框架是要恢复国际合作的原则，而不是过时的均势”①。

21 世纪的世界，应该有新的结构。国际权力结构，曾经有帝国结构、欧洲的权力平衡结构、美国和苏联两极结构，冷战后美国一霸多强结构，新结构是什么？这个关系世界前途、人类命运的重大问题，不能只由美国人去思考。13 亿中国人有思考创造的责任，有贡献智慧的使命。中国的思想家，不仅要研究 21 世纪建设一个什么样的中国、怎样建设这个中国，而且要研究人类在 21 世纪要建设一个什么样的新世界，怎样建设这个新世界。

从“陆权战略”到“海权战略”

一部世界近代历史，就是海权战胜陆权的历史，是海权主导陆权的历史。近代世界所有的 1 号国家，都是海权国家。

美国走向世界，是在马汉的海权理论指导下开始的。

崛起的中国，必须实现转型，就是由传统的“陆权中国”转变为强大的现代“海权中国”。中国的大战略，必须实现从“陆权战略”到“海权战略”的转变。

现在，美国战略重心转移到亚洲和太平洋地区。建设海权中国，拥有强大海军，意义重大。不论是解决台湾问题，实现中国统一，维护中国海

① ［美］孔华润主编：《剑桥美国对外关系史》（下），王琛等译，新华出版社 2004 年版，第 182 页。

洋权益，保障中国海上交通安全，都离不开中国海权崛起、海军强大。美国著名专栏作家罗伯特·卡普兰在《中国的两洋战略》中指出："近年来中国海军发展速度已经超过美国，中国将积极谋求两洋战略目标，就是打通太平洋和印度洋，摆脱'马六甲困局'。中国经济快速发展，通过海路的对外贸易激增。对于能源进口的需求持续增长。未来20—40年，中国对于能源的需求将增加两倍。其中85%是从印度洋经过马六甲海峡运输到中国在太平洋的沿海港口。从印度洋到太平洋的海上交通线，实际上是中国的海上生命线。"现在印度洋、太平洋承担着中国全球经贸总量95%以上的运输量。中国已经开辟了30多条远洋航线，通达世界150多个国家和地区的600多个港口。海上运输通道的安全，成为中国生存与发展的生命线。但是当今世界，海上通道安全的通行证，控制在美国海军手中。美国海军在20世纪80年代，就制定和实施了一个"海上通道控制战略"，目标就是绝对掌控全世界16条海上战略通道，确保在战时能够有效封锁和遏制对手国家的航运和海军力量。其中，美国海军最为关注的是马六甲海峡。1992年，美国海军又把全球海上重要航道划分为相互连接、相互支援的八个区域性海峡群。

美国学者说，中国能源通道的安全"脆弱不堪"，"目前中国海军还不能确保海上能源交通线的安全，是美国海军在保护着中国的海上战略通道"，"美国海军在为中国的全球化保驾护航"。美国的一位战略家甚至说："是美国人的鲜血，为中国人换取了海外石油。"美国智库高级研究人员提出："美国海军仅仅通过在太平洋和印度洋上拦截中国船只，就可以轻而易举地切断中国的能源供给。"西方媒体认为，马六甲海峡是中国海上战略通道的死穴，马六甲海峡是美国控制亚洲尤其是控制中国的咽喉要道，"谁控制了马六甲海峡，谁就掌握了中国的石油通道"，在这里，美国随时可以扼住亚洲的喉咙，窒息中国的呼吸。2008年，美国海军根据构想，进行了"锁喉"演练。不仅美国对中国海上交通"锁喉"，印度也有锁喉战略。印度防务专家早在20世纪70年代，就提出了"印度洋控制战略"，并且称马六甲为"印度最容易控制的世界战略通道"。一些美国专家认为，中国讲和平发展，其实不仅中国的海洋和平、海洋交通安全是由美国海军提供的，而且中国的发展特别是可持续发展所需要的资源能源供给，也是由美国海军保证的。

建设海权中国，呼唤中国的海权战略。中国大战略实现由陆权战略到海权战略的转变，是中国"大博弈"战略的重要内容。

从“赶超战略”到“引领战略”

改革开放以来，中国最响亮的口号，就是“与世界接轨”“与国际接轨”“面向世界”“融入世界”。而今天和今后的中国，仅仅满足和局限于“面向世界”“融入世界”，已经远远不够了，还必须更多地领先世界、领航世界。

今天的世界和未来的世界，都不需要统治者、霸权者，但是都更加需要领导者、引导者。全球秩序、全球领导、全球管理，是全球进步、安全、发展、稳定所需要的。

能够正确而文明地引领世界的民族，是伟大的民族。中华民族是一个伟大的民族，正在经历由“学习西方世界”到“超越西方世界”、由“面向世界”到“引领世界”、由“融入世界”到“塑造世界”、由“接轨世界”到“创新世界”、由“受惠世界”到“贡献世界”的历史性转变。中华民族将越来越为世界担当重任，为世界开辟新路。中国的大战略必须适应这样一个史无前例的飞跃和转变，必须开辟中国大战略的新境界。

基辛格在《论中国》一书中说：“中国与西方主导的现代国际体系的接轨，在中国精英圈内引发了有关中华民族命运及其总体战略详尽而深入的大讨论。自从百余年前西方以武力敲开中国国门以来，这样的全民对话就一直在断断续续地进行，而今更是进入了一个崭新的阶段，全面触及了中国国力的特性、影响和抱负。此前有关民族命运的讨论往往出现在中华民族极端脆弱的时刻，由当时危殆的处境所激发；而当前的大讨论，却是缘起于中国的强大实力。在过去的两个世纪中，中国前途未卜，饱经创痛。今天，中华民族历代改革先驱和革命先烈为之舍生取义的愿景终于实现了。繁荣富强的中国，既拥有现代化的军事力量，又保持着自身独特的价值观。”“过往的民族命运大讨论提出的问题是：中国到底应该向外部世界打开大门，汲取知识以矫正自身不足，还是应该闭关自守，将技术先进但是道德肮脏的西方国家拒之门外？而现阶段讨论的前提是，中国已经成功地实现了民族自强的伟大目标，正开始赶超西方国家。讨论的目的在于厘清中国该以什么样的方式同一个曾经错待和蹂躏过自己的世界打交道。”

其实，中国过去讨论的问题，是要不要解放思想，放下文明古国的架子，对西方世界实行开放；是否要学习西方，学习西方的什么东西，以改变自己落后挨打的命运；而中国在21世纪要讨论的问题，是中国要不要超越西方，该不该超越西方，敢不敢超越西方，能不能超越西方，以及如何超越西方；是中国如何引领世界、主导世界、领导世界。核心的时代课题是：超越西方世界、引领整个世界。

从“生存战略”“发展战略”到“决赛战略”

新中国的大战略，从战略内容上来看，是“四分法”，就是“一边倒”战略；“一条线”战略；“不结盟”战略；“大博弈”战略。

新中国的大战略，从战略目标上来看，是“三分法”，就是：生存战略、发展战略、决赛战略。

毛泽东时代，中国的大战略，主要是一种“生存战略”。邓小平时代（包括江泽民、胡锦涛两位领导人），中国的大战略主要是一种“发展战略”。而今后几十年的中国大战略，主要是一种“决赛战略”。

所谓“生存战略”，就是中国如何在美苏冷战中立于不败之地；所谓“发展战略”，就是中国如何在一超多强下韬光养晦；所谓“决赛战略”，就是中国如何在中美博弈中纵横捭阖。

决定国家大战略的根本因素，就是四个字：“力量”和“利益”。不同历史时期的国家大战略，是扎根在“国家力量”和“国家利益”的基础之上。特别是国家核心利益，是国家大战略的基石。新中国在1949—1978年的核心战略利益，是国家不被侵略、主权不受损害，确保国家独立和安全；1978—2010年的核心战略利益，是融入世界，以经济建设为中心，在和平、发展、合作的时代潮流下抓紧发展自己；2010年之后，随着中国经济超越日本，中美关系成为世界一号国家和二号国家之间的决赛关系，在这种时势下，中国冲刺世界第一的跑道不被破坏，中国崛起的势头不被遏制，中华民族复兴进程不被打断，就成为中国的核心利益。这种利益不是任何国家都能够创造出来的，不是任何国家都能够享有的，也不是一个国家在任何时候都能够得到的。在近代世界，百年才有一国；在一个国家，可能千年才有一遇。所以，21世纪中国最顶端的国家主权是“崛起权”，是“复兴权”，是竞争世界第一的权利，是成为“冠军国家”的权利。

世界格局正在发生根本变化，从“美苏争霸格局”“美国独霸格局”，到现在的“中美双雄格局”，中国一下子被推到了世界舞台的中心，成为决赛的主角，要与另一个决心“卫冕”的国家美国进行一场“夺冠”之战。中国走上赛场，实现“金牌中国”梦想的时代已经来临。21世纪世界新一轮“金牌国家”奥林匹克大赛最后冲刺的枪声已响。所以，中国现在不是处于一般的“战略机遇期”，而是进入“战略决赛期”“战略冲刺期”。新中国的大战略从建国开始到冷战结束，在40多年里，长期在中国、美国、苏联“三国演义”的环境中折冲樽俎。苏联解体后20多年，又习惯于在“美国一超、世界多强”的“后冷战时代”韬光养晦。现在，中国和美国之间形成的决赛关系，类似中国古代隔江对峙的“南北朝”，类似楚河汉界的“楚汉相争”，中国与美国现在是“隔海相望”、世纪博弈、纵横捭阖。中国不仅是这个世界舞台上的参赛选手，而且是世界舞台上的决赛选手。中国需要的大战略，已经不是为“入场券”奋斗的入场战略，不是为“参赛权”竞争的参赛战略，而是为摘取冠军荣誉的“决赛战略”。这样一个大战略，中国5000年历史上还从来没有过。

英国《金融时报》网站2012年1月9日发表美国教授裴敏欣的文章《中国：一个缺乏全球化准备的世界大国》认为，在全球化的国际环境中，一个大国要在政治、经济和文化上具有竞争力，必须拥有一套“与时俱进”的外交理念和价值观，有强有力的民营跨国公司，有国际一流的高端人力资源。用这三个指标来衡量，中国适应全球化的能力明显不足。首先，中国没有一个适应全球化的新外交理念与为其服务的战略和政策。长期以来，中国的外交理念是“现实主义”的。这一理念以国家主权和安全作为最高价值，视军事和经济实力为维护国家安全的唯一保障。这一外交理念指导下的战略是“韬光养晦”。在过去30多年里，可以说这是一个十分有效的战略。它避免了中国和西方（主要是美国）的冲突。但现在，这一战略导致在许多涉及全球事务的政策问题上（如气候变化、自由贸易、核不扩散等），中国关注的仅是其狭隘的国家利益。这一立场不仅使中国在许多国际场合被孤立，而且最终会损害中国的国家利益。因为由于西方国家提供国际公益品的能力衰退，若中国不为全球化提供公益品，全球化将不可持续。中国也会失去从全球化中得到的巨大利益。因此，中国最需要的是解放思想，培养新的国际观。

18世纪和19世纪的金牌国家是英国，20世纪的金牌国家是美国；21世纪这个星球上的金牌国家是中国。地球上的金牌国家一个比一个文明。每一个新的金牌国家的涌现和兴起，都是人类进步发展的里程碑，都刷新人类社会进步发展的新记录。

中美决赛的结局，有四种情况：

一是美国胜利，中国失败。中国被美国遏制，没有实现大国崛起和伟大复兴。这种局面就好像在第二次世界大战后英国不让美国出头，而继续坚持英国的霸主地位，继续坚持让英国领导美国一样荒唐。

二是中国胜利，美国失败。中国付出了沉重的代价，付出了巨大的崛起成本，终于突破了美国的遏制和包围，最终实现崛起和复兴，走上了世界领导岗位。而美国的阴谋和遏制失败，美国也付出了沉重代价，从此一蹶不振。

三是两败俱伤，第三者获利。俗语说，“鹬蚌相争，渔翁得利”，中国和美国由于恶性竞争，代价太大，以致于双方都国力衰弱，最后没有胜利者，只能由第三者来领导中国和美国，来主导世界。

四是良性竞争，实现双赢。中国走上世界领导岗位，美国也有与其国家实力相当的世界地位。这是中国的胜利和成功，但也不是美国的失败和灾难。失去世界老大地位的美国，将比原来的“霸权美国”更有生气，也更加文明。

现在，美国的目标是争取第一种结果，就是遏制中国崛起，阻止世界领导权的转移，让美国胜利，让中国失败。

而中国现在的目标是争取第四种结果，就是与美国进行文明的竞争与合作，就是中国要和平崛起，美国不能霸权遏制，更不能武力遏制，按照双方国力发展的情况，适应世界进步的潮流，平稳实现国家地位和世界领导权的转移。这样对于美国、中国和世界的整体利益和长远发展，都是有利的。

中国的“决赛战略”，将指引中国创造一个新的世界纪录。

从“学徒型”战略到“创新型”战略

如果说，21 世纪的中国应该由“学徒型”国家向“师傅型”国家转型，是不够谦虚，那么 21 世纪的中国努力从“学徒型”国家向“创新型”国家转型，则十分迫切。

中国在 1840 年鸦片战争中被西方世界打翻在地，被打蒙了。从此，天旋地转，看谁都像师傅。马克思主义不是中国产品，而是经过俄国转手，从西方进口到中国的。近代中国在不同的历史时期，都是跟着不同门派、不同流派的西方师傅学习。而只要中国没有从“学徒期”走出来，没有成为创新型国家，就不可能成为领航世界的国家。中国100多年来一直是西方的学徒。洋务运动，学习西方的坚船利炮，中国是西方科学技术的学徒工。辛亥革命，学习西方资产阶级革命，中国是西方政治革命的学徒工。中国共产党领导的革命，学习俄国的十月革命，是十月革命的学徒工，而在学徒中比较聪明，在苏联套路中加进了自己的东西。改革开放，中国是学习现代资本主义好东西的学徒工。学徒总是要出徒的，学生总是要毕业的。中国要创造出能够富强自己又能够教授别人的东西。

崛起的大国，都是创新大国。美国的崛起，其优势就在于创新。中华帝国的衰落是由于失去创新能力。法国政论家托克维尔在他1840年出版的名著《论美国的民主》（下卷）中说：“300年前欧洲人初到中国时，他们看到中国的几乎一切工艺均已达到一定的完善阶段，并为此感到惊异，认为再没有别的国家比它先进。不久以后，他们才发现中国人的一些高级知识已经失传，只留了一点残迹。这个国家的实业发达，大部分科学方法还在那里保留下来，但是科学本身已不复存在。这说明这个民族的精神已经陷入罕见的停滞状态。中国人只跟着祖先的足迹前进，而忘记了曾经引导他们祖先前进的原理。他们还沿用祖传的科学公式，而不究其真髓。他们还使用着过去的生产工具，而不再设法改进和改革这些工具。因此，中国人未能进行任何变革。他们也必然放弃维新的念头。他们为了一刻也不偏离祖先所走过的道路，免得陷入莫测的歧途，时时刻刻和在一切方面都竭力仿效祖先。人的知识源泉几乎已经干涸。因此，尽管河水仍在流动，但已不能卷起狂澜或改变河道。但是，中国还是安然无事地生存了许多世纪。”①

中国停止创新步伐的代价太大。近代中国在遭受西方世界沉重打击后，开始觉醒，看到差距，并且虚心以西方世界为师傅，虚心当学徒，努力学习和进口西方的科技、文化和政治产品。中国从1840年以来，就一直在虚心学习西方，当西方的小学生。中国学习西方国家，有六次大的学习运动，几乎把西方的新鲜东西都进口到中国，都学习了一遍，也都试验了一遍。

第一次大学习，是学习西方的科学技术，进口西方的坚船利炮。这个

① ［法］托克维尔：《论美国的民主》（下卷），董果良译，商务印书馆2009年版，第619—620页。

学习运动，就是洋务运动。甲午战争，中国失败，说明光是学习西方的科学技术是不够的，必须学政治。

第二次大学习，是超越技术和物质层面，从政治制度上学习西方的君主立宪制度，进口西方的君主立宪制度，在保留皇帝的情况下，由皇帝领导，学习英国、日本、德国的君主立宪，搞变法运动，这就是戊戌变法，结果又失败了，变法的人被砍了头。

第三次大学习，是孙中山学习西方民主共和制度，进口西方的大总统制度、多党制度、议会民主制度等，用法国大革命的办法来搞，结果辛亥革命开始成功，后来失败，民主共和、多党制、议会制等一套西方的舶来品被军阀混战代替。

第四次大学习，是中国人受十月革命影响，向西方人马克思和恩格斯学习社会主义和共产主义，向北方人列宁和斯大林学习武装革命夺取政权。马克思列宁主义作为西方产品和北方产品，被进口到中国，形成了中国新民主主义革命运动。

第五次大学习，是在新中国成立以后，学习苏联高度统一的“计划经济”体制，建立起“一大二公”的中国经济基础。

第六次大学习，是改革开放以后，中国人学习和进口西方的市场经济，创造了经济高速发展、国家迅速崛起的奇迹。

中国人学西方学了170多年，该学习的都学习了，该试验的都试验了，包括西方的“三权分立”、多党制、议会制，都学习了，也试验了，也失败了。现在看来，西方对中国管用的东西就是三个：一是先进的科学技术，二是革命的马克思主义，三是法制化的市场经济。而不适合中国国情、不能再次复制到中国的东西，比如“三权分立”、多党制之类的东西，坚决不能再进口到中国来。

中国永远要虚心学习世界，但是中国也不能老是靠进口，必须创新。虽然，中国在学习西方的过程中也有创造，也重视“中国化”，例如孙中山的“三民主义”就是西方政治思想的中国化，孙中山在中国政治制度的设计上搞“五权分立”，就是西方“三权分立”制度的中国化。毛泽东思想是马克思主义的中国化。但是，比较用“中国化”以消化西方的东西，我们更需要有“中国造”，要创造出对中国有用处，也对世界有价值的东西。中国从1840年以来，不仅在科学技术方面对世界贡献甚少，而且在大思想、大制度、大文化的创造上，只有进口而没有出口。这些年，中国开始出口儒家的思想，在全世界办了几百所“孔子学院”。但是儒家思想是

2000 年前创造的思想，拥有 13 亿头脑的中国人，应该在儒家思想之后和之外，再有大思想、大制度、大文化的创造。看看德意志民族，8700 万人，他们为近代人类贡献了多少大哲学家、大思想家、大军事学家、大经济学家，包括莱布尼茨、黑格尔、马克思、康德、叔本华、尼采、费希特、克劳塞维茨、李斯特、费尔巴哈、胡塞尔、韦伯、海德格尔、弗洛姆等等，他们个个都像开启民族智慧、照明前进道路的灯塔。中国人要学习德意志民族热心学习、善于创造的精神。德意志民族，是一个善于为人类创造信仰的民族。无产阶级的马克思和资产阶级的马克思（指马克斯·韦伯）都出在德国。

中国，要继续“学习世界”；中国，也要有能力“领航世界”。

第四章

5000年中华大智慧——面对200年美国大智慧

中国，要成为战略上的“发达国家”。

什么是“发达国家”？人们往往只看到发达国家的经济发达、科技发达。其实，发达国家更重要的是战略发达，是依靠战略立国、依靠战略兴国，尤其在大战略上要优秀。建设“创新型国家”，科技创新固然重要，战略创新更为关键。大国崛起，需要大战略保障。中国要实现伟大复兴的中国梦，就必须提高国家的战略生产力，创造战略智慧的优势。

别把“大愿望”当“大战略”

多年来，有观点认为中国已经具有面向世界的大战略，这就是“和平崛起”。后来，为了减少刺激性，又改为“和平发展”。

然而，不论是“和平崛起”还是“和平发展”，怎么看，也不是大战略，因为大战略是解决大问题的大方略，而不是自我理想和愿望的一种表达和宣示。特别是“和平发展”的提法，对于任何国家和任何地区都适用，在任何时候都适用，根本不具有大战略的特质。

大战略的实质，是以理想主义为目标，以现实主义为基础，以应对挑战、赢得主动为核心的大思维、大原则、大方略。它既有长远宏观的全局指导性，也有可操作性。大战略不能只有宣传性而没有实用性。“和平崛起”“和平发展”的战略口号和战略愿望，不能从根本上指导和提升国内的战略思维，也不能有效消除国外的戯略猜忌，更不能使中国摆脱战略困境。

新加坡国立大学东亚研究所所长郑永年在《通往大国之路：中国与世界秩序的重塑》一书中说：中国对国际格局的变化没有很好的思想准备，主要是“救火”式的反映。在战略层面，中国除了表达自己善意和善良愿望的战略口号、宣传口号外，没有任何理论创新来解释中国崛起对世界的意义。而无论是政策界还是社会上，对于许多国际问题，一直停留在表达喜、怒、哀、乐情绪的层面，缺乏对于真实世界问题的理解和理性回应。主导中美关系变化的一直是美国，中国总是被动应对。中国需要一个处理对美关系以及国际关系的宏观战略,①

布热津斯基在他的著作《第二次机遇：三位总统与超级大国美国的危机》中指出，冷战后，美国最大的教训就是陶醉于“历史的终结”，而没有为世界提出新的战略设计。这是美国战略家对美国战略的反思。而在大国崛起中已经进入与美国博弈的“战略决赛期”“战略冲刺期”的中国，最缺乏的就是大战略的创新，最危险的就是陶醉于“和平崛起”的梦想与幻想中，似乎只要把“和平崛起”喊出去，就万事大吉，就天下太平。

反思中国大战略的建设，可以看出，中国最成功的战略，是“经济战略”；中国最薄弱的战略，是“国际战略”。高速崛起的中国，发现自己其实缺乏系统的“国际战略”。中国不仅已经进入世界经济舞台的中心，而且已经进入国际政治舞台的中心，仅仅有“经济战略”已经不能支撑中国的崛起，中国必须创造自己的大战略体系。美国的大战略，特别是遏制中国的大战略，在经过冷战后20多年的过渡以后，现在已经制定了以保卫美国的世界领袖地位为核心，以遏制中国强势崛起为目标，以亚洲太平洋地区为美国全球战略重点的大战略。中国必须提出自己的国际大战略，特别是应对美国遏制、确保中国崛起的战略。

从“国学”到“球学”——创新5000年中国大智慧

中美大博弈，是世界上最古老的大国与最年轻的大国的博弈。应对200年美国，5000年中国智慧够用吗？

布热津斯基说：在中美世纪决赛的过程中，“双方的赌注，都会是非常巨大的。美中两国的智慧和品质，将会在这种持久的博弈中，受到严酷

① 郑永年：《通往大国之路：中国与世界秩序的重塑》，东方出版社2011年版，第55页。

的考验”①。

中国和美国，在大博弈中的被动和主动，不仅反映了双方力量对比的差距，也展示双方战略智慧的风采。应对只有200多年历史的美国，中国5000年战略智慧显得吃力。应该承认，中国战略智慧具有很大优越性，同时也有很大局限性。

中国古代战略智慧，从夏、商、周，到清朝中期以前，几千年的战略智慧，就是在神州大地进行竞争的智慧，是争天下、打天下、夺天下、稳天下、治天下的智慧。这个“天下”的含义，就是一个王朝，一个国家，最多拓展到中国周边，局限于东亚地区。这个阶段的中国战略智慧，至多是一种“地区智慧”。

近代中国，在鸦片战争的炮火中被迫加入英国主导的世界体系。从1840年到1949年，中国的战略智慧，就是集中解决国家和民族生死存亡问题，解决如何使中华民族自立于世界民族之林的问题。这个阶段的中国战略智慧，集中体现为如何“救亡图存”，是一种“生存智慧”。

新中国成立以后的30年间，在毛泽东时代，中国的战略智慧，主要是如何利用矛盾，在美国和苏联两个霸权之间发挥制衡作用，保持世界平衡，维护世界和平，有效捍卫国家独立和主权安全。这个阶段的中国战略智慧，是属于“安全智慧”。

改革开放中出现的邓小平智慧，是在计划经济导致中国与西方发达国家经济差距扩大的情况下，聚焦在如何通过接轨世界，实行市场经济，加快步伐，追赶西方。所以，改革开放的战略智慧，邓小平的战略智慧，是属于“追赶智慧”。

自从2010年中国经济总量成为世界第二以后，中国和美国之间新一轮世界冠军国家的决赛开始了，中国的战略智慧显得不够用了。今后几十年，中国第一位的战略问题，是解决与美国的大博弈问题。问苍茫世界，谁主沉浮？中国和美国的战略竞争，要求中国大战略必须回答的问题是：中国要建设一个什么样的国家，要创造一个什么样的世界？而中国大战略在历史上还从来没有遇到这样的问题。中国战略大智慧在历史上也从来没有回答过这样的问题。面对新的战略课题，中国5000年的战略智慧既有用又不够用。必须创新中国战略智慧，能够同时回答建设一个什么样的中

① ［美］兹比格涅夫·布热津斯基：《战略远见：美国与全球权力危机》，洪漫、于卉芹、何卫宁译，新华出版社2012年版，第181页。

国、建设一个什么样的世界的问题。

中国5000年战略智慧不够用，那么近代世界500年的战略智慧就够用吗？也不够。近代世界历史上曾经主导和领导过这个世界的国家西班牙、葡萄牙、荷兰，英国、美国，领导模式是殖民主义领导和霸权主义领导。中国将来不能重复他们的领导模式，要创造新的领导模式。在近代大国领导世界的历史上，英语民族驾驭世界的艺术最高明，时间也最长。但是英语民族领导和驾驭世界的战略智慧和模式，已经落后于世界进步的要求。当前美国霸权世界的领导模式，必须被代替、被更新，而这个创新的最重要力量是中国。所以，中国和美国在21世纪的竞争，不仅是世界领导地位的竞争，而且是世界领导模式、领导性质的根本转变。中国战略智慧的创新和发展，面临空前的机遇，也面临严峻的挑战。

中国5000年战略智慧需要发展、创新、转型。中国战略智慧需要由“国学”上升为“球学”。中国大战略的最高境界，就是把“建设一个什么样的中国”和“建设一个什么样的世界”紧密结合在一起，把“治国安邦”和“治世安球”紧密结合起来。

中国大战略的创新，需要中国战略思维的一次大解放。对中国5000年战略文化既要继承，要超越，更要转型和升级。美国最大的软实力，是让全世界都树立美国信仰和美国崇拜，让大家都认为美国是世界最好的国家，世界只能由美国领导，否则就是世界的灾难。这就是美国战略的厉害之处。中国21世纪的大目标，就是建设“世界第一国”，建设“世界第一军”，中华民族就是要建设一个比英语民族治理下的世界更美好的新世界。中国的战略大智慧，就是要瞄着这个目标创新和发展，就是要为此作出开拓性的贡献。

中国“战略生产力”，差距在哪里

5000年“中国大智慧”，要有效抗衡200年“美国大智慧”，需要大大提高中国的“战略生产力”。

大战略，首先是大预测，也是大设计。美国是一个善于设计对手的高明设计师。美国对新中国的战略设计，不断升级换代。20世纪50年代，《康农报告》最早提出了美国不能忽视7亿人口的中国。1953年11月6日，美国总统艾森豪威尔批准了国家安全委员会166/1号文件。该文件讨论了对于中国这样的对手采取什么样的方案，包括用军事力量摧毁，利用台湾地区的军事力量反攻大陆，对中国共产党作出让步以缓解它对西方世界形成的敌对立场等，认为这些方案都不够妥当。最后占上风的主张，是通过不会引发战争的方式，削弱和降低中国在亚洲的相对实力。其具体方案包括：继续承认和支持台湾；资助日本的发展和实力壮大；“采取所有可行的方式，无论是隐秘的还是公开的，来破坏中苏关系”。这是一个综合性的对付中国的政策方案。[①] 1966年3月，在美国一些著名专家的听证会上提出了对于中国“遏制而不孤立”的政策主张。1966年6月，美国国务院和国防部特别研究小组的研究报告《共产党中国：长期研究》，对中国进行长期战略评估。该报告提出：“现在北京的领导人不会安宁，直到成为全球三大强国之一，并且最终获得共产主义世界的领导地位。”[②] 该报告主张：把中国拖入世界，在使中国承担国际责任、获得一定尊重的同时，使中国把自己追求的战略目标现实化，放弃雄心勃勃的追求世界超级大国的目标，使中国“大国无大志”。美国最关注和警惕的是中国的国家大目标。现在，美国感到最焦虑的是，中国特色社会主义虽然放弃了传统社会主义关于“世界革命”的大目标，但是却树立了“实现中华民族伟大复兴”的大目标，并且已经超越了所谓“三大强国之一”的发展阶段，朝向“世界第一”的目标冲刺。

美国最重要的产业是“战略”产业，美国具有强大的“战略生产力”，美国的“战略生产机制”是全球最先进的。美国的战略生产力，不仅表现在具有全球规模最为庞大的战略智库队伍，更表现为冷战中形成的一套进行战略分析和战略制定的规范与逻辑，主要内容是：界定国家利益，界定主要威胁，提出战略目标，分析可以动用的战略资源，分析对手的战略资源，决定如何使用战略资源来实现自己的战略目标。这样一种分析和制定战略的逻辑和机制，保证了美国具有较高的战略生产率。战略生产学、战略研究学，在美国是一种“显学”。在美国政府中，以国家安全委员会为代表的战略制定与执行的体制在冷战中建立起来，进行制度化的运作。政府、军队、情报部门在战略问题上的意见能够在总统那里得到整合。

冷战后，美国对整个世界、各个地区和主要大国的战略预测和战略设

---

① 周建明：《美国国家安全战略的基本逻辑——遏制战略解析》，社会科学文献出版社2009年版，第262页。

② 周建明：《美国国家安全战略的基本逻辑——遏制战略解析》，社会科学文献出版社2009年版，第328—331页。

计，已经制度化，也更具有长远性、整体性。例如，美国战略界每四年一次，对未来 15 年的发展进行预测，主要预测三个内容：一是 15 年后的“世界总体形势”；二是“主要地区”的形势发展与演变；三是“主要国家”的发展趋势。从 20 世纪 90 年代中期开始，美国国家情报委员会（这是美国情报界从事战略情报分析的顶级机构）就启动了专项研究：《全球趋势》，每隔 4 年发表一份专题报告，通过综合分析影响全球趋势的关键因素，预测未来 15 年的世界形势，为 15 年后的世界画像。其目的是“为研究和辩论未来，提供一个灵活的构架”，“我们的目标是超越短期的战术考量，而提供一个长期的战略远景”。迄今为止，美国国家情报委员会已经发表了五份全球趋势报告，包括：

1997 年发表的《2010 年全球趋势》报告；

2000 年发表的《2015 年全球趋势：与非政府专家对话未来》；

2004 年发表的《2020 年全球趋势：描绘全球未来》；

2008 年发表的《2025 年全球趋势：转变中的世界》；

2012 年发表的《2030 年全球趋势：关于美国持久领导世界的能力》。

这些报告不仅汇集了国内情报、安全、外交等政府机构以及智库的智慧，而且广泛征求其他国家研究机构和人员的意见，从而提出对未来全球趋势发展变化的基本判断，也表现了美国情报界对于长期趋势研究的方法手段。

1996 年，美国国家情报委员会用 6 个月时间，在华盛顿地区举办了数场研讨会，推出了首份全球趋势报告《2010 年全球趋势》报告，1997 年 2 月小范围印发，受到好评。1997 年底对外公布，引起更大反响。此后国家情报委员会不断完善“全球趋势”报告的形成机制、研究方法和内容，不仅报告的篇幅增加，内容更加丰富，研讨会的举办地点也扩展到全世界，以便充分吸取全球各地的智慧。现在，“全球趋势”报告已经形成四年一份，在美国大选年编撰出台，供新总统、新政府未来决策参考的一个固定模式，成为美国国家情报委员会的“招牌产品”。

美国国家情报委员会在 2004 年出台的《2020 年全球趋势：描绘全球未来》，通过一系列地区性会议，向来自全世界的专家进行了咨询，提供了一个真正的全球视角。在五大洲召开了会议，收集外国专家对所在地区未来 15 年前景的看法。整个项目前后持续一年，涉及上千人。

可以看出，美国的“战略生产力”，超越了传统的个人和小圈子冥思苦想的“小生产”“小作坊”模式，是一种现代化智力大生产的机制，是一种“举国集智”，甚至是“举世集智”。

中国和美国最大的差距是什么？就是战略生产力的差距。这导致中国战略“四个缺乏”的问题突出，即全球性战略观念缺乏，全球性战略目标缺乏，全球性战略规划缺乏，全球性影响力缺乏。建设“战略中国”，创造先进的战略生产力，是紧迫任务。

第五章

毛泽东、邓小平对付世界霸权——六个“绝招”

毛泽东、邓小平在领导和指导中国反对世界霸权的斗争中，提出了一系列重要思想，创造了一整套战略战术，使处于弱势地位的中国，在对付世界霸权的斗争中，能够始终把握战略主动权。毛泽东、邓小平成功博弈世界霸权的理论和实践，是新中国宝贵的战略财富，对中国21世纪与美国进行的战略大博弈，具有很高的指导价值。

在毛泽东、邓小平对付世界霸权的理论与实践中，作者对以下六点感触尤为强烈。

以“六不怕”战略气概，展现反霸的精神优势

毛泽东、邓小平在领导和指导反霸斗争中，具有“六不怕”的英雄气概：不怕封锁，不怕制裁，不怕孤立，不怕包围，不怕破裂，不怕战争。

不怕制裁。邓小平说：制裁中国“七十国也没有用”。1989年“六·四”政治风波后，美国带头制裁中国，西方七国集团以及20多个发达国家参与。对此，邓小平的回答是，“中国的特点是建国四十多年来大部分时间是在国际制裁之下发展起来的。我们别的本事没有，但抵抗制裁是够格的”①。制裁中国，“不要说七国，七十国也没有用”。邓小平说，中美关系要搞好，但是不能怕，怕是没有用的。中国人应该有中国人的气概和志气。我们什么时候怕过人？解放后，我们同美国打了一仗，那时我们处于

① 《邓小平文选》第3卷，人民出版社1993年版，第359页。

绝对劣势，制空权一点没有，但是我们没有怕过。中国的形象就是不怕鬼，不信邪。[①]

不怕孤立。邓小平说：世界上最不怕孤立的就是中国。邓小平1989年10月26日在会见当时的泰国总理时指出："世界上最不怕孤立、最不怕封锁、最不怕制裁的就是中国。建国以后，我们处于被孤立、被封锁、被制裁的地位有几十年之久。但归根结底，没有损害我们多少。为什么？因为中国块头这么大，人口这么多，中国共产党有志气，中国人民有志气。还可以加上一点，外国的侵略、威胁，会激发起中国人民团结、爱国、爱社会主义、爱共产党的热情，同时也使我们更清醒。所以，外国的侵略、威胁这一套，在我们看来并不高明，而且可以使我们从中得到益处。事实表明，那些要制裁我们的人也开始在总结经验了。总之，中国人民不怕孤立，不信邪。"[②]

不怕包围。新中国在"三次大包围"中崛起。新中国总共三次被包围。第一次是美国在20世纪50年代到70年代初对中国形成的包围。第二次是在中苏关系破裂后，苏联在20世纪60年代中期到80年代末期，对中国组织的包围。这两次对中国的战略包围，都历时20年之久。第三次是从2011年开始，美国提出重返亚太，把战略重点转移到亚洲太平洋地区，开始构建遏制中国的战略包围圈。可以预见，美国在21世纪对中国的战略包围和战略遏制，时间将更为持久，情况将更为复杂，对世界格局的影响也更为深远。邓小平在会见外宾时曾多次讲过：我们这个国家是不怕包围的，我们几十年的革命历史就是在包围中生存，在包围中干出革命的胜利。

不怕封锁。毛泽东说：没有美国就不能活命吗？朝鲜战争爆发后，中美关系处于敌对状态。美国在1950年12月3日，宣布对新中国实行全面封锁禁运。美国颁布了管制对中国输出战略物资等法令，冻结中国政府在美国的资产。中美贸易完全停止。还有36个国家参加对中国的封锁禁运。这给中国人民的生活和建设造成很大困难。面对美国的封锁，毛泽东的态度一是反对，二是不怕。早在1949年8月评论美国白皮书时，毛泽东就在《别了，司徒雷登》一文中说："封锁吧，封锁十年八年，中国的一切问题都解决了。中国人死都不怕，还怕困难吗？老子说过：'民不畏死，奈何

---

① 钱其琛：《外交十记》，世界知识出版社2003年版，第173—174页。

② 《邓小平文选》第3卷，人民出版社1993年版，第329页。

以死惧之。'""没有美国就不能活命吗?"[1] 中国政府通过开展反对封锁禁运的斗争，积极发展对外贸易，既保证了前线的供应，又改善了人民生活，使美国封锁新中国的图谋彻底破产。

不怕破裂。毛泽东说：我们不愿破裂，但也不怕破裂。在1957年12月12日举行的第73次中美大使级会谈中，美国采取一些不正当手段，使会谈由僵持到中断。对此，中共中央和毛泽东指出："我们愿意谈判，并积极争取成果。如果美国不愿意谈，我们也可以中断谈判。我们不愿破裂，但我们也不怕破裂。美国如想打仗，我们也可以奉陪。"[2] 20世纪70年代末80年代初，中国实行联合美国制衡苏联的政策，美国自认为中国在战略上有求于它，可以在台湾问题上迫使中国让步。但是，邓小平表示，宁可中美关系倒退，也决不迁就。邓小平在中美关系问题上为了坚持原则而不怕破裂的精神，是一种政治家精神，是一种战略家气魄。以斗争求团结，以斗争求和平，以斗争求和谐，以斗争求合作，是毛泽东、邓小平的一贯风格。

不怕战争。新中国向世界宣示：我们是天不怕、地不怕。1955年1月，在解放军攻克一江山岛后，美国第七舰队主力开始向台湾海峡和浙江东南海面集结，对中国进行军事威胁。美国还放出空气，威胁要使用核武器。1955年1月28日，毛泽东在芬兰首任驻华大使孙士敦递交国书进行谈话时，针锋相对指出："美国那点原子弹，消灭不了中国人。即使美国的原子弹威力再大，投到中国来，把地球打穿了，把地球炸毁了，对于太阳系说来，还算是一件大事情，但对整个宇宙说来，也算不了什么。"[3] 邓小平1975年10月在与基辛格会谈中指出："至于中国，我们是天不怕、地不怕。"他强调：如果苏联想进攻中国，那它必须做好打20年仗的准备。[4] 邓小平1981年1月12日在会见日本参议院议长德永正利的谈话中有这样一段振聋发聩的话："就中国自身来讲，中国不怕战争，就是世界打起来，通道断绝，中国自己也有比较强的生存能力，充其量也就是回到延安的窑洞，那样也能生存。"

---

① 《毛泽东选集》第四卷，人民出版社1991年版，第1496页。

② 宫力：《毛泽东与美国》，世界知识出版社1999年版，第101页。

③ 《毛泽东选集》第五卷，人民出版社1977年版，第136—137页。

④ 宫力：《邓小平与美国》，中共党史出版社2004年版，第180—181页。

以不争霸、不称霸的强国宗旨，建立反霸的道义优势

毛泽东、邓小平在反对世界霸权的斗争中，始终把握两个“战略定位”：

一是给美国和苏联的国家性质定位。美国和苏联是两个霸权国家，他们之间的本质关系，就是争夺世界霸权，而世界霸权就是对于世界的侵略、渗透、控制、掠夺。反对世界霸权，是所有国家的共同利益和共同使命。

二是给中国的国家性质和国家形象定位。宣布中国永远不争霸、不称霸。强调中国现在不争霸，将来强大起来了也不会称霸，如果中国将来称王称霸，国家性质变化了，那么世界人民就有权团结起来，打倒中国的霸权主义。这样把美国和苏联定性为霸权国家，把中国定性为反霸国家，把中国和美国、苏联两个国家的斗争定性为反对霸权的斗争，这样就使中国站到了反对世界强权、制裁世界霸权、主持世界正义的国际道义的制高点。中国高举反霸旗帜，树立起自己的反霸形象，就赢得了道义上的优势，就具有了价值观上的优势。

划分“三个世界”，形成世界反霸统一战线的力量优势

毛泽东在20世纪70年代初提出“三个世界”的理论：第一世界是争夺世界霸权的美国和苏联；第二世界是世界的一批发达国家，主要是欧洲国家和日本；第三世界是广大的发展中国家。这是符合当时冷战时代世界战略格局的客观实际的。毛泽东提出的“三个世界”战略，就是团结和依靠第三世界，争取和联合第二世界，分化和反对第一世界的霸权主义和强权政治。这一国际统一战线的战略清晰易懂，操作性强，成为一段时期中国外交的主导战略。而在这样一个战略结构中，中国成为团结第三世界、联合第二世界、分化和反对第一世界的核心力量，由此形成国际反霸统一战线，取得了联合反霸的组织优势和力量优势。

利用矛盾、以霸制霸，发挥四两拨千斤的制衡优势

美国、苏联争夺世界霸权，总体上处于势均力敌的拉锯状态。中国作为世界反霸权的一支最坚决最重要的力量，受美国、苏联争霸状况的影响，而中国的态度和立场，对美国、苏联争霸的状态产生重大的影响，对世界战略格局的塑造产生重大的影响。毛泽东和邓小平根据美国、苏联两霸战略攻防态势的变化，根据维护中国的国家安全和维护世界和平的客观需要，在美国和苏联两霸之间，折冲樽俎、纵横捭阖、游刃有余，充分利用两霸之间的矛盾，在不同的时期，分别采用了“联苏抗美”“声讨苏美”“联美制苏”等不同的战略策略，成功做到了利用矛盾、以霸制霸，有效遏制了霸权的疯狂，赢得了战略上的主动。

大分大合、敢破敢立，创造纵横捭阖的外交优势

在与美国谈判的斗争中，毛泽东的名言是：我们不愿破裂，但我们也不怕破裂。在中美关系问题上，邓小平坚持原则不让步，他的态度是：宁可中美关系倒退，也决不迁就。在社会主义阵营中，毛泽东敢于与苏联决裂，与美国、苏联两霸对峙；在世界战略格局和中国安全形势发生重大变化的情况下，毛泽东又善于与美国联合，共同对付苏联；在冷战后期，邓小平能够与两霸拉开距离，在全球大棋局中更加独立自主。毛泽东、邓小平在与世界霸权国家的博弈中，该摊牌就摊牌，该握手就握手。从盟友到敌人，从敌人到盟友，一切以世界和平与国家安全为标准，体现了大战略家的风采。

善于战场立威，打出新中国的“军事信用”优势

霸权国家的一个基本特征，就是迷信武力。他们的逻辑就是“拳头里面出权力”“力量里面出利益”。美国是一个崇尚“实力主义”的国家，对付他，要有“角斗士”的勇气。新中国与美国的关系，是用一场血与火

的战争拉开序幕的。朝鲜战场上近三年的中美对垒，使中美关系进入20年的冰冻期，中国受到美国最严厉的封锁和制裁。但是抗美援朝的胜利也震慑了美国60多年，美国从建国以来第一次被新中国烙上了军事失败的印记。这个威慑，使得在越南战争中，中国警告美国不得越过17度线，美国就不敢逾越。

新中国在与美国、苏联两霸的军事对垒中，长期以早打、大打、打核战争的决心和准备，来威慑敌手，来制止早打、大打、打核战争。毛泽东、邓小平善于以坚决的小打、中打、巧打，实现战略企图，避免大打的局面出现。那种认为毛泽东“散、山、洞”的备战工程，是战略误判、是资源浪费的观点是政治近视。毛泽东以“敢战”的决心威慑了强敌，以“备战”的投资代替了实战的代价，以“小战”的代价避免了大战的风险。他生前为中国赢得了30年的安全，身后又为中国赢得了30年的和平。毛泽东的军事思想始终是中国的一种战略威慑力。

提出和平与发展是时代主题的邓小平，主张韬光养晦的邓小平，为什么要用一场战争来教训越南？为什么要用一场战争来为中国的改革开放奠基？为什么要用一场战争来为中国的和平发展揭幕？因为在大政治家的视野里，怯于战斗、不敢“亮剑”的民族，是没有资格享受安全与和平的。

第四篇 中国为什么能赢

——中美决赛的过程与选择

中美世纪决赛，中国为什么能赢？这个“赢”的含义是什么？

中国要在2049年实现中华民族伟大复兴的中国梦，为实现这样一个伟大目标奋斗，中国一定能“赢”。

美国为了保持世界霸权地位，对中国进行遏制、包围，甚至可能通过一场战争，打断中国复兴的进程。在反对遏制、突破包围的各种形式的斗争中，中国一定能“赢”。

霸权没有未来。中国主张建立“新型大国关系”，倡导“亚太命运共同体”“人类命运共同体”，站在国际道义制高点，为国际社会创造新型价值观。在世界战略话语权的竞争上，中国一定能“赢”。

21世纪中美大博弈，有三个历史性的关键时刻。这三个时刻，每一个时刻的到来，都将改变中国和美国，都将震撼和影响整个世界。

21世纪中美竞争震撼世界的第一个时刻——当中国经济总量全球第二时，中美开始“经济决赛”。

21世纪中美竞争震撼世界的第二个时刻——当中国经济总量超越美国时，中美开始“军力决赛”。

21世纪中美竞争震撼世界的第三个时刻——当中国军事力量超越美国时，世界开始“秩序创新”。

中美世纪决赛，是一个长期复杂的过程。中美双方都需要深刻认识21世纪中美关系的特点和规律，努力作出正确的选择，坚持以主动的精神和科学的态度，携手驾驭好中美关系这一辆运行在悬崖边缘上的高速列车。

第一章

震撼世界的第一个时刻——当中国经济总量全球第二时

中美竞争与苏美竞争的一个重大不同，就是苏美竞争中“军备竞赛”最为突出，而中美竞争中“经济竞赛”最为突出。

中美竞争的第一个关键时刻，就是当中国经济总量成为世界第二时，中美两国就作为全球舞台上两个主要角色开始博弈。中国经济总量在2010年超越日本，成为世界第二。2011年11月奥巴马总统高调宣布，美国的全球战略重心转移到亚太地区。2012年1月5日，五角大楼推出新军事战略，剑指中国。美国从此把中国确定为21世纪最重要的战略对手。

西方经济优势，第一次被中国挑战

布热津斯基在《大棋局——美国的首要地位及其地缘战略》一书中说：“美国经济的活力为美国在全球起首要作用提供了必要的先决条件。最初，在第二次世界大战刚刚结束之后，美国经济在世界鹤立鸡群，美国一个国家的经济就超过世界国民生产总值的50%。西欧和日本经济的恢复以及随后范围更广的亚洲经济的有力增长，使美国在世界国民生产总值中的比例下降，但是到冷战结束时，美国经济在世界的份额，已经固定在30%的水平上。”① 新兴国家特别是中国的崛起，迅速改变了世界经济格局。西方专家认为，现在“东西方实力对比，正面临四百年来最大的变局”。21世纪第一个十年，中国占美国经济总量的比例实现由10%到45%的大跨越，

① ［美］兹比格纽·布热津斯基：《大棋局——美国的首要地位及其地缘战略》，中国国际问题研究所译，上海人民出版社1998年版，第13页。

震惊美国。美国高盛资产管理公司主席、“金砖”一词发明人吉姆·奥尔尼在他的新书中指出，“从2001年算起，中国的国民生产总值已经翻了4倍，从1.5万亿美元，变成了6万亿美元”。基辛格讲：“美国以前没有与中国这样规模巨大而且历史悠久的大国打交道的经历，面对中国的崛起无所适从。”

30年前，中国的经济总量在全世界排名第13位。2003年，中国是世界第七大经济体。2010年，中国经济总量超过日本成为世界第二大经济体，这可以说是中美关系第一个转折点。此时中国和美国的关系，就成为世界的冠军国家和亚军国家的关系，这意味着新的一轮大国决赛的开始，意味着中国和美国的“经济决赛”开始了。

在美国看来，中国经济成为世界第二，进一步发展，就必然赶超美国，挑战美国的经济霸权。中国成为世界第二，这和日本世界第二，具有不同的性质和意义。日本和美国同属于西方世界，同样的意识形态，同一个战略阵营，日本再大也是美国的小兄弟，因为日本没有独立性。而中国这个亚军国家对美国的意义，大大不同于日本对美国的意义。因为中国是独立的国家，中国是社会主义国家，中华文明不同于基督教文明。中国与美国经济决赛关系的形成，不仅是世界两个大国的竞争，而且是两种文明的竞争，是两种意识形态的竞争，是白色人种与黄色人种的竞争，是英语民族与汉语民族的竞争。中国是不同于苏联也不同于日本的第三种类型的对手。美国用对付苏联的办法和对付日本的办法，都对付不了中国。中国崛起，考验美国的心胸、度量与智慧。

中国和美国的博弈过程，首先是在经济力量上赶超美国的过程。中国经济总量超越美国，中国经济总量世界第一，成为世界财富大国，这不仅是中国也是世界历史发展的一个转折点。英国和美国都是在财富成为世界第一后成为世界领头人的。中国在经济上超越美国，具有特殊意义。1992年9月17日，美国传统基金会主办的刊物《政策研究》发表的一篇文章《正在觉醒的龙——在亚洲真正的危险来自中国》指出：“在经过一个世纪的起步失误之后，看来中国终于坚定地走上了一条经济飞速发展、军事上显示其实力的道路，而这的确将在整个亚洲和全世界引起反响。这对于美国的经济利益和安全利益的影响是巨大的。”“中国是世界上军事力量正在迅速扩大的唯一的大国，而且它是一种共产主义制度正在满足其人民的经济愿望的第一个实例”。[①]

---

① 熊志勇：《百年中美关系》，世界知识出版社2006年版，第388页。

美国能容忍中国“经济第一”吗

中美“经济决赛”，中国势必“夺冠”，而美国定要“卫冕”。中国不会甘居世界第二，美国不会放弃世界第一。那么，结局会如何呢？

在过去10年里，关于中国经济超越美国之结果的讨论大致有两大派别：一派观点认为，即使中国成为世界头号经济强国，也不会成为统治性力量，甚至不会成为亚洲霸主，当前的国际秩序将仍然保持不变，因为中国仍然需要很长时间解决国内问题。另一派认为如果美国经济被中国超越，美国将无法维持庞大的军费开支，中国就会成为新的世界强权，并且会改变国际秩序，中国将把美国赶出亚洲，中国和美国之间会发生战争。

中国面临的战略选择，就是两种：一是勇敢地超越美国，二是甘居美国之后，永远不敢向世界冠军冲刺。中国显然要“和平崛起”而不会“和平停滞”。中国显然不会为了照顾美国的面子，为了不“刺激”美国、不“威胁”美国、不“挑战”美国，就不去追赶美国，不去超越美国。

美国一定要卫冕。美国总统奥巴马在2010年的就职誓言：美国决不做世界第二。2011年12月22日，角逐共和党总统候选人提名的美国国会众议院前议长金里奇，在回答记者提问关于如果他当选总统将会采取什么样的对华政策时说：“我要告诉中国政府，在今后一个世纪里，我们要走在你们前面。”在金里奇看来，美国在今后一百年内，都不会允许中国超过美国。

美国为什么一定不能让中国“经济第一”？香港亚洲时报在线2011年5月6日的文章《权力泡沫是中国面临的大挑战》提出：华盛顿会不会（应不应）允许中国在经济上超越美国？“倘若中国在经济上超过美国，这种转变可以带来巨大影响。中国将占据世界舞台中心。虽然军力仍不及美国，但是理论上将有实力与美国展开军备竞赛。而这可能造成美国破产。就如同20世纪80年代经济上更强大的美国与苏联军备竞赛，最终拖垮了苏联。”美国如何对待经济追赶者？“回忆一下20世纪80年代美国的表现。在10年间，美国克服了三大挑战：先是击败崛起的日本，接着拖垮了苏联，最后阻止了欧洲可能出现的政治同盟。同时，美国发起全球化的新阶段，改变了世界的经济和政治。”“华盛顿连其心腹盟友可能在经济上超过自己，都感到不满，又成功搞定了诸多问题。而中国既不是美国的盟友，政治制度又与美国截然不同，那么，美国凭什么会接受中国的世界经济霸主地位?”“当然，现在的形势已经与20年前不同。……中国如今在为所有人带来更多财富和福利。美国并没试图阻止中国增长势头，显然是因为后者的潜在经济贡献。美国设想中国可能会经历和平的政治变化。但是现在，中国几乎要超越美国了，但是政治变化还无从谈起。”

中国成为世界经济第二以后，对美国和其他西方国家心理冲击很大。根据皮尤研究中心全球态度调查，最近几年，在美国有一半的美国人认为中国的经济实力不断增强是件坏事情。在法国，有67%的受访者持这种观点，在德国是58%。有67%的美国受访者认为中国的经济实力比军事实力更令人感到担忧。

中国经济超越欧洲大国和日本的过程，总的说来，是一个比较平静的过程。而中国经济规模接近美国的过程，将会特别不平静。从超越日本成为世界第二以后，中国和美国的关系就进入一个战略对弈期、战略危险期、战略摩擦期、战略紧张期。这个时期就是今后10年，这将是中国在战略上最艰难的10年。

中美经济决赛“倒计时”，十年见分晓

进入21世纪，中国的经济崛起，与美国的经济危机，形成鲜明对比。在2001年的时候，中国经济总量仅仅是美国的12.8%。而到2011年，中国的GDP达到47.16万亿元人民币，大约合7.3万亿美元，相当于同年美国GDP的48.5%。中国在10年时间里，把GDP总量从美国的八分之一提升到二分之一。如此追赶速度，令世界惊奇，令美国震撼。①

德国《时代周报》2011年4月25日评论说：“美国时代的终结，端倪可见，这是一个扣人心弦的世界历史转折。”美国《政治画刊》2011年4月25日的漫画，用一只怪兽来隐喻中国，它正迈着大步轻松地追赶已经跑得满头大汗的瘦弱的美国。

国际货币基金组织2011年4月说，根据购买力平价计算，中国有望在2016年，在经济总量上超越美国。根据《经济学人》杂志预测，中国经济

---

① 《人民日报·内部参阅》2012年7月27日第29期，第43页。

总量将在2019年超过美国。而美国花旗银行认为，中国将在2020年成为世界第一大经济体。

英国《金融时报》网站2012年6月10日的文章《一个超级大国衰败的时代》，作者是该报首席经济评论员马丁·沃尔夫。他指出：按照市场汇率，美国的经济规模仍然大约是中国的2倍。但是，根据国际货币基金组织的看法，按照购买力平价，美国的经济规模只比中国大30%。由于中国人均国内生产总值只有美国的20%，这就给中国留下了巨大的追赶空间。未来数十年，中国的增长可能放缓，但是仍然会进一步接近美国的生产力水平。到21世纪20年代初期，中国的经济规模可能会超过美国。与日本不同，中国有自己数量上的优势，如果它的人均GDP达到美国的一半，它的经济规模就会跟美国和欧洲的经济规模总和一样大。

在美国，有专家提出“美国时代”将于2016年终结。在中国，人们认为“美国时代”还会持续一段时间。《华盛顿邮报》2012年1月6日的文章《对“美国梦”的五种误读》指出：当民调机构在美国人中调查哪个地区或哪个国家将引领未来的方向，有超过一半的人选择中国，有接近三分之二的美国人错误地认为，中国的经济规模已经超过美国。而在中国的受访者中，只有29%认为中国已经成为全球经济领袖，看好美国的则有48%。可以看出，奉行“韬光养晦”的中国，信仰“实事求是”的中国，崇尚“谦虚谨慎”的中国，在全球性的赞扬和欢呼面前，头脑并没有发热，而是保持冷静、清醒、理智。

预言中国经济“崩溃”的美国思潮

有西方专家警告：不要认为中国经济总量超越美国是注定的。在20世纪后半叶，西方曾经成功抑制了日本和东南亚两个东方经济奇迹。西方经营全球已经几个世纪，他们不仅掌握着全球主要战略资源的供给，而且控制着全球海洋主要通道。日本在20世纪七八十年代经济高速增长，但是在20世纪90年代经济停滞。到现在为止，日本已经度过了两个“失落的十年”。中国也会步日本的后尘，中国21世纪的第二个十年将会是一个“失落的十年”。

这些年来“中国崛起论”和“中国崩溃论”同时存在，曾经成功预言2008年华尔街金融危机而被西方称为“末日博士”的美国学者鲁比尼，就预言中国经济会在2013年硬着陆，主要理由是：中国资产泡沫严重，尤其是房地产泡沫危险；中国经济增长靠出口推动，在国际市场萎缩的情况下，经济难以增长；中国微观经济基础脆弱，企业效益不好的现状被漂亮的宏观成绩单掩盖；中国社会矛盾加剧，难以集中力量发展经济等。

美国学者弗里德曼在他的新书《未来十年》中公开宣称："我对中国的评价是崩溃，而不是崛起。"一些西方学者认为"中国 2013 年将第一次引发全球危机"。

美国《赫芬顿邮报》网站 2011 年 11 月 3 日的文章《为什么中国不会超越美国?》就列举了中国在经济上不能超越美国的诸多理由，其中指出："中国人未富先老，按照目前的人口结构趋势发展下去，到 2040 年，中国将有大约 4 亿老人。"中国的收入分配差距大，"1979 年我去中国时，基尼系数很低，但是到 2011 年，中国的收入差距比美国还要大"。

中国经济超越美国，才能避免人道主义灾难

中国经济超越美国，就是美国的灾难吗？其实不然。2000 年，美国国内生产总值（GDP）是中国的 8 倍，到 2012 年初，只是中国的两倍。但是即使中国在 2018 年成为世界第一大经济体，美国的人均 GDP 仍然是中国的 4 倍。

一些美国人认为，中国崛起，是对美国的威胁，是对世界的威胁。其实，中国失败，才是世界的灾难，是美国的灾难。

美国"全清晰世界"新闻评论网站 2012 年 1 月 12 日的文章《为何应为中国喝彩?》指出，中国今后 20 年内超过美国成为全球最大经济体几乎确凿无疑，在美国公众的讨论中，这被视为应当避免的坏事。大多数美国主流媒体评论都对中国的成功感到担心。这种担心也渗透在美国的政治对话中，煽风点火的可不止全职鼓动家。不过，中国经济总量超越美国是不可阻止的。事实上，如果 10 年内中国经济总量超不过美国，反倒会发生人道主义灾难。中国人口极其庞大，即便中国经济总量达到美国的水平，照美国标准看来大多数中国人仍然非常贫困。中国人口比美国多出 10 亿左右，如果中国国民生产总值与美国相当，那么中国即便给底层 10 亿人什么也不剩，也只能让 3 亿人获得美国式的生活标准。不管中国收入如何分配，如果中国经济总量不尽快超越美国的话，数亿中国人仍将处于赤贫状态。联合国估计，如果 2016 年中国经济总量达到美国的水平，那么大约 7 亿城

市居民的生活水平仍将远低于美国人，而7亿农村居民的生活水平在大多数美国人眼里则为赤贫。如果中国政府数据准确的话，目前有1.28亿中国农村人口的每天生活开支不足1美元。换言之，在把中国崛起描绘为某种威胁之前，我们最好问问同中国贫困人口“竞争”到底有什么价值。我们还是应当记住一位投资人在预见今后几十年发展时的话：“一旦中国失败，世界得不到什么好。”我们应当希望数亿中国农民在今后几年摆脱贫困，不光是为他们自己好，也是为我们好。

北卡罗来纳州国际经济学家布莱森说，“美国根本没必要战战兢兢”，“就算中国的GDP赶上美国，但作为一个拥有13亿人口的国家，人们的生活水平仍将远远落后于只有3.07亿人口的美国。普通中国人的生活水平要赶上美国人，至少还要一个世纪”。

中美“第一赛程”，已经成为世界“第一赌博”

英国博彩公司立博集团2011年2月14日推出一项新产品，让投资者押注中国何时超越美国，成为全球最大经济体。立博集团向博彩者提供6∶4的赔率，打赌中国将在2020年之前超越美国。这意味着如果你押上10英镑，而此事成真的话，除了收回自己的10英镑赌注外，你还能得到额外的15英镑。英国《金融时报》评论说，预测中国何时超过美国，已经成了西方经济分析师类似赛马赌注般的嗜好。实际上，对于中国成为经济“老大”，无论政治上还是资源上，世界都没有做好准备。中国继续追赶的过程很可能是一个充满风险的过程。英国《每日电讯报》就劝中国人：“应该尽情享受GDP超过日本带来的胜利，因为下次的超超之途将变得汹涌难测。”

英国的博彩公司一直什么都敢赌，从世界杯足球赛的结果，到英国皇室成员结婚怀孕生子的日期。但由于这种赌博涉及钱财的输赢，往往比媒体的预测分析更谨慎。博彩公司很少推出这样拿两国经济竞赛下注的奇怪产品。

2001年中国加入世界贸易组织时，很多战略家关注的还是“中国能不能挺过去”，那时如果讨论中国经济超过美国会被当成“荒谬的言论”。到了2005年和2006年，中国经济向世界证明，它迈过了“WTO这道坎”，并且活得很好，这才让中国经济超过美国有了可能性和争论的根据。2000年调查显示，65%的美国人认为美国是世界领先的经济强国。盖洛普2012年2月10日公布的一项调查显示，53%的美国人认为，中国是世界领先的经济强国，而选择美国的是33%，选择日本的是7%。这项调查针对的是全美50个州超过千名18岁以上成年人。

中美世纪决赛的第一个赛程——经济决赛，到底谁能够赢？参加这一产品赌博的双方，谁能够赢？人们在眺望中等待。

第二章

震撼世界的第二个时刻——当中国经济总量超越美国时

中美世纪博弈的第二个关键时刻，就是当中国经济总量超越美国，中国成为世界第一经济大国的时候，这是中美决赛的第二个转折点。其意义在于，中美决赛将开始由“经济决赛”，进入“军力决赛”。

“经济决赛”之后，为什么必然会有“军力决赛”

布热津斯基在《大棋局——美国的首要地位及其地缘战略》中说：“美国保持甚至扩大了它在利用最新科学突破为军事目的服务方面的领先地位，从而建立了一支在技术上无人能够与之相比的军事部队，唯一的一支能够有效地在全球都发挥影响的部队。”① 美国《华盛顿邮报》2012 年 5 月 5 日发表文章《关于美国衰落的五个错误观点》，作者是美国欧亚集团总裁伊恩·布雷默，他指出：只有美国有能力在全球各个地区投放军力。美国在全球四分之三以上的国家派有驻军，每年的国防开支超过排名在其身后的 17 个国家的总和。这种安全职责使得欧洲和日本能够减少国防开支，把资金投入到其他重要领域。美国海军保卫着重要贸易航线的安全，从而使全球贸易成为可能。美国军事力量是美国世界霸权的支柱。

西方世界为什么对中国在经济上超越美国如此敏感？是因为他们感到，中国坚持富国强军，要在富国的基础上强军，当中国在经济力量上超越美国成为世界第一大经济体以后，中国还会在军事力量上甘居人后吗？

---

① ［美］兹比格纽·布热津斯基：《大棋局——美国的首要地位及其地缘战略》，中国国际问题研究所译，上海人民出版社 1998 年版，第 31 页。

当中国在经济决赛中取得胜利，经济总量超过美国成为世界第一大经济体，中国和美国的军事力量决赛就开始了。此时的中国，具有巨大的超越美国的经济力量，但是综合国力不足，尤其军事力量落后于美国。而此时的美国，虽然失去了经济霸权，但是仍然具有军事优势和军事霸权。

中国的国家利益和维护世界和平的责任，要求中国必须具有超越美国的军事力量。这是中国保障和平崛起、实现伟大复兴的奋斗过程中，必须跨越的一道关口，也是中国崛起和复兴的一个标志。中国只是体重和脂肪崛起，骨头不崛起，力量不崛起，在军力上落后于美国，就要被遏制甚至要挨打。

其实，即使中国经济总量超越美国，中国要在军事上超越美国也很困难。韩国《中央日报》2011 年 6 月 20 日的文章《武断的中国威胁论》指出：中国即使按照国际货币基金组织的预测在 2017 年成为世界第一大经济体，并且继续保持最大出口国家和最大外汇储备国家的地位，但是要养活 13 亿人口，仍然摆脱不了发展中国家的地位。在军事上赶上美国更是困难。美国与包括北约在内的 60 多个国家缔结军事同盟。很难想象北京会通过海外驻军在世界范围投送军事力量。所以，美国其实是不用过度紧张的。

美国预测 2049 年的中国军队

美国 2049 项目研究所在 2010 年就开始研究解放军到 2049 年的发展状况。

中国和美国真正的军力竞赛，是在中国经济总量超越美国后。在此之前，是军力追赶，谈不上军力竞赛。英国《国际观点》杂志 2011 年 2 月号文章《中国方程式》指出："现在，中国在军事上依然与美国相去甚远。但是随着中国的 GDP 正在迎头赶上，并且将很快超越美国，北京将很快具有将军费增加到与华盛顿相当甚至超越的能力。一场新的星球军备竞赛将使本来就庞大的世界军费大幅度增加。……而中国发展军力，是出于一种防御本能，因为当前困扰中国的还是美国的围堵。"

英国《经济学家》周刊 2011 年 12 月 31 日（提前出版）刊登《中国经济真正超越美国的时间已在眼前》的文章指出，依据该刊对 21 项经济指标的评估，中国已经在过半的指标上超越美国，并且将在 10 年内，所有指标实际上全面超过美国。该刊估计，假如未来10年间中国的实际GDP年平均增长率为7.75%，美国为2.5%，两国的通货膨胀率分别为4%和1.5%，同时人民币对美元平均每年升值3%，那么到2018年，中国将超过美国，成为世界最大经济体。它可以确保军事上的优势，使一个国家在制定国际规则的时候有更多的发言权。从历史上来看，世界上最大的经济体，也会成为主要储备货币的发行国。

哈佛大学历史学家尼尔·弗格森说："中国经济的规模与美国相当的时候，可能最早会是2027年，它意味着中国不仅成为一个经济上的重要竞争对手，——中国已经是了——还是外交上和军事上的竞争对手。"

当中国经济力量超越美国以后，中国的国防支出当然要逐步与美国接近。美国专家估计，按照当前趋势，中国可能会在21世纪二三十年代取代美国成为世界上防务支出数额最大的国家。

《美国新闻与世界报道》周刊网站2011年4月28日的文章《为中国赶超美国欢呼的四个理由》，作者是该刊首席经济记者。他指出，中国注定将取代美国的经济地位，这将产生重大影响。迟早有一天，中国的国防开支将超过美国。

美国经济的本质：半是"市场经济"，半是"战场经济"

美国是21世纪全球军备竞赛的发动者、组织者，尤其是亚洲太平洋地区军备竞赛的组织者。

美国《外交政策聚焦》网站2012年5月23日文章《亚洲疯狂的军备竞赛》指出，亚洲目前正处于一场前所未有的军备竞赛之中。半个多世纪前，艾森豪威尔总统曾经指出，"制造的每一支枪，下水的每一艘军舰，发射的每一枚火箭，都是对饥而无食、寒而无衣者的一次偷盗。这完全不是真正意义上的生活方式。人道主义被挂在了铁十字勋章上"。

亚洲的军备竞赛对美国有用，亚洲成为21世纪的角斗场、大棋盘，是美国未来的大战场，也是美国卖武器赚钱的大市场。不论是在冷战期间还是在冷战以后，美国经济都是以"美元"为核心的市场经济和以"导弹"为核心的战场经济的混合体。例如，1979年，美国和中国台湾当局断交以后，美国国会通过了《与台湾关系法》，里根还对中国台湾作出了六点保证，对台湾地区承诺义务。美国对台湾地区军售，不仅可以使美国的国防工业获利，也可以促进美国就业。1992年老布什售给台湾150架战机，就带来40亿美元合同和5800个就业岗位。2011年，赞同对台湾军售的议员警告说，如果不向台湾出售新型F-16战斗机并且升级原有战机，洛克希德-马丁公司的生产线将完全关闭，估计将影响43个州共1.1万个岗位。

中国军力发展，为什么比苏联更有竞争力

当年，苏联在与美国争霸的斗争中失败，一个重要原因，就是苏联在经济总量上始终落后于美国，在经济力量差距大的情况下，要保持军事力量的优势，必然透支民生，引发民众不满，激化国内矛盾，导致战略被动。

冷战时期，美国可以用经济竞赛拖垮与自己在军事上势均力敌的苏联。但是在中国和美国的竞争中，美国感到在军事上与自己差距很大的中国，比苏联更难对付，因为中国经济发展的优势将为中国提供军事竞争的优势。

美国《福布斯》双月刊网站2012年1月8日文章《了解你的敌人》指出："尽管苏联的经济总量从未达到美国的一半，但是在冷战结束前，其军事实力一直与我们旗鼓相当。与苏联相比，中国拥有巨大优势，因此中国是比苏联更难对付的军事竞争对手。中国经济高速发展，而苏联经济经历了长时期的停滞。中国与世界经济融合，可以接触到先进技术。2012年，我们与中国共同享用全球定位系统（GPS）技术。"

2012年4月初，美国国会下属的美中经济与安全评估委员会发布报告，认为在21世纪的第一个十年，美国严重低估了中国的军事发展。该报告称："上世纪90年代末，一些美国专家曾经言之凿凿，认为中国在军事上永远不可能超越美国，而且认为中国为了发展经济，绝对不会优先考虑发展国防工业。但是如今看来，美国是低估了中国的军事发展。"

中国军力差距大，追赶需要20年

香港《亚洲时报》在线2011年4月14日文章《中美竞争依然错位》指出：中国的军事预算只有美国的八分之一，美国的国防预算是世界上最

高的，占世界军事总支出的47%，大约154个国家和地区有美国驻军，63个国家和地区有美国的军事基地以及部队。中国没有一个海外军事基地。

中国军队与美国军队的差距有多大？美国《防务新闻》2011年6月7日称，中国国防部部长梁光烈在出席香格里拉对话会时表示，中国武器装备与美国的差距是20年。而西方此前普遍认为这个差距仅仅有10—15年，而且在快速缩小。中国陆军还没有实现机械化。日本共同社2010年曾经引用斯德哥尔摩国际和平研究所的数据宣称，10年前解放军与美军实力差距多达40年，而现在的差距已经缩短为15年，尤其是在海军方面更为突出，解放军已经能够在大洋深处开展军事行动。《德国之声》则认为，中国和美国的军力差距是10年。在中国的歼-20隐形战斗机成功试飞后，俄罗斯军工新闻网称，随着中国反卫星武器、反导系统、反航空母舰导弹、航空母舰、攻击潜艇、隐形战斗机等研制成功，中国军力与美国军力的差距进一步缩小。

西方也认为中国军力落后美国20年。路透社2011年3月8日称，伦敦国际战略研究所所长认为，西方渐渐失去绝对军事优势，但是中国仍然需要15—20年方可在军力上与美国匹敌。

也有美国专家认为中国在军事上不可能超越美国。美国《赫芬顿邮报》网站2011年11月3日文章《为什么中国不会超越美国？》不仅列举了中国在经济上不能超越美国的诸多理由，批评了在美国存在的一个观点，就是“美国有一大批人错误地认为中国的经济已经超过美国”，“另外一个错误的观点是，认为中国将在军事上超过美国。首先，中国没有大的盟国，而美国有牢固的全球盟友。其次，今天的战争是科技的比拼，中国科技水平不够；最后，中国在政治意愿上将为保护台湾和西藏的利益而战。但是在该地区的另一个大国日本，将会尽其所能地抑制中国的军事崛起”。“对于中国的过分乐观的判断，不利于美国政府的决策，美国不应该害怕一个强大的中国，相反，应该更担心一个虚弱的中国。”

军力决赛，是最危险的阶段

美国前国务卿艾奇逊在第二次世界大战后评论英国说：英国已经“失去了帝国地位，却还没有找到自己的角色”。

一些西方专家认为，在美国的霸权地位动摇、中国赶超美国阶段，特别是在中国经济力量接近和超越美国，而美国的军事力量又具有优势的时候，可能是最危险的阶段。因为美国会以非同寻常的心态——甚至失去理性——的力度和敏感，来捍卫自己的霸主地位，并且会以保持军事优势和建立新的同盟体系的理念为基础，来遏制中国。与英国和美国之间的权力结构变化和转移不同，这一次在地位转变和权力转移中的中美两国，进行军事博弈和发生军事冲突的危险性大大增加，因为他们之间在政治制度和文化上具有不同的性质。

第三章

震撼世界的第三个时刻——当中国军事力量超越美国时

中美竞争，第三个经典时刻，就是当中国实现富国强军目标、中国军事力量超越美国的时候，这是中美关系的第三个转折点。此时，中国作为全球最强大的国家，必然要改变旧的世界霸权体系，推动一场世界大变革，建立新的更加文明进步的国际秩序。

新的“军事格局”，必然产生新的“国际秩序”

法国《费加罗报》2011 年 7 月 8 日发表法国三军防务学院前院长樊尚·德波特将军的文章《西方军事强势的终结》，作者说：“无论人们愿意与否，自远古以来，价值体系仅仅凭借它所依托的实力才具有力量。”随着新兴国家经济和军事实力的增强，西方军事强势行将终结，“西方国家正在看到它们的一个基本优势慢慢丧失。他们通过武力强加自己的意志、世界观和价值观的能力在丧失，以实力作为依托的影响力在消失”。

东方与西方的实力转移，中国与美国的地位转换，经济实力的变化是基础，军事力量的对比是关键。当中国军事力量超越美国的时候，也就是中国主导地位取代美国主导地位的时候，就是中国创立的世界秩序取代旧的世界秩序的时候。中国成为世界经济力量最大、军事力量最强的国家后，中国将推动建立新的世界政治体系、经济体系、金融体系、安全体系，开始全面建设新的世界体系。这是中美领导地位的根本转变，是世界领导权的又一次历史性转移。

邓小平论“建立国际新秩序”

中国长期是第二次世界大战以后美国建立的国际秩序、国际体系、国际规则的接受者。改革开放以后，中国一个响亮的口号，就是“与世界接轨”“与国际接轨”“融入世界”，实际上就是融入西方，融入美国。而美国建构的世界规则、体系、秩序，包括世界政治、世界军事、世界经济、世界金融等，从本质上说来，是一个霸权体系，是一个为霸权服务的体系。这个体系现在面临空前的危机。

邓小平 1988 年 12 月 21 日在会见当时的印度总理拉吉夫·甘地的谈话中就提出“以和平共处五项原则为准则建立国际新秩序”。他指出：“世界总的局势在变，各国都在考虑相应的新政策，建立新的国际秩序。霸权主义、集团政治或条约组织是行不通了，那么应当用什么原则来指导新的国际关系呢？最近我同一些外国领导人和朋友都谈到这个问题。世界上现在有两件事情要同时做，一个是建立国际政治新秩序，一个是建立国际经济新秩序。关于国际经济新秩序，早在 1974 年我在联合国发言时，就用了很长时间讲这个问题。这个问题我们一直在提，今后也还要提。至于国际政治新秩序，我认为，中印两国共同倡导的和平共处五项原则是最经得起考验的。这些原则的创造者是周恩来总理和尼赫鲁总理。这五项原则非常明确，干净利落，清清楚楚。我们应当用和平共处五项原则作为指导国际关系的准则。我们向国际社会推荐这些原则来指导国际关系，首先我们两国之间的关系要遵循这些原则，而且我们同各自的邻国之间的关系也要遵循这些原则。……这是件了不起的事情，不赞成的人会有不少，但只要有高度的智慧和战略的胆识，就一定可以完成。”“世界在变，人们的思想不能不变。”①

但是，中国在邓小平时代不可能完成建立国际经济和国际政治新秩序的任务。只有当中国经济和军事力量超越美国，才能实现这一目标。中国建立国际新秩序，实质上就是设计一个新世界、建设一个新世界，就是要创造世界的新规则、新体系、新秩序、新组织。

---

① 《邓小平文选》第 3 卷，人民出版社 1993 年版，第 283 页。

中国越强大，中美关系就越好

邓小平1989年12月10日在一次重要谈话《中美关系终归要好起来才行》中说："中国威胁不了美国，美国不应该把中国当作威胁自己的对手。我们没有做任何一件伤害美国的事。"[①] 邓小平说：中美关系终归要好起来才行。中美关系如何才能够好起来？什么时候能够好起来？

1816年，美国的约翰·亚当斯预言说："英国永远不会成为我们的朋友，直到我们成为它的主人为止。"[②] 按照约翰·亚当斯关于美国和英国关系的逻辑，那么，今天人们也可以说，"美国永远不会成为中国的朋友，直到中国成为它的主人为止"。但是这显然不是中国人的逻辑，中国即使再强大，也永远不会成为美国的主人，中国永远要和美国做伙伴、做朋友。

只有当中国与美国同样强大，成为势均力敌的对手，双方才有平等地位。只有当中国比美国强大时，美国才能成为中国可靠的伙伴和朋友。中国强大起来，中美关系才能好起来。

"三个关键时刻"的风险比较

21世纪中美决赛的三个关键时刻，标志着三个关键时期。每一个时期，都是中国千载难逢的战略机遇期，也是战略风险期、战略危险期。

第一时期，由于双方力量比较悬殊，是中国在大博弈的客观环境和条件上最不利、最被动、最困难的时期。

第二时期，虽然双方差距缩小，接近势均力敌，但由于最敏感最危险的军事力量的赶超和接近，所以是中国最危险的时期。

第三时期，当中国军力超越美国，中国才进入平安时期，才算是和平崛起了。中国和平崛起和伟大复兴的标志就是成为世界第一富强之国，但

① 《邓小平文选》第3卷，人民出版社1993年版，第350页。

② ［美］孔华润主编：《剑桥美国对外关系史》（上），王琛等译，新华出版社2004年版，第145页。

是“强而不霸”。

中国崛起和复兴的根本意义，不是要取代一个旧的霸权，创造一个新的霸权，而是要从根本上结束世界的霸权时代，为人类世界开辟一个“无霸时代”，这是一个不仅有利于中国，也有利于美国、有利于世界的大变革。

第四章

中美世纪决赛——波澜壮阔的三个战略阶段

任何事物的发展，都是一个过程，要经历若干个阶段。今后几十年的中美关系，会呈现阶段性特征。中美竞争和博弈的过程，将主要经历三个战略阶段。

第一个阶段，是中弱美强——中国处于战略防御阶段。

第二个阶段，是中美双强——中国与美国处于战略平衡阶段。

第三个阶段，是中国超越美国——中国处于战略主动阶段。

这三个阶段的中美关系，双方力量对比不同，特点规律不同，战略指导不同，必须因时制宜，才能把握战略主动。

重温《论持久战》，思考中美“持久赛”

20世纪30年代，在日本占领大半个中国的时候，毛泽东在1938年5月26日至6月3日，作了《论持久战》的长篇演讲。他指出，这场战争是半殖民地半封建的中国和帝国主义日本之间进行的一场决死的战争。他强调，抗日战争是一场持久的战争。毛泽东在分析和预测中国和日本的战争过程与前途的时候，天才地提出了三个战略阶段，就是战略防御、战略相持、战略反攻。今天，我们分析21世纪中国和美国之间的战略竞争，可以说，这场崛起的中国与霸权的美国之间遏制与反遏制、包围与反包围的世纪竞争，同样是一场持久性的竞争，也依然会有三个阶段。重新阅读《论持久战》，深感毛泽东当年对于抗日战争将要经过三个阶段的思想，也适用于中美大博弈。把握中美持久竞争的阶段性特征，对于把握战略主动权、避免战略被动，是很重要的。

中美“持久赛”与中日“持久战”，有联系也有区别。

战争是流血的竞争，竞争是不流血的战争。战争是最高形态的竞争，是竞争的最高形式。

在20世纪的抗日战争中，毛泽东发表了《论持久战》，揭示了中国抗日战争的特点规律，指出了中国必然胜利的革命前途。当时，中国有“亡国论”，有“速胜论”，毛泽东提出了“持久论”——在持久战中必然胜利的理论。

21世纪的中美竞争，需要一部《论持久赛》，揭示中美两国世纪决赛的特点规律，指明中国在这场世纪竞赛中必然夺冠胜出的光明前途。

当年，《论持久战》回答的是在中国和日本之战中，中国如何打败日本侵略者，赢得战争的胜利。今天的《论持久赛》，研究的是中国如何突破美国的包围、遏制和封锁，赢得竞争的胜利，让中国成为世界的发展冠军，成为全球最富强先进的国家。

《论持久战》是研究战争的，《论持久赛》是研究竞争的，一字之差，目的在于说明：21世纪美国对中国的遏制，与20世纪日本对中国的侵略，具有性质的不同；而21世纪中国与美国的竞争，与20世纪中国与日本的战争，具有性质的不同。早在日本明治维新以后不久，中国的一些有识之士就预言中国和日本必有一战，后来的甲午战争和抗日战争证明了这一点。现在，人们说“中美必有一争”，这一竞争正在进行。

中美博弈三个阶段，对战略指导的不同要求

21世纪中美持久博弈的三个战略阶段：一是中弱美强——中国处于战略防御阶段，这个阶段大体是10年时间；二是中美双强——中国与美国处于战略平衡阶段，这个阶段大体也是10年时间；三是中国超越美国——中国处于战略优势阶段、进入战略主动阶段，这个战略阶段大体也是10年时间。走过这三个10年的历程，中国经过30多年的连续拼搏，历史的车轮走到2049年——新中国成立100周年，中华民族伟大复兴的中国梦胜利实现。

中美竞争三个阶段，力量对比不同，具体目标不同，竞争艺术不同，必须着眼阶段性特点，掌握阶段性规律。

中美竞争第一阶段，属于中国崛起中的“战略防御”阶段，也是“战略忍耐”阶段。这个阶段的主要任务是经济崛起，主要特点是以弱博强，

主要斗争形态是以柔克刚，是用中国太极拳对付美国拳击，进行非对称“作战”。在这个阶段，中国对美国既要有战略忍耐的“度量”，不逞匹夫之勇的“强硬”，也不是没有气节和骨气的让步、妥协、软弱，而是软硬兼施，刚柔相济，特别警惕美国的军事阴谋、战争陷阱，防止美国在战略上引诱中国提前“决战”，引诱中国陷入美国策划和支持的“代理人战争”。

当力量对比进入中美双强、旗鼓相当的第二阶段，中国和美国的战略竞争就进入战略相持阶段。这一阶段的主要特点是以强博强，主要任务是军事崛起，主要目标是在军力上超越美国。这是一个高度敏感的阶段，是在相互制衡中保持世界平衡的阶段，也是中国从根本上摆脱战略被动的阶段。

第三阶段，是中国的战略优势阶段，是中国的战略进取阶段，也是中国的战略主动阶段。在这个阶段，世界格局将有根本性变化，朝着中国主导、中国设计、中国推进的方向前进。当中国的综合国力超越美国，中国进入战略优势、战略主动阶段，此时不是中国的战略反攻阶段、战略进攻阶段，而将是促进中国和美国战略团结、战略合作的最好阶段。因为此阶段，美国已经无力遏制中国，中国和美国的关系将真正好起来。

中国最难的是挺过“战略防御阶段”

在中弱美强——中国处于战略防御阶段，大致也就是今后10年，既是中国崛起和冲刺的战略机遇期，也是美国遏制和包围中国的战略机遇期。这个阶段，是中国的内外矛盾凸现期。

崛起，在内部会激化矛盾；崛起，在外部会招致妒忌，而且崛起速度越快，处境就越危险。中国在快速崛起的过程中，内部矛盾会快速积累，外部矛盾会快速加剧，使得崛起的中国无论是在“攘外”还是“安内”两个方面，都面临空前挑战。中国成功崛起，必须既“攘外”又“安内”，“攘外”“安内”两手抓。

在战略防御阶段，中国总体上是接轨世界、融入世界，在老的霸权国家建立的国际体系中崛起，在旧的国际规则下运行，同时又不能完全被其束缚。在战略防御阶段，世界大部分国家特别是中国周边一些国家，会跟着美国跑。这个阶段中国的战略地位比较脆弱。世界秩序由美国管理，世界战略通道由美国控制，世界资源生命线由美国操控，世界货币金融大权在美国手中。在战略防御阶段，中国要贯彻“战略忍耐”方针，贯彻“战略等待”方针，有些问题，就是要“以不败为胜利”，因为时间在中国一边。抗日战争，中国以空间换取时间，以持久赢得主动。抗美遏制，中国要以时间换取主动。在这个阶段，既要坚持有所作为，“该出手时就出手”，也要坚持韬光养晦，“该忍耐时要忍耐”“该等待时要等待”。

战略防御阶段，不等于战略被动阶段。要运用大外交、大智慧，在国际舞台上善于纵横捭阖，有理、有利、有节地进行必要的斗争，避免战略被动，把握战略主动。

美国将在文明中国的“挑战”中和平前进

美国一些人认为，中国崛起导致美国衰落，所以中国的复兴是对美国的威胁。其实，美国在冷战后的衰落、失败，根本原因是在整整一代人的时间里，失去了挑战者和制衡者。中国的崛起，有利于防止美国的衰落；中国的复兴鞭策美国的改革；来自中国的“挑战”，是21世纪美国进步的第一动力。

这个世界，自从出现了美国，就没有哪一个国家能够创造比美国更快的发展速度，就没有哪一个国家具有超越美国的实力和潜力。这是美国的骄傲和自豪，也是美国的包袱和忧患。美国的一部奋进史，就是一部“挑战别人”和“被别人挑战”的历史，美国总是在“挑战”和“被挑战”中前进。但是冷战后的美国，面临的局面是没有值得美国挑战的国家，也没有一个能够挑战美国的国家。于是，美国就骄傲起来，狂妄起来，放肆起来，导致霸权的危机和美国的衰落。

中国的奇迹，震撼了美国。美国哈佛大学历史教授尼尔·弗格森2010年11月22日在《华尔街日报》发表文章《进入中国的轨道》指出：“中国引领的亚洲世纪到来。”他问道：“现在西方主导世界的时期是否已经走向终结?”他说：“中国工业化革命的规模和速度在世界上首屈一指。在26年的时间里，中国的GDP增长了10倍。英国在1830年后花了70年的时间才使GDP增长了4倍。”“亚洲的世纪已经到来。”日本前驻华大使宫本雄二2011年1月出版新书《如何与中国打交道》指出：“改革开放30年，中国 GDP 增长 73 倍。”

没有竞争和挑战，就没有动力。国际社会发展进步的第一动力，就是国家间竞争。大国竞争，给国际社会带来巨大活力。而世界一号国家和二号国家之间的竞争，又是带动整个世界发展进步的火车头。人们往往讳言竞争，而赞扬合作。其实，竞争提供动力，合作形成合力，没有动力就难以形成合力。竞争与合作是大国关系不可缺少的两个方面。

美国在建国以后，活力四射，在对欧洲国家一次又一次的超越中，享受成功的喜悦。冷战中的美国在曲折中依然能够朝气勃勃，是因为有苏联这个挑战者。美国在冷战胜利后的衰落，是因为失去了挑战者，没有了强有力的制衡者和监督者。“冠军国家”发展进步的最大动力，是对于冠军地位强有力的竞争者、挑战者。具有成为冠军国家潜质的亚军国家的挑战，能够激发老牌冠军国家的“卫冕”意识，这是冠军国家的最大动力。美国在 21 世纪要保持虎虎生气，就不能没有挑战者。美国有中国这样一个“挑战者”，有利于美国保持上进心，中国是美国最好的发动机和推进剂。

冠军美国，必须从“挑战论”的仇恨情绪中解脱出来。世界舞台，就是你追我赶的比赛场。一个大国，最可怕的事情是，前面没有被自己追赶的目标，后面没有追赶自己的挑战者。能够促使冠军队员提高运动成绩的最大动力，就是涌现新的挑战者。美国《新闻与世界报道》周刊网站 2011 年 4 月28 日文章《为中国赶超美国欢呼的四个理由》指出：

“很多运动员都知道，保持第一可能比赢得冠军还难。美国已经在世界第一的位置上待了太长时间，也从中得到了好处。美国在第二次世界大战结束后成为世界头号经济强国，在此后的数十年里，繁荣成了美国与生俱来的权利。我们仍然拥有世界上规模最大、实力最强的经济体。但是，美国时代终将结束。因为，任何一个冠军迟早都有失败的时候，而美国正开始变成一个日益年迈、失衡的胖子。中国等发展中国家，正在以两三倍于美国的速度前进。美国政府还是发达国家中最浪费的政府，背负着惊人的债务，而且没有任何应对计划。尽管政府施予了大量援助，但半数以上的美国人在接受盖洛普调查时还是表示，国家经济仍然处于衰退和萧条中。国际货币基金组织的预测报告显示，美国时代将于 2016 年终结。迟早有一天，中国的国防开支将超过美国。而美国被中国超越，其实是一件好事。这听上去很吓人，实际上就是如此。我们需要一种弱者心态，这有利于保持我们的强大。每当美国为某个明确而公正的目标奋斗时，总是能够重振雄风。我们仍然是一个拥有非凡资源的富国，只是我们眼下没有利用好它。假如跌至第二位能够产生一种共同的危机感和使命感，给美国人一个团结在一起的目标，那么也许有助于鼓舞起任何一流委员会或两党研究机构都无法鼓舞起的决心。美国快速下滑，也许强于缓慢衰落。美国在很多方面早就不是（或者从来就不是）第一了。美国的贫困率几乎是发达国家中最高的。美国的教育成绩多年来一直位居中游。在英国莱加顿研究所的年度全球繁荣指数排行榜上，美国仅排在第10位。在医疗方面，美国的开支比世界上任何国家都多，但美国人的寿命却低于发达国家的平均水平，肥胖比例令人担忧，甚至有数百万人付不起医疗费。'美国第一'的极端爱国主义口号通常只是一厢情愿，因为很难找出自己在哪方面真的是第一。假如美国不再是世界第一大经济体，那就是美国确实在衰落的一个不可否认的信号。可在那一天到来之前，我们很可能会自欺欺人地认为，既然美国是世界第一大经济体，那么它就一定是个足够健康的经济体。失去第一的位置可能会迫使我们真正采取行动。尽管发出了大量呼吁，但政客们并没有付出任何努力来减少政府的巨额赤字或偿还14万亿美元的债务。世界上其他国家总是以难以抗拒的低利率借钱给'山姆大叔'，加重了美国的借债'瘾'。这种情况可能会在不久的将来发生改变，但是只有一场真正的危机才能迫使政客们削减重点项目开支和对大多数选民增税，以解决这个全国性问题。"

如果没有中国崛起，美国衰落的状况会更惨。美国《赫芬顿邮报》2012年1月9日文章《假如世界没有中国》指出："现如今，一些政治人物和西方媒体热衷于把美国经济问题归咎于中国。其实，如果这世界没有中国，美国和其他地方现在可能已陷入更严重的衰退甚至萧条。有种流行看法：中国抢走了美国的制造业岗位。然而，早在中国向全球经济开放前，美国制造业工作就已开始减少。1965年制造业占美国国民经济的53%，到上世纪70年代下降到25%。其后，克林顿签署北美自贸协定，美国制造业工作机会进一步流向墨西哥（而非中国）。事实上，美国人是中国的劳动和消费的最大受益者。美国公司享受到创纪录的利润。他们发现，在中国不仅可降低成本，收入也增长迅速。若中国不存在，许多现在活得滋润的美国公司将倒闭，或当初根本就不会出现。因为他们会没有足够的需求来抵消美国工资和监管标准上升带来的更高成本。正因为有了中国，美国才会有更多的会计、律师、营销人员、金融顾问、零售商、物流经理及大量其他服务业职位。这些工作都受益于美企向中国外包业务。在华制造产品每花一美元，就有55美分流向美国的工作岗位，对美国就业的贡献大于在任何其他地方（包括美国本土）生产。中国令美国有了更多薪酬更高的服务业工作。若无中国，美国的失业率会比现在严重得多。若非中国，美国的债务会继续有增无减。1982 年以来，美国家庭债务总额年年增加。而中国直到本世纪头 10 年中期才开始大量买入美国国债，它不可能是造成美国债务问题的主要推手。美国贫富差距的扩大早在上世纪 60 年代就开始了，当时中国的影响还无从谈起。将美国的问题归咎于中国是方便省力，毕竟，自揽责任、正面应对要难得多，批评别人总比改掉自身毛病更容易。但这种态度和行为只会使事情更糟。如果说美国能够解决自己的问题，那么我们应该感谢中国。因为中国为美国争取到更多时间，使美国人不会受到停滞与通胀的双重压力，从而有机会解决国内问题。这是中国给我们的礼物，可不要白白浪费了。”

中国赶超美国，已经成为美国改革、创新的第一动力。美国人提出“中国经济超越论”“中国制度超越论”“中国军事超越论”“中国教育超越论”。奥巴马强调中国对孩子的教育时间超过美国，中国高铁的增长迅速超过美国，并且把当前的中美关系与冷战时期的“卫星时刻”（1957 年 10 月 4 日，苏联率先发射人造卫星，引起从美国总统到普通民众的举国恐慌，激发美国在航天领域急起直追，重新夺回领先地位）相提并论。

崛起的中国，正在成为美国进步的发动机。

中国将在霸权美国的“遏制”中艰难复兴

美国如果没有中国的追赶，就没有危机感。中国如果没有美国遏制、包围、封锁，也会懈怠。中国崛起，是在落后状态下的“奋起”，是在被遏制环境下的“愤起”。美国的发展程度高于中国，使中国看到差距；美国的包围、遏制，为中国发愤图强提供了最好的精神能源。

中国跑步前进，需要有竞赛伙伴，才能够提神。中国有美国这样的决赛伙伴，是机遇，是幸运。美国把各种各样的难题出给中国，是对中国的锤炼。就像武术训练，中美两国自我练习的效果，显然不如中美双方“对练”的效果好。在 21 世纪，中国遇上了一个史无前例的世界第一高手与自己对练，美国也遇上一个世纪高手中国，与他对练，双方都能有最大的提高和收获。

冠军国家的最大动力，是有竞争者和挑战者，是要“卫冕”；亚军国家的最大动力，是要超越、要“夺冠”。冠军国家与亚军国家在“卫冕”与“夺冠”的决赛中，将共同收获运动成绩的提升、新的比赛记录的创造。21 世纪，美国发展的第一动力是中国的挑战，中国进步的第一动力是美国的遏制。

美国遏制中国、包围中国，给中国提供发愤图强的第一动力。这种动力主要表现在四个方面。

一是美国遏制、包围中国，为中国提供了第一凝聚力。否则，中国民众就会把不满集中于官员腐败、贫富差距。当年美国有意“误炸”中国驻南联盟大使馆，把美国在中国开始上升的形象在中国民众中特别是在一些崇拜美国的年轻人心目中炸飞了。现在美国对中国的遏制和包围，激发中国民众的爱国主义。21 世纪能够激发中国民族主义、增强爱国主义的最大教育家，是美国。美国对中国的遏制，是中国凝聚人心、维护国家稳定的最好帮手。中国有“仇富”情绪，有“仇腐”情绪，其实中国民众还有“仇霸”情绪。对外“仇霸”、对内“仇腐”“仇富”，这“三仇”情绪，是中国民众的三大情绪，是能够激动和号召起“千千万万”和“浩浩荡荡”的战略情绪。现在，中国人民的仇霸情绪在发展，这将加强中国的国内团结与稳定。当年毛泽东对美国说：封锁吧，封锁个十年八年，中国的一切问题都解决了。今天我们也可以对美国说：遏制吧，包围吧。再遏制、包围十年八年，中国的民族主义和爱国主义，将更加理性、成熟，中国的凝聚力和人民的团结将更加增强。

二是美国遏制、包围中国，增强了中国政治精英的忧患意识，有利于破除对美国的政治幻想。

三是美国遏制、包围中国，给中国提供了一个最好的对手，使中国在与世界第一高手过招中，增加政治智慧、创新政治艺术。

四是美国遏制、包围中国，迫使中国加快改革步伐，加快创新进程，为中国发展进步起到加速器和发动机作用。

分析近代以来中国的进步和发展，可以看出，西方的冲击和挑战，是中国觉醒和变革的第一动力。鸦片战争的炮声震惊了中国这头睡狮。古老中国的清醒是在西方坚船利炮的轰鸣声中开始的。西方的冲击和挑战，使中国发现在中国之外，还有一个比自己强大和先进的陌生世界。于是就有了洋务运动、戊戌变法运动，有了辛亥革命和新民主主义革命。所以，正是西方世界的冲击和挑战，为近代中国的进步与变革提供了最大的动力与活力。

没有冲击，就没有觉醒；没有挑战，就没有动力。在19世纪下半叶和20世纪上半叶，正是西方世界给中国造成的“生存危机”，为中国提供了变革与革命的第一动力。在21世纪上半叶，正是美国对中国的遏制、包围，正是美国为中国造成的“崛起困境”，为中国提供深化改革和快速强军的第一动力。

第五章

中美世纪决赛——三种模式选择

中美世纪决赛，竞争模式如何选择。

从2010年中国成为世界第二大经济体开始，中国和美国的关系就成为一种“战略决赛”关系。中国不可能停止和放慢前进与赶超的步伐而永远落后于美国；美国也不会轻易丢掉世界冠军国家的地位，坐看中国超越自己。中美两国在战略决赛过程中所选择的“决赛方式”，关系中美两国命运和世界前途，也标志和体现大国战略关系的文明进化程度。分析近代大国争夺世界领导权的历史进程，比较大国战略竞争的不同模式，对于选择和创新中美战略决赛模式，意义重大。

大国关系演变：三种模式和三个阶段

近代世界大国之间，特别是冠军国家与潜在冠军国家之间的竞争，主要表现为冠军国家的“卫冕之战”和潜在冠军国家的“夺冠之战”。这种围绕世界领导权的争夺战，主要有三种模式，呈现出三个历史阶段。

1. 近代世界领导权争夺战的三种模式

第一种模式，是以“战争”为最高竞争形式，通过大规模的战争进行武力“决斗”。这种决斗式的竞争，开始于世界体系形成以后，直到第二次世界大战结束。

第二种模式，不是以“大战”的形式进行“决斗”，而是以“冷战”的形式进行全方位的“对抗”。这种对抗性的竞争持续了将近半个世纪。

第三种模式，就是中美两国在21世纪以非“热战”也非“冷战”的方式进行的良性战略竞争。这是一种合作共赢的国际竞争，是造福中美两国、造福整个世界的战略竞争，是国际关系中前所未有的创新和文明。

2. 近代世界领导权争夺战的三个阶段

人类的20世纪，是战争与对抗的世纪。人类的21世纪，则是竞争与合作的世纪。从20世纪初期到21世纪中期，大约可以划分为三个阶段、三个50年。

第一阶段，20世纪上半期大国的战略竞争，是野蛮的竞争，是“丛林式”竞争。两次世界战争都是“角斗赛”，胜利者要把对手杀死。“你败我胜”的结局，以“你死我活”的争斗为前提。

第二阶段，20世纪下半期的战略竞争，是“拳击赛”竞争。双方对峙过招，你一拳我一脚，虽然不像上半个世纪那么血腥和残酷，也是以“你衰我兴”为原则的竞争，是一场零和游戏。近半个世纪的冷战，是一场残酷的“拳击赛”。胜利者要把对方击倒，实现“你倒我立”“你衰我兴”“你输我赢”的结局和目标。

第三阶段，21世纪中国和美国新一轮世界领导权竞争，双方关系不是“你死我活”“你倒我立”“你输我赢”的关系，而是“你追我赶”“你后我先”的关系。

中美两国21世纪的战略竞争，要从过去的“角斗场”和“拳击场”进入“田径比赛场”，中美两国应该创造新的国际竞争文明，创造新的大国战略决赛模式，产生新的大国关系规则。就像人类总是要离开丛林走进文明社会一样，国际社会也总是要脱离丛林法则走进文明世界。

大国“角斗赛”：世界大战让全球陷入火海

大国之间的“角斗赛”，是通过战争来进行的。“战争”是最残酷的“竞争”。

德国军事理论家克劳塞维茨说：“战争是政治的继续。”大国战争是大国政治的继续，世界大战是世界政治的继续。但是，政治在战争中继续，过于残酷；以战争进行的政治，过于血腥。人类文明的发展，世界政治的进化，需要对战争与政治的关系有创新的思维。建立新型大国关系，就是让大国之间的政治，不再通过战争来进行。21世纪的中美两国，应该让政治追求通过和平方式实现。

俾斯麦对大国“决斗”的战略思考，具有深刻的启示意义。俾斯麦在德国统一后告诫德国人说：“德意志民族经过漫长的分裂之后，终于得到了统一，那么我们就更应该珍惜这来之不易的良好局面，致力于和平与公正……对于一些诉诸武力的国际间的争执，经过深思之后，我想不能用简单的决斗方式来处理这些矛盾，这种方式似乎太欠妥当。”但是，在对世界领导权的竞争中，决斗的方式似乎是唯一的方式，决斗的原则总是成为最终的指导原则。

战略家们对大国“决斗”的历史总结，闪耀着理性的光芒。当代西方著名国际关系学者罗伯特·吉尔平指出：还没有任何一个例子能够说明，一个占支配地位的国家愿意向新兴强国让出对国际体系的统治以避免战争。吉尔平的这个结论是符合世界近代史大国竞争的实际的。有专家提出，近代世界有三个国家取得过霸权地位，它们是 17 世纪的荷兰、19 世纪的英国和 20 世纪的美国。而产生上述三个霸权国家的全球战争大概都持续了 30 年。1914—1945 年，美国从两次世界大战的废墟中走上世界领导国家的宝座。近代以来世界的领导国家，无一例外，都是打出来的“丛林之王”。

从近代世界冠军国家交接更替的历史来看，虽然新老冠军国家的交接更替过程，是一个长期的综合性角力过程，但是决定最终结局的总是武力对决，是战争更替，这显然已成为一条规律。

英国和美国，都是通过“角斗赛”走上霸权国家宝座的。美国走上冠军宝座的代价是巨大的。从近代世界冠军国家争夺战的历史来看，美国似乎是一个“和平登基”的典范，美国和英国之间的冠军更替是以“非战”的形式完成的。其实，美国走上冠军宝座的代价是空前的，美式登基的模式是“美国加冕，世界埋单”。后起的美国，在取代老牌霸主英国的过程中，那种所谓的“和平更替”，把“美国式的智慧”“美国式的狡猾”表现得淋漓尽致。

英美两国之间的霸权更替，如果不是德国在霸权争夺赛的决斗中冲在第一线，大大削弱了英国，那么美国和英国之间也难免会通过战争实现交接。第二次世界大战以前，美国对英国的作战计划不断完善，英国也有对美国的作战计划。实际上，世界霸权在美英两国之间的所谓和平转移，对于美国来说是代价最小，而对于整个世界来说则是代价最大的一次，是以两次世界大战、人类遭受空前浩劫为代价。战争，特别是世界大战，成为霸权竞争的制高点和霸权更替的必由之路。所以，世界霸权在英美两国之间更替的特殊形态，并没有改变霸权国家战争更替的铁律。

大国“拳击赛”：长期冷战使世界充满恐惧

冷战是大国关系中代价高昂的一种“竞争”。把冷战作为一场拳击赛来分析，就可以看到冷战的冷酷在于一定要把对方击败出局，要比出输赢。冷战的进步在于不是结束对手的生命，输者可以在恐惧中挣扎活命。

冷战之后，全世界都在批判“冷战思维”，将其当作大国竞争中的“魔鬼”。其实，从国际社会冠军国家争夺战的过程中争夺形态的历史演变来看，“冷战”与“热战”比较，是一种进步，“冷战思维”相对于“热战思维”是一个进步，以冷战的方式进行大国角逐也是一种相对文明的方式。冷战比热战文明，虽然这种文明是被逼出来的，是由于双方势均力敌，由于原子时代威力巨大的武器对世界大战的抑制作用。

人们可以批判冷战，但冷战时期毕竟是一个有原子弹而没有发生原子战争的时期，是一个有超大规模军备竞赛而没有发生超大规模军事战争的时期，是一个有世界矛盾而没有发生世界战争的时期，是一个有核威慑而没有发生核进攻的时期，是公元1500年以来军事冲突最少和战争规模较小的时期，是超级大国在战略竞争中以较小代价决定胜负的时期。大国冷战时期的政治智慧和“冷战之中无大战”的奥妙值得研究。

冷战是美国对付苏联的战略选择，是霸权竞争的战略文明。“冷战思维”的时代已经终结。冷战作为大国竞争的一个历史阶段，与冷战前相比较的文明性，并不能为它提供在冷战后继续存在的合理性。冷战让整个世界都战战兢兢生活在达摩克利斯利剑之下，全人类都成为大国博弈的人质，在时刻都可能被毁灭的冷和平中生存和生活。如此高昂的代价，人类难以承受。

美国和苏联之间近半个世纪的冷战，实质上是特殊形态的第三次世界大战。冷战，不是大国之间的“决斗比赛”，却是世界巨人之间的一场“拳击比赛”。在前两次世界大战中，角逐世界霸权的大国，是以世界为战场，进行你死我活的残酷“决斗”。而参加冷战的，是两个世界级的拳击手，他们以世界为拳击比赛场地，进行着虽然无关生死，但是要决输赢的比赛，一方一定要把对方击败、打倒。在和平、发展与合作成为世界潮流和时代要求的今天，“拳击式”的竞争模式，虽然不是要对手性命的决斗，但是也必然要像“决斗式”的竞争模式一样被时代淘汰，为人类文明所不齿。

大国“田径赛”：你追我赶为人类进步提速

“田径赛”，是一种新型大国关系。“田径赛”，应该是中美两国21世纪文明相处的新模式。21世纪的中美两国博弈，不可能是“决斗式”，也不能采用“拳击式”，只能是“田径式”。

中美“田径赛”，包括两层含义。

一是中美两国在21世纪围绕冠军国家的竞争，将是人类有史以来最文明的一场大国竞争。它不是“决斗型”的大战竞争，也不是“拳击型”的冷战竞争，而是“田径型”的比赛竞争。

二是这场竞争是一场世纪性竞争。它不是百米比赛，也不是万米比赛，而是一场“马拉松大赛”，是一场比魄力、比毅力、比耐力、比文明的竞赛。

中美两国21世纪“田径赛”，有两个突出特点：竞争的文明化和竞争的持久性。

在“田径赛”中，完全不必讳言“挑战”与“对手”这两个词。在“田径赛”中，“挑战”与“对手”都具有积极意义。

任何竞争性的活动，都不会没有挑战，也不会没有对手。竞争和比赛的实质就是挑战，就是以对手的存在为前提。国家间竞争也有挑战。冠军国家和潜在冠军国家之间更是客观上形成的一种卫冕和夺冠之间的挑战与迎战的对手关系。

根本问题，不在于是否挑战，而在于挑战的性质和方式。“决斗”性质的挑战，是你死我活的巨大灾难；“拳击”性质的挑战，是我赢你输的沉重代价；“田径”性质的挑战，提高的是双方的运动成绩。这种挑战，既是正常比赛的必然形态，也是对参与竞争双方的激励和鞭策。不允许挑战，就等于不允许比赛，这不利于增加世界发展的动力与活力。国际社会废除“决斗赛”性质的挑战和“拳击赛”性质的挑战，却不能废除“田径赛”性质的挑战。国际社会是一个舞台，在这个舞台上每一个国家都想演好一个角色。国际舞台也是一个赛场，每一个国家都是一个运动员，作为运动员的国家和作为运动员的个人虽然有重大不同，但是都要跑出好成绩则是共同的追求。过去的国际赛场其实是一个“国际角斗场”；后来逐步文明化，成为一个“拳击比赛场”；现在越来越成为一个“国际田径比赛场”。国际社会综合国力的奥林匹克竞争时刻都在进行。中美两国战略竞争中的所谓挑战，是“跑步赛”“跳高赛”“举重赛”中的竞争和挑战，实践的是“更快、更高、更强”的奥林匹克精神。所以中国和美国的良性战略竞争，将为世界进步提供巨大的活力和推动力，而不是给世界带来灾难。

建立中美新型大国关系的实质，是由中美两个大国共同努力、共创“大国竞争的新文化”；也是由中美两个大国共同努力，共同创造国家之间和谐相处的新规则、新秩序。用中美两国新型大国关系引领和带动全球国家关系的新型化，将为人类社会创造出一种新型国际关系，这种新型国际关系将塑造一个全新的世界。所以，建立新型大国关系的必然结果，就是塑造一个前所未有的新型世界——无霸世界。所以，将冠军国家与潜在冠军国家之间的战略竞争，从决斗场、拳击场转移到田径场，纳入“跑道比赛”的赛道，这是国际政治中的一场革命，是大国竞争文化的一次历史性创新。

第六章
中美世纪决赛——三种关系交融

21 世纪中美关系的实质，概括起来，就是“一条主线、三个方面”。所谓“一条主线”，就是中美竞争新一轮全球“冠军国家”的决赛关系。所谓“三个方面”，就是中美之间三分之一是“合作伙伴”关系，三分之一是“竞争对手”关系，三分之一是“敌人敌对”关系。中国倡导和美国建立“新型大国关系”，就是要扩大第一种关系，规范第二种关系，防止第三种关系。

中美关系的未来如何塑造？这取决于中国的选择，更取决于美国的选择。

中国和美国是一种什么关系？这既是一种现实，无法回避；也是一种选择，可以改变；更是一种探索，可以创造。

中美决赛：“卫冕”和“夺冠”的博弈

美国专家托马斯·巴尼特在《五角大楼的新地图：21 世纪的战争与和平》中说：“当新世纪露出曙光的时候，在我这个行业内，并不是每一个人都有同样的感受。实际上，五角大楼的整个战略计划圈子当时正考虑并准备在遥远的将来与中国发生战争。我们正在聘用许多中国问题专家。我们绞尽脑汁重新规划我们在亚洲的军事部署，以对付中国正在上升的影响。”“无论是五角大楼还是华尔街都在 2000 年把中国纳入了它们的视野，但他们所考虑的是把不同类型的力量楔入这个地区。五角大楼梦想与中国打长距离的、一按电钮就能解决问题的战争，华尔街却在为长期外商直接投资所引发的与中国的规则战争而烦恼。”①

① ［美］托马斯·巴尼特：《五角大楼的新地图：21 世纪的战争与和平》，王长斌等译，东方出版社 2007 年版，第 156—157 页。

美国专家坦诚告诉我们，无论是五角大楼还是华尔街，都在2000年把中国纳入了视野。区别在于，五角大楼在计划对中国的军事战争，华尔街在规划对中国的商业战争。而在2000年，中国仅仅是世界第七大经济体，中国的经济规模仅仅相当于日本的四分之一。2000年时，美国国内生产总值（GDP）是中国的8倍。到2010年，中国经济超越日本，成为世界第二。到2012年初，美国经济总量只有中国的两倍。从2010年中国经济总量超越日本成为世界第二以后，中美关系就成为全球一号国家和二号国家之间的关系，中美矛盾就成为“卫冕”和“夺冠”的矛盾。

21世纪的中美关系，是多种因素形成的复杂体系，主要是由三种元素组成的“三结合”关系，是三种关系的综合，是三种关系的矛盾统一体。这三种关系就是“合作伙伴”关系、“竞争对手”关系、“敌人敌对”关系。

中美关系——三分之一是“合作伙伴”

中国和美国必须成为紧密合作的战略伙伴。因为在全球化时代，中国和美国具有政治和经济上的共同利益，作为世界大国在全球治理中担负责任。维护地区和全球的和平繁荣，两国进行经济、政治、军事合作的空间广阔。

中国和美国最大的合作，是经济合作；最大的伙伴，是经济伙伴。中国和美国是世界上超大型的成功的贸易伙伴，双方的经济贸易合作一直是双赢的。根据摩根士丹利统计，仅仅从1996年到2003年，中国对美国的贸易顺差为2291.8亿美元，而中国物美价廉的商品，让美国消费者节省了6000多亿美元，并且使美国制造业降低成本，帮助美国控制通货膨胀。而中国大量购买美国国债，有力支持了美国经济发展。中国改革开放和现代化进程30多年，最大的受益者是13亿中国人民，而海外最大的受益者则是美国。

当然，在合作中必然会有竞争和摩擦。特别是奥巴马入主白宫以来，中国和美国之间的经济贸易摩擦明显加剧，包括人民币汇率、知识产权、政府采购、稀土供应等。可以说，中国和美国之间的经济贸易合作，是在摩擦、竞争甚至冲突中进行的。但是中美经济贸易关系，合作、互利、共赢是本质和主流。

这正如英国《经济学家》周刊2011年12月31日文章《中国经济真正超越美国的时间已在眼前》指出的那样：“如果美国领导人想要阻挡中

国的崛起，那就大错特错。因为中国经济的快速增长，对全球经济都有利，对美国经济更有利。从利益最大化角度看，其实，美国宁可在一个经济快速增长的世界里当‘老二’，也不要在经济停滞的世界里当‘老大’。”

21 世纪的世界，不可能再像冷战时期那样，在一个地球上，存在着分离和对立的两套经济体系。经济全球化时代，中国和美国在经济上的紧密联系与合作关系，已经达到了这样一种程度：如果坑了对方，也必然会害了自己。

中美互利双赢的战略合作关系，不仅表现在经济贸易上，而且表现在反恐怖、防止核扩散、全球和地区安全等问题的合作上。

中美关系——三分之一是“竞争对手”

竞争是人类的本性，是国家的天性。竞争尤其是世界大国的特性。而全球一号国家更是具有竞争的野性。美国，是靠竞争“夺冠”而成为世界霸主的，美国也必然靠竞争“卫冕”而维持霸权地位。

美国总统奥巴马 2010 年第一个国情咨文演讲就提出，美国在世界新一轮大国竞争中“决不做世界第二”。在 2011 年的国情咨文中，美国总统最震撼人心的话是，与中国的竞争“这是我们这一代人的斯普特尼克时刻”。美国洛杉矶时报网站 2011 年 1 月 30 日文章《奥巴马的“斯普特尼克时刻”能起飞吗?》指出，在国情咨文中谈到振兴经济的问题时，奥巴马总统指出，美国当今面临一个新的“斯普特尼克时刻”——另一个正在走向统治地位的超级大国的挑战。奥巴马警告说，正像苏联 20 世纪 50 年代发射了第一颗人造卫星“斯普特尼克”号，迫使美国奋起直追一样，今天美国也面临着实行经济扩张主义的中国的挑战。美国总统直接发出呼吁，目的是增强美国人与中国人竞争的忧患意识和紧迫感。正像美国总统指出的那样，如今拥有世界上最快的计算机和火车的国家，已经不是美国，而是中国。中国凭借强劲的增长和财政实力，已经成为世界经济发展的火车头。当然，美国人也承认，21 世纪的中美竞争与 20 世纪的美苏竞争具有本质的不同。当年苏联领导人赫鲁晓夫对美国人的宣言是：“我们要埋葬你!”而中国领导人访问美国谈论的是伙伴关系与合作。当年，美国人是全民一致反对苏联，今天美国的大公司在中国有大量投资，任何新的政策如果影响合作关系，必定遭到反对。

美国总统不仅用1957年苏联发射“斯普特尼克”卫星的震撼，来比喻中国崛起对于美国的战略挑战，而且奥巴马在国情咨文中还指出：“争夺就业岗位的竞争也是实实在在存在的。”“我们需要在创新、教育和基础设施方面比其他国家做得更好”，创新必须“在美国而不是在海外创造就业”。美国总统并不讳言与中国的竞争关系，他从保持美国世界第一的“国家地位”，到为美国工人争夺“就业岗位”，都要求把竞争做得更好。所以，中国和美国之间的竞争，是从天上到地下、从政治家到普通就业者之间的一种不可回避的关系。

美国华尔街日报网站2012年5月6日文章《如何处理对华关系》，作者是美国前驻华大使洪博培。他指出：“美国必须以实力应对中国。”“我们必须在共同利益的基础上与中国合作，同时对我们的关系在可以预见的将来必然是竞争关系这一本质保持警惕。”说一口流利中文的洪博培，作为美国前驻中国大使，作为美国2012年总统参选人，2011年11月18日在竞争共和党总统候选人提名的电视辩论会上，就讲了这样一段话：“我们应该联合我们的盟友和中国国内的支持者，他们是被称为互联网一代的年轻人。中国有5亿互联网用户，有8000万博主，他们将带来变化，类似的变化将扳倒中国（take China dowm）。与此同时，我们将获得上升机会，并且找回我们的经济生产力量。这就是我作为总统所要做的。”美国对中国，有“崩溃论”“改造论”“扳倒论”。美国曾经改造了日本和德国，美国曾经扳倒了苏联，今天美国要开始扳倒中国。一个要扳倒中国的国家，难道不是中国的对手吗？

中国和美国，作为21世纪全球最大的一对竞争对手，主要争什么？主要的竞争内容包括三个方面：

（1）国家地位上的竞争。这是中美两国围绕新一轮全球“冠军国家”的竞争。这一竞争将决定谁是21世纪的冠军国家，谁在21世纪领跑世界。杜鲁门在第二次世界大战后有句名言：“美国，争第一，保第一。”这是美国精神之魂。

（2）国家制度上的竞争。这是美国特色资本主义与中国特色社会主义的竞争，是世界上两种不同社会制度之间的比赛和竞争，是两种不同文明的争奇斗艳。中国没有埋葬美国资本主义的战略思维和战略目标，美国却有改变中国政治制度的战略思维和战略目标。

（3）世界前途上的竞争。这是维护和持续“有霸世界”还是建设“无霸世界”的竞争。“无霸权世界”不是“无领袖世界”，而是终结世界霸权，建设民主世界。

中国和美国的竞争关系，不是一般的战略竞争关系，而是一种“战略决赛”关系。这种“战略决赛”，是战略竞争的最高阶段。

中美关系——三分之一是“新型敌人”

基辛格曾经有一句名言：“中国本来不是美国的敌人，但是如果美国总是把中国当作敌人，那么，中国就有可能真正成为美国的敌人。”

布热津斯基说：“2011 年，美国不明智地决定向印度出售先进武器系统，但是维持对中国的武器禁运。美国还帮助印度改进其核计划。中国人因此而视美国为敌人，因为美国传递出一个信息，那就是：美国在中国决定把美国看作敌人之前，就已经把中国看作敌人了。”①

美国专家约瑟夫·奈警告美国：“如果你想中国成为美国的朋友，中国就会成为美国的朋友；如果你想中国成为美国的敌人，中国就会成为美国的敌人。”

确定两个大国是否敌对关系，无非是两种情况：一种情况是，双方都把对方看成自己的敌人，那么双方的关系毫无疑问就是标准的敌人关系：另一种情况是，双方中有一方把对方看成敌人，另一方则真心诚意把对方看作朋友甚至是亲人，坚决不把对方当敌人看待和对待，甚至连“敌人”这个词都讳莫如深，只说“合作伙伴”、只提“合作共赢”等感人词汇。这样一种情况可能出现三种结局。第一种结局是友好的一方把敌对的一方感动了。敌对的一方说，好吧，你这么友好，我不把你当敌人对待了。于是双方化敌为友，真诚的一方用善良化解了敌意，把自己的敌人变成了朋友，创造了神话。第二种结局是真诚的一方没有能够化敌为友，结果由于认敌为友，美好的愿望成为天真的幻想。当怀着敌意的对手端着刺刀冲来的时候，满腔善良的一方则手捧鲜花真诚相迎，结果可想而知。第三种结局是，真诚的一方本来把对方当朋友，而对方一定要把真诚的一方当敌人。真诚的一方仁至义尽，对方仍然不肯回心转意。对方一定要把我当敌人，真诚的一方无可奈何也只能把对方当敌人来应对了。所以，所谓“新

---

① ［美］兹比格涅夫·布热津斯基：《战略远见：美国与全球权力危机》，洪漫、于卉芹、何卫宁译，新华出版社 2012 年版，第 174 页。

型敌人”的关系，新就新在“中国真心要把美国当朋友”，而“美国铁心要把中国当敌人”，结果逼得“中国被迫要把美国当敌人”。

在美国军人的视野中，中国这个“敌人”是什么形象？华盛顿时报网站2011年5月25日报道，负责美国空军力量的两名高级官员在24日举行的参议院军事委员会听证会上表示，美国没有为未来与中国的冲突做好准备，他们对此日益担忧。海军航空兵出身的菲尔曼少将声称，中国军事力量的发展，令其夜不能寐。他在听证会上说，中国军事力量现在虽然跟美国有差距，“但是他们会赶上来。中国是聪明又爱学习的敌人，如果美国不保持优势，就会落后，就会失去优势”。美国军人把中国看成是聪明又爱学习的敌人，他们对中国军力的发展感到夜不能寐，如果中国没有强烈的敌情意识和防御意识，那么吃亏的肯定是中国。美国人基辛格说，你把中国当敌人，那么中国就真的会变成你的敌人；中国人说，我把美国人当朋友，那么，美国人就真的会变成中国的朋友吗？如果中国人把美国人当朋友，而美国人把中国当敌人，那么失败和倒霉的肯定是中国。

美国把中国作为敌人，是一种需要，是有好处的。美国赫芬顿邮报网站2010年1月31日文章《中国——下一个“必不可少的”敌人》指出：过去30年来，美国先后干涉、入侵或轰炸过许多国家。而所有这些国家的军力加起来都不如美国的一个航空母舰战斗群。俄罗斯一度是美国的敌人，但是今天的俄罗斯与冷战时期的苏联已经不可同日而语。剩下的就是中国了。在美国一些人看来，“黄祸”是增加和保持军费的最新理由。10年前，“新美国世纪”计划就宣称：“提升美国在东亚的军力是应对中国崛起为强国的关键。”鼓吹“中国是敌人”的书籍在美国屡见不鲜。华盛顿许多人都在寻找下一个“必不可少的”敌人。

美国为什么一定要把中国作为敌人？这是美国的霸权逻辑所决定的。在霸权美国看来，谁有能力和潜力赶超美国，谁就是美国的敌人。中国不仅是21世纪最有能力和潜力赶超美国的国家，而且是“异类”国家，这表现在四个方面：一是政治制度不同，中国是共产党领导下的社会主义国家；二是种族不同，中国人不是白种人，是黄种人；三是意识形态不同，13亿中国人在基督教体系外面；四是有超越美国的大趋势，核心问题是中国会超越美国，中国比苏联更有竞争力。

归根结底，中美关系的最后“定性权”，掌握在美国人手里。在中国和美国的关系这一矛盾中，美国是矛盾的主要方面，美国的选择决定着中美关系的性质。

美国遏制中国的战略布局已经形成

以中国为敌，美国遏制中国的战略布局已经形成。

中国军事专家彭光谦指出，美国精心打造的遏制中国的体系，主要由六个具体的分体系组成：

一是以中国为主要作战对象，以西太平洋为主要战场，以空军和海军为主要作战力量，进行所谓“空海一体战”的战役作战体系。

二是以日本和澳大利亚为南北两大战略支点，包括韩国、菲律宾等在内的军事同盟体系。

三是以西太平洋岛屿链条为依托的军事基地体系。

四是以西方价值观为内涵的政治渗透体系。

五是以“跨太平洋战略经济伙伴协定”（TPP）为依托，排斥与压制中国，确立美国经济主导权的经济遏制体系。

六是利用与中国有陆海领土主权争议的周边国家，进行挑拨离间，激化周边国家与中国的摩擦、矛盾和冲突，建立所谓“前沿部署外交”体系。

这样遏制中国的布局和体系，能够保持对中国的军事高压态势，以压促变，以压促乱，一旦时机成熟，就快速出手，与中国内部的“第五纵队”一起，里应外合，“扳倒中国”。美国在亚太针对中国的这样战略布局和体系，也能够强化“中国威胁”“美国保护”的氛围，绑架更多的亚太国家，特别是在东北亚，能够有效制止日本、韩国等盟国的离心倾向，防止他们脱离美国的控制，也有利于美国在南亚、东南亚扩展势力范围，确保美国的霸权地位在亚太不失守，在全球不动摇。

在美国“以中国为敌”的战略布局和战略体系已经形成的情况下，如果中国人不增强忧患意识和危机意识，而是在中美关系中鼓吹幻想，讨伐理智，注射麻醉剂，那就太危险了。

把13亿人变成敌人，是失败战略

美国对中国的战略，是把13亿人变成敌人的战略。

美国著名学者约瑟夫·奈有一句名言：“如果你想中国成为美国的敌

人，中国就会成为美国的敌人。”中美两国关系要想不成为“敌人关系”“敌对关系”，是双方必须都不把对方看成敌人。只要有一方把对方看成敌人，那么双方的关系就必然成为敌对关系。

中国和美国的关系，并不是注定要成为敌人。但是由于美国的冷战思维甚至热战思维，由于中国制衡美国的力量有限，不能保证中国和美国的关系不发展成为敌人关系，不能保证中美关系不成为敌人关系。中国不需要敌人，但是美国需要敌人。美国就是要把枪口对准中国的脑袋，就是要把刺刀对准中国的心脏。那么，在美国非要把中国当成“靶子”不可的情况下，中国想不当美国的敌人，能行吗？

美国需要一个敌人，这是美国的传统。没有敌人的美国，就没有凝聚力和战斗力。美国需要的最理想的敌人，就是世界的二号国家，而且必须是有潜力追赶和超越美国的国家。而中国对于一定要把自己当作敌人来对待的国家，是以敌意对待敌意，还是以善意化解敌意？当对方把自己当敌人对待的时候，是把对方也当敌人对待，还是当作伙伴和朋友对待？甚至当作亲人对待？那就是中国的智慧和选择了。中华民族具有以德报怨的传统，把这个传统运用到21世纪的中美关系上，把“以德报怨”发展成为“以德应敌”“以善化敌”，这种创新能否成功，主动权其实并不在中国手里。而这种应对一旦失败，那么牺牲中国的复兴和崛起，就是美国对中国善良和道德的回报，就是中国的惨痛代价。

其实，美国把中国当作敌人，对于中国也不见得就是绝对的坏事情。美国选定中国为对手，说明中国的实力和地位。美国强迫中国与其交手、过招，也迫使中国加快提高本领和实力。中国在美国的包围和遏制中，只能瞪大眼睛，发愤图强，而绝不敢稍有懈怠。“被敌人反对是好事而不是坏事”，21世纪的中国“被美国遏制是好事而不是坏事”。

汲取苏联的教训，是中国必修的课程

面对美国，苏联的教训，是中国的课程。

美国和苏联的冷战，长期是一个“僵局”，戈尔巴乔夫要塑造一个“新局”，就按照他的新思维，以超常规的战略妥协和退让，表达苏联的诚意，化解美国的敌意。“新思维”的结果，就是苏联解体、苏联共产党垮台。今天的俄罗斯虽然实行了大民主，俄罗斯总统选举比美国总统的选举还要民主，但是俄罗斯国家却被美国定性为“专制国家”，美国对俄罗斯的渗透和遏制一直向深度和广度进行。冷战胜利后的美国，对于真心投诚的俄罗斯仍然穷追猛打。

像中国和俄罗斯这样的大国，靠妥协、让步和顺从，是不能让美国信任和放心的。有专家指出，今天的俄罗斯要获得美国的信任和喜欢，起码要做好以下事情：一是要选出美国人满意的总统；二是要完全按照华盛顿的要求进行彻底的核裁军；三是要把俄罗斯的能源向西方廉价开放；四是要为俄罗斯众多的小自治共和国实行“民族自决”、从俄罗斯分离出去开绿灯；五是在国际问题例如伊朗、叙利亚等热点问题上与美国保持一致，完全配合。只有这样的俄罗斯，才是“无害化”的俄罗斯，是没有威胁的俄罗斯。而这样的俄罗斯将又一次解体，成为西方中心主义的辽阔郊区。

苏联的教训，是中国最重要的一门课程。重视这门课程，中国才不会成为第二个苏联。

第五篇 美国没有“中国通”

——误判中国，是美国的最大危险

说 “美国没有中国通”， 也许是过于夸张了。

但是考察20世纪下半叶以来的美国对华重大决策， 的确是误解和误判多于正确的判断。 所以， “美国缺乏中国通” 是一个客观事实。

在未来的中美关系中， 战略误判将导致战略灾难。

21世纪的美国， 需要一门正确解读中国的 “中国学”。

21世纪的美国， 需要一批科学判断中国的 “中国通”。

第一章

六次误判——美国对华决策的失败档案

《洛杉矶时报》曾经提醒美国政治家：中国是一个既让人害怕，又让人着迷的国家。美国必须找到正确的中国政策，不仅在这周不能犯错，这个月不能犯错，这十年不能犯错，即使在未来一个世纪，也不能在对华政策上犯错。

中美关系，每天都不能犯错误。为什么？因为中美关系的重要性无与伦比。

但是，人们看到，美国在中美关系上，总是“习惯性地犯错误”，总是“犯习惯性的错误”，美国在中美关系问题上“犯错误已经形成一种习惯”。

2004 年 6 月，在中国人民大学等单位主办的“政治文明与中国政治现代化国际学术研讨会”上，来自美国的华裔学者洪朝辉指出：自 20 世纪 80 年代末以来，西方理论家对中国政治发展的解释与预测，无不失败。①

美国前驻华大使芮效俭曾说：“专家们对中国未来进行预测的记录之糟糕，是人们想象不到的。”②

最近几年，美国把战略重心转移到亚太，实施包围遏制中国的“战略工程”，美国正在犯一个“世纪性错误”，美国正在犯美国历史上一个“史无前例的错误”，美国正在犯一个令美国绝对“无法承担代价的错误”。

中国有句古诗：“不识庐山真面目，只缘身在此山中。”化用此句形容美国，那就是：不识中国真面目，只缘身在偏见中。

美国对中国的战略偏见，屡屡导致美国对中国的战略误判。第二次世界大战以后，美国对中国的重大战略误判就有六次之多。

---

① 吴国光、程晓农编：《透视中国政治》，香港博大出版社 2009 年版，第 393 页。

② 吴国光、程晓农编：《透视中国政治》，香港博大出版社 2009 年版，第 420 页。

第一次误判：共产党和国民党，谁能赢得中国

第二次世界大战后，中国的第一号问题是国民党和共产党，究竟谁能赢得中国。而在这个问题上，美国的战略误判，导致其作出“扶蒋反共”的错误决策。

早在 1944 年 7 月至 1945 年 3 月，毛泽东等中国共产党领导人就多次接见美军驻延安观察组成员，毛泽东曾经与观察组成员谢伟思多次讨论战后中国可能出现的形势和对美国政策的建议。毛泽东认为，国民党和共产党谈判取得成功的希望甚微，国民党不可能对政府进行令人满意的改组，国民党反人民的政策必将导致战后中国的内战，而中国共产党将反对内战。毛泽东希望美国不要给蒋介石提供先进武器打内战，不要支持国民党这个腐朽的政府。当时，美军观察组向美国国内提供了大量军事、政治报告，他们在报告中指出：“共产党由于得到当地百姓的完全支持而变得越来越强大。”他们甚至断言：“无论我们向现在这样的国民政府提供多少物资和供应，那些自称为共产主义者的人总有一天要接管中国。这也许要用一年或许多年的时间，但他们终将控制这个国家。”因此，观察组反对美国政府片面支持国民党的政策。他们认为，美国“不能无限期地担保一个政治上破产的政权”。他们向美国政府建议要给延安以援助，以便“影响中国共产党的性质、政策和目标”，认为“这对美国来说是有长期的重大关系的”。在美国和中国的军事合作中，美国方面的代表史迪威曾经在日记中写道：“我以我所见到的一切来判断国民党和共产党：国民党腐败、失职、混乱、经济困窘、苛捐杂税、空话连篇、没有行动、囤积黑市、与敌通商。共产党的纲领……减税、减租、减息，提高生产水平和生活水平，说到做到。”但是，这些理智的结论和主张没有能够从根本上影响和改变美国政府的对华政策。

在第二次世界大战后期，美国政府内部在对华政策上的分歧和争论，朝向“扶蒋反共”的方向转变。1944 年 11 月 17 日被任命为美国驻华大使的赫尔利在 1945 年 2 月—4 月回美国述职，4 月 2 日，他在离开华盛顿前夕举行记者招待会，把中国共产党称为“军阀”，声称美国的对华政策就是“承认中国的国民政府，而不是中国任何武装的军阀和武装的政党”。这种主张渐渐成为美国对华政策的主流。在 1945 年 4—5 月间，是美国对

华政策决定性地倾向于国民党一边的关键时刻，是美国对华政策的一个拐点。此时的美国，在即将战胜德国和日本的情况下，在战后对付苏联的问题日益突出的情况下，在美国国内反共氛围开始猖獗，美国国务院中与中国有关系的人员大换班的情况下，美国“扶蒋反共”的对华政策大格局基本确定。而当时中国共产党的领导人敏锐认识到这一点。1945 年 4 月 24 日，毛泽东在中国共产党第七次代表大会的政治报告《论联合政府》中提出警告说：“任何外国政府，如果援助中国反动分子而反对中国人民的民主事业，那就将要犯下绝大的错误。”这时候还没有点美国的名字。但在一个半月后的 6 月 11 日，毛泽东在“七大”闭幕词中就直截了当地指出：“美国政府的‘扶蒋反共’政策，说明了美国反动派的猖狂。但是一切中外反动派阻止中国人民胜利的企图，都是注定要失败的。”① 毛泽东在美国 1945 年上半年“扶蒋反共”政策正在形成的时候，就警告美国“将要犯下绝大的错误”。后来的事实证明美国在中国问题上果然“犯下绝大的错误”。美国政府花费 60 多亿美元帮助国民党反动派打内战，阻止中国共产党人建立新中国的图谋，最终以失败告终。美国这次错误的结果和失败的代价，就是失去了中国，得罪了世界上人口最多的国家。

美国学者邹谠在他的著作《美国在中国的失败，1941—1950》一书的“前言”中说：“衡量失败的标准，并不是中国的丧失。任何人都不会丧失他从未占有的东西。……然而如果用美国的目的、意图、利益衡量其政策，那么美国的政策是失败的。在抗日战争中，国民党中国曾经是美国的盟友；在朝鲜战场上，共产党中国打败了美国军队，并且作为强国出现在世界上。”“从送交门户开放政策的照会到北朝鲜进军前夕这段时间内，美国的中国政策的失败，是由一个起决定性作用的因素所决定的。这就是目的和手段之间失去了平衡。美国曾经幻想并且相信，国民党统治下的中国将成为一个大国，国民党和共产党将建立联合政府……”著名的美国国际问题专家摩根索在为《美国在中国的失败，1941—1950》一书所作的“序”中说，第二次世界大战以后，“中国的共产化，是美国外交政策最惨重的一次失败”。“对我们集体的自我意识来说，‘丧失中国’是真正的创伤体验。它造成了类似神经病和精神病的症状，并且使人想起神经病和精神病的区别：神经病患者相信二加二等于五，而精神病患者则知道二加二等于四，但是却对此闷闷不乐。讲到中国，美国人就分成两类，一类患了

① 《毛泽东选集》第四卷，人民出版社 1991 年版，第 1085 页、第 1103 页。

神经病，另一类则患了精神病。只有为数极少的、其声音小得几乎听不见的少数人，敢于以冷静的客观态度正视这个历史事实。这样做意味着正视我们自己，揭示我们判断的错误和行动的失误，因而发现，‘丧失中国’的原因，既不是疏忽大意，也不是一伙可以指认的替罪羊的叛国行为，而是我们自己，是那些表达了政府意向和民众意愿的政策。”“我们的中国政策的缺陷，揭示了我们外交政策的一种风格，它深深扎根于我们的民族特征。”

在大战略家摩根索看来，美国在中国问题上的错误预测和错误决策，根源在于美国领导集团中有两类政治病人：一类是精神病患者，一类是神经病患者。有了这两类病人，美国在中国问题上就必然思维错乱。

第二次误判：中国人敢出兵朝鲜吗

中国，是一个充满魅力的国家。这使得美国在中国问题上的错误，也具有传奇的色彩。在朝鲜战争中中国是否出兵，就是这样的一个问题。

1950 年 6 月 25 日朝鲜战争爆发，9 月 15 日美国军队在朝鲜仁川登陆。10 月 3 日凌晨 1 时，周恩来紧急约见印度驻华大使潘尼迦，郑重提出两点意见，一点是“美国军队正企图越过三八线，扩大战争。美国军队果真如此做的话，我们不能坐视不管，我们要管。请将此点报告贵国政府总理”。另一点是“我们主张朝鲜事件应该和平解决，不但朝鲜战事必须即刻停止，侵朝军队必须撤退，而且有关国家必须在联合国内会商和平解决的办法”①。尽管新中国领导人发出清晰严厉的警告，但是美国领导人和前线统帅，都认为新中国根本没有胆量和力量与美国军队作战。美国在 10 月 3 日当天，就收到了潘尼迦通过外交途径转来的中国信息，但是不以为然。美国国务卿艾奇逊认为，这仅仅是中国的一个“警告”而已，并非中国“国家政策的官方声明”。美国总统杜鲁门也认为，中国出兵进入朝鲜参战的“可能性很小”，“不足为患”，美国对这场战争已经“赢定了”。1950 年 10 月 4 日，美国通过驻印度大使转达美国政府的回应，一方面表示美国无意与中国冲突，不会危及中国的安全，另一方面又杀机毕露，威胁中国不

---

① 周恩来著，中华人民共和国外交部、中共中央文献研究室编：《周恩来外交文选》，中央文献出版社 1990 年版，第 25 页、第 27 页。

要低估美国全力支持太平洋地区国际和平的决心。于是美国继续挺进三八线。

杜鲁门的女儿在为他的父亲撰写的传记中写道，当时她的父亲、身为美国总统的杜鲁门问麦克阿瑟将军：“中国或苏联进行干涉的可能性如何?”麦克阿瑟将军回答：“可能性很小。”并且说：“要是他们在头一两个月内进行了干涉，那倒是有可能决定战局的。我们现在不再担心他们干涉了。我们无须毕恭毕敬地站着不动。中国人在满洲有30万军队，其中也许10万至12万5千人部署在鸭绿江沿岸。只有5万—6万人可以渡过鸭绿江。他们没有空军。我们在朝鲜有自己的空军基地，如果中国人试图攻下平壤，那一定会遭到最大的伤亡。”① 麦克阿瑟后来在回忆录中说：“由于我们的基本上无敌的空军具有随时可以摧毁鸭绿江南北的进攻基地和补给线的潜在威力，所以我本人在军事上的估计是，没有任何一个中国军事指挥员会冒这样的风险把大量兵力投入已经被破坏殆尽的朝鲜半岛。这样，他们要冒的由于给养短缺而毁灭的风险就太大了。”②

在朝鲜战争中，新中国的对手美国，是世界上头号强国。1950年，美国的钢产量是8700万吨，中国只有61万吨。美国军队一个师有959门火炮，140多辆坦克，3800多辆各种车辆。志愿军一个军只有522门火炮，临时配备有100辆左右汽车，没有坦克。制空权和制海权都在美国军队手里。毛泽东在谈到朝鲜战争时说：“朝鲜战争，在开始的时候，美国一个师有800门炮，中国志愿军3个师才有50多门炮。但是一打起来，就像赶鸭子一样，几个星期就把美国人赶了几百公里，从鸭绿江赶到三八线以南。”③ 在朝鲜战场，以美国为首的参加联合国军的国家有16个，加上南朝鲜李承晚的军队，有17个作战单位。他们是美国、英国、法国、土耳其、加拿大、澳大利亚、希腊、菲律宾、泰国、新西兰、荷兰、比利时、哥伦比亚、卢森堡、阿比西尼亚（即埃塞俄比亚）、南非联邦以及南朝鲜。总兵力42万人，飞机1100多架，军舰300多艘。1950年10月17日，美国总统杜鲁门在与美军统帅麦克阿瑟会谈后，发表广播讲话说，朝鲜共产党进行有效抵抗的力量不久就要结束了。美国错误地认为，新中国刚刚建立，国力军力薄弱，根本不敢出兵迎战。麦克阿瑟声称，要在“感恩节”

① 金冲及：《20世纪中国史纲》第3卷，社会科学文献出版社2009年版，第723页。

② ［美］道格拉斯·麦克阿瑟：《麦克阿瑟回忆录》，上海师范学院历史系翻译组译，上海译文出版社1984年版，第265页。

③ 宫力：《毛泽东与美国》，世界知识出版社1999年版，第78页。

(11 月 23 日) 前结束战争。结果，1953 年 7 月 27 日，朝鲜军事停战协定在板门店正式签字。美国上将克拉克后来无可奈何地说自己是美国第一个在没有取得胜利的停战协定上签字的将军。

美国学者邹谠指出，美国军队在仁川登陆后，中国国家总理通过印度驻北京大使向美国提出警告，如果美国军队越过三八线，中国将不得不干涉。但是“显然，美国官员们拒绝相信：百年来一直是‘亚洲病夫’的中国，竟然敢于反抗并且能够成功地向世界第一流强国的军队挑战。不能充分地理解中国共产主义运动的性质，以及对于中国政治军事潜力的低估，是美国作出错误决策的基础”①。关于美国人低估和误判了中国共产党人的决心和意志，作者指出：“据报道，毛泽东在事后解释他的干涉朝鲜的决定时，说过下面的话：‘胜利会把中国的国际地位提到一个新高度；落后的中国跟第一流强国打成僵局就是中国的胜利；打败了也只不过是重演一下中国的抗日战争。’”② “从朝鲜战争演化出来的新的力量对比，包含两个主要的成分：一是中国在远东以强国姿态出现，二是在北京、莫斯科、华盛顿之间形成新的斗争模式。北朝鲜战役是中国军队对大国作战所赢得的第一次伟大胜利。自从鸦片战争揭开了现代中国的序幕以来，这一胜利对于一场国际战争的结局具有持久性的影响。它标志着罗斯福总统在战时的要使中国成为大国的政策获得了令人啼笑皆非的、部分的实现。”③

第三次误判：苏联解体，下一个垮台的是中国

苏联垮台以后，中国将是“第二个苏联”，成为美国政治家们的坚定信念。但是，历史又一次愚弄了美国。今天的人们已经看到，在苏联解体以后，中国崛起了。中国为什么没有成为“第二个苏联”？反而是美国陷入空前的危机？

冷战的胜利，使美国政要们欢欣鼓舞。他们认为，“中国正处在疆土

---

① ［美］邹谠：《美国在中国的失败，1941—1950》，王宁、周先进译，上海人民出版社 1997 年版，第 500 页。

② ［美］邹谠：《美国在中国的失败，1941—1950》，王宁、周先进译，上海人民出版社 1997 年版，500 页。

③ ［美］邹谠：《美国在中国的失败，1941—1950》，王宁、周先进译，上海人民出版社 1997 年版，第 508—509 页。

分裂、政治崩溃或民主革命的边缘”，下一个垮台的国家轮到中国了。尼克松出版了《1999：不战而胜》。布热津斯基在《大失败——二十世纪共产主义的兴亡》中断言，到20世纪末社会主义将彻底失败。苏联的解体把从20世纪70年代开始的所谓第三波民主政治推向高潮。根据统计，世界威权主义政体从1975年的68.7%下降到1995年的26.2%。而在同一时期，世界的民主政体从23.8%上升到47.6%。而部分民主政体也从7.5%上升到26.2%。世界上大多数国家实现了不同类型的民主政治。[①] 在这样一种局面下，中国不走西方之路还有出路吗？

而历史的精彩就在于，“历史的终结”并没有终结中国的历史，新的创造性的历史在中国开始了。中国在僵化的苏联模式和危机的美国模式之外，走出了自己的一条新路——中国特色社会主义之路。这条新路振兴了中国，繁荣了世界，也震动了美国。

美国《外交政策》杂志2011年1—2月号刊载《重新思考“美国衰落”》的文章指出：“在中国1989年发生‘六四事件’后，西方的分析家几乎没有人相信，20年后的中国，在政治体制上，依然会是一党执政的国家，没有人相信，中国在一党执政的情况下，经济仍然能够快速增长。当时的西方普遍认为，中国必须在政治自由和经济破产之间作出选择，就是说，如果中国不搞政治自由的西方体制，就必然要面临经济破产的悲惨局面。但是中国在之后20年高速发展的现实，让美国莫名其妙——因为，一方面是中国经济持续成功，另一方面是中国共产党的执政地位在继续巩固，中国共产党‘设法延续了一党制’。西方世界在中国看到了一种他们难以想象更难以接受的前景，那就是，当中国成为全球最大经济体的时候，中国仍然会是由共产党执政的一党制国家。中国靠一党制，完全能够崛起为一个超越美国的国家。”

中国为什么没有成为第二个苏联？美国在冷战后对中国前景的预测为什么又成为一个新的错误判断？一个重要原因，是美国没有看到中国特色社会主义和苏联僵化社会主义的重大区别，没有看到中国特色社会主义比美国特色资本主义的巨大优势。从马克思、列宁、毛泽东、邓小平，到今天的习近平，都强调社会主义必须吸收人类创造的一切文明成果。中国改革开放以后，无论在对苏联，还是在对美国的战略竞争中，具有优势的真正秘密在于，中国特色社会主义是“合成主义”，是集中与合成了世界各

① 郑永年：《通往大国之路：中国与世界秩序的重塑》，东方出版社2011年版，第2页。

种主义特别是社会主义和资本主义的文明成分，特别是集中了美国和苏联两种主义的积极成分，再加上中国的好东西。中国是采世界百花之精，酿中国特色之蜜。中国特色社会主义一方面优越于美国特色资本主义，另一方面又优越于苏联僵化的社会主义。而一些美国人把中国特色社会主义说成是另一种形式的资本主义，则是一种误解和歪曲。例如，美国《展望》杂志 2010 年 4 月号刊登《本世纪的战斗》文章，作者认为："21 世纪以来，中国形成了与美国不同的'资本主义'发展道路，形成了以国家资本主义为特征的模式，现在，中国和美国两种品牌的资本主义正在走向冲突。"中国比美国模式和苏联模式都更具有竞争的优势与潜力，关键在于中国特色社会主义是真正海纳百川的合成主义，是面向人类一切文明成果的世界主义。而美国模式和苏联模式，都是门户主义，是固守自己体制的狭隘主义。

中国是集中世界各种主义中的精华来振兴自己，中国道路越走越宽广；美国则要用自己国家的一个主义来更新世界，美国路子只会越走越狭窄。

第四次误判："市场化"必然使中国"自由化"

改革开放将导致中国和平演变，中国将沿着市场经济大路，在与世界接轨中，进入西方轨道——这是美国的一个"中国梦"，这是美国对中国的又一次战略误判。

西方看到，中国加入世界贸易组织，说明中国接受了西方创造和主导的现存国际经济秩序。冷战后美国的历任总统，都坚定地相信，随着中国自由市场的发展，中国的威权主义政治会软化和消失。但是，令美国人大惑不解的是，中国实行市场化，却没有"自由化"，没有被"西化"！

美国总统候选人罗姆尼在 2010 年出版的《无可致歉》一书，是他竞选总统的政策宣言书，也是他对美国战略困境的思考。他说：虽然中国"拥抱了自由企业形式"，但是其"专制统治"的未来却与以前的专制国家失败的宿命形成巨大差异。"我本以为会看到许多中国人不满中共的统治，并且对于西方的自由抱有强烈的向往，但是当我 2006 年在清华大学与中国学生交流时，我发现他们似乎更热衷于学习美式企业的经验，而不是促进美式自由。"

美国《洛杉矶时报》刊登马丁·雅克《理解中国——西方错估中国已数十年了》的文章指出："中国拥抱了市场经济，但是它避开了西方式自由。""人们想当然地认为，现代化进程必然导致西方化。但是，影响现代化的不仅仅是市场、竞争和技术，还有历史和文化。而中国的历史文化迥异于任何西方国家。""如果我们想要理解中国，就必须超越西方现实、经验和概念的局限。"

只要中国实行"经济市场化"，就必然走向"政治自由化"，这一西方定律在中国之所以成为一个误判，是由于美国人没有看到市场化和西方化的本质关系，没有看到市场经济与西方民主模式可以分离。经济上与西方接轨，不等于政治制度一定要与西方接轨。中国按照自己的国情进行经济市场化，但是没有按照美国的模式进行政治民主化。市场经济，是人类发展到现在，最有效的一种创造财富的方式。这种方式可以与资本主义制度结合，也可以与社会主义制度结合。过去，马克思主义者有一个误判，就是认为市场经济是资本主义的产物，市场经济是资本主义的经济基础，消灭资本主义就必须消灭市场经济。后来认识到，社会主义也必须建立和发展在市场经济基础上。但是，当社会主义解放思想、纠正对市场经济与社会主义关系的误判后，资本主义却陷入新的误判，认为市场经济只与西方政治体制相联，一个国家只要在经济上搞市场经济体制，在政治上就必然实行西方式的政治体制。因此，谁搞市场经济，谁就必然搞西方政治体制。

西方认为，市场经济必然产生民主政治，市场经济是民主政治之母，中国市场经济化，必然是民主政治化。而中国创造了一个奇迹，就是只要市场经济，不要西方式的民主政治，成功实现了市场经济与西方模式的民主政治的分离。这是三个打破：一是打破了马克思关于商品经济是资本主义经济的细胞、市场经济是资本主义的经济命脉的传统经典理论；二是打破了世界共产党人特别是中国共产党人关于一旦中国搞市场经济就会导致资本主义复辟的传统信仰和担心疑虑；三是打破了西方政治家认为中国一旦实行市场经济，就必然导致西方模式的政治民主化的信条。

在中美政治博弈方面，西方主流观点曾经认为，中国经济增长、人们富裕起来以后，必将出现政治自由化，中国将作为温和的大国对于世界政治经济发挥建设性作用。冷战后，美国在一段时间内之所以对中国崛起听之任之，一个重要原因，是美国的精英们有一个根深蒂固的信念，就是认为现代化就是西方化，市场化就会导致自由化，全球化就会加速"美国化”，会使美国价值观风靡世界。小布什和克林顿总统，都接受了这样的观点，他们将现代化、市场化、全球化，看作改变发展中国家特别是像中国这样的社会主义国家的根本途径；他们都把现代化、市场化、全球化和自由贸易作为输出美国价值观的载体。这是重大的理论误解，理论误判导致重大的政治误判。

一些美国学者反思认为，中国模式已经对美国的政治“软实力”构成挑战，中国“享受市场经济红利却未实现民主化”，在亚洲造成“消极示范效应”，削弱了美式民主的号召力和美国在亚洲的地缘影响力。

中国的发展和崛起，破除了只有西方民主能够救中国、救世界的神话。而世界民主进程的发展，也说明在全球推行西式民主的失败。根据研究，在20世纪90年代，差不多有100个国家从威权主义政体转型到民主政体。但是到目前为止，只有少于20个国家的民主转型比较成功。一些转型国家实际上处于无政府状态。[①] 事实说明，在西方国家，民主是经济发展的产物，但是在发展中国家，强制推行的民主往往与政局动乱、与落后贫穷联系在一起。美国锁定一些所谓非民主或者欠民主国家，不惜采用武力手段强制推行“民主”，结果多是灾难性的。一党执政、多党参政的中国，将超越两党轮流执政的美国。这使西方政治制度的唯一性和神圣性不仅受到空前挑战，而且必须从“神坛”走下来，成为世界多样化政治制度系列中普通的一种模式。

第五次误判：中国将在“崛起”中“崩溃”

“中国崩溃论”认为，中国只能做“普通大国”，永远不会成为“世界大国”，认为中国必然会在崛起的过程中崩溃。最近几十年来，“中国崩溃论”一直流行美国、误导世界。“中国崩溃论”是对中国的误判，是对美国战略决策的误导。

即使像布热津斯基这样杰出的美国战略家，对中国崛起的误判也是惊人的。布热津斯基在1997年出版的《大棋局——美国的首要地位及其地缘战略》一书中指出：“任何诸如此类关于‘中央王国’必然复兴而成为主要的全球性大国的预测都存在种种缺陷。……有人不久前就犯过这种错

---

① 郑永年：《通往大国之路：中国与世界秩序的重塑》，东方出版社2011年版，第6页。

误。他们预言日本会取代美国成为世界头号经济大国，并且预言日本必将成为新的超级大国。……现在，那些声称并且害怕中国必然会成为世界大国的人正在犯着同样的错误。”① “总的说来，即使到2020年，即便是在最好的情况下，中国也不大可能在全球性大国的主要方面真正具有竞争力。”② 2011年，布热津斯基在他的新书《战略远见：美国与全球权力危机》中，纠正了自己的误判。他说：“随着中国经济和政治实力的发展，中国在未来会挑战美国的全球领袖地位。考虑到中国最近的表现以及历史成就，那种认为中国经济会突然停止的想法是草率的。回想1995年的时候（实际上，这一年是中国30年经济腾飞的中间点），有几位杰出的美国经济学家竟然提出，中国到2010年会像苏联那样落入同一条可怕的阴沟，因为苏联在30年前的60年代宣称自己到了1980年就会超越美国的经济实力。如今，即使疑心最重的人，也不得不承认中国的经济增长是真实的，很可能会持续很长时间。”③ 阅读这两段话，感觉在预测中国的问题上，15年后的布热津斯基在批评15年前的布热津斯基。

旁观者清。2010年3月29日俄罗斯《专家》周刊发表了一篇文章，题为《全速前进》，该文作者强调：“错估中国是西方重大战略失误。”“没有正确地评估中国的潜力和野心，这恐怕是西方近20年来所犯的重大战略失误。”“多年来，西方重要战略家一直在自欺欺人。‘中国很重要吗？’——这是1999年美国著名杂志《外交》中一篇文章的题目，该文作者是被公认为‘中国通’的英国国际战略研究所专家杰拉尔德·西格尔。他预测‘中国仍然将是一个普通大国’。他的预测得到华盛顿的认同。其实他们都无视中国在应对1997—1998年亚洲金融危机时所表现出来的超乎想象的坚决和深思熟虑。”“中国在危机后变得更加强大和成熟。”“美国人只能安慰自己：中国仍然不太强，它永远不会成为世界大国。但是10年过去了，根据美国中央情报局的统计，中国按照购买力平价折算的GDP从1999年的4.8万亿美元增长到2009年的8.8万亿美元。中国以最小的损失挺过了2007—2009年的全球经济危机，而且并不打算停下发展的脚步。”

① ［美］兹比格纽·布热津斯基：《大棋局——美国的首要地位及其地缘战略》，中国国际问题研究所译，上海人民出版社1998年版，第212页。

② ［美］兹比格纽·布热津斯基：《大棋局——美国的首要地位及其地缘战略》，中国国际问题研究所译，上海人民出版社1998年版，第216页。

③ ［美］兹比格涅夫·布热津斯基：《战略远见：美国与全球权力危机》，洪漫、于卉芹、何卫宁译，新华出版社2012年版，第176页。

"根据美国估计，美国能够在战争中打赢中国的最后期限是2017年。况且，如今美国根本不想与中国交战。同时，它也不知道如何用和平方式控制中国。""中国在10—20年后会成为全球领导者吗？它到底有多强大？它的弱点又在哪里呢？""不论是欧盟还是美国，西方文明地区的没落，将使中国更有机会在最近30年内，成为无可争议的世界领袖。但是现在对于这一点妄加猜测是没有意义的。眼下中国还需要好好努力。"

美国的骄傲和对中国的偏见，决定了美国对中国发展的潜力和崛起的能力不能有正确的评估。美国从经济上预测中国，开始是集中在中国能否实现经济现代化，后来是重点关注中国经济增长速度减缓、衰退的可能性以及将会带来的后果。美国在2004年发布的《2020年全球趋势》报告指出，"中国以庞大的人口为基础，到2020年将可能成为世界第二大经济体"。可以看出，美国在2004年仍然严重低估中国的发展潜力，中国提前10年成为世界第二大经济体。中国的发展能力，超越美国的预测能力。

第六次误判：中美关系是"第二场冷战"

美国在21世纪的最大错误，就是遏制中国、包围中国。

美国一些人总认为中国崛起，会成为第二个苏联，强大起来的中国会像当年的苏联那样与美国争霸；美国认为中国崛起成为世界第一以后，会在全世界像美国那样称王称霸。以美国之心度中国之腹，使得美国一些人非要把正在崛起的中国，定性为"第二个苏联"不可，非要把中美关系搞成"第二场冷战"不可。

虽然，在美国也有一些有识之士不赞成这样的冷战思维，例如基辛格在《论中国》一书中就提出，要建立中美"太平洋共同体"。但是现在人们看到的是，美国正在加紧构筑"太平洋封锁线""太平洋包围圈"。美国在战略误判的指导下，正在错误的道路上越滑越远。

美国今天误判中国的焦点问题是：中国到底是谁？中国会是第二个苏联吗？中国会成为第二个美国吗？其实，中国的基本国策就是永远不争霸、永远不称霸。21世纪的中国，不是与美国搞冷战的"新苏联"，不会成为第二个苏联；中国不是要称霸世界的"新美国"，不会成为第二个美国；中国就是中国，中国是超越美苏冷战、超越美国霸权、也超越自己"世界革命"思维的21世纪新型中国。这"三个超越"，就决定了21世纪的中国，是世界历史上第一个超越了“帝国国家”“霸权国家”的“强而不霸”的新型国家。21世纪的中国，将是一个没有英国帝国印记、没有苏联霸权痕迹、没有美国单边主义特征、也没有中国古代朝贡思维的新型冠军国家。中国的崛起，将让世界告别帝国传统、告别霸权时代，将开辟世界历史上前所未有的无帝国、无霸权的新时代。中国成为世界第一后，不会围堵美国。在中国第一的情况下，美国的日子要好过得多。

在21世纪上半叶，美国的最大错误就是遏制和包围中国，因为这将浪费美国最大的战略资源，不仅给中国也会给美国和世界带来不幸，是损人害己的行为。

美国是不是没有“中国通”呢？美国在第二次世界大战后，在对中国问题上的判断和决策，的确是错误的判断多于正确的判断，是错误的决策多于正确的决策。面对中国这张考卷，美国的考试成绩很低，不及格。所以，美国的确缺乏“中国通”。

西方世界预言和判断中国，只有两次是成功的。一次是拿破仑的“中国论”——拿破仑认为中国是一头睡狮，一旦醒来，就会震撼世界。这个预言是正确的，中国这头睡狮已经醒来，已经震撼世界。第二次是尼克松的“中国行”——尼克松认为现代世界不能把红色中国隔离在外，他亲自走上打开中美关系的破冰之旅，成为创造历史的人物。而美国今天依然在享受这次破冰之旅的战略红利。

10年前——基辛格如何“误判中国”

美国有线电视新闻网2011年6月12日的报道《基辛格称中国对美国构成“巨大挑战”》说，基辛格在做客一个节目时，被问及40年前他是否预料到中国会成为今日这样的全球大国，与美国在经济和技术上竞争时，他说：“这是不可想象的。没有人能够有这样的预感和期待。”

在西方世界精英中，有的“虽然懂中文，但是不懂中国”。

基辛格虽然不懂中文，但他是一个难得的“中国通”。基辛格说：“毕竟过去2000年里，有1800年中国人都是主导者，而我们只不过主导了过去50年。”基辛格的理智与谦虚，还是很难得的。不过，要是认真起来，美国真正主导世界的时间也就是冷战之后20多年，而且美国的全球主导作用，已经把世界主导进入了危机状态。这也是他没有预测到的。

即使像基辛格这样对中美关系作出重大贡献的政治家，在当今美国可以说是了解中国的头号政治家，在进入21世纪之后，也创造了若干“误判中国”的记录。他在2001年6月出版的一本书中，对中国就有两大误判。

误判之一——关于中国超越日本经济的时间。基辛格在2001年6月出版的著作《基辛格：美国的全球战略》中，谈到美国的“对日关系”时说：“下一个世纪的前25年里，日本将继续保持亚洲头号经济大国的地位。”“今后几十年里，日本继续会是亚洲的头号经济大国。”① 现实情况是，在基辛格这本书出版不到10年，中国经济总量就超过日本，成为亚洲头号经济大国和全球二号经济大国，比基辛格的预测提前了15年。基辛格对中国25年发展状况的判断，就误差了15年。可以看出亚洲问题复杂、中国问题深奥，就连基辛格博士这样的亚洲通、中国通，对中国25年经济发展的预测，都要误判15年。

误判之二——关于中国成为美国竞争对手的时间。基辛格在2001年6月出版的著作《基辛格：美国的全球战略》中谈到“对华关系：战略背景”时说：“美国是动用一切手段，尽可能长地拖延中国崛起为一个世界大国呢，还是设法建立一种与所有国家合作的亚洲体制？这种体制既不假定任何一国天生具有侵略性，又有足够的弹性可以抵制任何一国的霸权野心。世界上无论哪一个地区，都或多或少地面临以上问题，世界上最强大的工业化国家与世界上人口最多的国家之间的关系更是如此。中国是世界上有记载历史以来最悠久的国家，也是唯一一个共产党执政的大国。中国在新世纪的某个时候，最有可能成为美国的竞争对手，不过我认为前四分之一世纪不太可能。如何解答以上问题，不是什么理论之争，而是决定21世纪有一个什么样的世界。”② 基辛格预测中国在21世纪前25年不能成为美国的竞争对手，实际上在2010年美国总统就喊出了“美国决不做世界第二”的口号，就开始把中国作为战略竞争对手。现在美国以中国为一号对手的战略布局已经形成，全世界都不怀疑这一点了。所以基辛格在这个问题上又误判了15年。

基辛格，是当之无愧的美国大智慧的优秀代表，也是中美关系中“理

---

① ［美］亨利·基辛格：《基辛格：美国的全球战略》，胡利平、凌建平译，海南出版社2009年版，第99页、第104页。

② ［美］亨利·基辛格：《基辛格：美国的全球战略》，胡利平、凌建平译，海南出版社2009年版，第123页。

智派”和“友好派”的代表。基辛格对中国尚且有如此误判，所以，我们对美国预测中国的局限性，对美国“误判中国”的习惯和传统，就可以理解了；我们对未来美国会继续误判中国，也就有足够的思想准备了。

读懂中国——美国精英的时代考卷

美国缺乏“中国通”，所以美国常是“中国盲”。中国为什么总是美国的一个谜？美国为什么老是读不懂中国、看不透中国、判不准中国？

《环球时报》2008 年 5 月 20 日 11 版发表一篇文章《在亚洲，美国为何总收获失败》。文章指出，美国的亚洲外交似乎总是处于“失败—总结教训—再失败—再总结教训”的无休止轮回中。在欧洲屡试不爽的均势战略、民主改造、和平演变等手段，在亚洲不是遭遇失败，就是收效甚微。

文章指出，“比较美国的欧洲与亚洲战略，欧洲战略显然更为成功。诸如取代英国成为世界霸权、坐收两次世界大战‘渔翁之利’、马歇尔的‘欧洲复兴计划’、建立北约、成功改造德国、演变东欧和苏联，直至取得冷战胜利”。

文章指出，“作为欧洲移民国家，美国欧洲战略之所以相对成功，在于美国对欧洲的认知和理解较为准确，文明与制度的相似，使其战略获得欧洲认同的程度也较高。相反，亚洲地缘政治复杂，文明与族群多样，宗教信仰与价值观念多元，社会制度差异大，亚洲是全球性、地区性矛盾汇集之地，而美国对真正的亚洲缺乏了解，以致不断制造‘文明冲突’。美国可以成功担当西方的领导角色，却无力领导亚洲”。

上述分析，很有见地。美国能够摆平欧洲、美洲、大洋洲，就是不能摆平亚洲。亚洲是美国的一个谜，中国更是谜中谜。美国在亚洲的失败，基本集中了美国外交失败的记录。美国对中国的误判，又成为美国在亚洲所有误判中最有战略性和经典性的误判。在中国，美国为什么总是收获“误判”？

在美国人看来，中国无疑是世界上最神秘的国家，中国是不可预测的，世界最难预测的国家就是中国。美国哥伦比亚广播公司新闻网 2011 年 5 月 2 日文章《中国崛起，美国衰落?》指出，美国正步向迟暮之年，中国将挑战世界老大的地位，5000 年中国焕发勃勃生机，而 200 年美国则老态龙钟。“不要忘记，中国过去 100 多年的历史充满突变，其中的曲曲折折几乎不可能未卜先知，比如“文化大革命”时期。没有任何情报机构、预言家或者美国人预想到这个独立、贫穷的共产党大国，会成为今日的第二大经济体。事实上，从上世纪中国沦为‘亚洲病夫’到后来的军阀混战，以及革命浪潮、对日战争、内战，最后到共产党统一国家，中国历史充满不可预测性。”

美国100年来没有读懂中国，美国更没有读懂新中国，没有读懂中国共产党，没有读懂中国人民解放军，没有读懂中国的社会主义，没有读懂中国文化。美国学者邹谠在《美国在中国的失败，1941—1950》一书中指出，美国在中国的战略失误，来源于“对中国的政治传统和中国特点的错误理解。美国在传统上对中国怀着仁慈的感情，对它的进步寄予很高的希望，对美国精神的影响感到自豪。个性、温和、倾向民主，被认为是中国文化中占主导地位的特征，它将防止共产主义在中国的传播，或者将改变共产主义的性质。据美国国务卿赫尔说，1941年3月14日，罗斯福总统对日本大使野村海军上将说：‘中国人民的构成与俄国人很不相同，他们有一种在更广泛的范围内使他们稳定并指引他们前进的哲学。’他向日本大使保证，‘中国共产主义并不是俄国意义上的真正的共产主义，日本对中国共产主义的恐惧是没有必要的’。1951年，魏德迈将军仍然认为可以赞同这样的观点：中国人是富有个性的人，他们‘以一种哲学的态度抗拒着马克思主义的理想或思想’。直到1957年，曾经是中国主要的传教士教育家、后来的美国驻华大使、受到国民党和共产党学生所热爱和尊重的燕京大学校长约翰·司徒雷登博士仍然认为难以相信‘具有如此丰富的文化遗产的中国，竟然被布尔什维主义统治了这么长的时间’。他仍然坚信，中国大陆并不是不可挽回地失去了”①。

《西行漫记》的作者斯诺在1944年6月10日发表《六千万人失去了盟友》的文章中说：“对于那些对中国背景知识了解甚少的美国人来说，‘共产主义’这个词也许会把人引入歧途。事实是中国从未有过共产主义，甚至在共产党地区也是这样。”他认为中国共产党不是真正的共产党人。“中国国民党政府垮台以后，关于美国对华政策的讨论处于混乱之中。有人试图搜索在美国和中国的美国阴谋家，据说他们为效忠外国主人而将美国引入歧途。事实证明，这是个最危险、最徒劳、最有害的努力。实际

① ［美］邹谠：《美国在中国的失败，1941—1950》，王宁、周先进译，上海人民出版社1997年版，第200—201页。

上，这种普遍为人们所接受的错误概念，不会是一组阴谋家和特务的劳动成果，不管他们多么聪明。相反，对中共的性质和意图所持有的错误概念的根源存在于普遍的看法和倾向之间。美国的政治传统还使人们对政治理论缺乏兴趣，对共产主义愚昧无知，这就导致了错误概念的传播。”

美国一些人把美国在中国的决策失误与存在“阴谋分子”相联系。美国学者邹谠在《美国在中国的失败，1941—1950》一书中指出：“赫尔利在1945年、贾特在1947年都已经提出过存在阴谋分子的观点，作为对美国在华政策失败的一种辩解。……自从1949年以来，许多共和党领袖们都加强了对国务院的攻击，要求调查，并且要求进行人事改组。许多美国人不能认识到美国政策的失败根植于他们自己也同样有的假设和态度，因此他们用接受麦卡锡的有阴谋分子的观点，作为对他们受伤害的自尊心的一帖止痛药。用欢呼并且默许他在国务院内搜索不存在的共产党人，来追寻可行政策的代替物，来表示出他们对远东事务的焦虑。”“麦卡锡参议员是在准备1952年连任竞选中用的论题时，发现共产党员渗透入国务院这一问题的。1952年2月20日，他在参议院回答要求解释他的指控时，在发表的长篇讲话中，提出81名国务院过去和现在有共产主义倾向的雇员的情报，并且把他们编成号，要求解雇和起诉他们。”①

美国对于中国的战略误判，归根结底，来源于美国的战略短见、战略偏见、战略肤浅。法国政论家托克维尔1835年出版了名著《论美国的民主》。他说：华盛顿有一封致其同胞的值得赞美的信，我们可以把它看作这位伟人的政治遗嘱。“华盛顿说过一句值得钦佩的至理名言：‘一个国家总是习惯于怀恨或喜欢另一个国家，它便形同一个奴隶，即成为自己的爱和憎的奴隶。’”② 偏见比无知离真理更远。今天的美国，不识中国真面目，只缘身在陷阱中，就是掉入了美式战略思维的“陷阱”中。美国《外交政策》2012年2月14日在《支持习近平》的文章中，总结了美国的反华思想：对于渲染美国经济功能性失调的人而言，中国今天的成功就像当年苏联的卫星上天，在挑战美国；对于新保守主义和鹰派来说，中国在威胁美国世界统治者的宝座；而在那些笃信美国衰落的人眼中，中国就像一头美国迟早要适应的“800磅重的大猩猩”。而真正的中国远比飙升的GDP和

---

① ［美］邹谠：《美国在中国的失败，1941—1950》，王宁、周先进译，上海人民出版社1997年版，第467页。

② ［法］托克维尔：《论美国的民主》（上卷），董良果译，商务印书馆1988年版，第260页。

军费开支复杂得多。

过去的中国，是世界的一个谜；今天的中国仍然是世界的一个谜，未来的中国更是世界的一个谜。不要说“美国没有中国通”，就是中国也难有“中国通”。因为中国的历史悠久，中国的国情复杂，中国的变化迅速。因为解决中国矛盾和中国问题，领导中国革命和中国改革，推动中国发展和实现中国崛起，要深刻认识和全面把握其中的特点规律，是很不容易的，一不小心，就会失误，就会犯错误。

但是在中美关系中，有一个奇特的现象，有一个明显的规律，那就是：当美国与中国合作与友好的时候，美国的判断就总是正确和赢利的——例如，抗日战争时期中国和美国共同打击日本军国主义，就赢得了伟大胜利。中美关系的历史证明，当美国与中国对抗的时候，美国对中国的重大判断就没有对过，美国与中国的博弈就从来没有赢过；当美国与中国合作的时候，美国的战略决策就没有错过，美国和中国在联合进行的斗争中就没有输过。

第二章

20年误解——美国猜不透“韬光养晦”

美国把中国的韬光养晦神秘化、阴谋化、妖魔化。美国精英以冷战思维来诠释中国的战略智慧，用“隐蔽的计谋”“隐藏的野心”“伪装的欺骗”等词语，来描述和解析中国的韬光养晦，把一个善良的大战略、闪光的大智慧，变成了一个可怕的大阴谋，丑化和损害中国形象。

“邓式”韬光养晦——时代含义与古代不同

“韬光养晦”，是中国古老的战略文化、战略智慧，也是中国美德。“韬光”的原意是不锋芒毕露，咄咄逼人；“养晦”的原意是，不骄傲自满，不狂妄自大，坚持谦虚谨慎，审时度势，量力而行。韬光养晦的本质含义，就是善于化解矛盾，减少冲突，增进团结，创造和谐，降低代价，成就事业。

20世纪80年代末90年代初，邓小平提出著名的“28字方针”，即“冷静观察，稳住阵脚，沉着应付，善于守拙，决不当头，韬光养晦，有所作为”。其中“韬光养晦”最受误解和曲解。

邓小平提出韬光养晦，主要是为应对1989年“六四风波”后中美关系恶化和冷战后的国际风云变化。在中国对美国的关系上，邓小平还提出了“增加信任、减少麻烦、加强合作、不搞对抗”的方针，促使中美关系逐步走出僵局。在此期间，邓小平对韬光养晦赋予新的含义。他强调，坚持韬光养晦，就是要集中精力，埋头苦干，过头的话不说，过头的事不做，避免引火烧身，影响国内现代化建设大局。同时强调，中国在国际舞台不是无足轻重，不仅能够而且也完全应该有所作为。

邓小平提出“韬光养晦”，是中国对外关系战略思维的创新，这种创新主要表现在三种关系上。

一是在中国与世界的关系上——抛弃“世界革命思维”。不搞“国际共产主义运动”，不继续“世界革命”，不输出社会主义，不搞“全球一片红”，聚精会神谋发展；推动人类世界由“战争与革命”为主题的时代，转型为“和平与发展”为潮流的时代；由推动世界革命，到维护世界和平，促进共同发展，建设和谐世界。

二是在中国与美国的关系上——抛弃“冷战思维”。中国反对美国的霸权主义，反对美国对中国的遏制、制裁和孤立，但是中国不当反对美国的旗手，不组织反对美国的联盟，不当世界反美力量的头。中国谋求与美国建立文明相处、合作共赢的新型大国关系。

三是在强大与霸权的关系上——抛弃“霸权思维”。中国追求强大而不追求霸权，中国要做“强大”国家而不做“强权”国家。中国韬光养晦就是要做到“争强不争霸、强后不称霸”，真正做到“强而不霸”。即使中国超越美国，成为世界最先进最强大国家后，也要反对强权，不搞霸权，真正跳出“强大就强权”的循环。

邓小平提出“韬光养晦”，具有新的时代含义，与中国古代一些政治家、军事家“隐藏战略图谋、忍耐以待时机”的政治权术，根本不是一回事。邓小平提出“韬光养晦”，是中国处理与世界关系、处理与大国关系特别是处理中美关系的大战略，而不是中国在自己实力不足、处于落后状态、弱势阶段的缓兵之计，不是权宜之计，更不是什么阴谋诡计。

中国“绝不能示弱”——“该出手时”要出手

韬光养晦“不能软弱”“不能示弱”。1989 年 7 月 2 日上午，邓小平在会见美国总统特使斯考克罗夫特和助理国务卿伊格尔伯特之前，对李鹏和钱其琛说：“制裁措施我们不在意，吓不倒我们。”钱其琛说，不久将举行西方七国首脑会议，不知又会宣布对中国采取什么制裁措施。邓小平说：“不要说七国，七十国也没有用。”他说，中美关系要搞好，但是不能怕，怕是没有用的。中国人应该有中国人的气概和志气。我们什么时候怕过人？解放后，我们同美国打了一仗，那时我们处于绝对劣势，制空权一点没有，但是我们没有怕过。中国的形象就是不怕鬼，不信邪。他还语重心长地说，做外事工作的人要注意这个问题。[①]

1989年9月16日，邓小平在会见美籍华裔学者李政道时，向美国方面传递的重要信息是，“中国人吓不倒。我们不想得罪人，我们要扎扎实实干自己的事，但谁要干涉或吓唬我们，都会落空。中国人有自信心，自卑没有出路。过去自卑了一个多世纪，在中国共产党领导下站起来了。庞然大物吓唬人，中国人不怕。抗日战争打了八年，抗美援朝打了三年，我们有以少胜多、以弱胜强的传统。……我相信，在外国的侵略和威吓面前，我们的人民不会怕，我们的子孙也不会怕”[②]。

1989年9月16日，邓小平在接见几位中央负责同志的讲话中指出：“中国自己要稳住阵脚，否则，人家就要打我们的主意。世界上希望我们好起来的人很多，想整我们的人也有的是。我们自己要保持警惕，放松不得。要维护我们独立自主、不信邪、不怕鬼的形象。我们绝不能示弱。你越怕，越示弱，人家劲头就越大。并不因为你软了人家就对你好一些，反倒是你软了人家看不起你。我们怕什么？战争我们并不怕。我们分析世界大战打不起来，真打起来也不怕。谁敢来打我们，他们进得来出不去。中国有抵御外敌入侵的丰富经验，打垮了侵略者，我们再来建设。”“我们的基础好，是几十年打出来的，这个优势一直要传到后代，保持下去，这是本钱。”[③]

邓小平1990年3月3日同几位中央负责人谈话指出：“我们对外政策还是两条，第一条是反对霸权主义、强权政治，维护世界和平；第二条是建立国际政治新秩序和经济新秩序。这两条要反复讲。”[④]“中国反对霸权主义，自己也永远不称霸。下个世纪，中国是很有希望的。”[⑤]

中国坚持“和平崛起”。但是，问题不在于不是中国“想不想”和平崛起，而是美国“让不让”中国和平崛起，是日本“让不让”中国和平崛起。甚至连菲律宾这样的国家，都要挑战和破坏中国和平崛起。中国坚持和平发展、和平崛起、和平统一、和平外交，中国处理争端，也坚持和平解决。但是，中国的和平原则，受到美国、日本严重的军事威胁和战争挑衅。美国不想给中国和平，日本不想给中国和平。中国坚持和平发展，但是发展高于和平，不能为了和平而牺牲发展；中国坚持和平崛起，但是崛

① 钱其琛：《外交十记》，世界知识出版社2003年版，第173—174页。
② 《邓小平文选》第3卷，人民出版社1993年版，第326—327页。
③ 《邓小平文选》第3卷，人民出版社1993年版，第319—320页。
④ 《邓小平文选》第3卷，人民出版社1993年版，第353页。
⑤ 宫力：《邓小平与美国》，中共党史出版社2004年版，第598页。

起高于和平，不能为了和平而放弃崛起；中国坚持和平统一，但是统一高于和平，不能为了和平，而容忍分裂；中国对于周边领土、领海方面的主权争端，坚持和平解决，但是主权高于和平，不能为了和平而牺牲主权。当中国被逼到墙角，到了实在忍无可忍、退无可退的地步，也只能是像抗日战争中一首战歌中唱的那样："大刀向鬼子们的头上砍去！"所以，中国能不能和平崛起，最主要的是取决于美国是否对中国进行"战争遏制"，取决于日本等国家是否对中国进行"战争挑衅"。

中国不是"当代韩信"——"胯下之辱"不能忍

中国秦朝末年，天下大乱，群雄四起。有一位胸怀大志的军事天才韩信，为新的王朝——汉朝的建立，立下了赫赫战功。这位大英雄后来能够建功立业，是由于他早年胸怀大志、忍受屈辱。韩信在家乡时，有一次在街头遇到一伙地痞流氓，他们要当面羞辱韩信。一个屠夫对韩信说，你虽然长得又高又大，喜欢带刀佩剑，但是你的胆子肯定小得很。如果你敢用你的佩剑来刺我，说明你有胆量。如果你不敢刺我，你就要从我的裤裆下钻过去。韩信感到和他们拼命不值得，就忍耐求全、忍辱求安，不顾众多围观者的嘲笑，从屠夫裤裆下钻了过去。后人评价韩信为了将来大展宏图，所以忍受胯下之辱。

一些人认为，中国在美国面前韬光养晦，就是以韩信为榜样，用忍受胯下之辱的"韩信精神"指导国家外交，能够忍受美国给予中国的"胯下之辱"，美国再怎么欺负中国、羞辱中国，中国都能够忍耐，否则就违背了韬光养晦。这种观点是荒唐的。美国在与中国的关系中，如果学中国古代的街头屠夫，带领一帮人来羞辱中国，而中国面对这种情况，是决不会学韩信的。当代中国，不是古代韩信。中国决不会忍受美国给予中国的胯下之辱。

毛泽东说："反对大国欺侮我们。就是说，不许世界上有哪个大国在我们头上拉屎拉尿……不管资本主义大国也好，社会主义大国也好，谁要控制我们，反对我们，我们是不允许的。"毛泽东还说："我们还没有核武器，但谁吓唬我们是不行的，我们从来就不接受强大力量的威胁。不接受这样的威胁，在我们力量再小的时候也是如此。"20 世纪 80 年代初，美国里根政府不顾中国的坚决反对，宣称要提升美国和台湾地区的关系，邓小平正告美国人：不要以为中国现在弱，有求于美国，美国只要对苏联采取强硬立场，中国就会在像台湾这样的问题上吞下苦果，“吞不下去，不会吞下去的”，即使出现中国和美国关系倒退这样的情况，也“不会吞下去”。邓小平在中国共产党第十二次全国代表大会上宣布：“任何外国不要指望中国做他们的附庸，不要指望中国会吞下损害我国利益的苦果。”①

中国崛起过程中最大的挑战和考验，是来自霸权国家对中国崛起的“军事遏制”甚至“战争遏制”。克劳塞维茨说：“一方绝对忍受就不成为战争。”② 一个国家只要采取绝对屈服和忍受的态度与政策，就能够保证和平。但是中国的和平崛起，不是和平至上，而是崛起至上。中国不能为了和平而不崛起，不能为了和平而牺牲崛起。所以，中国的和平崛起，不是屈服崛起，不是屈辱崛起，而是尊严崛起，是文明崛起，是光荣崛起。这就必然是勇敢崛起，是英雄崛起。中国的和平崛起，并不排斥“斗争崛起”，特别是不排斥在遏制者的军事挑衅与侵犯中通过正义的军事斗争，来捍卫崛起，敢于在反遏制、反侵略的军事斗争中崛起。当霸权国家以战争遏制中国崛起，当中国周边有的国家以战争挑战中国主权和尊严的时候，中国就必须以军事力量和军事斗争手段，维护国家安全，确保国家崛起的战略进程不被打断、不被终止。

美国也好，中国周边一些国家也好，已经从中国在南海问题上的原则立场，从中国在钓鱼岛问题上的原则性和坚定性，看清了坚持韬光养晦的当代中国，不是那位能够忍受胯下之辱的古代韩信。在国家主权和尊严的问题上，不论是来自几个街头“屠夫”的挑战，还是来自某一个地球“巨无霸”的威胁，中国都会像毛泽东和邓小平当年对付美国和苏联这两个霸权国家那样，绝不允许他们在中国头上拉屎拉尿，绝不会吞下他们损害中国国家利益的苦果。

煮酒论英雄——中国“复兴大志”不用藏

在中国古代文学名著《三国演义》中，有曹操和刘备讨论谁是天下英雄的故事。说的是在东汉末年各路豪杰武力割据、图谋天下的乱世中，实

① 《中国决不会吞下损害自己国家利益的苦果》，《解放军报》报刊资料 2010 年第 5 期。

② ［德］克劳塞维茨：《战争论》（上卷），中国人民解放军军事科学院译，解放军出版社 1964 年版，第 15 页。

力强大的政治家曹操和实力相对弱小的政治家刘备之间的一次战略对话。曹操和刘备都有当皇帝“执政天下”的雄心壮志，他们都是那个时代的大英雄、大政治家，也是未来争夺天下统治权的战略对手。曹操兵强马壮，权倾朝野，处于弱势地位的刘备，只得暂时依附于曹操。为了打消曹操的猜忌，防止曹操加害自己，刘备隐藏大志向，整天在田园里种菜，以麻痹曹操，隐蔽自己，等待时机。曹操知道刘备有鸿鹄之志，是一条随时准备腾飞的龙，虽然暂时屈居曹操之下，但是“龙非池中物，乘雷便上天”，将来必定成为曹操的战略对手，与曹操竞争天下。于是曹操决定和刘备进行一次战略对话，考核刘备的战略素质和政治志向。

一天，曹操煮好酒、摆上水果和下酒的菜，请刘备来喝酒谈心。曹操问刘备，当今天下谁是将来能够成就伟大事业的“英雄”。刘备故意说出一串名字，唯独不提自己。曹操摇头说，这些人都不是英雄，今日天下英雄只有两个人，那就是你和我。刘备听曹操此言，大吃一惊，手中的筷子落到地上。正在此时，一声惊雷，刘备从容弯腰，一边捡起地上的筷子，一边自语说：“这雷声这么响，把我手中的筷子都惊掉了。”曹操笑着说：“大丈夫也怕打雷吗?”刘备说：“就是圣人遇到狂风、听到惊雷，都会大惊失色。我怎么能不害怕呢?”

这个故事，讲的是两个战略竞争对手之间的“战略敏感”和“战略伪装”。曹操把刘备看成是自己的战略对手，看成是对自己的挑战者，他对刘备保持高度的政治敏感，欲除之而后快。刘备则把曹操看成是自己的遏制者，为了防止被曹操遏制甚至扼杀，他要暂时隐藏自己的志向和锋芒，以麻痹对方，保全自己，等待时机。这当然是一种战略智慧。

美国认为，中国韬光养晦就是学习刘备的谋略，像当年刘备隐藏大志、欺骗曹操那样，欺骗美国，用假象来麻痹美国的警惕性。所以，就认为中国在战略上不透明，搞韬光养晦，是一个“隐藏型”国家，隐藏自己的目标和实力，可疑又可怕。2012 年 4 月，美国国会下属的美中经济与安全评估委员会发布报告，认为过去 10 年，在中国“战略性欺骗”下，美国“非常错误地”低估了中国的军事发展。“如果当时美国专家有更多懂中文的人，完全可以更好地掌握中国军事发展的实际情况。”

其实，中国坚持韬光养晦，不是要学古代的刘备，不是要隐藏大志。中国在国家志向和国家目标上历来都是透明的。中国的奋斗目标，就是要实现中华民族的伟大复兴。这样的伟大志向，这样的伟大目标，这样的伟大事业，不需要藏匿、隐蔽，也不可能对美国形成欺骗和蒙蔽。

设想一下，让中国领导人和美国总统在北京中南海“煮酒论英雄”，或者在美国华盛顿白宫“煮咖啡论英雄”，当美国总统说：当今天下，只有中国和美国是大英雄。那么，中国领导人闻听此言，手中的筷子或叉子，是肯定不会惊落地下的。

今天的中国，不是当年的刘备，“复兴大志”不用藏。

卧薪尝胆——中国发愤图强“不复仇”

一些美国专家认为，中国的韬光养晦战略，是卧薪尝胆的复仇战略。

卧薪尝胆，是中国一个著名成语，讲的是中国春秋时代末期（距今大约2500年），一位君王在战败后，忍辱负重、发愤图强、报仇雪恨的故事。当时越国的国王勾践，被吴国的国王夫差打败。越王勾践不仅受尽了屈辱，而且差点丢了性命。越王勾践经过千辛万苦回到越国后，决心东山再起。于是他每天以稻草为床铺，以兵器为枕头，在房子里悬挂一个苦胆，不论是坐下休息后还是躺下睡觉前，都要看看那个苦胆，吃饭喝水前也要先尝尝那个苦胆，以激励斗志。勾践艰苦奋斗，凝聚民众，富国强兵，终于在20年后，打败了吴王夫差，吴王自杀。越王终于复仇，洗雪了耻辱。

美国认为，中国韬光养晦，是把美国看成吴王夫差，中国要运用越王勾践的战略，通过卧薪尝胆，来强大自己，最后要对美国进行复仇，要对西方世界实行清算，一雪鸦片战争以来中国受到的屈辱。所以，韬光养晦是很可怕的。

美国五角大楼中国军力报告起草人、“中国通”白邦瑞（Mike Pillsbury）曾宣称，中国战国时代的越王勾践“韬光养晦”，最后灭了吴王夫差。如果今天不遏制中国，30年后，美国也会像吴王夫差一样完蛋。

美国《国家利益》双月刊2010年11—12月号文章《中国照常崛起》指出：“沉睡已久的亚洲巨人苏醒了，这是现代最惊人的事件之一。”“长达一个世纪的民族屈辱令中国人厌恶外国人。美国人和日本人一样不受欢迎。有一种说法认为，‘中国龙’卷土重来，将要对‘美国鹰’进行报复。中国为挽回面子，肯定会利用新获得的资源武装自身，并且与美国进行军事对抗。因此，中国和美国这两个巨人之间的冲突不可避免。”“外界往往怀疑，中国仍然对西方造成的屈辱的百年历史心存怨恨，并且担心中国只是在争取时间，积蓄足够的力量，最终实施报复。”一些美国人认为，中国的韬光养晦战略，是为了复仇而耐心等待时机的拖延战略。中国历来有“君子报仇，十年不晚”的传统。勾践当年是“十年生聚、十年教训”，经过20多年，终于报仇雪恨。中国现在也是发奋、积累、等待。

其实，中国实现伟大“复兴”，不是要实现伟大“复仇”。中国坚持韬光养晦，不是要作卧薪尝胆的“复仇型”勾践。中国发奋图强，不是为了复仇。当中华民族实现伟大复兴后，当中国比美国强大时，中国不会攻进伦敦城，去雪两次鸦片战争之恨；中国不会攻进东京城，去杀30万日本人，以报当年日本南京大屠杀之仇；中国也不会卖武器给夏威夷，支持其与美利坚闹独立。

韬光养晦不是甘当亚军——竞争冠军才是有所作为

韬光养晦是一种英雄思维。韬光养晦不是甘于落后，而是为了有所作为。韬光养晦与有所作为的统一，表现为“四要”：

一是韬光养晦要有“大志”——韬光养晦，首先是一种远大志向。中国古代创造韬光养晦诸多精彩案例的人物，都是一些政治抱负很强的英雄，他们的志向都是要执政天下，要造福苍生，要名垂青史。韬光养晦不能没有大志。

二是韬光养晦要有“大义”——就是坚持原则、主持正义。实行韬光养晦的典型人物刘备，在中国历史上以正义和仁义著称。邓小平讲韬光养晦，是要求中国在国际事务中是非分明、坚持原则、反对霸权。韬光养晦不是当缩头乌龟，没有是非、不承担责任。

三是韬光养晦要有“大智”——善于用智慧武装和捍卫自己。坚持以头脑解决问题，而不是动辄挥舞拳头、依靠武力解决问题。

四是韬光养晦要有“大业”——就是要有大作为，要创立大事业，不能把韬光养晦变成平庸无为。邓小平坚持韬光养晦，不仅创立改革开放大业，而且强调中国“在国际问题上无所作为，还是要有所作为。做什么？我看要积极推动建立国际政治经济新秩序。”1974年邓小平率领中国代表团赴美国纽约参加联大第六届特别会议，向国际社会阐述划分三个世界的战略思想，就提出关于建立国际政治经济新秩序的大主张。

有人认为，韬光养晦就是越低调越好，越沉默越好，越无为越好，越躲避越好，这是一种误解。韬光养晦的过程，在本质上是一个拼搏进取的过程。

韬光养晦不是“是非不分无原则”。世界大事有是非，中国维护正义有责任。中国怎么看、怎么说、怎么干，要有中国的声音和作用。

韬光养晦不是“甘当亚军不夺冠”。中国韬光养晦，不是要永远跟在美国屁股后面，而是要成为世界的冠军国家、领袖国家，成为世界一号国家。韬光养晦是手段，伟大复兴是目标。

韬光养晦不是“丧失气概怯斗争”。面对世界强权国家的遏制、包围，应对美国对中国的西化、分化战略，针对挑衅中国的行为，中国不能因为韬光养晦而妥协退让，而是要敢于斗争、善于博弈，把握主动权。

第三章

战略假设——如果基辛格担任美国总统

历史，有必然性，也有偶然性。大国关系，是友好合作还是冲突对抗，是冷战对峙还是兵戎相见，这其中，有必然性，也有偶然性。如果富兰克林·罗斯福多活10年，美苏会有40年冷战吗？如果基辛格出任美国总统，中美"太平洋共同体"的建设将是何等气象？历史是不能够假设的，但是，假设却能够启迪思考。

如果罗斯福多活10年，美苏会有40年冷战吗

美国与苏联建交，是在罗斯福上台以后。罗斯福1933年10月10日在给当时的苏联领导人加里宁的信里指出："自从就任伊始，我一直在思考是否应该致力于结束目前合众国1.25亿人民和俄国1.6亿人民之间的不正常关系。在两个伟大民族之间，一个多世纪中曾经存在着愉快的友好传统，对双方都有好处，现在竟无法直接进行实际的交往，实在极堪遗憾。"①1933年11月16日美国和苏联建交。

罗斯福充分肯定苏联对世界和平的贡献。在第二次世界大战期间，苏联军民伤亡达到6000万人以上，其中死亡2700万人，1700多个城市和7万多个村镇遭到洗劫，物质损失达6790亿卢布。苏联一个国家的全部损失占第二次世界大战参战国总损失的41%。美国总统罗斯福说："毫无疑问，是红军和俄罗斯人民迫使希特勒的武装力量走向彻底失败的道路，从而赢

---

① ［美］富兰克林·德·罗斯福：《罗斯福选集》，关在汉编译，商务印书馆1982年版，第49页。

得美国人民衷心的、永远的钦佩。”[1]

罗斯福对第二次世界大战后世界组织的设计充满创意。对未来国际组织的研究和设想，早在太平洋战争爆发后不久，经过罗斯福批准，就在美国国务院设立了一个战后对外政策咨询委员会的新机构，由正、副国务卿分别担任正、副主席，研究的主要事项之一，就是战后国际组织问题。该机构于1943年3月提出了一项建立战后普遍性国际组织的方案。1943年8月，罗斯福在第一次魁北克会议上正式向丘吉尔提出战后应该以美国、英国、苏联、中国为中心建立国际和平组织的意见。他对战后世界组织的设想是：该组织能够切实有效地维护世界和平，防止新的世界大战；不能成为软弱无力的国际联盟的再版，强调大国要在战后维护世界和平与安全中起国际警察作用；美国能够在其中起领导作用。为此，罗斯福很重视两个问题：一是必须争取苏联的支持与合作，否则新组织就难以具有真正的世界性，他认为美国和苏联的“和睦相处，赤诚相待”，对于维护和平至关重要。二是提出中国应该享有大国地位。他认为中国在战争中作出了巨大贡献，认为中国蕴藏着伟大的潜力，必将享有远大的未来。[2]

联合国的设计，吸取了国际联盟失败的教训。罗斯福认为，为了防止联合国像国际联盟那样的失败，第二次世界大战后的国际组织必须把世界各大国都包括在内，并且设法使他们赞同使用自己的力量来维持和平。由于“普遍否决权”曾经使国际联盟无法有效行事，未来的国际组织必须将权力集中到由少数几个大国组成的国际安全机构。该机构有权使用武力制止侵略，平息动乱。鉴于社会经济动乱是导致国际战争的主要根源。维持战后和平，就必须建立相应的国际机构，以便协调国际经济与社会的发展，并且使这些机构与战后的国际政治组织紧密结合，协调发展。因此，新的国际组织，应该是一个以几个大国组成的国际安全机构为核心的单一的普遍性国际组织。美国的联合国计划，是罗斯福要把“战时军事同盟”变成“战后国际合作”，并将美国主导重建世界纳入美国和苏联继续合作轨道这一总战略。因此在1943年德黑兰会议之前，国务卿赫尔便向英国外交大臣艾登与丘吉尔本人力陈利弊，使英国放弃了原先由三个区域理事会来支撑战后国际安全组织的“三角凳”计划，转而同意美国的方案，由美

---

① 中央电视台《大国崛起》节目组编著：《大国崛起：俄罗斯》，中国民主法制出版社2006年版，第179页。

② 王绳祖主编：《国际关系史》第6卷，世界知识出版社1995年版，第484—485页。

国、英国、苏联、中国四个大国为核心，组成单一世界性组织。在德黑兰会议和雅尔塔会议上，罗斯福亲自出马，游说斯大林，他首先详细阐述建立单一世界性组织以及“四警察”对未来和平的重要意义，使苏联放弃了原来比较倾向于英国方案的观点，后来在雅尔塔会议对战后世界进行总体安排的同时，又向苏联端出了美国关于联合国内大国否决权的草案，使苏联几乎全部接受了美国的计划。由于在第二次世界大战后，在世界上资本主义国家以及亲西方的政权在数量以及总体实力上仍然占优势，因此在未来的国际组织中，大国一致的原则，不仅能够避免重蹈苏联因为苏芬战争而被国际联盟开除的覆辙，更重要的是使苏联在国际组织内处于与美国和英国平等的地位，对未来的国际事务具有决定性的发言权。只有这样，苏联的大国地位才能够在法律上得到保证，在实践中得以实现。①

美国大战略的演变，从门罗主义的“地区主义”战略，到罗斯福的“世界主义”全球战略，是一个飞跃。在第二次世界大战结束以前，以罗斯福和赫尔为代表的美国领导集团，对重建战后世界秩序提出的一些设想和做法，后来被历史学家小阿瑟·施莱辛格称为“世界主义”。他们认为战争已经使欧洲的传统均势结构受到严重破坏，世界秩序的维持必须依靠美国、苏联和英国。美国可以在这个世界里，通过联合国维护集体安全，来取代大国均势和势力范围，确保美国的世界领袖地位和全球和平前景。战后初期，罗斯福的“世界主义”抱负及其“理想主义”，依然是美国外交政策的基本原则。

第二次世界大战后，罗斯福的“理想主义”思维逐渐被杜鲁门的“冷战主义”思维所取代。到 1946 年初，关于战后世界性质和美国对苏联方针的一套新观念开始形成，就是认为苏联已经从战时的盟友变为争夺世界霸权的对手，苏联已经不是合作的伙伴，而是需要加以遏制的对象。此后，杜鲁门的强硬政策主导了美国对苏联的政策。当然也有反对者，例如，杜鲁门政府的商业部部长华莱士就主张继续奉行罗斯福的美国和苏联合作共处的政策，反对采取对苏联强硬的政策，主张保障苏联在东欧的安全，以便同苏联达成政治谅解，使资本主义和共产主义之间“在友好的基础上”、在全世界都敞开贸易大门的情况下，进行竞争。华莱士强调，美国和苏联应该在势力范围和均势的基础上进行安排，达成相互谅解与协议，继续维持战时的同盟关系。他公开抨击政府对苏联的强硬政策，认为

① 王绳祖主编：《国际关系史》第 7 卷，世界知识出版社 1995 年版，第 8—10 页。

杜鲁门主义等于向苏联宣战，是“鲁莽的冒险”，会把世界引入“恐怖世纪”。杜鲁门斥责华莱士是“和平主义者”，是比大战期间的亲纳粹分子更加危险的人物，是为斯大林服务的“捣乱分子”。结果华莱士丢掉了乌纱帽。[①] 杜鲁门以遏制政策取代了罗斯福的大国合作与集体安全政策，在第二次世界大战结束的废墟上，又点燃了“冷战”的烽火。

奥巴马构筑“太平洋封锁线”，基辛格倡导“太平洋共同体”

2011 年，基辛格出版的《论中国》中，倡言中美“构建新太平洋共同体”，开拓中美大国关系新境界。

2011 年，奥巴马实行“重返亚太”新战略，美国政府忙于构筑“太平洋封锁线”，忙于组织遏制中国的大联盟。

基辛格是中美合作派。2010 年 9 月 10 日，在第八届伦敦国际战略研究所“全球战略评估会议”上，基辛格发表了题为“权力转移与安全”的演讲，他指出：“美国和中国需要建立合作框架。第一次世界大战前，德国曾经试图进入国际体系，而国际社会由于短视和缺乏经验，没有能够处理好这一过程。现在的问题则更加复杂，因为中国不是一个‘民族国家’，而是一个‘大陆性的伟大古老文化的复合体’。在美国国内的辩论中，我支持美国和中国的合作，中国领导层也有同样的目标。目前双方都已经意识到，在全球层面承受不起彼此间的冲突，我们需要努力建立合作的框架。”

基辛格在《论中国》一书中，剖析了中西方在哲学和战略观上的差异，并且根据自己与中国历届领导人的会谈记录，回顾了中美关系的发展历程，提出中美关系对全球稳定与和平至关重要，中美关系不应成为“零和博弈”，而应“共同演进”，走向“太平洋共同体”。该书出版后，美国一些人批评基辛格的中美关系思维，认为“美中共治”等主张“不切实际”，“有损美国战略利益”，将改变两国力量对比，叫嚣对中国采取强硬路线。

虽然，基辛格构建新“太平洋共同体”的设想还需要再论证、再设计，但是基辛格构筑太平洋共同体的设想，却比奥巴马构筑“太平洋封锁

---

① 刘金质：《冷战史》（上册），世界知识出版社 2003 年版，第 120 页、第 102 页。

线”和“遏制中国的包围圈”的冷战思维，具有进步意义。

基辛格在《论中国》后记“历史会重演吗?”中，论述了构建新太平洋共同体的设想。他指出：“有一种说法认为，中美将彼此视作太平洋两岸的竞争对手，因此双方必将陷入对抗。但是这对于两国而言，都将是一条通往灾难之路。”“造成当今世界战略紧张局势的一个原因在于，中国担心美国正力图对其进行遏制，美国也担心中国正试图将自己逐出亚洲。而打造太平洋共同体，将美国、中国和其他国家全部囊括其中，共同寻求和平发展，就能消除中美双方疑虑，使两国成为同一共同体的一部分。这将在某种程度上消除战略焦虑，也使其他主要国家（例如日本、印度尼西亚、越南、印度和澳大利亚）参与到一个中美联合体系中来，而不是必须在‘中国’阵营与‘美国’阵营之间作出选择。”“建立第二次世界大战后世界秩序的一代人所取得的一项伟大成就，就是创建了大西洋共同体。能否以一个类似的概念来消除或者至少是缓和中美之间潜在的紧张局势呢？这既反映了美国作为亚洲一支强大力量的现实，也满足了很多亚洲国家的要求，同时符合中国成为世界强国的志向。”“一个共同的区域政治理念也将在很大程度上消除中国对于美国正对中国实施遏制政策的担忧。……在建立太平洋共同体的过程中，中国和美国将同对方以及所有其他成员国形成建设性的伙伴关系，而不是结成相互对抗的阵营。”“亚洲的未来在极大程度上取决于中美两国的构想，以及两国能够在多大程度上与对方在本地区的历史角色和地位相整合。”“这两个社会代表了两种截然不同的例外论，这使得二者的合作具有内在的复杂性。……太平洋两岸的领导人有义务建立起磋商和相互尊重的传统，以便使合力建设一个共享的世界秩序在后来人眼中成为两国共同的抱负。”

今天的中国无阵营，倡导新型大国关系。美国不应组织遏制中国的大联盟，坚持冷战思维。美国应该采纳基辛格的战略设计，与中国共同构建新太平洋共同体。

基辛格推动中美关系解冻，是美国的功臣还是罪人

美国经济战略研究所总裁普雷斯托维茨声称，基辛格当年推动中国开放，对于美国来说，“是场灾难”。正是由于基辛格的周旋，促成了长期冻结的美中关系实现了正常化，最终导致中国的现代化顺利发展和“惊人崛

起”，所以，基辛格违背了政治家的首要责任，就是政治家必须保持或提升其所效力的国家的相对实力和影响力。该总裁认为，1972 年尼克松会见毛泽东时，中国“一穷二白”，武器装备落后，根本无力对美国构成严重挑战。正是美国对中国的开放和友好，导致中国在亚洲迅速崛起，削弱了美国的相对实力和影响力，两国在全球力量对比发生急剧转变。

1972 年，美国的尼克松、基辛格跨越太平洋，来到中国，与毛泽东、周恩来共同解冻中美关系，对美国来说是一个伟大的决策，还是一个严重的失误？是历史性的成功，还是一场灾难？尼克松、基辛格在这个问题上，是美国的功臣还是美国的罪人？我们只要看以下三点，就可以清楚。

第一，美中关系解冻，不仅是双方领导人的主观愿望，更是美国和中国两个国家根本利益的需要。在当时的世界格局下，没有中国与美国准战略同盟关系的建立，美国就不可能赢得冷战。美国应该感谢中国，帮助他们赢得了冷战的胜利；美国人应该感谢尼克松和基辛格，采取了联合中国、制衡苏联的战略决策。

第二，美中关系解冻后，两国经济关系是互利的，美国因素给中国的发展带来诸多有利条件，中国经济发展也为美国经济繁荣作出了贡献。中美两国双边贸易额从 1979 年建交当年不足 25 亿美元发展到 2011 年的 4466 亿美元，增长了近 180 倍。

第三，冷战后，不仅中国和美国，而且全世界都在享受和平与发展的机遇与红利。中国的崛起，是由于实行了改革开放的正确政策，找到了中国特色社会主义道路。美国的衰落，是陷于“历史终结”的陷阱，陷于两场战争和一场危机。美国的危机和衰落，不是中国的责任，不是尼克松和基辛格的罪过。难道两场战争的决策是由尼克松和基辛格作出来的？难道美国的金融危机和华尔街的腐败，是中国制造的？

基辛格推动中美关系解冻，他是美国的功臣，而不是美国的罪人。

基辛格的对华主张，是对中国的“绥靖”吗

美国有一种奇怪的观点，认为坚持对华友好与合作，就是“绥靖”。

普林斯顿大学教授、前副总统切尼的外交政策顾问阿伦·弗里德伯格认为，对中国奉行“实用主义”，有损美国的政治原则，基辛格的对华关系主张，是在核心价值的问题上向中国示弱，只会强化许多中国人关于美

国正在日益衰落的观点，并且会因此而误判美国的决心。面对中国越来越大的实力和野心，美国应该强硬对待中国。美国和中国“共治亚洲”，是对中国的绥靖。如果中国实力不断增强，继续“实行一党专制”，美国和中国的关系可能会“日趋紧张”。

《华盛顿时报》记者索尔·桑德斯认为，基辛格提出用“适应”中国的策略，来应对北京日益增强的实力，这等同于20世纪70年代冷战时期出现的“缓和战略”。当时的“缓和战略”是指对苏联力量的接受，这被证明是不成功的。而后来里根总统采取的对抗性政策，才是导致苏联最终走向崩溃的主要原因。今天的中国，已经对美国构成类似苏联的挑战。美国费力把中国带入“全球级别最高的俱乐部”。美国的政策加强了中国政权的力量和影响，而中国正面临经济上的极大不确定性和政治上的不可预知的挑战。美国不能重蹈第二次世界大战漫长前奏的覆辙，美国当时过度发展与亚洲新兴大国日本的商业关系，却忽视了东亚风暴来临的迹象。避免再次犯错误，需要对中国的能力、目标，以及美国的应对能力进行广泛、彻底的思考。

把基辛格主张中国和美国建立友好合作关系，比喻为美国当年对苏联的缓和政策，这就把中国和美国的关系定性为冷战时期苏联和美国的关系，把中国和美国的关系纳入了冷战思维的轨道。这是一个最大的战略误判。21世纪的中国，绝对不是20世纪的苏联。21世纪的美国也不应该是20世纪冷战时期的美国。美国赢得了一场与苏联的20世纪冷战，但是没有必要再进行一场与中国的21世纪冷战。

把基辛格的中美关系主张，看成是对中国的“绥靖”，实际上就把中国定性为第二次世界大战前的德国法西斯，实际上是鼓吹用一场世界大战来对付中国。这就不仅是“冷战思维”，而是“大战思维”。可以看出，在美国一些精英人物头脑中，在中美关系问题上，他们不仅具有“冷战思维”，而且具有“大战思维”。按照这样的思维对待和处理21世纪的中美关系，必然把美国带入邪路，必然把世界带入灾难。

基辛格中美关系大设计，是美国战略智慧“倒退”吗

美国一些精英认为，基辛格中美关系的“大设计”，是对于美国开国元勋们战略传统的背叛，是美国战略智慧的倒退。

美国企业研究所防务研究中心主任托马斯·唐纳利指出，美国应该严格遵守华盛顿在告别演说中的告诫："在正义的指引下，依照自己的利益，在和平与战争的问题上作出自己的选择。"而基辛格所建议的美国和中国"联合经营"以形成全球共同管理，恰恰是华盛顿警告美国不应该卷入的。对目前的中国政权采取冷淡态度，会及时提醒中国"美国国家意志的持久性"。而基辛格认为美国可以拿战略决策做"交易"，其观点是非常短视的。实现"有利于自由的均势"，是美国在独立战争前就确立的目标，不管国际环境如何变化，指导美国战略的这一基本原则不会改变。基辛格奉行战略上的"实用主义"，有损美国的政治原则。普林斯顿大学教授、前副总统切尼的外交政策顾问阿伦·弗里德伯格认为，美国应该对中国的发展"适当设限"，努力维持亚洲地区的均势。例如，保持与日本、韩国的同盟关系，加强与中国邻国的合作，并且继续提升军力等。

其实，基辛格在中美关系上的战略思维与战略设计，是美国战略文化的创新与发展，是美国战略智慧的突破与进步。美国的战略智慧，集中表现在四个阶段、四个主义：

一是美国建国以后，由华盛顿告别演讲，到门罗宣言，所倡导、坚持和奉行的孤立主义，是美国立足北美、韬光养晦、集中精力发展和强大自己的战略智慧。

二是从遭遇挫折的威尔逊主义，到获得成功的罗斯福主义，是美国设计世界、走向世界、领导世界的演进过程，美国的战略智慧由国家层面、地区层面，发展到国际层面，美国的战略成为世界战略，美国的战略智慧成为主导和领导世界的智慧。

三是在长达半个世纪的冷战中，美国与苏联围绕世界霸权的争夺，双方之间虽然有大竞争，但是没有发生大战争，创造了人类在20世纪时间最长的和平时期。美国能够赢得冷战的胜利，美国的大智慧功不可没。

四是21世纪中美博弈决定人类前途命运，美国面对新型的"中国考题"，是否能够创新自己的战略思维和战略智慧，为美国和整个世界带来新的福音，是一场空前的考试和考验。

美国，作为世界头号大国，在21世纪居然没有战略智慧的创新，来与一个人类历史上最善良、最文明的国家中国友好相处，而仍然运用冷战思维来折腾"对手"、折腾世界，说明美国在战略智慧上陷于贫困。这是美国的悲哀，也是世界的不幸。21世纪的美国，完全应该拿出比20世纪上半叶的世界大战和20世纪下半叶的世界冷战更高的智慧。

基辛格应该竞选美国总统

2015年3月21日，92岁高龄的美国前国务卿基辛格以缓慢而稳健的步履踏入北京钓鱼台国宾馆14号楼牡丹厅。

基辛格在这次“中国发展高层论坛2015年会”上回忆道，1971年为促进中美建交秘密访华时，他的第一站就在钓鱼台国宾馆，具体地点就是旁边的5号楼。

3月17日，中国国家主席习近平在人民大会堂会见了基辛格，称赞他作为中美关系的开拓者和见证者数十年来为推动中美关系作出的重要贡献。

基辛格认为，在过去1800多年，中国是世界上最富有的国家，也是组织化程度最高的国家。

自从1971年秘密访华，基辛格至今已经来到中国80多次，被誉为美国最了解中国的外交家。他在发言中提到此次访华时，强调非常高兴“回到中国”。

基辛格认为，与“修昔底德陷阱”形成对照的是中国领导人提出建立中美新型大国关系，这是尝试在潜在的竞争对手之间建立新型的良好关系，但现在面临如何将这一概念赋予更多内涵的挑战。同时他也指出，美国总统奥巴马对中国提出“新型大国关系”表示欢迎。

如果基辛格担任美国总统，中美关系会是什么状态？

建立中美新型大国关系，需要基辛格这样的政治家担任美国总统。

为了推进中美关系健康发展，造福中美两国人民和世界和平事业，应该设立一个新的奖项——中美友好功勋奖。基辛格应该获得“中美友好功勋奖”。

基辛格是唯一一位与五位中国最高领导人都打过交道的美国政治家。我希望看到一本书《基辛格与中国》，或者是由基辛格亲自撰写的《我与中国》。

幽默说来，基辛格半是中国人，半是美国人；半是美国共和党人，半是中国共产党人。在美国，有人提出了“中美国”的概念，而要建设“中美国”，就需要更多像基辛格这样的“中美人”，需要更多像基辛格这样的具有中国和美国两个视野的政治家、政治人。基辛格这样的“中美人”

“政治人”多起来了，“基辛格现象”“基辛格主义”的影响力大起来了，中美关系自然就会好起来。

基辛格在《论中国》中讲，当年，在他开始秘密访问中国的时候，尼克松已经向美国驻台北工作人员讲述了美国未来数年将把中国政策的重点从台北转向北京。尼克松说：“我们必须记住这样一个事实，他们（台北）对此也应有所准备，那就是我们将与另外一方——中国大陆逐步建立起正常关系。因为我们的利益要求我们这么做。不是因为我们喜欢他们，而是因为他们的地位……还因为国际形势已经发生了巨大变化。”尼克松预言，尽管中国面临着混乱和物资匮乏，但是中国人民卓越的能力，最终将使中国进入世界一流强国的行列。尼克松说：“你可以想一想，如果有人用一种很不错的制度统治了中国这片大陆，让 8 亿中国人在一个适合的制度下工作，天那，世界上恐怕没有哪种力量能够遏制他们，他们将成为世界的领导者。”尼克松在会谈中对周恩来说：“因为我是艾森豪威尔政府的成员，我当时的观点同杜勒斯先生的观点相似。但是后来，世界变了，美国同中华人民共和国的关系必须改变。正如周恩来总理对基辛格博士说的那样，舵手必须顺水行舟，否则会有灭顶之灾。”① 21 世纪的美国领导人，应该学习当年的“尼克松精神”“基辛格精神”。

中国人喜欢基辛格。从 1971 年到现在，在享誉中国的外国政治家中，基辛格是常青藤。“基辛格魅力”，实际上就是中美友好的魅力。

---

① ［美］亨利·基辛格：《论中国》，胡利平等译，中信出版社 2012 年版，第 259—261 页。

第六篇 中美“终须一战”吗？

——防止中美“决赛”变成“决战”

21 世纪的中美关系， 是竞争与合作的统一。

中美两个大国， 在 21 世纪 “必有一争”；

中美两国在 21 世纪并不是 “必有一战”；

21 世纪的最大危险， 就是发生 “中美之战”；

防止 “中美竞争” 演变为 “中美战争”， 需要大力推进中美合作， 合作才有和平， 合作才能共赢。

第一章

观念转型——树立新型大国关系思维

2012年2月，时任中国国家副主席的习近平，在访问美国期间，发表了《共创中美合作伙伴关系的美好明天》的演讲，提出“进入本世纪第二个10年，中美关系站在新的历史起点上”，中美两国要努力构建和塑造“21世纪的新型大国关系”。

“一山”不容二虎，但是“一球”能容美中。

21世纪的中美两国，完全可以建立起一种新型大国关系。

首先，人类的21世纪，是一个完全不同于20世纪的“新型世纪”，大国之间只有建设新型关系，才符合时代潮流。

其次，21世纪的中美关系，不是两只老虎之间的关系，而是美国老虎和中国大象的关系。一山不容二虎，但是一山容纳一只老虎和一头大象，是没有问题的。

最后，21世纪的中国大象不会变成一只老虎。而美国这只老虎，在时代潮流面前，也可以自觉或被迫改变霸权本性，由一个霸权国家转型为一个非霸权新型国家，由一只食肉动物全球虎，转变为一头食草动物大象。

国际丛林中的国家关系——四种基本类型

一山不容二虎，这在自然界中，的确是一个真理。但是“一球”能容美中，这是21世纪的国际现实。

在国际丛林中，国家之间的关系，大致是四种类型。

1. 国际关系中的“虎虎关系”——二虎“相争不让”

这种类型的“虎虎关系”，就是两个超级大国进行“二虎相争”、抢夺霸权。冷战期间美国和苏联两个超级大国，就是国际丛林中的两只大老虎。美国和苏联是“两个世界强权、一个政治性质”，他们都是“食肉动物”，他们不仅彼此是对方的威胁，而且是整个世界的威胁。美国和苏联这两个霸权国家的竞争法则，就是“一山”不容“二虎”。

2. 国际关系中的“虎象关系”——大象“强而不霸”

这第二种类型的“虎象关系”，就是“两个强国、不同性质”。美国是“老虎国家”，是食肉动物，奉行的生存法则是“弱肉强食”；中国是“大象国家”，是“食草动物”，生存法则是“以草为食”“不进肉食”。老虎是大象的威胁，特别是未成年小象的威胁。而大象再强大，也不对老虎构成威胁。因为作为“食草动物”的大象，不仅对“虎肉”没有兴趣，而且对森林中任何动物都没有“猎食”的兴趣。中国这头大象现在还不够强壮，还会受到美国这个“老虎国家”的威胁。所以中国要加快军队建设步伐，加快推进“强军大业”。当中国强大起来以后，当中国比美国还要强大的时候，中国也不是美国的威胁。因为当大象的力气比老虎还要大的时候，大象也不是老虎的威胁。成年的大象，强壮的大象，依然是低头吃草的“食草动物”，大象强大的唯一意义和价值，就在于它能不被老虎威胁和吃掉。大象的特点和性格是“人不犯我，我不犯人；人若犯我，我必犯人”。如果老虎要欺负和伤害大象，大象就会用长鼻子，把老虎卷起来，甩出去，让老虎跌个半死。或者，愤怒的大象抬起千钧大脚，把那前来伤害自己的老虎一脚踩翻。所以，“大象中国”的崛起和强大，不是“老虎美国”的威胁，而是防止被美国威胁。正由于美中两个国家之间的关系，不是“虎虎关系”，而是“虎象关系”，“中国象”和“美国虎”的性质不同，食草动物与食肉动物的天性不同，所以，“一山”虽然不容“二虎”，但是“一球”能容“美中”。

3. 国际关系中的“虎羊关系”——“弱肉强食”关系

在这第三种类型的“虎羊关系”中，羊是最爱好和平的动物，最善良的动物，最没有攻击能力而只有逃跑能力的动物。但是，羊的和平性格，不能为自己赢得和平；羊的善良本性，不能为自己赢得安全；最善良的羊，往往是老虎最好的食物；最肥大的羊，不仅是老虎的猎物，也是野狼、野狗们的美食。鸦片战争以后的中国在西方列强的视野中，就是一只可以被猎食的“大肥羊”。美国希望今天的中国只有财富崛起，而没有军力崛起，让中国成为21世纪的“大肥羊”。但是，今天的中国是大象而不是绵羊，美国，你别惹“中国大象”！

4. 国际关系中的“虎狐关系”——“狐假虎威”关系

第四种类型的关系，就是中国成语中著名的“狐假虎威”，就是狡猾的狐狸，站在老虎的脊背上，在森林中招摇过市，借老虎的威风来吓唬其他动物，来抬高自己身价，谋取自己的私利。在东海和南海的海洋权益争议中，日本、菲律宾就是“狐假虎威”中的狐狸角色，他们站在美国这只全球虎的身上和背后，“狐假虎威”地与中国叫板，与中国对着干。

当年，美国和苏联的关系，是“一山二虎”的关系，不能相互容纳，必须赶走和搞垮另一个。而中国和美国的关系，作为大象和老虎的关系，可以共同在森林中存在。如果美国能够“立地成佛”，也由老虎变成大象，那中美关系就是大象和大象的关系。退一步说，就是美国不肯转型，继续充当“虎国”，只要中国大象不断强身健体，具有强大力量，那么美国老虎也不敢对中国大象张牙舞爪。

崛起的中国，不学“猛虎美国”，不做“绵羊中国”，要做“大象中国”，也反对一些国家狐假虎威。21 世纪的中美关系，不是“一山二虎”，不是“二虎相争”，而是中国大象遇上了美国老虎。除非老虎发疯，要吃大象，才会发生大象与猛虎的搏斗。中国大象与美国老虎，是可以在这个星球上共同存在的。这就是中美可以建立新型大国关系的根本基础。

中美关系与苏美关系比较——七个重大不同

21 世纪的中美“田径赛”，与 20 世纪的苏美“拳击赛”，具有根本不同的性质，体现为七个重要不同。

一是竞争的环境不同。苏联和美国的竞争，是两个不同社会的竞争，是一个地球、两个社会，一个地球、两个世界。苏联组织了以社会主义阵营为一体的社会主义社会，美国则组织了所谓“自由社会”的资本主义社会。人类社会分裂为势不两立的两个社会，国际世界分裂为对抗和敌对的两个世界——“自由世界”和“极权世界”。而中美两国在 21 世纪的竞争，不是两个社会和两个世界的竞争，而是共同营造和平与发展的开放世界、和谐世界。中国不是要组成对立和对抗美国的另一个世界，而是融入世界，与国际接轨。

二是竞争的目标不同。苏联和美国的竞争，是世界霸权的竞争。而中国的国家特点是不称霸。中国不是苏联式的“世界革命型”国家，也不是美国式的“输出民主型”国家。中国是和平型、友好型、特色型、防御型国家。因此，中国不需要运用冷战的武器去应对和处理中美关系。

三是竞争的队伍不同。苏联和美国的战略竞争是联盟之间的群体竞争，是阵营竞争，双方各自组织了庞大的阵营，即使不在阵营内的国家，也必须有立场、有态度，要画线、要站队。而在中国和美国的战略竞争中，中国实行“不结盟”政策，不与美国进行阵营对抗，这就对美国发动新冷战形成制约。

四是竞争的性质不同。苏联和美国的矛盾和竞争具有对抗性，因为苏联要打倒美国的社会制度，而美国也要改变苏联的社会制度。苏联要把十月革命变成世界革命，美国要把美国的民主制度变成世界的民主制度。苏联和美国的战略竞争，双方都是战略进攻，都是输出模式，苏联要输出的是苏联式的社会主义模式，美国要输出的是美国式的自由民主模式，双方都按照自己的模式去改变和塑造对手，去改变和塑造世界。苏联的社会主义是进攻型的社会主义，要把红旗插遍全世界。美国的资本主义也是进攻型和扩张型的资本主义，要把全世界都变成美式民主世界、自由世界。而中美两国的战略竞争则不同，中国不输出革命，中国坚持走自己的道路，同时把自己纳入多元化的世界。

五是竞争的风险不同。美国和苏联的竞争，是时刻准备打世界大战和核战争的竞争，双方的几次危机，都险些促成毁灭人类的大战。而中国和美国的战略竞争，在军事上可以说是“中美无大战”“中美无核战”的竞争。

六是竞争的原则不同。苏联和美国的战略竞争，遵循的是“你死我活”“你衰我兴”“你败我胜”的零和原则。而中美竞争不是以“搞垮”“战胜”对方为目的，从总体上来说，合作、互利、共赢、共荣的特点突出。这个世界不能没有美国，这个地球也不能没有中国；未来的美国离不开繁荣的中国，未来的中国也需要一个繁荣的美国。

七是竞争的结局不同。苏联和美国的战略竞争，让整个世界付出高昂沉重的代价。而中国和美国的战略竞争，将是一个创新过程，中美两国在政治竞争、经济竞争、外交竞争、军事竞争等方面都会有新的创造，将会是人类有史以来，特别是近代国际社会形成以来大国竞争中最文明的竞争，并且会创造一种竞争的文明，把世界大国的战略竞争推进到一个新的文明阶段，使世界更文明、更和平、更民主、更发展。中国和美国的战略竞争，将以一种区别于两次世界大战以前的“征战式”竞争，区别于第二次世界大战以后的“冷战式”竞争，以国际赛场上的“跑道式”竞争，把国际关系中的国家战略竞争提升到空前文明的新阶段。美国不能用与苏联进行竞争的思维和模式，来应对与中国战略竞争的实践。

以上七个重大区别，就决定了21世纪的中美竞争与20世纪的苏美竞争，是两种不同性质的竞争。中美关系不会成为冷战关系，中美竞争不会成为新的冷战。

中美新型大国关系——新在“五不”“五要”

中国领导人提出建立中美新型大国关系，这种新型大国关系可以用“五不”“五要”来描述。

一是“不为敌”——要为伴、要为友。中美两个国家不是敌人，也没有必要成为敌人。中美互相为伴为友，将会共同收获巨大的战略利益。如果中美互相为敌、互相对抗，必然互相折磨、互相伤害，将会共同收获失败。

二是“不冷战”——要包容、要合作。国际社会已经进入“非冷战时代”。21世纪的世界，已经经受不起冷战了。美国如果仍然陶醉于美苏冷战对苏联取胜的美好回忆中，期待用新冷战来对付中国而且再收获一次胜利，再复制一次成功，那就是幻想了。中美之间不应该也不允许有新的冷战，这不仅因为中国不搞冷战、世界抵制冷战，更重要的是因为21世纪的美国，也根本承受不起一场新冷战。

三是“不打仗”——要和平、要发展。新型大国关系，一定是不打仗的和平关系，是不对抗的和谐关系。美国最近10多年在和平与发展的时代不热心和平、不科学发展，反而搞了“两场战争、一场危机”。那两场战争是世界一号国家与世界三四流的国家作战，尚且加剧美国衰落，如果美国要在世界大国之间玩战争游戏，又能得到多大便宜？

四是“不结盟”——要团结世界，不要分裂世界。美国倡导全球化，全球化时代，是一个全球联合、全球团结、全球合作的时代。建立新型国际关系、建立新型大国关系，就是要抛弃传统的结盟战略、阵营战略。大国之间不要为孤立对方，搞团团伙伙，而是要坚持五湖四海，促进国际团结。世界的领袖国家、领导国家，更要做团结的模范，不能带头搞分裂。那些分裂地区和分裂世界的联盟组织，都应该被联合国宣布为“非法”，都应该被“解散”。

五是“不损人”——要利己，也要利人。中美之间要良性竞争，合作共赢。富兰克林·罗斯福就主张“共同繁荣”，1933 年 5 月 7 日罗斯福在第二次炉边谈话中说：“除非我们能使全世界都获取重新繁荣，否则，我国的重新繁荣也是不会持久的。”

中美关系有三种前途：一是中美双方都用冷战思维，冷战悲剧将会重演。二是美国用冷战思维遏制中国，中国用非冷战思维应对美国，这样中美关系就成为一场“半冷战”，就是美国的冷战对上了中国的非冷战。现在的中美关系在很大程度上就是这种状态。三是美国在大国关系中实现转型，放弃冷战思维，中国和美国都不搞冷战思维，这样就可以创造新型大国关系。

中国必胜与中美双赢——基辛格战略思维的局限性

2010 年 1 月，本书作者出版了《中国梦》一书。《中国梦》抒发的壮志豪情，集中体现为四句话：“冲刺世界第一，决赛冠军国家，创造中国时代，建设无霸世界。”

基辛格在 2011 年 5 月出版的《论中国》一书中，对《中国梦》进行了重点评论。这些评论，既表现了基辛格的战略智慧，也表现了基辛格战略思维的局限性。

基辛格点评《中国梦》，说作者不赞同“和平崛起”。其实，作者的本意，是不相信美国能够允许中国和平崛起。为了保障中国和平崛起，必须准备应对美国对中国的“军事遏制”，必须准备应对美国对中国的“战争遏制”。

基辛格给《中国梦》作者戴上了一顶“必胜主义者”的帽子，其实，作者的本意是，中美双方如果互为“敌手”，在罗马角斗场搞你死我活的“角斗比赛”，不惜热战，势必同归于尽；中美双方如果互为“对手”，在拳击比赛场搞你败我胜的“拳击比赛”，不惜冷战，势必两败俱伤；中美双方如果互为“选手”，在田径赛场上进行你追我赶的“田径比赛”，虽然会有冠军亚军的名次变换，但是双方都会刷新记录。比超越竞争对手更重要的，是参加比赛的双方都超越了自己，都赢得了新的成绩。这不就是一种“双赢”吗？

《中国梦》对“中美田径赛”中的中国“夺冠”前景具有“必胜”信念，但是并不认为美国“必败”。美国成为世界第二，并不是美国的失败。美国在21世纪与中国的发展比赛中，虽然屈居第二，由老冠军变成了新亚军，却创造了新的竞赛成绩，超越了自己原来的记录，这同样是美国的进步和胜利，这样一个“亚军美国”比起原来那个“冠军美国”，其实更有价值。特别重要的是，“老冠军”美国不能为了蝉联世界冠军，就通过阴谋诡计甚至使用暴力手段，压制阻挡后来者超越自己。

第二章

机制创新——全球签署三大和平公约

自从新中国成立以后，中国和美国之间的和平，就是世界和平的重大问题。新中国的第一场卫国之战，就是与美国在朝鲜半岛的交锋。进入21世纪的第二个十年，在美国实行重返亚太战略，对中国实行军事遏制、军事包围的局势下，保证中美和平，并且用中美和平来促进亚洲和平、促进世界和平，既是中美两国的根本利益，也是中美两国对亚洲、对世界应尽的责任。

毛泽东首倡——签署“中美和平条约”

第一个倡议签订“中美和平条约”的，是新中国的开国领袖毛泽东。1955年5月26日，毛泽东在同当时的印度尼西亚总理谈话时，就提出了“和平为上”的思想。他说，中国愿意跟世界上一切国家友好，“就是西方国家，只要它们愿意，我们也愿同它们合作。我们愿意用和平的方法，来解决存在的问题。打仗总是不好的，特别是对西方国家是没有好结果的，历史已经证明了这一点”。毛泽东强调说：“我们要争取和平的环境，时间要尽可能的长，这是有希望的，有可能的。如果美国愿意签订一个和平条约，多长的时期都可以，五十年不够就一百年，不知美国干不干。现在主要的问题就是美国。”①

毛泽东当年提出签订中美和平条约，时间可以50年到100年。现在签订这个条约，实际上就是一个21世纪的和平条约，是一个百年的和平条约。中美两个国家，就是要向世界宣布和保证，在100年内不打仗。而

① 《毛泽东文集》第6卷，人民出版社1999年版，第411—413页。

100 年后，就更不会打仗了。毛泽东在战争与革命的时代，在冷战高潮的时候，能够充满信心地认为，签订中美和平条约，是有希望的，是有可能的。今天，在和平与发展的时代，在中美两国都需要持久和平的时代，签订中美和平条约，就更有希望，也更有可能了。毛泽东当年指出，中国愿意和美国签订和平条约，“不知美国干不干。现在主要的问题就是美国”。今天这个问题依然存在，是否能够签订这个和平条约，主要问题仍然是在美国，就看美国干不干。今天，中国应该首先提出关于签订中美和平条约的倡议，以首先表达中国的和平诚意，表达中国对于缔结这样一个条约的原则立场和明确态度。而今天的美国，相信会比 20 世纪 50 年代的美国更加开明和积极响应。所以，今天重新提出毛泽东在60 年前就提出的签订中美和平条约的倡议，把这样一个伟大的倡议变成事实，就更有希望，也更有可能了。

签订中美和平条约，是建设新型中美关系的战略工程。在 21 世纪，美国和中国最重要的战略能力、最核心的战略能力，不是战胜对方的能力，不是赢得战争的能力，而是不搞对抗的能力，是化解冲突的能力，是管理危机的能力，是防止开战的能力，是维护和平的能力。

英国《生存》杂志 2012 年 8—9 月号文章《与中国开战》，作者是前美国外交官、兰德公司专家詹姆斯·多宾斯。他指出：“中国可能会成为美国有史以来面临的最强大敌手，这种看法肯定是正确的。”

“在今后 20 年里，中国的国内生产总值和国防预算可能会超过美国。如果中国愿意，它可以成为比鼎盛时期的苏联或纳粹德国更强大的对手，苏联和纳粹德国都与美国的经济实力相差甚远。因此，就产生了一些重要的问题：与中国的战争可能会如何开始，如何进行，如何结束，可以怎样避免开战。”

“尽管中国制定了谨慎和务实的政策，但是与美国发生冲突的风险依然存在。随着中国实力增强，这种风险的严重性和可能性或许都会增大。”

“今后 30 年最有可能引起中美军事冲突的原因，包括朝鲜和台湾形势的变化，中美网络对抗，中国与日本和印度的紧张关系所造成的争端。所有这些冲突源都在中国周边地区。中国的安全利益与实力集中在这些地区。”

“重要的是，以上任何一种情况都不可能引发美中之战，因为美国将保持一种能力，能够阻止可能导致这种冲突的行为。”

"要成功应对较小的挑战，以确保美国和中国永远不必爆发大规模冲突。"

签订中美和平条约，对中美之间的竞争、冲突和对抗，进行战略管理，等于给中美关系设置和安装了一个安全阀，可以使中美两国的政治家、外交家和职业军人，不论在任何情况下，都能明确底线，保持理智，防止过度。美国《防务新闻》周刊网站2012年6月11日刊载文章《分析人士提议将战略置于技术之上》。在这篇文章中，退役的陆军少将、曾经担任美国陆军军事学院院长的罗伯特·斯凯尔斯说："谁能告诉我，我们为什么要和中国打仗？给我个理由，告诉我可能出现的一系列情况。核大国不会和核大国打仗，因为双方都担心局势升级。它们会暗中角力，不过谁会在意呢？"日本媒体认为中美有能力避免相互开战。日本《外交学者》杂志网站2012年6月13日发表该杂志助理主编的文章提出：在军事战略方面，中美"两国都陷入了典型的两难境地。两国都将做些什么？竞争和冲突是否不可避免？目前针对这些问题尚无明确答案。但是两国有能力通过战略和外交渠道表明自己的意图，从而确保紧张局势不会升级为战争。"美国国家情报委员会2004年提出的《2020年全球趋势》报告说："大国冲突升级为全面战争的可能性，在今后15年中，要比上世纪任何时候都低。不可能像过去那样由地区冲突引发世界大战。第一次世界大战前和两次大战之间，联盟体系的僵硬，冷战期间两大阵营的对峙，都注定会使小范围冲突迅速演变为大规模战争。对于全球金融和贸易网络的依赖，有助于防止国际冲突，但是并不能消除冲突产生的可能。如果冲突牵涉到一个或多个大国，后果将非常严重。很多因素都会导致误判。例如，缺乏有效的地区冲突解决机制，国家民族主义情绪高涨，在台海和印巴等问题上双方出现感情伤害和紧张心态。常规武器的先进性和杀伤力，也会助长先发制人的打击。"有专家指出，如果中美发生战争，结果必然是"双方都为争一个杂货铺，而赔进各自的五星级酒店"。签订中美和平条约，能够促进双方"积极合作，良性竞争；制止冷战，防止热战"。

签订中美和平条约，是中美两国人心所向，是中美两国根本利益所在，是世界大势所趋。中国是和平愿望最强烈的国家，中国也是世界大国中"和平记录"最良好的国家。而美国虽然是高频率发动战争的国家，但是美国从建国以来，毕竟是没有发动过"世界战争"的国家。21世纪的美国，是最有实力和能力塑造世界和平的国家。

周恩来倡议——签署“亚太集体和平公约”

在美苏争霸的冷战时代，美国的战略重点虽然是在欧洲，但是发生在亚洲的局部战争是最多的。亚太地区是全球最不太平的地区。作为亚太地区重要大国，中国在维护本地区的和平事业中，一直发挥着重要作用。

20 世纪 50 年代，针对美国在亚洲太平洋地区拼凑军事集团，构筑军事基地，进行战争挑衅，破坏亚洲和平的问题，中国在 1955 年提出亚洲和太平洋沿岸各国，包括美国在内，签订互不侵犯的和平公约的建议。这个建议，设想把整个亚洲太平洋地区建设成为稳定和平的地区，让不同社会制度的国家实现和平共处。周恩来 1955 年 7 月 30 日在第一届全国人民代表大会第二次会议上的发言中明确提出：为了实现亚洲和太平洋地区的集体和平，“中国人民希望亚洲和太平洋地区的国家，包括美国在内，签订一个集体和平公约，以代替目前存在于这个地区的对立性的军事集团”①。

关于中国提出这个建议的过程，周恩来曾经在一次答记者问时指出：“早在 1954 年的日内瓦会议上，我就曾经说过：‘中华人民共和国认为，亚洲国家彼此之间应该进行协商，以互相承担相应义务的方法，共同努力维护亚洲的和平和安全。’我们曾声明，我们这一主张不排斥亚洲以外的任何国家。其后，中国同印度和缅甸一起倡议的和平共处五项原则和亚非会议一致通过的促进世界和平和合作的宣言，又进一步为建立集体和平和扩大和平地区开辟了道路。因此，我们关于亚洲和太平洋地区的国家，包括美国在内，签订一个集体和平公约的主张，就是根据这一系列的形势发展而提出来的。”周恩来强调：“我们所主张的这一个集体和平公约是完全符合于联合国宪章的规定的。它的目的不是要在各国间制造分裂和对立，而是要谋求各国之间的和平相处和友好合作，以代替目前存在于这个地区的对立性的军事集团。我们相信，这一主张的现实性，将会随着有利于世界和平的形势发展而更加明显。”②

---

① 《目前国际形势和我国外交政策》，《人民日报》1955 年 7 月 31 日。

② 田桓主编：《战后中日关系文献集 1945—1970》，中国社会科学出版社 1996 年版，第 216—217 页。

中国总理周恩来在60多年前提出的战略倡议，在今天尤其具有现实意义。今天的亚太地区在全球的战略地位更加重要。亚太地区是世界大国云集的地区，该地区的经济总量占全世界国民生产总值的一半以上。新加坡前总理李光耀曾经指出："21世纪将会是一个在亚洲争夺主导权的竞赛，因为这里是增长所在……如果不能在亚洲保有一席之地，就不可能成为一位世界领导者。"① 现在，美国已经把全球战略重点转移到亚太地区，亚太地区既是全球最具经济活力和发展潜力的地区，也是全球矛盾和对抗最为突出的地区，是军备竞赛最激烈的地区，是和平局面最为脆弱的地区，是战争危险度最高的地区。

签署亚太集体和平公约，关键因素是美国。英国《泰晤士报》首席经济评论员格温·戴尔2012年2月27日在日本时报网站发表《别再为权力转移担心了》的文章指出："美国在亚洲大陆并不存在真正重大的利益，至少没有它必须通过与中国开战来保护的利益。在中国成为世界最强大国家之前，美国完全可以避免外国的攻击。即使美国最终失去世界最强大国家的桂冠，美国在军事上仍然是不可战胜的。与当年统治世界时相比，英国现在显得更加繁荣，英国人民或许也更加幸福。衰落，尤其是相对而言的衰落，并不完全像美国人想象的那么悲惨。"

基辛格在《论中国》中提出建立"太平洋共同体"，包括美国、中国、日本、印度、澳大利亚、越南等国家。而"太平洋共同体"首先应该是一个"太平洋和平体"。只有先签订"中美和平条约""亚太集体和平公约"，才能向实现那样一个目标迈进。奥巴马表示，他是美国"第一个太平洋总统"。太平洋总统的首要使命是创造"太平洋太平"，有效防止太平洋的对抗、冲突和战争。21世纪的亚太和平，取决于美国亚太战略的创新。

中美共同倡议——签署"世界和平公约"

在签署"中美和平条约"和"亚太集体和平公约"的基础上，中美两国应该共同倡议，签署"世界和平公约"。

"中美和平条约"的使命，是建设一个和平的中美关系，是缔造中美

---

① ［美］阿伦·弗里德伯格：《中美亚洲大博弈》，新华出版社2012年版，第7页。

两个大国之间的持久和平。

“亚太集体和平公约”的使命，是建设一个和平的亚太，缔造一个不打仗的亚太，实现亚太的持久和平。

“世界和平公约”的使命，是建设和平的世界，是为世界打造和平的机制，让21世纪真正成为和平的世纪。

这三个条约是循序渐进的，是紧密联系的和平体系，是一项伟大的和平工程，是21世纪的人类必须完成的战略创造。古代中国可以为国家安全建造万里长城，现代美国可以为了自己的利益建造一支全球最强大的军队，今天的世界需要美国和中国共同倡议、共同努力，为世界打造和平的体系。在今天，有和平的中美关系，才会有和平的亚太关系，而一个和平亚太又是一个和平世界的基础和核心。

这三个条约，要回答的根本问题，要实现的根本目标，就是：中国和美国这两个最重要的国家，到底要把自己的国家建设成为一个什么样的国家？这两个国家到底要共同致力于建设一个什么样的亚太？中美两国到底要建设一个什么样的世界？这三个问题，对于中美两国来说，是三道考题，是三大挑战，是三大责任。

是否能够成功签订“世界和平公约”，关键在美国。今天世界所发生的战争，百分之百都与美国有关系，都与美国的利益和力量有关系。现在，美国与包括北约在内的60多个国家缔结军事同盟。最大的发动战争的能力，操控在美国手中，而最强的制止战争的能力也掌握在美国手中。美国具有塑造世界和平的最大能量，美国能够为塑造世界和平作出最大贡献。

签署“世界和平公约”的过程，也是建立“国际军事新秩序”的过程。长期以来，人们呼吁建立“国际政治新秩序”，建立“国际经济新秩序”，其实，最迫切的还是建立“国际军事新秩序”。要通过签订“世界和平公约”，推进世界军事体制的新突破。

着眼于创新世界军事新秩序，维护和保障世界和平，可以提出中国的和平主张，并且推动这些主张变成全球所有国家特别是世界大国共同遵守的军事法治和军事机制。“世界和平公约”的基本内容，起码包括以下方面：

一是承诺不使用武力解决国家间纠纷，不用武力解决国际争端，不用武力干涉别国内政，在冲突和对抗中“不打第一枪”。

二是有核国家承诺“不首先使用核武器”，联合国5个常任理事国首先承诺“不首先使用核武器”。这是推进建设“无核世界”的关键一步。而提出“无核世界”的美国，主张“核不扩散”的美国，要以身作则，向全世界宣布美国不首先使用核武器，以表诚意，以为示范。

三是禁止无联合国授权的跨国军事行动。宣布此类军事行动为非法，决策者要接受国际军事法庭的审判。

四是禁止向他国出售可以用于战争的进攻性武器装备。输出进攻性武器装备，就是输出战争、输出动乱。要像禁止毒品走私一样禁止进攻性军火买卖。美国要率先成为不对外出售进攻性武器装备的国家。以此，有效地遏制世界军备竞赛。

五是禁止在独立国家领土内保有可以用于发动与进行战争的外国军事基地、驻扎外国军队。如果在外国保有军事基地、驻扎军队，必须由联合国批准，接受联合国审查和监督。

六是废除一切军事同盟条约，解散一切军事同盟组织，不允许拉帮结伙、分裂世界，在全球所有国家关系中，建立“不结盟”的正常国家关系。

新冷战——不是中美关系的主要危险

中美关系的最大危险是什么？这是一个在发展中的问题，也是一个在争论中的问题。

其实，“新冷战”，不是中美关系的主要危险；而“不打仗”，才是中美关系的核心问题、底线问题。在一定时期内，在一定意义上，中美关系“不打仗”就是正常。

中美在21世纪肯定是要竞争的，但是要防止把“竞争”升级为“战争”。美国对中国肯定是要遏制的，在各种遏制中也必然包括军事遏制，但是要防止把“军事遏制”升级为“战争遏制”。

中美之间的“斗争”是长期的、曲折的、反复的，有时甚至是很激烈的，这是不以人们的主观意志为转移的。但是“斗”要“文斗”，不要“武斗”；“争”要文争，不要“战争”。中美关系“正常化”的基础，是“非战化”。

中美关系的首要目标是不打仗。目前，中国和美国都在进行军事斗争准备，都在进行战争准备。美国在准备“进攻”，中国在准备“防御”，这就是中美双方战争准备的本质区别。

中美开战之日，就是中美双败之时。在美国绝对优势的军事力量面前，在美国对中国战争遏制的计划和军事进攻的布局面前，中国为了努力避免与美国的战争，就必须抓紧准备与美国的战争，就必须加快自己强军的步伐，不断缩小与美国在军事力量上的差距。对于中国来说，只有“强军”才能够“慑敌”，只有“备战”才能够“安全”，只有“敢战”才能够“止战”。

美国正在对中国进行“新冷战”，对此，不必大惊小怪。崛起，是新兴世界大国的天性，不让中国崛起是不可能的。而对新兴大国的崛起实行遏制，则是老牌霸权大国的天性，不让美国遏制中国，也是不可能的。但是在21世纪和平与发展的新时代，把新兴世界国家的崛起限制在“和平崛起”的轨道上，不走“战争崛起”的道路，把老牌霸权国家的遏制限制在“和平遏制”的限度内，不走“战争遏制”的道路，则既是完全应该的，也是完全可能的。英国和美国之间国家地位的转换，没有通过战争转换，而是和平转换。美国和苏联之间的冷战虽然有激烈的“军备竞赛”，但是毕竟没有发生残酷的“战争决赛”。中美之间“有竞争、无战争”“有决赛、无决战”“有冷战、无热战”的新局面，是完全可以创造的。因此，要求中美之间无矛盾、无竞争，甚至无冷战，是空想主义的，而“有冷战、无热战”“有竞争、无战争”的局面，则是现实主义的，是符合实际的。

保证中美不打仗，是中美关系的最大成功。当年苏联和美国的关系，是以第二次世界大战为基础，双方的权力分割和势力范围，是通过战争确定的；双方的利益底线是用宝剑描绘出来的；双方的行动边界，是用势均力敌的军事力量维持的。美苏两大阵营的世界格局不仅是意识形态格局，更是旗鼓相当的军事力量格局。虽然是恐怖的平衡，但是军事上的平衡毕竟能够制约发生战争的恐怖。而中国和美国的关系，不仅表现在综合国力的巨大差别上，尤其表现在军事力量的严重失衡上。美国《芝加哥论坛报》网站2012年2月19日文章《夸大中国威胁是危险的》指出：“首先，中国军力不是我们的对手。我们有11艘航空母舰，中国只有1艘，而且是买来的二手货。太平洋是美国海军的天下。”当只有一艘航空母舰的中国面对拥有11艘航空母舰的美国，那么中美之间的关系，就不是恐怖的平衡，而是失衡的恐怖，军事上的失衡加剧战争的危险。在这种情况下，世界的和平，主要不是取决于中国坚持“和平崛起”，而是取决于美国是否坚持“和平遏制”。于是，签订中美两国“和平竞争、避免战争”的和平条约，就成为建设新型中美关系的第一个战略问题。21 世纪中美关系的首要问题、核心问题、根本问题，就是“不打仗、无战争”。

敦促美国——废除《与台湾关系法》

1979 年 1 月 1 日，在中美建交公报中，美国有两个承认：一是“承认中华人民共和国政府是中国的唯一合法政府”；二是“承认中国的立场，即只有一个中国，台湾是中国的一部分”。但是在 3 个月又 10 天以后，1979 年 4 月 10 日，美国在国内推出一部《与台湾关系法》，规定可以供应武器给台湾，并且把立法时间向前追溯 3 个月又 10 天，其生效时间与中美建交公报是同一天。这是美国开国以来的一个大笑话，是美国在处理与中国关系问题上玩弄的两面派手法。

新中国成立至今，美国在中国台湾问题上，是两个 30 年：第一个 30 年，从 1949—1978 年，不承认中国，一直霸占着中国的领土台湾；第二个 30 年，从 1979 年中美建交，特别是从 1982 年“八一七公报”以后至今，一方面与中国保持“外交关系”，另一方面与台湾保持“军售关系”，美国向台湾卖武器卖了 30 多年，创造了大国关系中超坏的大案例。美国还将台湾海峡纳入战区导弹防御体系，把中国的一个部分纳入美国的防御范围。

《与台湾关系法》，是分裂中国、鼓励“台独”、破坏台海和平、破坏中美关系的一颗毒瘤。《与台湾关系法》违反中美建交公报。在世界历史上没有任何一个国家与另一个国家的一个地区搞一个关系法。《与台湾关系法》属于非法，必须坚决废止。

邓小平明确指出：《与台湾关系法》，造成了中美关系的危机，美国必须停止干涉中国内政。①

邓小平在 1980 年就指出：“要真正加强中美关系，《与台湾关系法》必须去掉，因为它已成为发展中美关系的障碍。”②

邓小平说：“真正造成中美关系危机的是对台湾关系法。”“在中美关系上始终存在着一片乌云，这就是美国单方面制定的、严重违背中美建交

① 《邓小平外交思想学习纲要》编写组：《邓小平外交思想学习纲要》，世界知识出版社 2000 年版，第 155 页。

② 外交部档案馆编：《伟人的足迹——邓小平外交活动大事记》，世界知识出版社 1998 年版，第 230 页。

公报原则的《与台湾关系法》。”[①]

邓小平指出，中国和美国发展关系，“最大的障碍还不是向台湾出售武器问题，比这更具有长期影响的还是《与台湾关系法》”[②]。

邓小平1983年3月30日会见美国众议院代表团时讲：“坦率地说，《与台湾关系法》还是杜勒斯主义的产物。”[③]

1983年4月13日，邓小平在会见美国国会众议院议长时说：“《与台湾关系法》无论从内容来讲，还是从方式来讲都是干涉中国的内政。”[④]

---

① 宫力：《邓小平与美国》，中共党史出版社2004年版，第329页、第369页。

② 中共中央文献研究室编：《邓小平思想年谱1975—1997》，中央文献出版社1998年版，第232页。

③ 中共中央文献研究室编：《邓小平思想年谱1975—1997》，中央文献出版社1998年版，第251页。

④ 宫力：《邓小平与美国》，中共党史出版社2004年版，第414页。

第三章

外交突破——签署中美第四个“联合公报”

在最近40多年的中美关系中，有三个著名的联合公报，主导和规范着两国关系的发展。一是1972年2月28日，中国总理周恩来与美国总统尼克松在上海签署联合公报——“上海公报”。这是一个中美关系“解冻公报”；二是1978年12月16日发表的明确宣布中美两国自1979年1月1日起建立外交关系的联合公报——中美“建交公报”。三是1982年8月17日发表的关于美国向台湾“出售武器”问题的联合公报——“八一七公报”。

中美三个联合公报所确立的各项原则，构成了中美关系稳定和发展的基础。三个公报的精神对于今后的中美关系仍然具有指导意义。但是也必须看到，三个公报都是“老公报”，是冷战期间的公报。进入“中美两强博弈”时代的中美关系，与过去的中美关系，具有重大不同。现在的中美关系，已经是世界舞台上的“第一关系”，是全球最重要的双边关系。不是重要关系“之一”，而是重要关系中的“第一”。过去的三个公报虽然仍然具有指导意义和保障作用，但是已经远远不够了。必须面向21世纪的世界新格局，适应中美两强的大博弈，出台第四个联合公报，作为规范新世纪中美关系的指导性文件。中美第四个联合公报——“中美新型大国关系公报”的签订，将是中美关系的第四个里程碑。

第一个联合公报——美国承认“一个中国”公报

新中国成立后的第一场战争，就是在冰天雪地的朝鲜战场，与当时世界军力最强大的美国率领的17个国家的军队（包括南朝鲜李承晚的军队）

组成的联合国军进行的一场两年又 9 个月的对阵和厮杀。从此以后的中美关系，就是一场长达 20 多年的冰冻期。此后的中国，由于在反对美国霸权主义斗争的坚定性和彻底性，被美国当局认为是比苏联更具危险性和威慑性的敌人。

但是二十年河东、二十年河西。在中美交恶 20 多年后，由于中美两国需要共同对付苏联霸权扩张的威胁，昔日的两个对手开始接触和联合。这就产生了尼克松在中美关系上破冰之旅的“中国行”，产生了震惊世界舆论、改变全球格局的“上海公报”。上海公报是中美第一个联合公报，是在中国大陆与台湾长期分治的情况下，美国首次承认“一个中国”的公报，也是在世界舞台上，中美联合制衡苏联的“联盟公报”。

1972 年 2 月，美国总统尼克松访问中国，2 月 28 日，中国总理周恩来与美国总统尼克松在上海签署联合公报，这就是“上海公报”。在上海公报中，中国重申：“中华人民共和国政府是中国的唯一合法政府，台湾是中国的一个省，早已归还中国，解放台湾是中国的内政，别国无权干涉。”美国方面则表示：“美国认识到，在台湾海峡两边的所有中国人都认为只有一个中国，台湾是中国的一部分，美国政府对这一立场不提出异议。”上海公报的核心问题是“一个中国”。美国承认一个中国，中国和美国之间在“一个中国”的问题上达成了共识，为改善中美关系奠定了战略基石。所以，上海公报是中美关系的“解冻公报”，是改善中美关系的“奠基公报”。

第二个联合公报——中美“建交”公报

1972 年的“上海公报”，为中美关系的改善奠定了基础。而要实现中美正式建交，还需要一个过程。经过 6 年多的努力，1978 年 12 月 16 日（美国时间 12 月 15 日），中美两国提前发表建立外交关系的公报，明确宣布：“中华人民共和国和美利坚合众国商定自 1979 年 1 月 1 日起互相承认并建立外交关系。”美国政府表示：“承认中华人民共和国政府是代表中国的唯一合法政府。在此范围内，美国人民将与台湾人民保持文化、商务和其他非官方关系”；“承认中国的立场，即只有一个中国，台湾是中国的一部分。”在建交公报发表当天，中美两国政府又分别发表声明。美国政府在声明中宣布：“1979 年 1 月 1 日，美利坚合众国将通知台湾，结束外交关系，美国和中华民国之间的共同防御条约也将按照条约的规定予以终止。”美国还声明，在4个月内，从台湾撤出美国余留在台湾的军事人员。

但是，在中美建交三个月后，1979年4月，美国参议院和众议院又先后通过了《与台湾关系法》，并且于4月10日，经过美国总统签署生效。《与台湾关系法》公然声称，“美国决定同中华人民共和国建立外交关系，是基于台湾的前途将通过和平方式解决这样的期望”；美国仍将“向台湾提供防御性武器”。这说明美国一方面表示执行一个中国政策，另一方面仍然在政治、经济、军事等各个方面扶植台湾，并且以中国政府执行“和平统一”方针为美国执行“一个中国”政策的前提，继续阻挠中国人民解决台湾问题。台湾当局由于得到美国的这种支持，一直拒绝中国大陆方面的谈判呼吁，不肯接受和平统一的方案。

《与台湾关系法》在相当程度上变相恢复了美国在中美建交公报中宣布将予以终止的美台《共同防御条约》。有国际法专家指出，1979年的《与台湾关系法》比1954年签订的美台《共同防御条约》还要周到，实际上是第二个共同防御条约。

根据1979年3月13日的美国《国会记录》，在《与台湾关系法》立法时，就有参议员质问：在美国已经承认北京是中国唯一的合法政府以后，美国怎么能够给台湾武器呢？这不是在援助中国一个叛乱省份吗？这不是笑话吗？台湾在中国宪法里就是相当于美国的一个州，美国宪法第一条明确规定任何一个州都不得与外国定约。美国既然承认台湾是中国的一部分，过去与台湾的诸多约定怎么还能够在《与台湾关系法》中继续有效呢？难道美国能够不经过加拿大的同意，针对加拿大的一个省搞一个美国法律吗？这个著名的质问，记录在《美国参议院外交委员会关于“与台湾关系法”的听证会记录》第48—49页中。世界上有良心的人都会问：在美国与中华人民共和国建交的时候，中国如果同时也搞出一个《与夏威夷关系法》，同时跟美国的一个州建立武器关系，美国会作何反应？①

中美建交公报的签署，是中美关系的一个历史性进步和突破。美国和中国台湾之间共同防御条约的废除，排除了中美关系的巨大障碍。但是《与台湾关系法》，又为中美关系的未来设置了新的陷阱。

---

① 李敖：《审判美国》，中信出版社2011年版，第290页。

第三个联合公报——对台湾“卖武器”公报

中美在1979年1月1日建交，实现了两国关系的历史性跨越。但是由于美国炮制了《与台湾关系法》这样一个“怪胎”，使得美国坚持向台湾出售武器，成为破坏中美关系的焦点问题。《与台湾关系法》的几名起草人曾如此定义该法案的核心内容：一是“台湾问题必须以和平方式解决”；二是“美国必须帮助台湾有足够能力保卫自己，并提供防御性武器，总统要随时向国会报告台湾安全的危险和台湾面临的可能威胁”。正是在这部法案的框架下，美国从未停止对台出售武器。

由于美国坚持向台湾出售武器，严重影响中美关系，中国政府一再提出严正交涉。从1981年12月起，中美两国开始就此问题进行谈判，终于在1982年8月15日达成协议，双方于8月17日发表联合公报，这就是“八一七公报”。该公报为10个月的中美关于美国向台湾出售武器问题的谈判画上句号。在“八一七公报”中，双方重申了“上海公报”和“建交公报”中确认的各项原则，美国方面承诺：美国不寻求执行一项长期的向台湾出售武器的政策，美国向台湾出售的武器，在性能和数量上，将不超过中美建交后近几年供应的水平，美国准备逐步减少对台湾的武器出售，并且经过一段时间，导致最后的解决。美国还表示承认中国关于彻底解决这一问题的一贯立场。

但是，美国在对台湾军售问题上，又一次要两面派手法。1982年美方在与中方签署“八一七公报”前，对台湾有六项承诺，就是不设定对台湾出售武器的终止期限，不修改《与台湾关系法》，不事先与中国大陆磋商对台湾出售武器，不在两岸之间扮演调解人，不迫使台湾与中国大陆谈判，不正式承认中国大陆对台湾的主权。

1982年中美“八一七公报”中，美国政府曾经明确承诺，美国“不寻求执行一项长期向台湾出售武器的政策”，“准备逐步减少对台湾的武器出售，并经过一段时间导致最后的解决”。30多年过去了，美国对台湾出售武器不但没有“最后解决”，反而愈演愈烈，出售武器规模越来越大，性能越来越先进。一个自诩为民主法治的国家，拿国际承诺当儿戏，是一种背信弃义。美国辩称，他们是基于1979年美国《与台湾关系法》对台军售的。而美国《与台湾关系法》是美国的国内法，国内法公然声称要给一个主权国家内部的分离势力提供所谓“防御性”武器。用国内法干涉别国内政，把一国的国内法凌驾于国际法准则之上，这是美国强权政治、霸权政治的恶劣表现。

第四个联合公报——中美“新型大国关系”公报

签订中美“新型大国关系”公报，将是中美关系第四个里程碑。

第四个联合公报的宗旨，就是实现中美两国在21世纪不对抗、不冲突、不冷战、不打仗，做到彼此尊重、和平共处、合作共赢。

今后几十年，中美关系的最大危险，不是冷战，而是热战。冷战时期，美国准备打“两个半”战争，就是在欧洲对付苏联，在亚洲对付中国，另外再加上一个中等强国。冷战以后，美国准备打两场战争，要对付两个中等强国。当时主要设定的两个地区是中东和东亚。后来美国同时进行了阿富汗和伊拉克两场战争。2012年1月5日美国公布新军事战略，抛弃了自冷战结束以来同时打赢两场战争的战略，变成“1+”战略。五角大楼官员称，战略调整的主要针对目标，是伊朗和中国。美国新军事战略总体上是收缩性战略，而在亚太地区则是进攻性战略，是“全球收缩，亚太进攻，聚焦中国”的战略。签订中美新型大国关系公报，是为防止中美战争建筑防火墙。

美国《全球主义者》在线杂志2012年4月5日的文章《中国和美国：不是两国集团而是两个大国》，作者是美国前助理国防部部长查斯·弗里曼。他指出：“在全球和地区竞技场上，很少犯错的中国领导人，一直都在进行谨慎、耐心、低风险的比赛。”“美国在不同的舞台上表现不同。美国人在贸易和货币问题上，就好像律师一样谨慎；美国人在政治问题上苛求，时而狂妄；美国人在军事问题上，越来越爱冒险——甚至好战。”现在，中国和美国之间有元首热线，有战略与经济对话，有战略安全对话，有亚太事务磋商，有国防部防务磋商等许多对话磋商机制。这些沟通渠道具有重要作用。而通过签订中美新型大国关系公报，能够全面规划和规范中美关系，促进和保证中美关系全面发展。

中美第四个联合公报的核心内容和最大亮点，是不搞“两战”——“冷战”和“热战”。特别是不搞热战。中国坚持“和平崛起”，在中美冲突中不打第一枪；美国坚持“和平竞争”，不对中国发动战争。从世界霸权的历史和本性来看，要想美国不遏制中国，基本是不可能的。除非中国强大到一定程度，使美国难以遏制；除非美国对中国失去遏制能力，自知无力回天，被迫放弃遏制。但是，把美国对中国的遏制，限制在“和平遏制”的范围内，使其不能对中国实行“战争遏制”，则是可以实现的现实主义目标。

在签署中美新型大国关系公报的基础上，要继续推进签署亚太和平公约、世界和平公约、有核国家和平公约，开创地区和世界和平事业新局面，构筑“新型地区关系”和“新型国际关系”，建设“地区命运共同体”和“人类命运共同体”。

在创新21世纪中美关系问题上，中国现任领导人继承了毛泽东、周恩来、邓小平的对美战略思维。习近平主席提出建立“新型大国关系”、建立“地区命运共同体”、建立“人类命运共同体”。这使中国站在国际道义制高点，站在合作共赢时代潮流最前沿。中国成为21世纪国际政治的改革创新者，21世纪人类命运的引领者。

21世纪的美国，要跳出国内的危机，要摆脱霸权的困境，迫切需要两个人：一是20世纪30年代大刀阔斧搞改革的罗斯福；二是20世纪70年代跨过太平洋，奔向天安门，到中南海与毛泽东握手的尼克松。

第四章

继往开来——开创中美第四个合作时代

中国和美国之间的关系，具有一条规律，就是“和则两利，斗则两伤”。人们对中美“斗则两伤”记忆犹新，而对中美“和则两利”往往认识不足。其实，中美从20世纪以来的三次重大战略合作，不仅改变了中国和美国的国际地位，而且对于亚洲和世界的前途命运，都发生了深刻的历史性影响。21世纪，中美围绕建立新型大国关系的第四次战略合作，必将为中美两国和整个世界带来新的福祉。

中美第一次战略合作，击败日本军国主义

1784年2月22日，美国商船“中国皇后”号驶离纽约港，穿过大西洋，绕过好望角，于8月28日抵达广州黄埔港，从此揭开中美关系的序幕。

230多年来，中美两国有过三次战略合作，这就是20世纪上半叶中美联盟击败日本军国主义；20世纪下半叶中美联合，抗衡苏联霸权主义；21世纪第一个十年，中美合作打击国际恐怖主义。

第一次中美合作——联盟反日。1942年1月1日，26个国家在华盛顿签署《联合国家宣言》，中国是最早抗击法西斯侵略的国家。1931年九一八事变揭开了中国人民伟大抗日战争和世界人民反法西斯战争的序幕。1937年7月7日，抗日战争全面爆发。中国抗日战争开始后，美国一方面实行“不干涉”政策，另一方面大量供应日本武器弹药和战争物资。直到1939年1月，美国才停止供应日本飞机零件以及炸弹。1940年8月，美国才停止供应日本石油、废铁、机器以及军用物资。在日本人侵略中国9年

后，美国才停止供应日本武器和军需品。[①] 当时，美国军火商出售给日本的军火，占日本军火进口的半数以上。美国在1941年还企图以牺牲中国为代价同日本妥协。

但是，日本不仅要占领中国，而且要打败美国。1941年12月7日，日本偷袭美国珍珠港，美国向日本宣战。1942年1月1日，由美、英、苏、中联合发起《联合国家宣言》，有26个国家签字，中国和美国成为反法西斯的盟国。美国对中国的抗战加大了支持力度，而中国坚持抗战，也在战略上给予美国巨大支持。太平洋战争爆发后，美国人深刻感受到中国在抗击日本、支持美国中的战略作用。在1941年底，日本的陆军兵力210万人，其中驻守本土的大约40万人，用于南进的有40万人，其余130万人都投入中国战场。所以在太平洋战场，中国是首当其冲。美国的政策，是向中国军队提供援助，提高其作战能力，更好地牵制日本。[②] 抗战时期，在中国战区的作战物资和武器弹药只能维持两个月的时候，美国向中国伸出援助之手，在海陆通道都被日军封锁的情况下，开通了从印度跨越喜马拉雅山飞往中国的"驼峰航线"，500多架运输机夜以继日飞来飞去，每天运量200吨，给中国运来战争物资。到后来每月竟达到80000吨。1942年5月到1945年9月，美国空中运输机共飞越驼峰80000次，飞行150万小时，运送部队3.2万人，运送物资140万吨。据统计，美国在驼峰航线上共损失运输机563架，损失率超过30%。每三架飞机就有一架在飞行途中坠毁。坠毁飞机最集中的地方飞机残骸连绵一百多公里。据美国《时代周刊》1946年记载：到战争结束，在喜马拉雅山长520英里、宽50英里的航线上，飞机的残骸散落在陡峭的山崖下，这里的山谷因此被称为"铝谷"。在晴朗日子，飞行员可以把这些闪闪发光的铝片作为航标。战后美国官方公布了这样一个数字：在3年零1个月的援华空运中，美国空军牺牲和失踪飞行员及机组人员共计1579人。美国还派出6000多人的工程部队与中国人民一起，历尽艰辛修筑了从印度通往中国的运输战略物资的"史迪威公路"；开设了从印度通往中国的长达3000多公里的输油管道；派来了与中国人民并肩作战的英勇的"飞虎队"。1944年7月，美国政府派出美军观察组访问延安。毛泽东亲自修改《解放日报》为欢迎观察组所发表的社论，把美军观察组称为"战友们"，并且指出，美军观察组来到

① 李敖：《审判美国》，中信出版社2011年版，第208页。

② 熊志勇：《百年中美关系》，世界知识出版社2006年版，第115页。

延安，“这是中国抗战以来最令人兴奋的一件大事”。并且预祝美军观察组的工作取得成功，“希望这一成功，会增进中美两大盟邦的团结，并加速最后战胜日寇的过程”。毛泽东和刘少奇在1944年9月9日提出：“放手与美军合作，处处表示诚恳欢迎，是我党既定方针。”①

中国的抗日战争，给美国提供了巨大的战略支持。中国战场是第二次世界大战中开辟最早、持续最长而又最后结束战争的战场；中国一直抗击着日本陆军主力，是击败日本侵略军的主力军；中国人民承受了最大的民族牺牲，付出了极大的代价。著名历史学家刘大年有一个统计：“中国抗击的日本兵力最多。按照日军师团编制计算，七七事变到1945年，日军历年投入到中国关内战场上的陆军，最多的年份占编制总额90%，最少的一年占35%，八年中平均每年占76.4%。太平洋战争爆发后，日军陆军主力仍分布在中国战场上。中国摧毁的日军有生力量数目最大。”他的结论是：“中国是世界反法西斯主要战场之一。有中国这个主要战场，才有东方反法西斯的胜利。”② 周恩来说：“铁一般的事实证明：中国人民在击败日本帝国主义的伟大战争中，经过时间最久，遭受牺牲最大，所做贡献最多。”③ 罗斯福说：“假如没有中国，假如中国被打垮了，你想一想有多少师团的日本兵可以因此调到其他方面来作战？他们可以马上打下澳洲，打下印度……并且可以一直冲向中东……与德国配合，举行一个大规模的夹击，在近东会师，把俄国完全隔离起来，吞并埃及，切断通过地中海的交通线。”④ 罗斯福在1942年2月7日致电蒋介石说：“中国军队对贵国遭受野蛮侵略所进行的英勇抵抗，已经赢得美国和一切热爱自由民族的最高赞誉。”⑤

中美第二次战略合作，抗衡苏联霸权主义

关于中美从20世纪70年代初期到80年代末期将近20年之久的第二

① 宫力：《毛泽东与美国》，世界知识出版社1999年版，第10页。
② 刘大年：《抗日战争时代》，中央文献出版社1996年版，第4页、第5页。
③ 王绳祖主编：《国际关系史》第6卷，世界知识出版社1995年版，第574页。
④ 王绳祖主编：《国际关系史》第6卷，世界知识出版社1995年版，第580—581页。
⑤ ［美］富兰克林·德·罗斯福《罗斯福选集》，关在汉编译，商务印书馆1982年版，第345页。

次战略合作的过程，基辛格在《论中国》一书中有详细叙述和深刻分析。他在该书第十章“论准同盟关系——与毛泽东的会谈”中说：“我的秘密访华之旅重建了中美关系，而尼克松访华则开启了双方的战略合作期。……《上海公报》的措辞意味着中美是一种同盟关系。”“中美关系的特殊之处在于，双方力求在不正式缔约的情况下协调行动。”① “尼克松访华后，中美双方建立了合作伙伴关系。……根据1973年2月和11月与毛泽东的会谈及1973年与周恩来长时间会谈所达成的谅解，中美两国逐渐建立起一种准同盟关系。……中国公开表示其目标是通过制定明确的战略计划，借重美国制衡‘北极熊’。”② “事实上，整个20世纪70年代，北京比美国多数民众或国会更支持美国坚定地对抗苏联的扩张图谋。”③

毛泽东1973年11月与基辛格的会谈中说，中国和美国之间“只要大家的目标相同，就不会互相伤害。我们才能联手对付一个混蛋”④。“苏联在中苏边境总共只部署了100万的部队，连防卫也不够，更谈不上进攻。”“我们也牵制了他们的部分兵力，这对你们在欧洲和中东是有利的。”⑤ 中国为美国牵制100万苏联军队，等于是中美联合开辟了欧洲和亚洲两个战场。基辛格说：“在毛泽东看来，那些受苏联扩张主义威胁的国家‘可以搞一条线，就是纬度，美国、日本、巴基斯坦、伊朗……土耳其和欧洲’。毛泽东在1973年2月将他的‘一条线’战略告诉了我，并且阐释了这些国家应该如何对抗苏联。1974年1月，毛泽东在同日本外相谈话时，谈到了（包括‘一条线’周围国家在内的）‘一大片’战略。”这个“一大片”指美国、日本、中国、巴基斯坦、伊朗、土耳其、阿拉伯世界和欧洲都要团结起来，一大片的第三世界国家要团结，共同对付苏联扩张。基辛格说：“以‘一条线’战略对抗苏联，反映了中国能够冷静地分析国际形势，……由美国、中国、日本和欧洲组成的联盟，必将打败苏联。……在中美合作的最佳时期，两国领导人也讨论了准同盟关系。”⑥ 中美合作使莫斯科感到震惊。基辛格说：“实际上，中美两国交换了大量情报，并且在很多领域展

① ［美］亨利·基辛格：《论中国》，胡利平等译，中信出版社2012年版，第272页。
② ［美］亨利·基辛格：《论中国》，胡利平等译，中信出版社2012年版，第273页。
③ ［美］亨利·基辛格：《论中国》，胡利平等译，中信出版社2012年版，第274页。
④ ［美］亨利·基辛格：《论中国》，胡利平等译，中信出版社2012年版，第281页。
⑤ ［美］亨利·基辛格：《论中国》，胡利平等译，中信出版社2012年版，第278页。
⑥ ［美］亨利·基辛格：《论中国》，胡利平等译，中信出版社2012年版，第282页。

开合作。”①

基辛格在《论中国》第十三章“摸老虎屁股——对越作战”中说：“第三次越南战争完全可以被视为冷战的转折点。这场战争也是冷战期间中美战略合作的顶峰。”②“漫长的两次越南战争（第一次是第二次世界大战后反抗法国重建殖民统治的战争，第二次是1963—1975年与美国的战争）甚至还没有结束，中国与越南就都开始意识到，对印度支那和东南亚统治权的下一场争夺将在它们之间展开。”③ 基辛格说：“防止出现一个与苏联结盟的印度支那联邦，成为邓小平时代中国外交政策的重中之重，也成为了加强与美国合作的纽带。越南、中国、苏联、美国展开了一场四方博弈的围棋棋局。柬埔寨和越南的局势将决定谁将被包围、压制：北京还是河内。”④

卡特总统上台后，决定优先发展与中国的关系。“苏联在非洲和中东的压力使得新任美国总统决定迅速与中国实现关系正常化，这意味着与中国在事实上结为战略同盟。1978年5月17日，卡特总统派国家安全事务助理布热津斯基访华。卡特指示：‘我认为尽管在某些方面也有合作，但是苏联与美国在本质上是一种竞争关系。’”“布热津斯基长期坚决主张与中国进行战略合作，他热情而又巧妙地执行了卡特的指示。……邓小平热切希望启动关系正常化进程，要‘真抓实干’，与美国形成紧密的同盟关系，共同遏制苏联在世界各地的扩张。”⑤

基辛格说：1979年2月，邓小平接受《时代》杂志专访，向全世界公开阐述了中国的战略构想：“如果要束缚住‘北极熊’，我们唯一的办法就是团结起来。仅仅依靠美国的力量，那是不够的。仅仅依靠欧洲的力量，那也是不够的。中国是一个弱国、穷国。但是如果我们团结起来，力量就大了。”⑥

基辛格说：“1979年1月，邓小平访美。此行的目的是庆祝中美两国关系正常化，也是为了制定一项详尽阐述《上海公报》的共同战略，用来

---

① ［美］亨利·基辛格：《论中国》，胡利平等译，中信出版社2012年版，第289页。
② ［美］亨利·基辛格：《论中国》，胡利平等译，中信出版社2012年版，第336页。
③ ［美］亨利·基辛格：《论中国》，胡利平等译，中信出版社2012年版，第340页。
④ ［美］亨利·基辛格：《论中国》，胡利平等译，中信出版社2012年版，第341页。
⑤ ［美］亨利·基辛格：《论中国》，胡利平等译，中信出版社2012年版，第346页、第347页。
⑥ ［美］亨利·基辛格：《论中国》，胡利平等译，中信出版社2012版，第353页。

对付苏联。”① “1979 年 1 月 29 日与卡特总统会面时，邓小平解释了中国的四个现代化政策，……但是所有这些在重要性上，都不及邓小平此访的首要目的：建立中美之间事实上的同盟关系。”②

基辛格说：“对越自卫反击战”“中越边境自卫反击战”，“是要维持亚洲的战略平衡。而且中国是在获得美国道义支持、外交声援，以及情报合作的情况下发动这场战争的”③。中国和美国联盟打了一场越南战争。基辛格说：“通过军事上的大胆行动和与美国展开史无前例的密切合作，中国达成了这一目标（就是阻止、扭转苏联扩张势头）。”“第三次越南战争让中美两国建立了冷战期间最亲密的合作关系。”④

基辛格说，在 1982 年后的 10 年内，也就是在“八一七公报”之后的 10 年内，“中国无论是进行经济建设、国防建设，还是在国际事务中发挥独立自主的作用，整体而言均获得了美国的支持。华盛顿与两岸都保持了稳定的关系，并且与中国携手对抗苏联，例如进行情报共享，支持阿富汗的抗苏斗争”⑤。基辛格说，由于中国和美国两方面的合作，“毛泽东设想的‘一条线’战略事实上已经形成。到 20 世纪 80 年代中期，苏联几乎在它周边各处都遭遇到协同防御，在许多情况下遇到了积极抵抗。在美国、西欧、东亚，形成了一个包括几乎所有工业化国家在内的松散的反苏联盟”⑥。“1989 年初，……中美关系取得重大进展：两国联手挫败了苏联占领阿富汗的企图；美国向中国出售了相当数量的武器；双边贸易额增加；从政府高层到海军舰船的互访与交流活动频繁。”⑦

基辛格说，中国“他们自 1969 年开始向华盛顿靠拢，以巩固中国的地缘政治地位”。⑧ 其实在 1969 年前，中国虽然不是以中美联盟的形式对抗苏联，却是以中苏对立的形式，削弱苏联，客观上就帮助了美国。后来毛泽东提出“三个世界”的理论，并且形成了“两个半世界”（第三世界、第二世界，再加上第一世界的美国）联合抗衡苏联这第一世界中的半个世界的局面，从而成功阻止了苏联霸权的扩张进攻势头。

---

① ［美］亨利·基辛格：《论中国》，胡利平等译，中信出版社 2012 年版，第 356 页。
② ［美］亨利·基辛格：《论中国》，胡利平等译，中信出版社 2012 年版，第 358 页。
③ ［美］亨利·基辛格：《论中国》，胡利平等译，中信出版社 2012 年版，第 364 页。
④ ［美］亨利·基辛格：《论中国》，胡利平等译，中信出版社 2012 年版，第 367 页。
⑤ ［美］亨利·基辛格：《论中国》，胡利平等译，中信出版社 2012 年版，第 382 页。
⑥ ［美］亨利·基辛格：《论中国》，胡利平等译，中信出版社 2012 年版，第 383—384 页。
⑦ ［美］亨利·基辛格：《论中国》，胡利平等译，中信出版社 2012 年版，第 404 页。
⑧ ［美］亨利·基辛格：《论中国》，胡利平等译，中信出版社 2012 年版，第 384—385 页。

中美第三次战略合作，打击全球恐怖主义

中美第三次战略合作，是从2001年美国发生“9·11”恐怖袭击事件开始，美国进行了10年反恐战争，中国给予了支持配合。

小布什总统曾经想做一名“文教总统”，但是他最终成为“战争总统”，将战略重心锁定在全球范围的反恐战争上，将地缘重心转向中东、中亚，并且期待与中国的战略合作。中国政府对美国的战略调整迅速作出准确的战略判断，将与美国进行战略合作、实现联合反恐，看成改善和发展中美关系、保障世界和平、稳定与发展的必然选择，由此开始了中美联合反恐的战略合作。在21世纪的第一个10年期间，中美两国关系具有反恐合作与经贸合作的“双引擎”，创造了中美关系历史上又一个“黄金时期”。

关于中美两国在应对国际恐怖主义的斗争中进行的战略合作，基辛格在《论中国》第十八章“新的千年”中也进行了论述。他说：进入21世纪，中美“两国合作关系焕然一新的另一个原因是‘9·11’恐怖袭击事件。这一事件导致美国的主要战略关注点从东亚转向中东和东南亚，忙于在伊拉克和阿富汗作战，以及打击恐怖主义网络。中国一方面不再抱有挑战国际秩序的革命意图，同时也对全球恐怖主义对国内少数民族地区的影响感到担忧，所以很快作出反应，谴责‘9·11’恐怖袭击，并且主动向美国提供情报和外交支持。在伊拉克战争开始之前，中国明显减少了在联合国与美国的对抗，甚至比美国的一些欧洲盟友表现得更为温和。”①

基辛格说，对于美国向伊斯兰世界投送力量，对于小布什政府雄心勃勃的民主演变构想，“中国一直保持着不置可否的旁观立场。……中国并没有对美国在伊拉克和阿富汗的行动提出异议（而且完全有可能在某种程度上乐见这样的局面，因为在伊拉克、阿富汗的行动牵制了美国在东亚的部分军力）”②。

2002年，美国《国家安全战略报告》，将印度与中国、俄罗斯并列为反恐的重要伙伴。

---

① ［美］亨利·基辛格：《论中国》，胡利平等译，中信出版社2012年版，第481—482页。
② ［美］亨利·基辛格：《论中国》，胡利平等译，中信出版社2012年版，第482页。

中美第四次战略合作，开创新型大国关系

中美前三次战略合作，都为中美两国带来了战略利益，都影响和改变了世界。

中美会有第四次战略合作吗？是否只有基辛格担任美国总统，才有可能出现中美第四次战略合作？

人们会说，中美前三次战略合作的战略基础，就是面对一个共同的对手，具有共同的战略利益。今后的中美两个大国，不仅没有了像当年的日本军国主义、后来的苏联霸权扩张主义、“9·11”事件后的国际恐怖主义那样的共同的战略敌人，而且中国和美国就是新的战略对手。在新一轮世界“冠军国家”的决赛中，在新一届世界“领袖国家”的竞争中，中美如果没有共同的战略利益，也就不可能进行战略合作。

其实，这种“有共同敌人，才有共同利益”的逻辑，这种“有共同敌人，才有战略合作”的思维，已经成为一种陈旧的战略思维。以往的国际社会，总是分裂为相互敌对的集团和阵营，而共同的敌人也总是成为国家联盟、国际合作的基础和纽带。以往的国际社会，国际格局的演变和国际社会的进步，也总是通过一次又一次“战胜敌人”来实现。21世纪的国际社会，正在朝着建设新型大国关系、塑造新型国际社会、打造人类命运共同体的方向进步，中国和美国这两个全球最优秀的比赛选手，完全可以在你追我赶的竞赛中，彼此学习对方，密切团结合作，引领时代风潮，实现互利共赢。

第五章

解放军“能打胜仗”——中美关系才能正常

习近平担任解放军统帅以后，提出“强军梦”，要求解放军“能打胜仗”。军事战略是为政治战略护航的，强军梦护航中国梦。

毛泽东曾经指出：“没有一支人民的军队，就没有人民的一切。”在21世纪的中美博弈中，解放军面对强敌，如果没有打胜仗的能力，那么，中国就难以保持和平发展的机遇和环境。中国具有“决战决胜”的能力，美国才会遵守文明竞赛的规矩。中美军事力量平衡，中美才能和平竞争。

瞄准中国——美国对华开战思潮

俄罗斯专家指出：尽管中国真诚倡导中美新型大国关系，但是“美国领导人，仍然通过瞄准器的缺口，注视着中国”。

中国《环球时报》2010年9月15日14版文章《别渲染中美未来“必有一战”》，人们阅读这样一个题目，不禁在脑海中蹦出另外一个题目，那就是：《也别渲染中美未来“必无一战”》。

中美在21世纪能够“免战”吗？基辛格在《论中国》中指出，在中美竞争的过程中，中国同美国的军事对抗和战争对决“未必不可避免”。这句话的另一半意思是，中美军事对抗和战争对决也“未必能够避免”。如何避免中美军事对抗和战争对决，是中美两国在21世纪的最大课题。中美两国在21世纪能否解决好这一课题，不仅基辛格这样的大战略家只能给出模棱两可的回答，就是任何一位美国总统、任何一位中国领导人，都不可能明确回答。

中美并非“必有一战”，但是中国必须准备与美国一战。准备一战，才能避免一战。中国的战略思维，是在世界上不树敌，但是中国不树敌，并不能保证有人不把中国视为敌人。如果美国硬要以中国为敌，那么中国还能“认敌为友”吗?

美国正在准备与中国的战争。据法国媒体爆料，2008年美国爆发经济危机之后，美国智囊兰德公司就向国防部提交了一份评估报告，评估发动一场战争来转嫁经济危机的可行性，提出打一场战争可化解经济危机。报告认为，用7000亿美元救市的效果很可能不如用7000亿美元发动一场战争。美国鹰派主流观点甚至认为，美国要摆脱衰退，目前剩下的唯一办法就是军事途径。纵观历史，迄今为止，现代国家克服经济衰退与危机的手段有三种：一是政府主导大规模基础建设，以增加就业，刺激消费；二是新技术革命，带动新一轮经济起飞；三是发动对外战争，拉动消费与生产。第一种手段是在国家发展处于起步阶段，基础设施不发达，劳动力价格低廉，政府控制力较强等条件下进行。今天的美国已经没有罗斯福总统实施新政时那样的市场和社会环境了。而美国前些年如火如荼的“信息技术革命”正在冷却降温，经济发展无法通过新技术改革找到新的增长点。这样美国只剩下一个选择：军事途径解困。美国军火集团和金融集团向来擅长发战争财。两次世界大战使整个美国都尝到了发战争财的巨大好处。兰德公司在报告中的理由还有，打仗能够提高国民士气，能够把民众注意力转移到外来挑战。如果美国通过军事手段摆脱危机，中国将是首选目标。美国智库“国际战略评估中心”一位副主任在一份报告中指出，美国的衰退与中国的崛起形成了鲜明对比，制止这种对比持续下去的唯一办法就是通过战争。面对焦头烂额的金融危机，美国打一场战争，失去的可能只是危机和债务，得到的却是整个世界。

中美开战的假想，总是美国畅销书的课题。2008年3月中旬，美国《纽约时报》记者在其所著《幽灵战争》一书中，虚构了美国与中国的冲突。这个年轻记者的假想是，一艘中国渔船被美国驱逐舰撞翻后，中国的民族主义和满腔怨气爆发了——聚集在北京的民众高喊着“霸权主义者道歉！对美国战争罪行说不!”于是，中国海军潜艇发射了一枚鱼雷，击中了肇事的驱逐舰，一场中美军事冲突开始了。美国这类书籍还有《对决：中国为何想跟美国开战》等。

美国有一股与中国开战的思潮。1992年美国传统基金会刊物《政策研究》刊登一份对华政策报告《正在觉醒的巨龙：亚洲真正的威胁来自中国》，这是20世纪90年代美国对中国“遏制派”形成和壮大的重要标志。

几年后该作者又与人合写《即将到来的美中冲突》一书，断言“中国肯定是美国的长期敌人而不是战略伙伴”。几乎在同一时间，美国前国防部部长温伯格和胡佛研究所一位研究员联合发表小说体著作《下一场战争》，勾画了美国在台海地区与中国交战的场景。于是，在20世纪90年代中期，“中国威胁论”甚嚣尘上。美国智库提出了“台海模拟战”等。还有一些美国战争狂人扬言要摧毁中国的核武器库，要把中国炸回石器时代。美国《大西洋月刊》2005年1期封面标题就是“我们将如何与中国作战”。该刊发出警告：“美国与中国在太平洋的角逐将决定21世纪，中国将是比俄罗斯更强大的对手。”美国智库兰德公司2011年10月公开发表《对华冲突》报告，提出为防止未来与中国爆发军事冲突，美国应该准备“相互确保经济摧毁”，该报告还建议美国“威胁运用核武器”。美国退役海军陆战队上校、美国国防大学高级研究员托马斯·黑姆斯提议采取另外一种战略，他称这种战略为海外控制：“美国可以与亚太国家一道，封锁中国的海上通道，阻断中国的进出口。”有的美国将军与中国“开战有瘾”。例如，美国前任空军参谋长莫斯利上将，被称为“下一场战争幻想狂”，这位上将认为，“对于我儿子和女婿那一代人，未来同中国或者俄罗斯军事系统交战的可能性几乎为百分之百”。美国海军一体化作战办公室主任大卫·菲尔曼准将在国会听证会上说，“中国威胁”让他彻夜难眠。

中美两国“不准备战争”是不可能的。而中美两国“不发生战争”是可能的。中国坚持和平崛起，美国也有“防止战争”的力量。美国《世界政治评论》2011年11月9日文章《明确红线，避免与中国发生战争》提出：中国和美国交战的成本巨大，可能引发全球金融崩溃。为了防止中美交战，双方应该明确各自的红线位置。

尽管美国国内的开战思潮与免战思潮都在发挥影响力，但是美国对中国的战争准备，一直在深度进行。《华盛顿邮报》2012年8月2日报道：五角大楼和军方长期在准备一场对中国的战争。美国媒体首次披露，这场针对中国的新型战争的理论体系的构造者是91岁的安德鲁·马歇尔，他和他的班子在五角大楼存在了40年。五角大楼有个“净评估办公室”，该机构由马歇尔领衔，是美国国防部正式编制机构。最近20年，这个机构一直在做一件事情，就是策划一场与“邪恶、狂暴而且全副武装的中国”的大规模新型战争。这种新型战争被该机构称为“空海一体战”。而美国空军、海军，已经拿出了200多个建议方案，表示对该作战计划的需要和与马歇尔合作的热盼。

当美国的空军上将鼓吹“我儿子和女婿那一代人，未来同中国或者俄罗斯军事系统交战的可能性几乎为百分之百”的时候，谁能保证21世纪中美两国“百分之百不开战”？如何保证中美两国的“交战率”为零？

美国有“经济危机”，中国有“军事危机”

美国有经济危机，是美国为自己制造的。

中国有军事危机，是美国为中国制造的。

美国已经给世界带来了经济危机，祸害全世界，现在又要在亚太制造军事危机。美国这头“全球虎”对“中国龙”虎视眈眈。美国在中国周边，到处埋地雷、放炸药包、点导火索，在中国家门口修筑环形工事，建据点、修碉堡、挖战壕、搞演习。

中国“军事危机”表现为三个失衡：

一是“世界军事格局”严重失衡。多年来，美国一个国家的军费投入接近其他国家的总和。根据瑞典斯德哥尔摩国际和平研究所的统计数据，美国海军的舰艇吨位超过全球位列第2到第14位的13个国家海军舰艇吨位的总和。美国超强的军事力量，具有一个国家绑架一个世界的军事能力。世界军事格局严重失衡，意味着世界军事危机的严重危险。

二是“中美军力对比”严重失衡。中国人民解放军总参谋长2011年5月在访问美国期间指出，尽管中国国防和军队现代化建设水平有了很大提高，但是就中国军队整体武器装备而言，与美国和世界其他先进国家相比，还有落后20多年的差距。2011年6月，中国国防部部长在出席香格里拉对话会时表示，中国武器装备与美国的差距是20年。西方研究机构也认为，10年前解放军与美军实力差距是40年，现在也有20年。

三是中国军力水平与中国肩负的使命、担负的责任严重失衡。中国已经成为世界第二大经济体，但是中国距离世界第二军事强国还有很大差距。中国经济总量已经超越美国的一半，但是中国军费投入只有美国的四分之一。30多年的中国崛起，主要是经济崛起，而不是军事崛起；主要是生产力的提高，而不是战斗力的飞跃。中国的军事危机，表现为中国的军事力量不足以保障中国有效应对美国的军事包围、军事遏制甚至“战争遏制”。中国最紧迫的一号忧患，就是美国为中国制造的已经迫在眉睫的“军事危机”。

有“决胜”的能力，才有“决赛”的权利

未来10年，是中美两国的“战略决赛期”“战略碰撞期”。这个时期是中国崛起的“战略机遇期”，也是美国遏制中国的“战略机遇期”。这个时期，是中国的“战略突围期”，是中国的“战略风险期”，是中国的“战略危险期”。这个时期，中国在与美国的军事博弈上，赢得主动权的难度最大，军事挑战是中国面临的最大挑战。

美国战略重心转移，不仅是在地点上由世界其他地区转移到亚太、重点对付中国；而且在内容和手段上，由过去主要依靠政治遏制、经济遏制、文化遏制、外交遏制，转移到重点进行“军事遏制”“战争遏制”。所以，下一个10年，中美军事博弈，必将暗潮汹涌。

中国和美国进入“战略决赛期”，美国感到决赛中会输，因此要利用巨大的军事优势，把“决赛期”变成“决战期”——用一场战争来打断中国崛起的进程，不管这场战争是由美国亲自赤膊上阵，还是发动“代理人战争”，操纵、支持和指挥别的国家与中国对垒。

中国和美国决赛，时间在中国一边，而军事优势在美国一边。最近10年，是美国打断中国崛起进程的黄金期、机遇期，对美国来说，“机不可失，时不再来”。美国用“冷战”遏制中国，见效太慢，已经来不及了。中国有个成语“狗急跳墙”，现在美国这只“全球虎”和日本这只“亚洲狼”，对付迅速壮大的“中国象”，也会“虎急跳墙”“狼急跳墙”。

美国和日本正在为中国设置“战争陷阱”。美国已经把21世纪的亚洲，变成了全球最大的军备竞赛的“赛场”，美国和日本正在把亚洲变成战争风险最大的“战场”。中国在美国的军事遏制和军事挑战面前，具有“能打胜仗”的“决胜”能力，才有和平崛起的“决赛”权利。

医治“和平病”——防止“睡狮”变“醉龙”

200年前的中国，在拿破仑的视野里，是一头睡狮。这头睡狮，在封闭的环境中睡眠，不知道外面发生了“千年未有之大变局”。结果在昏睡中被列强痛打一百年，这就是“睡狮”的悲剧。

今天的中国呈现巨龙腾飞的壮观。但是美国这个当代世界的“巨无霸”，既有“屠龙派”，要围堵和狩猎中国；又有“熊猫派”，要在接触和拥抱中催眠和麻醉中国，让中国“飞龙”变“醉龙”，丧失警惕，掉进陷阱。

中国睡狮觉醒的重要标志，是重新焕发了前仆后继的战斗精神。陈天华在《警世钟》中说：“各国若想瓜分我国，二十岁以上的人不死尽，断不任他瓜分。万一被他瓜分了，以后的人，满了二十岁，当即起来驱逐各国。一代不能，接及十代；十代不能，接及百代；百代不能，接及千代。”中国正是有了陈天华这样的斗士和精神，有了共产党人敢于同一切侵略者血战到底的气概，才使得帝国主义不能瓜分中国，才使得中国在20世纪能够独立于世界民族之林。

把陈天华的话拿到今天，就是：美国若想遏制中国，二十岁以上的中国人不死尽，断不任他遏制。万一被他遏制了，以后的人，满了二十岁，当即起来反对美国遏制。一代不能，接及十代；十代不能，接及百代；百代不能，接及千代。只要美国对中国的遏制一天不停止，中国反对美国遏制的斗争，就不会停止。20世纪初期处于生存危机的中国需要“陈天华精神”，21世纪初期处于崛起困境的中国，同样需要“陈天华精神”。

今天的中国人，言必称和平：和平发展、和平崛起、和平外交、和平统一、和平解决……似乎只要梦想和平、只要高喊和平，就能够赢得和平。其实，在霸权主义主导世界的今天，在“利益”和“力量”仍然是国际关系实质的今天，没有力量，谁给你和平？没有力量，谁保障你的利益？和平是“力量”的产物，而不是“愿望”的产物。当年八国联军占领下的北京人，日军军队攻占后的南京人，他们的和平愿望绝对不比今天的中国人弱，但是由于国家没有力量，军队不能打胜仗，他们就不能享受和平。

觉醒后的中国“睡狮”，绝不能沉醉于长期的和平环境，成为和平幻想的“醉龙”。

中国坚持和平崛起，但是五项原则要坚守。

（1）中国坚持“和平发展”，但是“发展”高于“和平”。如果外部力量不让中国和平发展，例如切断战略资源能源通道，窒息中国的发展，那么，中国就不能为了保持和平而牺牲发展，中国就必须为了发展而进行战斗，以战斗来保卫发展。

（2）中国坚持“和平崛起”，但是“崛起”高于“和平”。中华民族经历了19世纪的百年沉沦，经历了20世纪的百年抗争，赢来了21世纪实现伟大复兴、攀登国家命运巅峰的千年一遇的历史机遇，“崛起”“复兴”，是中华民族在21世纪的核心利益。中国坚持和平崛起、和平复兴，但是如果外部势力要阻挡、遏制甚至扼杀中国崛起，那么，中国不可能为了“保持和平”，而“牺牲崛起”，中国只能是以战斗来保卫崛起。

（3）中国坚持“和平解决”，但是“主权”高于“和平”。中国与一些周边国家有领土和海洋权益争端。中国坚持和平解决，但是中国不会为了保持和平而丢失主权，不会为了和平而牺牲主权。当和平与主权的矛盾成为对抗性矛盾，当和平与主权的冲突无法通过和平的途径解决，中国只能以非和平的手段，来维护和实现国家主权。

（4）中国坚持“和平统一”，但是“统一”高于“和平”。中国不能为了和平，而永远不统一；中国不能因为坚持和平统一，就容忍“台独”势力的分裂和独立。当“和平”与“统一”的矛盾激化，和平方针不能制止分裂，和平手段不能维护统一，和平途径不能实现统一，那么，为了制止分裂，为了维护和实现国家统一，就只能牺牲和平、捍卫统一。在这方面，美国统一战争是中国的榜样。美国不惜以一场4年的内战，以死亡50多万人的代价，制止了国家分裂，维护了国家统一。美国先有“统一”，后有“崛起”，是以国家统一保障了国家崛起。中国未来是先有统一、后有崛起，还是在崛起之后，实现统一？这取决于国际格局和台湾时局的变化。

（5）中国坚持“和平外交”，但是中国“外交”高于“和平”。和平，是有性质区分的，有平等、公正、正义原则基础上的和平，也有妥协、退让、屈服、出卖，甚至投降换来的和平。在挑衅者面前，不斗争，就有和平；在压迫者面前，不抗争，就有和平；在侵略者面前，不抵抗，就有和平。所以，和平，并不都是光荣，丧失原则的和平是屈辱，坚持原则的斗争，是光荣。中国坚持“和平外交”，并不是“唯和平论”，并不是和平高于一切，并不是和平等于一切，也不是和平代替一切。比和平更宝贵的，是国家的主权和尊严。所以，中国外交既是和平外交，又超越和平外交。中国外交不是只围绕和平转，中国外交、中国和平、中国斗争，都要服从和服务于国家的核心利益，都要体现和实现中国与世界各国关系的平等、正义，都要有利于维护人类的整体利益和长远利益。

和平，是一种幸福；和平，也是一种危险。近代中国，如果没有“康乾盛世”的和平、幸福与安逸，就不会在无忧无虑中成为一头“睡狮”。从1840年到1949年，中国用100多年的战斗，建立了一个新国家，赢得了独立与和平。新中国成立以后第一个30年，从20世纪50年代初期抗美援朝，20 世纪 60 年代初期中印边界自卫反击作战，20 世纪 60 年代末期中苏边界作战，20 世纪 70 年代末期对越自卫还击作战，新中国每一个和平时期，超不过 10 年。今天的中国，已经持续享受 30 年和平。今后 30 年，中国还能不打仗吗？

中美“终须一战”吗？

本书作者参加 2015 年“纽约书展”期间，在纽约一家书店，看到台湾地区出版的一本中文图书《2020 中国与美国终须一战》。封面有文字：“中、美两国剑拔弩张，已经进入真正的备战状态。2020 年以前，美国如果不能制造事端与中国开战，将丧失先机，将退出亚洲，让出霸主的宝座！美国愿意与崛起的中国分享亚洲权力？还是联合亚洲‘恐中’国家，把中国打回 30 年前？”

说中美“终须一战”——这未免武断。21 世纪的世界大国关系，应该是“两个告别”：一是告别“热战”；二是告别“冷战”。如果说中美“终须一战”，那么这一战的结局，不仅把中国打回 30 年前，美国也会享受到与中国同等的战争待遇。与中国一战，美国未必有这个胆量。

说中美“必无一战”——这未免天真。中美两国竞争，引发战争的危险，不可低估。美国实行“亚太再平衡”大战略，美国实行“空海一体战”军事战略，美国组织对中国的包围圈，美国将领狂呼要把中国“炸回石器时代”，美国确实是“磨刀霍霍向中国”，怎么能说中美“必无一战”呢？

说中美“防止一战”——这十分紧迫。中国 30 多年改革开放，是传奇，是神奇。现在又“东方红，中华兴，神州出了个习近平”，中国梦展现光辉前景。美国有些人急了，认为时间在中国一边，中国需要“和平崛起”，美国需要对中国进行“战争遏制”，否则就来不及了。他们认为，未来 10 年，是中国成功崛起的“战略机遇期”，也是美国成功遏制中国的“战略机遇期”，因此，必须抓住机遇，解决中国问题。急躁、焦躁、狂躁的美国，容易丧失冷静和理智。防止中美战争的发生，是中美两国人民和政治家需要高度警惕和努力解决的紧迫问题。

说中国必须“准备一战”——这特别重要。美国的最大优势，是军事优势。美国和中国玩政治、玩经济、玩外交、玩文化，都占不了什么便宜，最后一招就是“玩军事”“玩战争”了。现在中美双方都在加紧进行战争准备，这毋庸讳言。区别在于：美国备战，是备的“进攻之战”，中国备战，是备的“防御之战”。中国不会先打美国，但是，如果美国首先对中国动手、下手，中国绝对不会束手挨打而不还手！

说解放军“能打胜仗”——这并不夸张。习近平主席提出“强军梦”，目标就是“听党指挥，能打胜仗，作风优良”。“能打胜仗”，包括面对世界强敌，勇于自卫，敢于亮剑，能打胜仗。习近平主席要求解放军“能打胜仗”，这也是向世界宣告，任何国家不要幻想用武力压迫中国屈服，不要冒险用战争遏制中华民族复兴。否则，当他们把中国“炸回石器时代”的时候，他们也不可能继续生存和生活在信息时代。

中国为什么要比美国强大？——这个问题不难回答。有人提出这样的问题：“中国为什么要比美国强大？”回答这个提问，最好是来一个反问：“中国为什么不能比美国强大？”

强大，不是美国的特权，不是美国的专利。中国不仅具有“强大”的权利，也享有“最强大”的权利。

美国图谋对中国开战，中国不强大，能行吗？美国在全球组织军事大联盟，以联盟“群体”对付中国这个不结盟的“个体”，中国不强大能行吗？

其实，比“强大”更重要的是“目的”，是“动机”。这个世界，有一种“强大”是与“强权”联系在一起，这样的强大，是世界的危险和灾难。这个世界，还有一种强大，是“强而不霸”“强而不武”“强而不攻”，就是国力、军力虽然强大，但是不搞霸权，不迷信武力，奉行防御战略。这样的强大，捍卫的是国家安全，造福的是世界和平。

把中国打造成为“地球上的第一强国”，这是孙中山的铮铮誓言。

赶上和超过世界上最强大的资本主义国家美国，这是毛泽东的伟大志向。

中国越强大，对世界和平越有利，这是邓小平的战略思维。

强军兴国、能打胜仗，这是习近平主席的国防主张和英雄梦想。

遗憾的是，在中国面对美国步步紧逼的战争威胁之下，中美之间的军事力量差距太大。推进中国的强军大业，需要快马加鞭，需要只争朝夕。

解放军能打胜仗，中美关系才能正常；

中国军力全球首强，世界和平才更有保障。

结　语

中美新型大国关系——为人类贡献“四大成果”

中华民族和美利坚民族，都是世界的伟大民族，都是为人类作出巨大贡献的民族。中美幸会21世纪，这是中美两国的幸运，也是世界的幸运。

建设新型大国关系，其实质和目标，就是建设“新型大国”、建设“新型世界”、建设“新型文明”。

中美两国建设新型大国关系，将为人类贡献四大成果：一是会有一个新中国——“冠军中国”出现；二是会有一个新美国——“非霸美国”出现；三是会有一个新世界——“无霸世界”出现；四是会有一个新文明——“新型大国文明”出现。

中美世纪博弈，将创造一个“大国竞争”的新文明

这个新文明就是实现从大国竞争你死我活的“角斗赛”、你输我赢的“拳击赛”，进化到你追我赶的“田径赛”。中美竞争的三种模式，将产生完全不同的三种结局：

一是“一输一赢”——通过冷战的方式进行，以拳击比赛的方式进行，按照你输我赢的原则进行；或者美国赢、中国输，或者美国输、中国赢；复制美国和苏联的又一次冷战结局。

二是“同归于尽”——以热战的方式进行，以角斗赛的方式进行，按照你死我活的原则进行，就把“竞争”变成了“战争”；把“博弈”变成了“搏斗”。

三是“合作双赢”——你追我赶，以田径赛的方式进行，按照“奥林

匹克”运动的精神和原则进行比赛，冠军亚军，会分出名次，会变换位置，但是双方都是赢家，因为比翼双飞，双方的运动成绩都提高了，人类社会发展进步的总体质量提高了。

这三种决赛的模式和方式不同，付出的代价不同，收获的果实不同。中美两国会选择什么方式？利益最大化的“合作双赢”，自然是最好的选择。

中美世纪决赛，将涌现一个“世界第一”的新中国

中国成为新中国，是“新”了三次：1911 年的新中国，是“新”在告别了两千多年的君主制；1949 年的新中国，是“新”在告别了 100 多年的半封建半殖民地；2049 年的新中国，是实现中华民族伟大复兴的新中国，是全面超越美国的“世界冠军”国家。这样一个“冠军中国”，将比当年的英国和今天的美国，能够更好地引领世界、造福人类。

中美世纪互鉴，将打造一个“不搞霸权”的新美国

如果说，美国的独立宣言作为美国的建国宣言，为世界贡献了一个不同于君主制的新型共和制国家，是属于第一次“新”；如果说美国在第二次世界大战以后，成为全球的一号国家，是一个不同于大英殖民帝国的新型霸权国家，是它的第二次“新”；那么，当美国 21 世纪在与中国的战略博弈中，转型成为一个正常的“非霸权国家”，就将是美国脱胎换骨的一次升华，是美国国家生命历程中的第三次“新”。从此，一个非霸权的“新美国”诞生了。

中美世纪合作，将构建一个“告别霸权”的新世界

自从人类在近代历史上真正形成“世界”以来，这个新形成的世界，也是“新”了三次，经历了三个阶段。

第一次是世界的“欧洲阶段”。新世界“新”在欧洲，新世界发端于

欧洲，新世界的核心位于欧洲。这是一个由殖民主义联结起来的新世界。它代替了分散孤立和封闭的旧世界。

第二次是世界的“美洲阶段”。新世界“新”在美洲，美国的霸权主义取代了英国的殖民主义，美国以霸权主义控制世界。美国模式的霸权主义世界比较英国模式的殖民主义世界，是一个新型的世界，是一个相对文明的新世界。

第三次是世界的“亚洲阶段”。随着中国成为世界的冠军国家，这个世界就变成了一个彻底告别霸权的新世界——“无霸世界”。

中美世纪博弈的进步性，就体现在上述四大成果中。为四大成果而奋斗，是中美的根本利益所在，也是世界的根本利益所在。

新型大国关系融通五湖四海，洗礼中美两国，转型整个世界。

新型大国关系海阔天空，中国梦、美国梦比翼双飞；中国梦、美国梦共同为世界梦领航。

新型大国关系开启“人类命运共同体”的新时代。在“人类命运共同体”的金光大道上，13 亿中国人民将和 3 亿美国人民，携手共创未来、共享繁荣。

毛泽东说：“江山如此多娇，引无数英雄竞折腰”，“数风流人物，还看今朝！”

我们说：世界如此多娇，引伟大民族竞折腰，数风流国家，中美领潮！

附 录

2030—2050 年的中国·美国·亚洲·世界

——三位美国陆军军官访问国防大学刘明福教授

2016 年 4 月 6 日，三位现役美国陆军军官，在北京访问中国人民解放军国防大学教授刘明福，就 2030—2050 年的中国、美国、亚洲、世界若干重大战略问题进行了友好交流。

参加这次交流的三名美国陆军军官，分别是美国驻华大使馆陆军武官丁克强上校（Christopher DiCicco Colonel United States Army Amy Attache），美国陆军军官“大龙”（中文名）中校（LTC Ryan Kendall Military Fellow），美国陆军军官“熊猫”（中文名）中校（SGM Kenneth Breeding Military Fellow）。

“大龙”中校和“熊猫”中校，是受美国陆军参谋长指派，专程到中国，就 2030—2050 年的若干重大战略问题进行广泛调查研究。他们事先通过美国驻华大使馆陆军武官处，与作者进行联系，并且提出了 13 个希望交流的课题。这 13 个问题的最大特点，就是着眼于 2030—2050 年的这个时间段。这次调研活动，体现了美国军队“用未来眼光审视当前建设，以超前预测引领科学决策”的战略思维。这次交流，有 9 位中国人士参加，交流活动从上午 11 点到下午 4 点半，在 5 个多小时的交流中，双方诚挚坦率，思想火花碰撞，气氛友好热烈。作者在这次交流中发表了一些很好的见解，引起大家的共鸣。本文摘取他对其中 10 个问题的一些精彩观点和主张。

从“霸权世界”向“民主世界”过渡

美方提问：什么因素（比如政治、社会、经济等等）将会影响 2030—

2050 年的世界秩序？

刘教授答：这个问题的核心概念，是“世界秩序”。

我们这个世界，从什么时候开始有秩序？是从大航海发现世界、联结世界后，人类才有世界。在大航海之前，我们人类“有地球，而没有世界”。“地球”和“世界”是两个不同的概念。地球的历史很长，而世界的历史从哥伦布和达伽马大航海“发现”以后，才有世界，人类才开始有了世界性的联系，人类才形成为一个世界。所以，“世界”的真正历史只有 500 年。而“世界秩序”也只有 500 年历史。在此之前，我们这个星球上，只有相互隔离封闭的“地区秩序”，而没有主导整个地球的“世界秩序”。当时全球的地区秩序，主要是四个地区秩序：一是东亚秩序，就是大中华秩序，中国为核心；二是伊斯兰地区秩序；三是欧洲秩序；四是非洲秩序。

500 年来“地球人”的“世界秩序”，就是两种形态：一是殖民主义世界秩序，就是欧洲秩序；二是霸权主义世界秩序，就是冷战中美苏两个霸权国家争夺世界霸权，就是苏联解体之后，美国一超独霸。2030—2050 年的世界秩序，将向“民主主义”的世界秩序过渡。民主主义世界，就是没有霸权主义和霸权国家的世界。今天的世界，有一些所谓的“民主国家”，而没有“民主世界”。最有力量的所谓“民主国家”美国，维护的是不民主的世界。美国是西方意义上的民主国家，也是真正意义上的“霸主国家”。

2030—2050 年的世界秩序，是一种过渡形态的世界秩序，就是从“霸权主义世界”向“民主主义世界”转变过渡的阶段。美国要维护和持续的是“霸权主义的世界秩序”，而中国要推进和建设的是“民主主义的世界秩序”。

在 2030—2050 年，世界上最重要的两个国家，就是中国和美国。可以说，中国和美国是未来“新型世界秩序”最重要的构建者、雕塑师。影响 2030—2050 年世界秩序的最大因素，就是中美关系。中美竞争的状态和结局，是决定 2030—2050 年世界秩序的最大因素。

两项技术改变世界

美方提问：在 2030—2050 年这段时间范围内，最有影响力的技术将有哪些？

刘教授答：我期盼，在 2030—2050 年这段时间，最有影响力的两项技术，能够给人类带来福音。

第一项，就是长寿技术，研究的是生命科学。这是人类的自我超越。我听说在美国硅谷，美国投资100亿美元，20多所知名大学参与研究，探索人的寿命如何达到150岁问题。专家们初步认为，一般情况下，人类存活一百四五十岁应属常态。这个课题很有价值。

第二项，就是航天技术，就是人类要冲出地球，发现更多新地球。这是人类对地球的超越。大航海使人类由“陆地人”，变成了“海洋人”；而大航天，将使人类由“地球人”变成“太空人”“宇宙人”。

我对人类自我超越的长寿技术，对地球自我超越的航天技术，充满期待，也充满信心。

要防止美国出现“军国主义”

美方提问：什么样的冲击（战略上负面的事件）能够影响2030—2050这个未来？

刘教授答：最大负面事件的冲击，就是美国出现了“军国主义”，就是美国首先对中国打了第一枪，美国首先对中国开了第一炮。人们往往只看到“日本军国主义”复活的危险，而对美国产生军国主义的危险，认识不足。如果“美国的霸权主义”催生了“美国的军国主义”，那就是世界的灾难。

这几年，媒体炒作所谓的“中国鹰派”“美国鹰派”。其实，中国鹰派都是“防御派”，美国鹰派都是“进攻派”。

中国可以对美国说“美国同志，中国永远不会对美国开第一枪”，“中国永远不会首先对美国使用核武器”，“中国永远不会首先使用核武器，也不会对无核武器国家使用核武器”。而美国是否能够向中国和世界承诺这一点？

建议中国和美国同时向世界发表联合声明：相互之间不首先使用核武器；对世界任何国家和地区，不首先使用核武器；不对无核国家使用核武器。

我很欣赏美国有两个光荣记录，一是美国没有发动过世界大战。二是美国没有对世界大国发动过局部战争。今后，美国是否能够保持这样两个光荣记录？我有强烈的担忧。

美国对付中国，用政治手段、外交手段、经济手段、文化手段，都不管用，最后就剩下军事手段了。中美关系最大的危险，就是美国对华战略越来越走向“军事化”“战争化”。要叫响一个口号，“中美不打仗，世界有希望”，“中美一打仗，世界要遭殃”。

亟需建设一个“新美国”

美方提问：什么样的游戏改变者（战略上积极的事件）能够影响2030—2050年这个未来？

刘教授答：能够改变2030—2050年这个未来的，我把希望寄托在两个方向：

第一个方向——就是在美国内部，出现一个能够改革和改变美国的开明总统。例如，让基辛格担任美国总统。或者，再出一个21世纪的罗斯福，搞大改革；再出一个21世纪的华盛顿，能够像18世纪的华盛顿在国内不搞“君主制”而搞“共和制”那样，在国际上不搞“霸主制”而搞“民主制”，建设一个新美国。这样一个新美国必将为建设一个新世界作出贡献。

第二个方向——就是在国际社会，出现一个或者几个能够影响和改变世界格局的国家。例如，中国成功崛起，与美国建立新型大国关系，团结国际社会，共同打造一个新型民主世界。

中国，有“旧中国”和“新中国”的区别；美国也有个从“旧美国”到“新美国”的跨越转型、脱胎换骨的问题。

同归于尽的能力，是大国和平的保证

美方提问：什么样的军事发展趋势将塑造2030—2050年？

刘教授答：“同归于尽”的军事发展趋势，将塑造2030—2050年。

首先，世界最强大的军事力量——美国的军事力量，不能打败恐怖主义。现在，不是恐怖主义害怕美国，而是美国害怕恐怖主义。15年前，美国跨出国门，到全世界打击恐怖主义。结果是，美国可以打败一个主权国家，但是不能击败这个国家的恐怖主义势力。今天的美国，不是在全球打击恐怖主义，而是重点在国内防止恐怖主义。美国为什么不能彻底打败恐怖主义？一个重要原因，就是恐怖主义是“人肉炸弹”——同归于尽，难以对付。

其次，大国之间具有相互摧毁、同归于尽的能力。例如，有美军高级将领说，要把中国炸回石器时代。而果真如此，那么，美国也无法继续生存在信息化时代。这是大国之间的同归于尽。

所以，2030—2050 年的这段时间，是大国之间难以发动战争的时代，一旦爆发大国战争，将是同归于尽的时代，是毁灭地球的时代，是没有胜利者的时代。

这是大国彼此军事平衡、相互军事制衡的时代。那时候的“亚太再平衡”战略，就无法继续成为美国平衡中国的战略，而会成为“中国平衡美国”的战略，成为“中美相互平衡”的战略。

警惕“四个主义”破坏世界未来

美方提问：什么样的历史能够提供我们对 2030—2050 年这个时间段的洞察力？

刘教授答：我认为能够提供我们对 2030—2050 年这个时间段的洞察力的历史，就是最近 100 年的历史，对于我们思考和塑造未来，具有特别的启迪意义。具体说来，就是要坚决防止四个主义：

一是防止德国曾经出现的“法西斯主义”。这个法西斯主义的希特勒还是“大民主”选举出来的，“大民主”不仅出民主主义，还出法西斯主义。

二是防止复活日本“军国主义”。谁能保证日本在亚太地区不打第一枪？

三是防止美国和苏联长达 50 年的“冷战主义”。

四是防止冷战之后 20 多年，美国对全球的“霸权主义”。正是美国的霸权主义，“霸”出了世界的恐怖主义。今天的恐怖主义，是被美国打压出来的。

美国对中国的最大挑战是军事挑战

美方提问：对中国来说，如果要完成 2030—2050 年这个时间段的目标，最大的挑战是什么？

刘教授答：最大的挑战，有两个。

第一个大挑战，是共产党长期执政地位问题。中国如果没有共产党的执政地位，就不能实现中国梦。但是共产党必须从严治党，治国理政先治党。从严治党的目标不仅是让中国共产党成为全中国、全世界最廉洁的执政党，而且成为全中国全世界治国理政能力最强的政党。

第二个大挑战，是中国和美国的关系问题。2030—2050 年，只有一个国家具有挑战中国的能力，就是美国。美国对中国崛起的最终挑战，是军事挑战，是战争挑战。所以，中国在军事上要立于不败之地。过去 20 年，中国摩天大楼盖得太多，航空母舰建设太少。今后必须两手抓：一手抓鸡蛋，改善生活，另一手抓导弹，防御美国。

高举四面旗帜，中国价值观引领世界

美方提问：对地区（亚洲）角色扮演者来说，为了给 2030—2050 年这个时间段做准备，要进行什么样的塑造表演？

刘教授答：从现在开始，到 2049 年，还有 33 年时间，中国和美国将在世界舞台上，在国际赛场上，进行战略决赛。基本上是三个十年。

第一个十年，是中国追赶美国，美国遏制中国；

第二个十年，是中美两国并肩奔跑、共同前进；

第三个十年，是中国超越美国，中国团结美国，中国和美国联合各国，共同造福世界。

在这 30 年中，中国和美国之间，决赛不能成为决战。竞争不能发生战争。

其实，中国和美国之间，最危险的是最近 10 年。越往后，就会越安全。因为越是往后，中国就越强大，美国也就越文明、越规矩、越友好。所以，最近 10 年是危险期。

中国从现在开始，既要在亚洲扮演价值观角色，又要在全球扮演价值观榜样。中国要高举四面价值观旗帜。

第一面旗帜是高举“全球人权”旗帜。中国在全球人权记录比美国好。西方国家在中国人民面前，在历史上是“价值观罪犯”，鸦片战争以来，多次侵略中国，杀害无数中国人。冷战后，美国发动多次战争，导致一些国家内战潮、混乱潮、难民潮，死亡多少人？是人权历史上的大灾难。

第二面旗帜是高举“国家主权”旗帜。美国以人权为借口，打掉一些国家的主权，给这些国家人民带来人权灾难。美国要把这些国家的难民全部包起来。

第三面旗帜是高举“地区区权”的旗帜——就是地区自主权，包括欧洲地区权利、亚洲地区权利、南海地区权利等。域外国家不能插手地区问题，把问题复杂化。现在讲“经济全球化”，还要讲“政治地区化”，要讲“地区民主”。南海问题就由南海有关国家解决，不需要美国插手，美国不能在南海搞“干涉自由”“横行自由”。

第四面旗帜是高举“联合国领导权”的旗帜。就是说，“世界领导权”不能掌握在一个国家手里，不能让一个国家独掌。世界领导权是一种联合领导权，是一种集体领导权，而不是一个国家独自享有的世界霸权。奥巴马说，美国要再领导世界 100 年，这是没有根据的妄想。今后，领导世界 100 年的只能是联合国，不是美国。联合国对世界进行集体领导、联合领导。让世界告别霸权、让美国告别霸权的时代已经到来，美国要勇于与世界霸权说“拜拜”。

中美两国都要经受“挑战”的洗礼

美方提问：展望 2030—2050 年这个时间段，哪一个地区角色将面临最具有意义的挑战？

刘教授答：当然是中国和美国。亚洲的中国崛起，面临美国遏制的挑战；北美洲的美国当了一百多年的世界冠军国家，现在，受到要被中国超越的挑战，美国要从世界“冠军国家”变成世界“亚军国家”。

其实，一个具有 5000 多年历史的中国超越一个只有 200 多年历史的美国，一个 2000 多年的世界冠军国家超越一个 100 多年的世界冠军国家，一个 13 亿人口国家超越一个 3 亿人口的国家，这是再正常不过的事情了。

朝鲜“弃核”的关键是美国“弃武”

美方提问：当 2030 年离我们越来越近，你如何看待朝鲜和韩国的发展形势？

刘教授答：其实，朝鲜半岛的问题，远远不只是朝鲜和韩国的问题，而是包括美国和日本在内的多个方面的“战略大游戏”。朝鲜半岛的问题，实质是东亚地区的问题，是大国的亚太大战略问题，是美国的全球战略问题。所以，朝鲜半岛问题后面还有问题。朝鲜半岛问题的根本问题、核心问题，不是核武器问题。在核武器后面是冷战思维问题，是霸权战略问题。六方会谈，首先不是谈核武器问题，而是谈战略思维问题。解决半岛问题，首先要解决的根本问题，是解决冷战思维、冷战战略、冷战布局的问题。

朝鲜问题发展到今天，有朝鲜自身的原因，更有美国的原因。朝鲜问题的根子是美国，朝鲜问题在很大程度上，是美国逼出来的，是美国威胁出来的。朝鲜问题在本质上是朝美关系问题。

从根本上解决朝鲜问题，方式是六方会谈，就是和平解决问题。而六方会谈，谈什么？不能光谈朝鲜核问题这样一个问题。六方会谈应该谈六个问题，也可以说是六项原则：

第一项原则——不战。就是解决朝鲜问题，不能使用军事手段，不能通过战争来解决问题。

第二项原则——不乱。就是解决朝鲜问题，不能通过把朝鲜搞乱来实现。

第三项原则——不变。就是解决朝鲜问题，不能通过推翻朝鲜政权、斩首朝鲜领导人的办法。

第四项原则——废盟。就是废除、解散美国、日本、韩国的军事联盟。联合国应该宣布以分裂世界和分裂地区、针对某一个或者某几个国家的联盟为“非法”。

第五项原则——撤军。就是美国军队撤出朝鲜半岛。朝鲜半岛停战60多年了，中国军队已经撤出朝鲜近60年了，美国军队为什么仍然驻军朝鲜半岛？

第六项原则——签约。由美国和朝鲜签署和平条约。把停战条约变成和平条约。

以上六项原则做到了，特别是后面三项做到了，朝鲜感到安全了，朝鲜“弃核”问题就不难解决。

所以，朝鲜“弃核”问题的关键，就是美国“弃武”，放弃对朝鲜的军事压力和战争威胁。

朝鲜问题的第一责任人，是美国。美国政策不改变，朝鲜问题是难以根本解决的。

所以，朝鲜半岛的问题，绝不仅仅是“朝核”问题，而是朝鲜和美国的关系问题。朝核问题的实质，是美国在东北亚改变冷战思维、改变冷战布局的问题。

朝鲜的核武器，在美国的核武器面前，就像“手榴弹”和“炮弹”的关系一样。美国采用一种战略和策略，一方面催化朝鲜发展核武器的动力和压力，另一方面在全球大造舆论，对朝鲜进行舆论讨伐，向中国转嫁责任。所以，在前面制造核武器的是朝鲜，而在后面激化和催化朝鲜制造核武器的是美国。美国推动朝鲜制造核武器后，又充分借题发挥，在国际舆论鼓噪“朝核”问题，声讨朝鲜，攻击中国。

中国和朝鲜的关系，实现了从结盟到不结盟的转变。处理朝鲜半岛问题，从朝鲜人民的利益、从朝鲜半岛的利益，从维护东北亚地区的安全与和平出发，中国的作用是建设性的。